関西学院大学研究叢書　第１５１編

近代日本の光と影

慈善・博愛・社会事業をよむ

室田保夫

関西学院大学出版会

近代日本の光と影

慈善・博愛・社会事業をよむ

近代日本の光と影　慈善・博愛・社会事業をよむ◆目　次

序　社会福祉の歴史研究についての覚書――1

一　福祉、社会福祉という言葉　1／二　社会福祉の登場　3／三　近代的福祉の登場と言語・メディア　5／四　本書について　6／五　社会福祉の歴史研究への一視座　8／六　近代日本の光と影――方法としての社会福祉の歴史　9

第一章　近代日本の監獄改良――15

第一節　「北海道バンド」と『教誨叢書』　15

はじめに　15／一　北海道開拓と集治監の設置、そして「北海道バンド」　17／二　『教誨叢書』の発刊　21／三　原胤昭と留岡幸助の論文をめぐって　28／四　松尾音次郎と大塚素の論文をめぐって　32／五　戸川安宅と渡辺亀吉の論文をめぐって　36／六　廃刊事情　38／おわりに　41

第二節　「北海道バンド」と『獄事叢書』　46

はじめに　46／一　『獄事叢書』の執筆者と論文　48／二　「北海道バンド」の人々の論文　55／三　外国の情報と交信――留岡幸助、片山潜、小河滋次郎　61／四　ウィリアム・タラックの訳著『刑罰及犯罪予防論全』　63／五　その終刊事情――「連袂辞職」をめぐって　65／おわりに　71

第二章　近代日本の孤児と非行、そして慈善――79

第一節　石井十次と『岡山孤児院新報』　79
はじめに　79／一　博愛社機関誌『博愛雑誌』をめぐって　81／二　『岡山孤児院月報』の発刊　83／三　『岡山孤児院新報』の発刊とその内容　86／四　『岡山孤児院新報』の論文を中心に　92／五　『岡山孤児院新報』とその周辺　98／おわりに　105

第二節　留岡幸助と『人道』　112
はじめに　112／一　『人道』の刊行をめぐって　114／二　『人道』の発刊と論文をめぐって　116／三　『人道』誌における留岡の論文（一）――慈善・社会事業論　120／四　『人道』誌における留岡の論文（二）――尊徳・報徳、そして地方改良論　124／五　『人道』誌における留岡の論文（三）――教育論と宗教論　128／六　『人道』誌における留岡の論文（四）――時事論やエッセイ　133／七　終刊号をめぐって　136／おわりに　137

第三章　近代日本の貧困、廃娼、病気、そして矯風――――145

第一節　山室軍平と『ときのこゑ』　145
はじめに　145／一　救世軍とは　147／二　救世軍の来日と『鬨聲』の発刊　149／三　『ときのこゑ』について　157／四　記念号（特別号）と特輯号をめぐって　164／五　『ときのこゑ』にみる救世軍社会事業――明治末期を中心に　170／六　『ときのこゑ』が語りかけるもの　176／七　『ときのこゑ』の休刊と復刊　179／おわりに　181

第二節　『東京市養育院月報』をめぐって　185
はじめに　185／一　東京市養育院の設立と機関誌の発刊　186／二　『東京市養育院月報』の刊行　190／三　初期の論文――田中太郎の論文を中心に　195／四　『東京市養育院月報』について若干の書誌的考察　199／五　執筆者群像　201／六　論文からみえてくるもの――課題と研究の可能性　204／おわりに　208

第四章　博愛社の機関誌から慈善・博愛・社会事業をよむ――211

第一節　小橋勝之助と『博愛雑誌』　211

はじめに　211／一　小橋勝之助と博愛社の創設　212／二　『博愛雑誌』の刊行――創刊号（第一号）を中心に　214／三　『博愛雑誌』の小橋勝之助論文　218／四　『博愛雑誌』の論文をめぐって――小野田鉄弥ら　226／五　終刊模様　229／おわりに　233

第二節　博愛社の機関誌『博愛月報』をめぐって　237

はじめに　237／一　『博愛月報』の発刊　239／二　初期の『博愛月報』をめぐって　242／三　機関誌の名称と編集　246／四　機関誌の内容　248／五　慈善、社会事業論をめぐって　252／六　時事論――時代をよむ　255／七　博愛社関係の論文や記事　259／八　大阪の事業について　262／おわりに　264

第三節　林歌子と『博愛月報』　270

はじめに　270／一　林歌子についての研究史　271／二　林歌子の略歴　273／三　林歌子の論文について　276／四　林歌子と博愛社機関誌『博愛月報』　278／五　林歌子の論文（一）――キリスト教論　280／六　林歌子の論文（二）――博愛社関係　282／七　林歌子の論文（三）――社会事業と矯風事業　286／八　林歌子の論文（四）――内外の報告　289／九　林歌子の論文（五）――政治・時事論を中心に　292／おわりに　295

第五章　キリスト教紙誌から慈善・博愛・社会事業をよむ――299

第一節　『七一雑報』にみる慈善、衛生、救済論　299

はじめに　299／一　『七一雑報』の時代と慈善　300／二　『七一雑報』の慈善事業関係記事をめぐって　302／おわりに　313

第二節　『六合雑誌』にみる慈善・博愛事業について　316
はじめに　316／一　初期社会問題・慈善事業論　318／二　キリスト教の社会化　322／三　慈善事業の批判　326／四　慈善事業思想の展開　329／結びにかえて――明治から大正へ　335

第三節　鈴木文治と『六合雑誌』　342
はじめに　342／一　『六合雑誌』との関わり　344／二　『六合雑誌』の論文をめぐって　348／結びにかえて――渡米をめぐって　360

第六章　仏教雑誌から慈善・社会事業をよむ――367

『六大新報』にみる真言宗の社会事業　367
はじめに　367／一　明治時代――祖風宣揚会の創設　370／二　明治後期の真言宗社会事業　376／三　済世病院の創設と展開　390／四　大正期における真言宗社会事業の展開　410／おわりに　432

結びにかえて――近代日本の光と影――443

あとがき――449

索　引――462

序　社会福祉の歴史研究についての覚書

一　福祉、社会福祉という言葉

イギリスの政治哲学者ノーマン・バリー（Norman Barry）は*Welfare*という著を書き、その冒頭に「現代の社会・政治思想は、一九世紀の批評家たちが見たらびっくりするほどに、福祉という概念によって支配されている」(1)と述べている。現代社会において、「福祉」「社会福祉」といった言葉は日常茶飯事に氾濫しているし、書店にいけば関連する「福祉国家」「福祉社会」「福祉政策」といったタイトルの著も多く目につく。日常のマスコミの報道はもちろん、我々の普段の会話において、老若男女を問わず、何の抵抗もなく使われている。とりわけ選挙となれば、国政、地方の選挙にかかわらず、各政党もしくは候補者は社会保障や介護の課題等と連動させながら、マニフェストの中に福祉の問題をふれずには戦えないといった状況でもある。都道府県庁、市役所、町村役場に行けば福祉関係の部局が置かれ、日常の生活においても我々の私的な生活領域に入り込んでいるのである。そうした日常に加えて大学や専門学校の高等教育機関や学問の世界において、「福祉」「社会福祉」の分野は児童福祉や老人福祉、障害者福祉、地域福祉、医療福祉等々、そして「国際福祉」「福祉社会」や「社会国家」といった概念も頻繁に使用されている。つまり「福祉」「社会福祉」という言葉は現代社会において優に市民権を得ているのだ。いや、それ以上に我々の身体に染みこんだ言葉として定着しているといってよい。しかしこの言葉は、一九世紀中葉頃からの歴史があり、また同義的な「慈善」「博愛」「救済」「社会事業」「厚生」という言葉の歴史もあり、戦後になって、福祉、社会福祉という言葉が一般的に使用されていくことになる。そして一九七〇年頃に「福祉の時代」「福祉元年」といわれ、世に流布されていったが、歴史的には比較的最近のことである。

かかる状況を鑑みるとき、何故に社会福祉は現代社会に登場し、制度として組み込まれ、言葉として定着していったのか、すなわち我々の生活に入り込んできたのか。少々迂遠な方法かもしれないが、その歴史的経緯を見ておくということは、社会福祉学やその歴史である社会福祉史（事業史）だけでなく、近代の歴史を学ぶものにとって意味のないことではない(2)。そのとき、福祉や社会福祉という言葉でなく、慈善や博愛、救済、社会事業、厚生といった言葉が戦前の日本においては一般的に使用されてきた。しかして社会福祉という言葉が使用されるのは日本国憲法第二五条の条文にもあるように第二次世界大戦後のことである。しかし慈善といった言葉は今もしばしば使用されるし、社会事業、救済や厚生といった言葉も死語になったわけではなく、一般的でなくとも使用される場合もある。「言葉」はその時代時代において使用され、それが流布し人々の間に定着していく。つまり社会福祉という言葉の系譜として、慈善、博愛、救済、感化、社会事業、厚生といった用語が存在してきた。また、その言葉の内容には公的なものから民間、公共団体等の内容を包摂している。そしてそれらは単線的に発達してきたととらえるべきではなく、時代の特徴的な、「時代の言葉」として存在してきたという事実にすぎない。「福祉国家」や「福祉社会」という概念があるが、国家もしくは社会の福祉は多様な構成物から成り立っている。つまりさまざまな重層的な構造のなかで、それらが様々な組み合わせをしながら時間軸の中で変容し存在してきており、その時代の経済的・政治的かつ文化的背景の中で展開してきた。換言すれば、社会福祉という概念も長い歴史的スパンからみていくと、普遍的なものでもなく様々な変容を遂げながら未来に向けて変容していくものである。

二　社会福祉の登場

「人間は社会的存在である」とは言い古された自明の定理であろう。洋の東西を問わず、太古から一人で生活してきたのではなく、「家族」をつくり、「村」や「町」をつくり、「都市」をつくり、人としての営みを行使してきた。いにしえから現代に至るまで無数の営みがあり、そこには共同体的かつ相互扶助の営みが存在してきた。人間は生まれ、そして老いてゆくまで往往にして多くの労苦災厄に遭遇し、また苛まれながら生活し一人立ちするまでに家族や共同体、国家から護られる。我々は生きるために生産活動をしていくが、老いによってそれは疎外される場合もある。また身体や精神の障害によって日常生活がままならぬ場合もあるし、時には病んで床に臥す場合もあろう。あるいは戦争や自然災害に遭遇し、生活破綻が生じる時もあり、経済的かつ政治的原因によって生活困難に直面する時もある。そうしたとき人々は智恵を出し合いながら、生活を守るために自分たちの生命を守ってきたのである。自助、公助、そして共助といった公式、非公式をとわない様式が存在し、今後もあり続けるであろう。

もちろん、そうした日常の営みを護ることは政治の課題でもあった。古代からその規模は小さくとも、またその範囲は狭くとも法や掟をきめて人々を治めてきた。時にはそれは権力の行使として機能してきたことはいうまでもない。それぞれの時代においてその時々の権力が人々を護り、統治し、あるいは時には抑圧もしてきた。そうしたなかに人々の暮らしは存在してきたのである。自然の驚異もあり、自然への畏敬、人々の苦悩が宗教をも生み出した。それは古代ユダヤ教をうみ、紀元前後にイスラエルのナザレの地に「愛」を説いた人が現れ、人々を罪から救い、またインドの地に「生老病死」といった苦から人の輪廻を説いた人物が現れて人々の苦悩を救済していった。東アジアに目を転じると中国では儒教が大きな影響力をもち、その役割は政治的なイデオロギーとして機能もした。そうした教えを信じることによって人々は物質的のみならず精神的にも救済されていったのである。

近代に入ると、西洋のキリスト教国に於ては神の一元的支配から解放され、これまであった人々の紐帯は抱懐し、個人個人が解体され、デカルトの「我思う故に我あり」に代表されるように、人間が考える主体として登場することになる。そしてカントが考える主体として理性と道徳を考察し、ルソーらによって人間同志の契約を社会や国家と結ぶ主体としての人間が据えられたのである。しかしその契約も絶対的な力とはなり得たわけではない。「最大多数の最大幸福」といった功利主義的な思考が支配していく。しかし近代を席巻した功利主義的思考方法や実証主義に対して、価値や道徳、善という概念が浮上してくる。「神は死んだ」と述べたニーチェの思想は、現代に生きる我々の今を予言するものであった。神にかわるものを我々は果たして何にもとめていこうとするのだろうか。そこにはあくなき人々の生への希求があるはずだ。人々は何のために生きているのか。社会は何を基準にして構成されるのか、あるいは正義とは何か、といった哲学的かつ倫理的価値は普遍的に存在し、また、それはとりわけ往々に時代の変革期において勃興する。たとえば社会福祉の分野においても、社会福祉の原論の不在的状況と合致して、経済学者のアマルチア・センの考え方が評価されたり、ロールズの正義論やアーレントの公共哲学、あるいはサンデルの政治哲学に関心が集まっていくのも現在が一つの時代変革の節目、換言すれば福祉哲学への渇望の反映かもしれない。

議論をさらに福祉に戻してみよう。資本主義の勃興とともに、中世的世界が解体し近代国家が形成されていく。近代西洋の思想からは社会的弱者を国家が救済していくという役割が要求されてくる。社会の安定装置として、社会から逸脱する人々を包摂していく思想が登場する。一方、民間の自発的な慈善活動は宗教的な動機や博愛として展開されることになる。そして旧来の相互扶助や組合運動、団体・組織の中の活動をとおして人々の福祉を護っていくことになる。他者への関係は時には差別的に、時には愛他的に展開されていく。それが近代であり、その過程が近代化である。二〇世紀にいたり、生存権や社会権の発露により、国家によって法律が制定され、福祉国家の概念も登場し、「社会の発見」や「民主主義」「自由」「平等」の思想を背景に、社会福祉が成立していくことになる。

三　近代的福祉の登場と言語・メディア

日本の近代化において、具体的には開国から明治維新へと展開していく過程で伝統的なものの多くが解体されていった。江戸時代にあったものは近代の組織に再編成されていく。長いあいだ機能していたものは新しいものに姿を変えていくことになる。西洋的な「慈善」の思想が入り、キリスト者を中心に慈善事業が勃興していく。もちろん伝統的な仏教の「慈悲」や「博愛」の思想が近代社会に登場してくる。その人たちの多くは宗教家や篤志家であった。人々は社会的弱者に向けてさまざまな手段でもって救済の手を差しのべていった。それが多くの慈善事業として結実していったのである。

我々が生きている社会では、人々の行動を左右するイデオロギーも存在する。それを媒介していくのは言語であり、それを流布し広めていく手段の一つに新聞といったメディアがある。そのメディアという手段を巧みに利用した慈善家もいた。たとえば石井十次である。一八九六年、彼は新聞を「文明の器機」と捉え、『岡山孤児院新報』を発刊するとき「事業と新聞とは猶ほ恰も船と蒸気器関との如し」（六月一二日）、「新聞は此世を支配する能力の化権なり　筆は剣なり剣は権なり」「『孤児院新報』は実にわが岡山孤児院の羽翼なり」「わが岡山孤児院はこれより一大飛揚をなして全世界を横行すべし」（六月二八日）云々と述べている(3)。また音楽幻灯隊（後に活動写真）を結成し、時には写真を利用し視覚から民衆の目に孤児の姿を焼き付けた。そこには計算されたカメラアングルや意匠がある。同じように救世軍も音楽や『ときのこゑ』という活字媒体でもって街頭に、そして遊廓に入っていった。救世軍はこれを「紙の弾丸」とも表現したし、紙面には時代と社会を映す挿絵が掲載されていた。また明治初期から中期においてはまだ極北の辺境でもあった北海道を舞台に、数千にも及ぶ囚人たち、そしてその「囚われ人」への福祉を増進するために監獄改良事業に献身した人々、具体的には原胤昭や留岡幸助らの「北海道バンド」と称する一団である。彼等によって「同情会」という組織が結成され、そして『教誨叢書』『獄事叢書』といった雑誌が刊行されたのである。とりわけ『教誨叢書』は、時には「図書館」の役割を果たし、教育の機会が与えられなかった囚人、あるいは更生後の生活を考えた活字媒体でもあったし、これもメディアという近代の生み出した重要な産物でもある。

こうした明治二〇年代から社会福祉の歴史に於て、主に新聞や雑誌をとおしてその社会や対象者の実態が知らされていったのであり、それは慈善家や博愛家の言説が社会に発信されていく過程でもあった。換言すれば慈善や博愛・社会事業といった言葉が流布し、定着していく歴史であったといえるだろう。こうしたプロセスは社会事業の専門誌や関係紙誌に限られたものではない。一般のジャーナリズムを媒介にして、慈善や博愛、救済、社会事業といった言葉が、人々に定着していく歴史でもあったのである。そこには近代のもう一つの側面が語られ、表象されていくことになる。

四　本書について

本書はこれまで筆者が書いてきたものの中から戦前に刊行された雑誌や新聞に関する論考を集めて編んだものである。そこでは二つのジャンルに類型化される。一つは社会事業関係の雑誌分析と二つ目は一般紙誌をとおして社会事業関係をみていく場合とである。しかし前者において対象としたのは社会事業の専門誌と称される中央慈善協会の機関誌である『慈善』（『社会と救済』『社会事業』『厚生問題』）や大阪の救済事業研究会の機関誌『救済研究』（『社会事業研究』『厚生事業研究』）といったメインな雑誌でなく、『岡山孤児院新報』『人道』『博愛月報』等の主に施設機関誌が中心である。そして北海道での監獄改良を指向した同情会の機関誌『教誨叢書』や『獄事叢書』、そして救世軍の機関紙『ときのこゑ』といった、どちらかといえばマイナーかつ周辺的なものである。そして後者においては『七一雑報』や『六合雑誌』、『六大新報』といった仏教やキリスト教の一般紙誌を対象とし、それらから明治から大正時代に於て慈善や博愛、救済、社会事業といった言葉や事項が如何に表現されていったか、を論じている。しかし如上の時代と言葉に関しての本格的な研究ではなく、それに向けての基礎的な研究であると理解していただきたい。そしてここには近代日本のもう一つの面が表象されており、換言すれば「もう一つの近代」、もしくは「もう一つの日本」が表現されていると思われるのである。したがって近代の歴史研究が見過ごしていた分野、視点がここには存するはずであるし、少し大風呂敷を広げると、かかる課題を解くことによって近代の総体がみえてくるのではないだろうか。

近代が必要とした慈善事業（家）、社会事業（家）とは如何なるもとで形成されていくのだろうか、また慈善や社会事業といった言葉は如何なる中で人々の間に浸透していくのだろうか。さらにその言葉は近代という時代に如何なる意味を形成していくのだろうか。単に国策の法や政策のみならず、知識人、一般の民衆の中に浸透し形成されていくのか、そしてその時代を形作っていったのだろうか。そうした素朴な疑問が私を社会福祉の歴史研究にかりたて、継続してやっているメインなモチーフかもしれない。

しかし社会事業関係紙誌をよむということ、あるいは一般紙誌からその記事に焦点をあててみることの意味はいったい何なのか、当初からそれを意識的に研究していたのではない。第五章の『六合雑誌』に関する論文は、筆者の初期の研究であり、偶然にも雑誌研究との出会いであったに過ぎない。一つの雑誌から慈善、博愛や社会事業が如何に報道されてきたか、これは人々に、慈善・博愛・社会事業を認識させていく一つの大きな手段であろう。もちろんそこには新しい史料探索といった歴史論文を書くときの常套的手段があったことは当然だが、研究対象を選んだ理由には如上の問題意識が潜在的に在ったことは確かである。そしてもう一つのモチーフがあるとすれば、それは歴史に生きた社会事業家たちの言動に大きな興味を抱いていた。それが雑誌研究とも連動していくのだが、主にそうした言説を発表したのは社会事業家であり、少なくともそれに関心を抱く人々である。こうした論文をここでまとめ上げて上梓するものである。

既述したが、こうした研究は今になって考えると社会福祉の歴史のみならず、近代史の違った側面を垣間見ることができるようにも思える。もちろんこれは社会福祉史の特徴ともいえるのだろうが、行間の言葉から我々は近代日本の深層に深く沈殿している民衆の実態、息吹をよみ取ることができるのである。それは名も無き民衆、貧困、孤児、女性、囚人、病者の声である。否、それだけでなく彼等に対する差別の視線や権力、抑圧の声かもしれない。排除と包摂の連鎖、偽善と慈善の交錯した社会の実態かもしれない。そうした可能性をあらためて自覚できたようにも思えるし、精緻な論証はできていないが、「基礎的な研究」として将来の研究の可能性を見いだせる思わぬ副産物でもあるように思えた。ただ周辺に係わる雑誌の紹介的なものになっているものも多い。しかし、近代日本においてこうした雑誌があり、このような雑誌をとおしてよみ解いていくことはもう一つの近代日本の姿でもあり、それを全体の文脈に位置づけることによって、近代史が豊かになっていくことと思われる。

五　社会福祉の歴史研究への一視座

社会はその時代の文化や政治の状況の中で、一定の慈善や社会事業を展開する。とりわけ近代資本主義社会においては、光輝く西洋という文明社会と裏腹に、社会問題と生活問題が登場し、多くの人々が生活困難を余儀なくされていく。そしてその生活を守るために国家政策だけでなくさまざまな支援組織が生み出されていく。その支援組織の主体は大きく分けると国家、公共、民間となろう。つまり前近代に行われていた社会の組織は一旦解体されて新しく近代的に再編されていく場合があり、また新しいシステムが生み出される場合があり、そして伝統として残っていく場合もある。この中で公共的なもの、あるいは民間の慈善事業的なものが生じていくことになる。

たとえば幕末からの連続面からとらえると、二宮尊徳の教えの系統としての報徳社、秋田感恩講といった結社や民間救済組織、また明治初期において、滋賀県の伊香相救社（一八八一）や鳥取県の奨恵社（一八八二）といった地方の自発的な救済組織があった。こうした組織はもちろん、「楽善会」（一八七五）、西南戦争時の博愛社（後の日本赤十字社）、仏教の福田会（一八七八）、石井十次の孤児教育会（一八八七）や小橋勝之助の博愛社（一八九〇）、神戸孤児院の前身たる貧民救済義会（同年）といった事業団体もそれと共通する性格を保持している。それは監獄改良を目的として「同情会」（一八九二）、「大日本仏教慈善会財団」（一八九九）、「祖風宣揚会」（一九〇三）、家庭学校の「人道社」（一九〇五）、渡辺海旭の「労働共済会」（一九一五）等も広義において近代の組織としてあるのである。

こうした組織は日本各地に創設されていったし、また「結い」や「講」といった共同体の互助組織も存在したのである。協同組合やキリスト教関係なら各地の禁酒会、矯風会の組織、ＮＰＯ、非営利組織が出来、人々の生活支援を行っていったことも考慮していかなければならないだろう。国家のみならず、民間の創意によって創設されたこれらの組織や団体は先の雑誌刊行とともに、民衆の自発的な（可能性を含めて）社会への活動として評価していくことが必要ではなかろうか。近代社会における諸組織の多様な営みを見ていく必要があると思われ、上述した福祉の重層的な位置付けが明確になってくるように思われる。

そして上述の組織と深く関連するが、それを中心的に進めていった人物の存在を忘れることができない。それは石井十次、留岡幸助、山室軍平、原胤昭、赤松連城、渡辺海旭といった著名な人物だけでなく、協力した有名無名の人物、そしてそれを支えた多くの民衆たち、その存在を忘れてはいけない。彼らの事業と思想を解明していくのも重要である。それは今につながる作業でもあり、今後の社会福祉の在り方を考えていく時のヒントにもなることはいうまでもない。

六　近代日本の光と影——方法としての社会福祉の歴史

以前、拙著『留岡幸助の研究』を上梓したとき、「留岡幸助とその時代」「方法としての社会福祉史」(4)という言葉を使った。そのとき、私は留岡幸助という人物でもって日本の近代をみたときこれまでと違った歴史がみえるのではないかと大胆に考えた。留岡という社会事業家をフィルターにかけて近代を見たとき、従来の歴史学では見えなかったものが見えはしないか、当時私も何らそれについて確信があったわけでもないし、またそれについて明快な回答を得たわけではない。ただ漠然としてその必要性を感じていたにすぎない。近代日本が「文明」への憧景として、西洋化や近代化を国家機略として断行していった歴史、換言すれば「坂の上の雲」として目標を置いた国家の歩みには、輝く「光」として「文明」が存在する。しかし当然、そこには光の当たらない「影」が存在する。その「影」を包み込みながら、近代日本は「雲」をめざして歩んできたのである。その「光と影」の実態を近代日本の歩みのなかで考察していかなければならない。

たとえば近代日本の軽薄な文明の有り様に批判を加えた人物の一人に文学者北村透谷がいる。彼は一八九〇年代に「慈善事業の進歩を望む」という論文を書き、その中で「行いて家々の実情を看視せよ、天寒むく雪降れるに暖かき火を圍みて顔色ある者幾家かある、彼等が帰り来れる主人公を慰めん為めに供ふるの肉幾片かある、妙齢の少女頬に紅ゐなく、幼少の児童手に読本なくして路傍に彷徨する者の数、算ふ可きや、母病めるに児は家にありて看護する能はず、出で丶其の日の職業を務むれども医薬を買ふの余銭なし、共に侶に死を待ちつ、若くは自らを殺しつ、死を招き、社会は其の表面が日に月に粉飾せられ壮麗に赴くに関せず、裡面に於いて日に月に腐敗し、病衰し、困弊するの状を見る事、豈に偶然の観念ならんや」(5)と、この近代化の不可視の部分を直視する。それは近代国家という聞こえの良いイデオロギーの中で、人々の生きる本当の姿への直視であった。それを彼は見逃すことが出来なかった。そして「慈善は施与のみを意味せず、同情を以て真目的となすなり」「是を救ふ者奈何、曰く同情のみ。同情。同情。同情によりて来らざるの慰藉はなし」(6)としたのである。それは一種の祈りとも似た思念、魂の叫びでもあった。

留岡幸助の実践の場、監獄や非行少年感化事業の場たる家庭学校、慈善事業の現場は近代にとっていかなる意味があるのか。また原胤昭らと共に「同情会」という団体を創設し、「監獄」につながれた人々に対する支援を呼びかけていくが、その「同情」の意味は何なのか。また山室軍平の救世軍活動、「娼婦」や「病人」ら多くの底辺の人々に生くるための施設や支援団体を立ち上げた実践は、近代社会においていかなる意味をもっているのか。石井十次は多くの孤児を養育し、世に送り出しているがそうした彼の養育や教育実践は、国や社会、そして家庭から疎外された子どもの生涯にとって重要であったが、全体からみればどういう意味があったのか。同じように小橋勝之助・実之助兄弟の活動はどうであったのか、多くの社会事業家と呼ばれた人たち、それは内外に及ぶのだが、そうした人々をいかにとらえていくのか。何故に彼らはそうした生き方をしたのか、そしてせざるを得なかったのか。このような素朴な疑問に答えていくことが私の関心事でもある。

歴史の中での「大きな物語」の有効性が喪失した今、どこに歴史叙述の方法、方向を見出して行こうとするのか。それは我々自身の問題意識をいかに対象化していくかということにほかならない。社会福祉史を専攻している私にとって、人間と社会という普遍的な課題に向けて問題を投げかけていくことは当然である。「人間と社会との交互作用」という言葉があるが、そこには人間とは何か、社会とは何か、といった普遍的課題が存在する。そしてその二つが織りなす文化といった概念が交差し、トライアングルもしくは重層化した状況が出来上がる。生きること、それが社会的であること、そして何らかの文化状況を背景のもとに存在すること、この構造を問うていく作業が要求されるのである。

社会福祉の歴史は福祉現象の歴史的分野を対象とする学問の一つであるとともに歴史学の一分野でもある。したがって、これからいかにして全体性と関連付けていくかが問われなければならない。個別社会事業の歴史の方法論も未定立の状況の中で、それを全体の中にいかに位置づけるか。それができないと本当の社会福祉の歴史にならないのかもしれない。単に歴史の一片を切り取っただけに過ぎないのであろう。

本書はそうした作業をしていくための序論的なもの、もしくは基礎的な研究であり、この課題に対しては、後日、まとめてみたいと考えている。したがって、いってみれば本書は筆者の二〇代から、新聞や雑誌を対象にして書いた論文をまとめたものである。本書各章における初出論文については「あとがき」を参照されたい。

「社会福祉は歴史的産物である」としばしば言われる。それは現在の社会福祉の総体が普遍的なものでなく、相対的概念であるというあたりまえの認識が存在しているからである。したがって社会福祉の本質を見極めていくことにおいて、当然、社会福祉学は歴史を軽視してはいけない。「History without political science has no fruit; Political science without history has no root.」、この文章はケンブリッジ大学のジョン・シーリー教授が一八八五年の講義において語った言葉であるということである(7)。この政治学を社会福祉学に置換してみると、「History without social welfare has no fruit; Social welfare without history has no root.」となる。まさに「社会福祉学なき歴史に果実なく、歴史なき社会福祉学に根柢なし」ということになろう。いま、社会福祉学は歴史なき学問へと進んでいく危険性を持つ。

慈善や博愛や社会事業といった言葉は、その時代における文化的産物でもある。その言葉は時間という軸と空間という軸とが交差した中に存在しているのである。その時間的かつ空間的枠組みに中に現在があるとするなら、そうした概念は歴史的相対的概念でもある。「今、ここ」という現在を時間と空間の中に位置づけることへの認識、社会福祉学が実践的意味を色濃く有しているからこそ、その認識が要求されるのである。「社会福祉は歴史的産物である」と、しばしば言われるが、それは我々が時間と空間の「今、ここ」にいることの認識、相対的な位置であることを再確認することにほかならない。

【注】

(1) ノーマン・バリー著、齋藤俊明他訳『福祉――政治哲学からのアプローチ』(昭和堂、二〇〇四)一頁。

（2）本書では、社会福祉（史）や社会事業（史）という言葉を使用しているが、厳密に区別して使用はしていない。慈善（事業）家や社会事業家についても同様である。
（3）『石井十次日誌（明治二十九年）』（石井記念友愛社、一九六七）におけるそれぞれの段。
（4）拙著『留岡幸助の研究』（不二出版、一九九八）一九頁。
（5）勝本清一郎編『透谷全集』第二巻（岩波書店、一九五〇）三四三頁。
（6）同右、三四七―三四八頁。
（7）石田雄『近代日本の政治文化と言語象徴』（東京大学出版会、一九八三）五頁。

第一章　近代日本の監獄改良

第一節　「北海道バンド」と『教誨叢書』

はじめに

江戸時代、「蝦夷」と呼ばれ北の果てに位置していた北海道は、明治維新とともに大きくその性格を変えていくことになる。それはロシア南進への防御の政治的な国境の地とし位置づけられ、政治的意味合いが付与される。その一方で、開拓の地として多くの人々が新天地を夢見て津軽海峡を渡っていった。そして明治政府は原住民アイヌの人たちを開拓の労働力として利用するといった計画も浮上したが、開拓の過程において軋轢も生じた。一方、行刑制度も開拓政策の一環として明治一〇年代の中頃から、大きな変革をよぶことになる。つまり北海道等に集治監を設置していくという策が実行されていくのである。かくて北海道には樺戸集治監や空知集治監が設置され、囚人たちを開拓、とりわけ危険かつ重労働を余儀なくさせる道路開鑿や鉱山労働への使役に利用していくという構想が浮上する。それを画策したのは当時の内務卿伊藤博文である。後述するように有名な山県有朋の「苦役本分論」や時の内閣大書記官金子堅太郎の方針に示されるように囚人をきわめて危険な作業に利用していくという、人権を無視した非道な処遇が行われたのである。開拓とこの過酷な囚人労働、「一石三鳥」といわれた政策が明治二〇年代にかけて断行された(1)。換言すればここに北海道諸集治監における行刑の不幸が存したのである(2)。

こうした中で、北海道において集治監での教誨活動も行われるようになり、開明的な典獄であった大井上輝前の尽力もあり、初のキリスト教教誨師として原胤昭が着任する。この原の成功によって、留岡幸助をはじめとして主に同志社出身のキリスト教教誨師たちが北海道に集結し、教誨活動のほか、監獄改良、囚人労働の廃止、あるいはキリスト教の伝道活動等で大きな足跡を残すことになる。いわゆる「北海道バンド」（生江孝之）というキリスト教徒の一団であった。ここに大井上輝前や原胤昭、留岡幸助が中心的存在として活躍していたのだが、彼らは上述の業績のほかに、一八九二（明治二五）年に『教誨叢書』（当初は『同情』）を、そして九四（明治二七）年には『獄事叢書』という雑誌を刊行する(3)。

ここでは最初に刊行された『教誨叢書』についてみていくことにする。この雑誌を厳密には社会事業雑誌と称することができないかもしれない。しかしこれに関わった中心人物は原胤昭や留岡幸助であり、またキリスト教教誨師たちの多くは後に社会事業の領域に進んだ人も多く、掲載された内容にも慈善事業のほか、更生保護事業といった現在の司法福祉の領域に関係するところも少なくない。加えて明治時代に於て日本の二つの暗黒が「監獄と遊廓」とも呼ばれたように、監獄改良事業は社会問題対策としての性格、あるいは人権問題としても問われなければならない課題を包摂していたのである。その意味で明治中期において、ある種の社会事業に関わった雑誌と言ってもよかろう。ところで『教誨叢書』は刊行されたと思われる四八号のうち、その六割くらいしか発見できていない。しかし、当時の政府が監獄改良に不熱心で根本的な改革が出来ないところ、「囚者の心意を開拓肥饒せん為に、教誨叢書なるものを月刊し、彼等の心性を涵養せんことを務むる」(4)として刊行されたこのユニークな雑誌は初期の北海道での監獄改良事業のみならず、日本の社会福祉の歴史、キリスト教史、北海道史、行刑史等においてもきわめて重要なものである。ここでは該誌の書誌的な考察と代表的な記事や論文を垣間みながら、その内容について紹介していくことにする。

一　北海道開拓と集治監の設置、そして「北海道バンド」

（一）北海道開拓と集治監

さしあたってこの集治監の歴史についてみておくことにしよう。明治政府は一八七二（明治五）年一一月に「監獄則並図式」（太政官布告）を頒布した。しかし「佐賀の乱」（一八七四）、「神風連の乱」「萩の乱」（一八七六）、そして七七年の「西南戦争」の勃発による自由民権運動の高揚、それらによる多くの囚人を如何に処遇していくかという課題が登場することになる。そして政府は八一（明治一四）年九月に「改正監獄則」（太政官達）を出し、翌年から施行していく。その規則の中の一つに集治監の設置があった。維新以来、北海道の地は開拓の地として位置づけられていたが、そうした中で北海道等に集治監を創設する構想が登場し、これが北海道開拓という明治国家の方針と相俟って展開していくことになる。

最初の集治監である樺戸集治監は一八八一（明治一四）年に設置され、初代典獄に就いたのは月形潔である。空知集治監は翌年に設けられている（初代典獄は渡辺惟精）。当時内務省御用掛大井上輝前が釧路集治監の初代典獄に就任したのが、八五年九月のことである。この頃より内務卿山県有朋の訓示に代表される「苦役本分論」、すなわち「抑監獄ノ目的ハ懲戒ニアリ、教誨訓導以テ防遏遷善ノ道ニ誘フベキコト素ヨリ司獄ノ務ムベキ所ナリト雖モ、懲戒駆役堪ヘ難キノ労苦ヲ与ヘ、罪囚ヲシテ囚獄ノ畏ルベキヲ知リ、再ビ罪ヲ犯スノ悪念ヲ断タシムルモノ、是レ監獄本分ノ主義ナリトス」(5)という方針が流布し、囚人の使役労働、とりわけ外役労働がこの地で行われることになる。さらに金子堅太郎は八五（明治一八）年七月から二カ月余、北海道内を視察し、「北海道三県巡視復命書」を提出している。その中で囚人を道路開鑿に使役することにつき、「彼等ハ固ヨリ暴戻ノ悪徒ナレバ、其ノ苦役ニ堪ヘズ斃死スルモ、尋常ノ工夫ガ妻子ヲ遺シテ骨ヲ山野ニ埋ムルノ惨状ト異ナリ、又今日ノ如ク重罪犯人多クシテ徒ラニ国庫支出ノ監獄費ヲ増加スルノ際ナレバ、囚徒ヲシテ是等必要ノ工事ニ服セシメ、モシ之ニ堪ヘズ斃レ死シテ、其人員ヲ減少スルハ、監獄費支出ノ困難ヲ告グル、今日ニ於テ、万已ムヲ得ザル政略ナリ」(6)云々と記されており、囚人を人間扱いせず、人権を無視した余りにも経済合理主義で貫徹した非道な処遇が断行されていった。このように北海道に各集治監が建設されていくことになる背景には、北海道開拓における囚人の利用があった。

(二)「北海道バンド」をめぐって

ここでこの北海道での監獄改良事業が如何に評価されてきたかをみておこう。竹中勝男は日本の社会事業の起源を八つの分野に分類し考察しているが、その二番目に次のように論じている。「ベリー、原胤昭及び明治二十年代に北海道集治監に教誨師として赴任せし同志社卒業生留岡幸助、大塚素、水崎基一、牧野虎次、山本徳尚、松尾音次郎等及び当時典獄たりし有馬四郎助、基督教伝道者たりし生江孝之、救世軍釈放者保護事業及之に関係を有したる村松浅四郎等が、監獄改良、教誨事業を出発点として釈放者保護事業、感化教育事業、一般社会事業に関心するに至り、その開拓者的位置を持つことに至つた事」(7)と指摘し、この事業を日本のキリスト教社会福祉史の草分け的な一つに位置づけている。またその一員でもあった生江孝之はかかる教誨師たちの一群を「北海道バンド」(8)と称したことは有名である。生江はこれらの人々を「大井上典獄の下に監獄改良を主眼として集つた十名内外の基督教教誨師の中より、其の後社会事業の発達に多大の貢献をなしたもの、出でたのは恰も他の三団体の中より他の方面に貢献したものを出したのと何等軒輊はないのである」(9)と論じ、キリスト教史に燦然と輝く札幌・横浜・熊本の三大バンドと同等の評価をする。そしてこの「バンド」を形成する初期の中心人物としてベリー、大井上輝前、原胤昭、そして留岡幸助がいたのである。

（三）J・C・ベリーと原胤昭

「自叙伝」[10]によれば、ベリー（J. C. Berry 一八四七～一九三六）は米国メイン州で生まれている。彼は一八歳の時、受洗しキリスト教の伝道、奉仕活動をする。ジェファーソン医科大学を卒業し、アメリカン・ボードの海外伝道への派遣によって日本を訪れたのは、一八七二（明治五）年五月である。来日したベリーは兵庫県令神田孝平から兵庫県立病院の就任を要請され、兵庫県下に多くの施療所を設置し、一方、日曜学校を設け、宣教活動をも併せて実地した。そして、ベリーは日本の監獄の実態を知ることになり、その改良に向けて活動を開始することになる。ベリーは七六年、内務卿大久保利通に有名な「獄舎報告書」を提出し、日本の当時の劣悪な「監獄」の改良につき多くを指摘する。神戸教会の前田泰一を神戸監獄の教誨師として招聘し、囚人伝道を開始したが、これがキリスト教教誨師の一番早いものである。その後、「新約社」という囚人の団体組織を形成せしめ、兵庫仮留監での坂部寔との出会い等によって播かれた初穂が、北海道の監獄改良に繋がっていくのである。

原胤昭（一八五三～一九四二）は江戸八丁堀、佐久間健三郎（健叟）の子として生まれ、原家の養子となった[11]。与力の家で育ち、原も与力の職を継いでいる。一八七四年、宣教師・カロザース（Carrothers, Christopher）より洗礼を受け聖書の販売店「十字屋」を開業し、翌年『東京新報』を発刊し、また七六年には「私立原女学校」を開校した。しかし八三（明治一六）年一〇月、天福堂主人と号して福島事件に関する錦絵を小林清親に画かせ、「天福六家撰」と題して刊行した。そのため三カ月の禁錮刑、罰金三〇円に処せられることになる。しかしこの三カ月に及ぶ監獄での生活によって、囚人の窮状と監獄の劣悪な環境を自ら体験することとなり、監獄改良や出獄人保護事業を志したと言われている。八四年、兵庫仮留監の教誨師となり、日本における「監獄改良の父」[12]とも称されたベリー（J. C.

Berry）と邂逅する。そして監獄改良の一環として彼は八八年四月、釧路監獄教誨師として赴任する。釧路時代、更生保護事業への着手や独特のカード方式で囚人に接していった功績もある。大井上と原は志において共鳴し教誨の成功は後の有能なキリスト教教誨師輩出の礎石となっていくのである。釧路集治監に赴任した原が最初に見たものは、集治監に程近い硫黄山での囚人労働であった。上述したベリーからも伝授されたキリスト教ヒューマニズムに根ざした彼の人間観は当然、劣悪な囚人労働の廃止へと向っていったのである。そこには同労者として内務省御用掛大井上輝前がいた。

（四）大井上輝前と留岡幸助

このベリーから大きな影響を受けて、原は渡道し教誨師として尽力していくのだが、ここでそのキーマンとなったのが大井上輝前という典獄である。「囚人に信頼が篤い」原を教誨師として釧路にとどまることを願ったのは大井上である。大井上輝前（一八四八〜一九一二）は愛媛県大洲で生まれている[13]。旧称は井上千城である。大洲の井上という意で大井上と称した。一四歳の時、サンフランシスコに渡り、三年間修行して帰国する。一八六九（明治二）年、箱館府弁官、翌年に開拓使大主典に任ぜられ、八三年、内務省監獄局に勤務することになる。八五年九月、釧路集治監の典獄に就任している。以降九〇年に空知、そして樺戸に移るまで、原胤昭と釧路において働きを共にするのである。たとえば、当時、危険きわまりない硫黄山での囚人労働を廃止したのも、大井上、原の功績であった。

こうした中で新たにキリスト教教誨師が要請され、北海道の空知集治監に招聘されたのが留岡幸助（一八六四〜一九三四）である。留岡は備中高梁の生まれで、少年時代、「士族の魂も町人の魂も神様の前では平等である」という教えを聞き感銘をうけ、キリスト教に回心していく。個人的迫害を受けた後、留岡は同志社に学び、ここで偶々読んだ本からジョン・ハワードという人物を知り、生涯を監獄改良事業に志す。同志社卒業後は丹波第一教会で牧師をしていたが、その時、大井上からの招聘の話がきたのである。高梁時代からの知己でもあり、教師でもあったベリー

北海道集治監教誨師拝命および退職期

	拝命年月	氏名	転任又は退職年月	転退職別
樺戸本監	1891・10	阿部政恒	1892・3	網走転任
	92・5	松尾音次郎	93・1	退職
	92・12	原　胤昭	95・11	連袂辞職
	93・8	水崎基一	95・7	釧路へ転任
	93・7	山本徳尚	95・9	網走へ転任
空知分監	91・5	留岡幸助	94・3	退職
	91・10	篠宮拯吉	92・4	同
	93・5	末吉保造	95・11	連袂辞職
釧路分監	88・4	原　胤昭	92・12	樺戸本監へ転任
	92・8	大塚　素	95・10	退職
	95・7	水崎基一	95・11	連袂辞職
十勝分監	95・3	牧野虎次	95・11	連袂辞職
網走分監	92・3	阿部政恒	94・10	退職
	94・7	中江　汪	95・8	同
	95・8	山本徳尚	95・11	連袂辞職

の推奨もあって、また「光は暗きを照らす」という彼のキリスト教観と連動し、一八九一（明治二四）年五月、教誨師として赴任することとなったのである。留岡の成功が、後の同志社の卒業生の一群となっていったと評してよかろう。留岡に続いた阿部政恒、大塚素、松尾音次郎、水崎基一、牧野虎次、山本徳尚といった人々がその後、社会事業や教育に携わっていくことを考えると、この一群の人々の活躍が如何に重要であったか言うまでもないことである。

ここでキリスト教教誨師たちの赴任と転任、そして退職、連袂辞職の時期について整理しておくと上表のようになる。

二　『教誨叢書』の発刊

（一）『同情』発刊の経緯

さて、ここで『同情』の刊行についてふれておきたい。ただこの雑誌は未見であり、内容についても不明である。この雑誌の件が最初に登場するのは、一八九一年秋のことであり、留岡が標茶にいる原胤昭との出会いを機に具体化していった。それを留岡の当時の日記「羈旅漫録」(14)からみておくことにする。

一八九一年五月、空知集治監に赴任した留岡はその年の九月二三日から一〇月二八日にかけて北海道、とりわけ道東方面に向けて視察旅行を実行する。当時標茶にいた原とは一〇月一〇日に会っている。そして二日後の一二日の日記には「原氏ト共ニ出獄人会社ノ設立及ビ雑誌ノ発刊等ニツキ、規則書及意見書ヲ造ル」とあり、一四日には「保護会及雑誌清農部落ノ趣旨書及規則書キ」に多忙であると認められている。そして留岡は原と別れ、同月二八日に市来知に帰宅する。二九日の日記には「分監ニ出デ、保護会社及雑誌等ノコトヲ詳ニ話ス」とあり、分監長の木下勝全は「大不賛成」とある(15)。しかし三〇日に出張し、課長の小野や小林に会い賛成の意を聞くことになる。また一一月一日には新渡戸稲造宅においてこの件について相談している。そして一カ月後の一二月二日には「小野田卓弥、阿部政恒ノ両兄ヨリ、同情雑誌、保護会ノコトニツキ徐々進捗スル様申シ越サレタリ」とあり、具体的に動き出していることが分かる(16)。翌九二年一月五日には大井上と相談し「万事能ク整ヘリ」とあり、かくて二月五日には「同情雑誌札幌ヨリ印刷シ来ル。一千部ナリ」とあるように、ここに同情雑誌の創刊号が留岡のもとに届いたのである。

ちなみに「同情第一号勘定（明治二十五年一月八日）」として次のようなメモがある。

一、十四円十六銭　前金六ケ月分、五十九人
一、四十銭　前金一ケ月一人
一、三十五円二十銭　八百八十二部（囚徒分）
一、一円五十二銭　三十八部
一、惣金此代　五十一円四十四銭　九百八十部(17)

このように『同情』は留岡の手元に約一〇〇〇部届き、その多くは囚人の手に渡っており、該雑誌が囚人を対象にしたものであることが分かる。さて、発兌された『同情』の「同情発行之趣意」についてみておくことにしよう。『教誨叢書』第五号（一八九二年五月）に掲載されたものに依拠している。

吾人此書を名けて同情と云ふ、同情とは何の意そ曰く、他人の困厄にあるや、己亦其難にあるが如く思ひ、他人

の喜楽するや、己亦其幸にあるが如く感ずるを云ふなり、誰にか同情する、曰く同情は天の吾人に賦与せし一の性情なり、吾人此性情を有す何ぞ其区域を限らん、天下の喜ふ者と共に喜び、哀む者と共に哀まんのみ、然れども萍零依る処なき彼の孤子、窓獄に呻吟する彼の罪囚の如きは、就中憐むへき者なれば、吾人は吾人の同情を、主として彼等に注かんと欲す、否吾人之を求むるにあらす、彼等の状態動機となりて、吾人の同情を喚起せしなり、然らば彼等の窮窟、彼等の饑渇に同情するか、然り吾人既に体躯を有す、豈彼等身体上の不自由を見て同情せざらんや、然りと雖も吾人の彼等に同情する、猶之より深きものあり何ぞや、曰く彼等の霊性の堕落、悪欲に縛せられたる、心魂の不自由に同情する是なり、彼の孤子を見すや、教ふる者なく、導びく者なく、説く者なく、又諭す者なく、矇迷遂に罪悪を犯し、不義に陥り、社会の毒物となるにあらずや、又彼の獄客を見ずや、放逸漂蕩、憤怒制する能はず、私心御する能はず、私欲の奴となり、煩悩の擒となり、遂に徳を破り法を犯せし者にあらずや、其体躯の苦痛固より同情すべし、然れども此心霊の困厄、誰か豈深く同情せさらんや、吾人今彼等の困厄の日に方りて同情す、故に復彼等と喜楽の日に同情せん事を希ふ、之を希ふが故に、吾人は彼等の心霊を欲悪の束縛より放ち、迷妄を晴らし、其徳を建て其人物を改良し、真正幸福の域に、彼等を進めんと欲して止ます、是れ叢書の生れし所以にして、又此書の負荷する責任なり

このように「吾人今彼等の困厄の日に方りて同情す」とし、「同情」の意味についての言及がある。また「吾人は彼等の心霊を欲悪の束縛より放ち、迷妄を晴らし、其徳を建て其人物を改良し、真正幸福の域に、彼等を進めんと欲して止ます」と、この雑誌の刊行目的について表明している。

『同情』誌は当初札幌で印刷されて刊行されたようで、釧路にいる原胤昭と連絡を取りながら、その業務に当たったのは留岡であると思われる(18)。彼の三月一五日の日記には「同情第二号来ル」とあるが、四月から九月まで日記がないので『同情』についての言及をこの日記からは残念ながら窺えない。留岡は後にこの雑誌について「当時は監獄の改良も幼稚であつたから、囚人看読用の書物としては其種類のきわめて少なかつた時になるが故に、殊更にか丶

る雑誌は長期刑に処せられた囚人の為には必要欠くべからざるものであつた」、そして「『教誨叢書』はこれらの集治監にいる数千人の囚人が毎月大旱に雲霓を望むがごとく、待ちに待つたものである」(19)と回顧している。

（二）書誌的考察と同情会

この雑誌の全てを渉猟したのではなく未見の分もあり、可能な限り雑誌の全容に近づくためには『監獄雑誌』『獄事叢書』等により目次を、『基督教新聞』や留岡の『日記』等からその関連記事を拾っていかざるを得ない。『基督教新聞』第四四八号（一八九二年二月二六日）によれば「『同情』といふ雑誌を今回北海道市来知監獄の教誨師諸氏の手によりて囚人の為めに発行したるよし、其第一号は三千四百十五部印刷したるよし向後平均三千部の印刷を見込なりといふ」とある。誌上には勧話、経済、理学、作文、読方等の諸欄があって「勧善の読本」のみならず「初等教育の一端」をも企図したものである(20)。執筆者の主たるものは彼の「北海道バンド」のメンバーである。『同情』誌は八〇頁程度からなっている。『同情』が発兌されたのは一八九二（明治二五）年一月のことであり、同情会より刊行されており、この会の中心人物は原胤昭である。

では、この同情会のメンバーは如何なる人々であったのだろうか。『監獄雑誌』第五巻第一〇号（一八九四年一〇月三一日）掲載の「獄事叢書に就て」という論文では「同情会の会員は重もに典獄、分監長、書記、看守長、教誨師、医師、看守等即ち北海道集治監に奉職せらる丶所の諸氏を以て成る」と記されている。同情会の事務所は連袂辞職後は東京（渋谷宮益町三八番地）に移る。またこれは連袂辞職後の記録ではあるが、一八九六年八月、東京富士見軒で留岡は清浦奎吾と三好退蔵と会合を開いた際、日記に同情会員として記しているのは以下の人々である(21)。

阿部政恒、小野田卓弥、丹羽金二郎、四宮知萬、留岡幸助、篠宮極《ママ》吉、宮部金吾、新渡戸稲造、大島正健、石井十次、田中助、斉藤寛行、工藤悦太郎、松尾音次郎、末吉保造、大塚素、水崎基一、鬼丸丑蔵、コルチス、有馬四郎助、土居勝郎、千石徹、高山幸男、八田哉明、畑一岳、山本徳尚、牧野虎次、大井上輝前、高木久、原胤昭、清水金蔵、荒木道純、有馬幸三郎、斉藤鉄之助、茂原茂、黒田留五郎、高倉平兵衛、根本績

ここには「北海道バンド」や北海道の監獄関係者を中心にして、宮部金吾、新渡戸稲造、大島正健らの札幌バンドのメンバー、茂原茂、黒田留五郎、高倉平兵衛らの丹波教会の人々、そして石井十次の名前も披見出来る。おそらくかかるメンバーの多くが『教誨叢書』や『獄事叢書』を支えた人々でもあったと思われる。ちなみに『教誨叢書』第五号の奥付によれば同情会事務所の住所は北海道樺戸郡月形村本町通壱番地となっている。

(三)『教誨叢書』の発行

さて一八九二（明治二五）年五月、『同情』は第五号から『教誨叢書』と改題されて刊行されることとなる(22)。その最初の号に相当する第五号には「教誨叢書発行の趣意」が掲載されている。それは「己れ共に囚る丶が如く囚者を念へ爾曹も亦身に在るが故に苦む者を念ふべし、との聖語に法り吾人は同志の友と会し名けて同情会と言ひ、世に最も憐むべき囚者の窮苦を救はんと計画し、其の一方法として本年一月より同情と題する教誨の書を出版したり、相次で第四に至りしが思ふ処もあれば爰に書名を改め教誨叢書となし第五輯を出版したり、故に前冊に掲げし趣意書を再び録して之を明瞭ならしめんと欲す」とあるが、このようにきわめて簡単である。そして「思ふ処もあれば」とあるが、その明確な理由は分からない。その刊行の趣旨は上掲のとおりであり、刊行目的のミッションは『同情』を継承している故からであろう。そして趣旨に引き続き「教誨叢書編輯の大要」として次のように記されている。すなわちこの雑誌の諸欄とその内容についての説明である。

教誨　監獄教誨をせらる丶諸氏の寄稿を録すべし

説教　各宗大家の説教を編輯すべし

伝記　古今卓絶の立志者非凡の善行者尊王愛国忠臣孝子の伝を編輯すべし
経済　人の活路は経済の法に因るより大切なるはなし故に文易く意味深く此の学理を説明すべし
勧話　道義宗教に係はりし短き話にて道に入る人の勧となるものを編輯すべし
理学　人世百般の事物は理科を離るゝものに非ず殊に開明の今世に於ては日に月に事は新に理は明に進む世にあれば人間処世日常の事物に係る物理を詳く説明すべし
聯珠　聖賢君子の金言先輩の格言箴言或は古諺又は道歌の取つて道義宗教の思念を養ふに益あるものを編輯すべし
作文　日常入用の手紙書き方を案内すべし
読方　読書不自由の人のため容易に其道に入らるゝやう読方の案内を致すべし
　右は本書の改題に因みて一言を添ふ

これを記したのは「天福堂」、すなわち原胤昭である。ちなみに『教誨叢書』第五号の構成は以下のようになっている（〈　〉は欄名）。最初に紹介した「教誨叢書発行の趣意」「同情発行の趣意」「教誨叢書編輯の大要」の三つがある。そして〈教誨〉という欄に松尾音次郎「春の山を観よ」、留岡幸助「読書論」の二論文があり、〈経済〉には小野田卓弥「労力」という論文がある。以下〈監房掲示文意解〉は原胤昭「教を受る人の心得」、〈勧話〉に、やまだ美妙「自然の罰」、戸川残花「花の話」、洗心庵主人「巌と巨涛」、微峯樵夫「三大不幸」、金川漁夫「慎独」、霽月「強情同士」の六個の小論がある。〈理学〉として、「人工を以て雲を興し雨を降らす事」「天気と雲の関係」の二つ、〈聯珠〉として「格言」「西諺」「道歌」「奥田頼杖翁の道歌」、そして〈作文〉〈読方〉の欄があり、ここには手紙文の書き方や初歩的な漢字の読み方や文章、そして「勧善問答」等が掲載されている。総頁は八〇頁である。

さて、ここでこの雑誌の創刊号から第四八号までについて、発行年月、主な執筆者とそのタイトル等をまとめておくと次頁の表『教誨叢書』のようになる(23)。

『教誨叢書』(☆は未見、★は他誌の目次広告より作成したもの)

号数	発行年月		頁	未見	主なる執筆者(執筆順)
1	1892	1		☆	
2		2		☆	
3		3		☆	
4		4		☆	
5		5	80		松尾音次郎、留岡幸助、小野田卓弥、原胤昭、戸川残花、山田美妙
6		6	80		留岡幸助、松尾音次郎、原胤昭、小野田卓弥、戸川残花、篠宮拯吉
7		7	86		松尾音次郎、阿部政恒、留岡幸助、原胤昭、秋水棲主人、長陽生
8		8	88		松尾音次郎、留岡幸助、霽月堂主人、小野田卓弥、篠宮拯吉
9		9	84		松尾音次郎、原胤昭、留岡幸助、小野田卓弥、長陽外史
10		10	80		松尾音次郎、留岡幸助、原胤昭、長陽外史、小野田卓弥
11		11	78		松尾音次郎、洗心庵主人、留岡幸助、長陽外史、小野田卓弥
12		12	78		松尾音次郎、留岡幸助、霽月堂主人、長陽外史、洗心庵主人、原胤昭
13	1893	1	82		松尾音次郎、長陽外史、小野田卓弥、留岡幸助、渡辺望岳、石江漁夫、天岳
14		2	82		阿部政恒、大塚右金次、原胤昭、横井時雄、留岡幸助、草の舎主人
15		3	84		大塚右金次、篠宮拯吉、松尾音次郎、長陽外史、留岡幸助、原胤昭
16		4	78		留岡幸助、大塚右金次、原田助、長陽外史、原胤昭、石江漁夫、金川漁夫
17		5	80		大塚右金次、末吉保造、綱島佳吉、留岡幸助、原胤昭、渡辺望岳
18		6	79		大塚右金次、原胤昭、留岡幸助、松村介石、長陽外史、天岳
19		7	80		阿部政恒、大塚右金次、松村介石、長陽外史、留岡幸助、渡辺望岳
20		8	80		大塚右金次、原胤昭、松村介石、手塚新、長陽外史、留岡幸助
21		9		★	留岡幸助、大塚右金次、水崎基一、松村介石、渡辺望岳、原胤昭
22		10		★	末吉保造、原胤昭、松村介石、手塚新、長陽外史、濃川生、留岡幸助
23		11		★	水崎基一、大塚右金次、松村介石、長陽外史、原胤昭、留岡幸助
24		12		★	留岡幸助、水崎基一、原胤昭、松村介石、濃川生、留岡幸助、塩見看潮
25	1894	1		★	水崎基一、阿部政恒、松村介石、横井時雄、戸川残花、渡辺亀吉、原胤昭
26		2		☆	
27		3		★	大塚素、中江汪、松村介石、戸川残花、長陽外史、篠宮天岳、原胤昭
28		4		★	留岡幸助、原胤昭、キンポール夫人、戸川残花、渡辺望岳、濃川生
29		5		★	阿部政恒、中江汪、増野悦興、コルチス、渡辺望岳、大塚素、天岳
30		6		★	水崎基一、大塚素、高北三四郎、渡辺望岳、原胤昭、長陽外史
31		7		★	阿部政恒、水崎基一、四方素、大塚素、原胤昭、南海逸士、天岳
32		8		★	留岡幸助、原胤昭、三浦泰一郎、大塚素、南海逸士、濃川生
33		9		★	留岡幸助、大塚素、水崎基一、中江汪、南海逸士、阿部政恒、原胤昭
34		11	77		大塚素、原胤昭、南海逸士、阿部政恒、渡辺望岳、濃川生
35		12	76		留岡幸助、水崎基一、手塚新、原胤昭、南海逸士、渡辺望岳、大塚素
36		12	78		原胤昭、阿部政恒、長陽外史、原胤昭、南海逸士、渡辺望岳、内田政雄
37	1895	1			水崎基一、原胤昭、留岡幸助、霽月堂主人、濃川生
38		2	80		留岡幸助、原胤昭、原田助、雲外生、南海逸士、渡辺望岳、濃川生
39		3	70		大塚素、雲外生、南海逸士、長陽外史、濃川生
40		4	78		留岡幸助、原胤昭、雲外生、渡辺望岳、濃川生
41		5	72		留岡幸助、水崎基一、原胤昭、南海逸士、渡辺望岳、長陽外史、濃川生
42		6	80		大塚素、水崎基一、植村正久、原胤昭、南海逸士、濃川生
43		7	78		大塚素、原胤昭、手塚南東、北光子、長陽生、濃川生
44		8		★	留岡幸助、大塚素、牧野虎次、戸川残花、渡辺望岳、南海逸士
45		9	74		留岡幸助、原胤昭、渡辺望岳
46		10	79		原胤昭、徳富蘇峰、護教子、戸川残花、朝陽学人
47	1896	1	74		原胤昭、留岡幸助、牧野虎次、戸川残花、天岳、渡辺亀吉
48		4	62		留岡幸助、水崎基一、牧野虎次、大沢天仙、原胤昭

以上四八冊中、東京家庭学校所蔵になる二六冊を中心に渉猟に及んだ計三〇冊が披見できたものであり、他の未見のものについては『獄事叢書』や『監獄雑誌』等から雑誌広告の目次にて作成した。

ちなみに原は『同情』を経て、第五号を『教誨叢書』と改名し、新しく船出をしたことにふれ、「本書も幸に冊を重ねて第五輯を出版し其印刷も便利を得て東京の墨に湿され有名の画伯小林清親先生が意匠画をも挿入れ署名も広く改められ趣向も大に数千部を印刷するの好運にむかひ看者を益する事も多きに至りたれば」（第五号）云々と述べている。

以下、『教誨叢書』に如何なる内容をもつ論文が掲載されたかを、代表的な人物を選んで、簡単に紹介しておくことにしよう。

三　原胤昭と留岡幸助の論文をめぐって

（一）原胤昭

この雑誌の中心人物であり、「北海道バンド」、同情会の中核でもあり、かつ編集も担当した原胤昭は当然多くの論文や小論、その他埋め草的なものを含め毎号執筆している。もちろん彼は当時『獄事叢書』や『大日本監獄協会雑誌』『監獄雑誌』といった行刑関係の雑誌にも多く論文を書いている。その雑誌の性格から論文内容も使い分けており、この雑誌において原は罪や更生の問題、生き方、生活態度に至るまで囚人に分かりやすく諭すように説く。少しそれを紹介しておこう（『教誨叢書』発行年月日に関しては前表参照のこと）。

たとえば第六号収載の「改心の原動力」という論文は「されば人々よ。各が心誠に悪を避け、善に遷るの決心あるならば、確然に改心の原動力を有たれよ」「請ふ人々よ。爾が心には確実なる原動力を有てるか。若し之れなくば、爾が改心は、恰も舵なくして船をやるが如く危険の至りと云ふ可し。顧て爾のために原動力を求めよ。心に有する罪を認て悔改めよ、古語に曰く　罪なしと思ふ程の大なる罪はなし」と。

原は「監房掲示文意解」という欄においても多く書いている。第五号の「教えを受る人の心得」という文章では「兎角人にはひがめる心のあるもので其れが為には白紙も黒紙に見え公平も不公平に聞え遂には大切な事も等閑にし我と我が身に敵をなす事多きものなれば何事も公平無私といふ平かな眼、素直な心にて事を判断するこそ我身の為なれ」と、囚人が素直に教えや教誨を聞くことを諭す。また第一六号には掲示文第八項の「許可ヲ得ザル物品ヲ監房ニ置キ、或ハ勝負ヲ争ヒ、若クハ賭博類似ノ遊戯ヲナシ、或ハ他人ニ汚辱ヲ被ラシメ、猥褻ニ渉ルガ如キ所為アルベカラズ」ということについての説明と説諭文である。「賭事をなして娯楽とする習慣より来る悪毒は、単に在監中の品行を乱すに止まらず、布て再犯の媒となる不良心を培養するものなれば深く思ふて此の悪毒を拭ひ去るべし」と、そして「習慣は第二の天性」として、己が心の中にある毒刃を徹底的に除去していくことの覚悟を説いている。

「連珠」という欄の中に、「格言」という項目があり、各号において格言が幾つか掲載されている。第一四号収載の「心の貯蓄」という論文は「善人は心の善庫より善物を出し、悪人は其の悪庫より悪物を出せり、といふ古語に因み、心の庫に貯ふべき物は聖賢の格言こそ其ならんと、爰に聊か述べんとす」として、その格言につき論じている。人の心という物は善悪と判断が困難な場合が多い。常に格言を心に備えておいて、心の「判事」として其を生かすべきであると説く。しかし「格言を暗誦しても、格言を記憶ても、その意味を弁へざれば、所謂無用の長物、物の役にはたゝぬなり、されば人々よ、予が此の勧によりて、格言を記憶ることの価値を認めなば、勤めて其意味を習ひ覚へ、之を心の庫に貯へるこそ肝要なり」と結語している。

第一八号の「世には帰善せざる悪人なし」という論文は原の教誨への姿勢、犯罪者に対する姿勢が窺える。「尋常の知覚を備へたる人間でさへあるならば世には帰善せざる悪人なしと、勿論予が云ふ所の帰善とは悪人自ら独手に帰善すると云はず、予之れを帰善せしむるなり」と表題の信念を吐露している。このように原が掲載した多くの論文、小論はこの雑誌の性格もあり、囚人を常に意識して書いていることが窺える。そして「読方」といった欄において、漢字の初歩的なもの、アルファベット、手紙の書き方等、きわめて基礎的な常識までも囚人に提供しているのも、この雑誌の特徴でもあり、それは原のあくまで囚人への視点を物語っているものだろう。

（二）留岡幸助

留岡の論文も専門的な行刑、監獄改良等についての論は僅少で、多くは人生論的なものが多いのが特徴である。換言すれば囚人を意識した『教誨叢書』用の文章に出会えるのである。たとえば『教誨叢書』第五号と次号所収の「読書論」をみてみよう。

留岡はこの論文で「人の生涯に指南の教導を与へ、未発の真理を了得せしめ、人心を快活ならしめ、徳性上高潔なる品格を賦与するにあたり、尤も与つて力あるものは何ぞや、吾人は左の二事を以て答ふるに躊躇せざるなし、其二事とは、旅行及び読書此なり」と断じ、読書の重要性を説く。しかし単なる読書論ではない。著書には「死書」（活版印刷、書籍）と「活書」とがある。「死書」そのものはもちろん有用性は高い。「囚徒諸氏は凡て制限内にありて挙動するものなれば、良師を求めて得る能はず、不審を質さんと欲して質すに難きは規律の下に謹慎するもの、当に然るべき事なり、此時に方り囚徒諸氏の寂寥を慰め、将さに萌芽せんとする心意の善念を誘掖懇導するものは読書を措て他に良法なきなり」と。しかし留岡はこの「死書」のみにとどまらない。「活書」すなわち「眼前にありて読れんことを望むもの」「宇宙」であり、いわば「上帝の直筆」なのである。「上帝」の存在、「自然」の教えなるものの重要性を説く。「若し人にして上帝を認識し能はざれば真の道理万有の秘儀は得て解す可らざるを教へしものなり、人世に上帝なからんか人の心は砂漠の如く花もなく水もなき無味寂寞たるものとならん、万有の秘儀は上帝を得て初て解釈するを得べし、上帝なくして万有を研究せば恰も字書なくして解し難き英語を読むと何ぞ異ならん」と。したがって「万有を活書」といい「上帝を活字典」といい、「願くは書読むの人よ上帝を得て万有を研究せよ、然らば宇宙の秘儀人世の謎は融然として解釈するを得べし、此れ吾人が活書を論ずるに当り是非とも活字典なる上帝を要する所以なり」と囚人への読書論を展開している。

第一三号収載の「我を写す明鏡」という文もかかる性格の文章である。「世の中の人々は我が容顔を写し、我態度を写すの鏡はよく之を知る、されど我を写し見るの鏡に至つては人之を見るの識なし」として、如何なる鏡があるかを述べる。第一に「経典に照らすこと」、第二に「古今の人物に照らすこと」、第三に「社会に照らすこと」、第四に「万有に照らすこと」の四つにおいて自己を照らしてみると「己か醜美の判断」が可能となると論じている。

第一八号と第二〇号の「冬宵漫録」に掲載された「信、望、愛」という論文では信仰の問題にふれ、「如斯説き来り説き去るときは、如何に信、望、愛、が人世に於る薄弱なる我儕を、励まし勇ましめて以て、人世の大洋を渡らしむる乎を知らん、仮令諸子は時を得て、はでやかに浮世の船を乗る時も、時を得ずして艱苦の海に漂ふ時すらも信、望、愛、の三字こそ、能く能く胞にたゝみなば、などてや失望落胆の憂き苦しみに逢ふ可きぞ、諸子其れ茲に心して信、望、愛、の人となれ、仮令此世は有為転変泡沫夢幻の世となるとも我は断して動くまじ、蒼天を仰で愈や高く、浮世の浪をよそに看て、天津御国に至るまで、進み進んで止まざる可し、此ぞ信、望、愛、の功徳なれ」と説いている。

この雑誌の中心人物たる原も留岡も同時期、行刑専門の雑誌『大日本監獄協会雑誌』や『監獄雑誌』や後の『獄事叢書』等と雑誌の内容を意識して執筆しているようである。

四　松尾音次郎と大塚素の論文をめぐって

（一）松尾音次郎

ここでは北海道バンドから松尾音次郎と大塚素の二人の教誨師の論文についてふれておく。『教誨叢書』の初期の論文をみてみると、巻頭論文の多くは松尾音次郎である。北海道バンドの一人、松尾音次郎についてはこれまで、彼の業績や思想について殆どわかっていないのが現状であろう。松尾は兵庫県明石の出身で旧姓は川本で兄は川本政之助で弟は川本竹松であり、何れも同志社の出身である。彼は一八八一年に同志社英学校に入学し、八六年六月に卒業している。伝道活動に従事し、八九年から西群馬教会の招聘によって、ここの牧師となるが、病のために辞職し九二年から大塚素らとともに北海道にわたり教誨師となった。同年一一月七日、樺戸教会において按手礼を受けている。彼にはデール著・松尾音次郎（霽月堂主人）訳『活ける基督と四福音』（警醒社、一八九二）や松尾音次郎・三上久満三譯『歐米近世大家説教集』（警醒社、一八九三）といった著作がある。彼の教誨師時代は九三年一月までである。この北海道時代に『教誨叢書』を中心に健筆を揮うことになる。とりわけ『教誨叢書』の初期において彼は第五号から第一三号まで「教誨」欄にほとんど毎号、巻頭論文を書いているのも注目すべきことである。それを記しておくと以下のようになる。「春の山を観よ」（第五号）、「罪ある心を癒すこと如何」（第六号）、「勧戒の文（教誨の筆記）」（第七号）、「故郷の家」（第八号）、「うろうろ世界（教誨筆記）」（第九号）、「豪欲」（第一〇号）、「天道是邪非邪」（第一一号）、「明治二十五年十一月廿七日教誨（章表授与式当日）」（第一二号）、「志を立てよ（教誨筆記）」（第一三号）である。この中から少し紹介しておこう。

「罪ある心を癒すこと如何」（第六号）は、好評であった『同情』第四号に掲載したものを再掲し、その続編になるものである。人は罪を犯す因としては、「欲情」があるからだと説き、それを如何に克服していくか、それには身体と精神両方から鍛錬しておかなければならない。つまり前者においては「勤労」、そして後者においては「誠道」であると。「誠道とは真実無妄といふことなり、真実無妄とは正直一随にして、半言と雖ども虚偽を云はぬことなり。否な虚偽を念頭にだも浮べざる謂なり。夫れ誠は天の道なり。之を誠にするは人の道なり」と述べる。

「豪欲」（第一〇号）という論文（教誨）は人間の欲について論じたもので、つまり人間には名、利、欲があり、それにも「不用と用」の欲があるという。「かの旧悪を改めて新善に遷り折角これまでの汚名を雪ぎ破れたる家を興し、凍餒へたる妻子を安楽にさせたいといふが如きは皆これ天然自然の人情にして、所謂用の名、利、欲とも謂つべし、故に此の如き望みありとて、決して迷ひとは云ふべからず、唯々戒しむべきは豪欲なり、私欲なり、豪欲私欲を去りて純正潔白なる希望と誠意とを得ば、これ無上の幸ひなり、かかる人には、天上天下に地獄なし、落ちんと欲すも落つべきの地獄は更になし」と論じている。

また「明治二十五年十一月廿七日教誨（章表授与式当日）」（第一二号）という論文は、表題のとおり章表授与式のものであり、行間に臨場感が読み取れる。「改心と云ふ改心は実にめいめいの決心一つにあることなれば、めいめいの決心に顧みて、我は改心せらるべき者なりや、又は到底改心せられさる者なりやと問へは、神は待すして其答を知るに足らん。ドウゾ『一旦罪を犯したるものは、到底悔改めさるや』といふ、問題を眼前に掲げて、自問自答に怠ることなからんことを」。さらに「志を立てよ（教誨筆記）」（第一三号）では「まづわがこころのうちにわだかまりあるすべての旧悪をあらひさり、此あらたまの年とともに、全くあたらしく生れかはりて、天理をあきらめ人道をつくすべしとの此決心を起すにあり」「どうぞくれぐれも此あらたまの年の始めにおいて、堅固、不抜、公明、正大の大志願を立つることを、必らず必らず忘れざる様、希望して止まざるところなり」と説諭している。

（二）大塚素

大塚素（右金次）（一八六八〜一九二〇）は、一八六八年二月一一日、愛知県幡豆郡西尾で西尾藩士の家庭で生まれた(24)。八七年九月に同志社に入学する。五年間の普通科のコースであった。同年一二月一八日、同志社教会にて金森通倫からキリスト教の洗礼を受ける。そして九二年六月、同志社を卒業し同年九月には渡道し、一〇月に釧路集治監に赴任し、ここで原胤昭と邂逅することになる。既述したように『教誨叢書』が同年から刊行されており、大塚もこの雑誌に多くの小論を書いている。

彼の最初の論文は第一四号から第一六号に収載された「親子の情」という論文である。この論文で大塚は「眼前八百の人、其容貌気質一人として同じからず然れども一人として親子の関係なきものはあらず」として古今東西の親子について論じた文献を引用し、親の体内にいるときからずっと、親は子どものことを心配していく存在であることを述べている。「兎も角、父母の御慈悲は斯くの如く大なれば其御恩は人の言ふ如く海よりも深く山よりも高く之れに徳を報ひんと欲するも昊天の極まりなきが如くにして能ふ所あらず」と説く。かかる視点は第三四号収載の「我れ如何なる人になるべきや」においても、「楽しき家庭」を理想とする論でも垣間見られる。「楽しき家庭には、和楽の空気常に満ち、同情の温泉絶えず迸る。此温泉に浴し、此空気を呼吸す、如何なる心の手疵も病も、癒らざるを得ず。世の中には人を毒する魔風吹き荒れ、心を害する怪雨降りしきるとも、楽しき家庭の門牆ば、すこしも之を寄せつけず」、そして「楽しき家庭は国家の礎、楽しき家庭は天下幸福安全の基。嗚呼楽しき家庭なる哉。楽しき家庭の人なる哉」と。そして「親子の情」は以下のような文章で終わっている。

満堂の人々よ、各の心中若し親を思ひ子を思ふ無垢神聖の情あらば──一片此親子の情あらば、断然一決、罪の此身を死の手に渡して新なる人と蘇れ、而して正直に忍耐に勤勉に謙遜に御上の信用愈厚く、見事青天白日の身となりて目出度親子の対面すべし、然らずんばたとひ対面することありとも各は決して心より愉悦の情を感ずること能はざるべく、各を愛する人は其愛することの深ければ深き程却て悲みを感ずべし、
嗚呼、余は信ず、各の心中慥かに親子の情あるをことを、此情は誠に神より来りし最も清き光なり、満堂の人々しばし目を閉ぢて省みよ、心中必ず此光あらん、あらば決して消すこと勿れ、愈其光を大にし、之れを以て其脚下を照らして進め、進みて息まずんば此光は慥かに各を青天白日に導くべし、

以降、「正直」（第一七号）、「一日の苦労は一日にて足れり」（第一八号）、「我爾は何故に快楽の心を有つこと能はざるや」（第一九号）、「自由」（第二〇号）といった論文を掲載している。

「自由」（第二〇号）という論文は「監獄は実に自由を濫用せし人を拘禁する所なれば、此処にて自由刑を執行するは道理上当然の事にして動かすべからざずの制度なり」として自由刑につきながら在監者の自由について論じる。また聖句の「真理は爾曹に自由を与ふ」を引用しながら、「心の自由」「真理」に従うことの大切さを説くのである。ちなみにその後も「我如何なる人となるべきや」（第三四号）、「落馬のはなし」（第三五号）、「自ら欺く勿れ」（第三九号）「天の道と人の力」（第四二号）等の論文を書いている。

ところで、大塚は一八九四年一一月二九日から翌年三月二九日にかけて、「鬼監長」として、かつ反キリスト者として知られていた有馬四郎助を信仰に導く。それは書簡でもって『マルコ伝』に注解を加え、有馬に送るという根気ある仕事であり、ついには有馬をキリスト者に導いたのである(25)。そして後日有馬は霊南坂教会において、留岡から受洗することになる。また、大塚は留岡の後を追うようにして、九五年八月に教誨師を辞職し渡米するに至る。

五　戸川安宅と渡辺亀吉の論文をめぐって

（一）戸川安宅（残花）

『教誨叢書』には監獄関係とは異質の人の執筆者がいるのも、この雑誌の特徴ともいえるのではなかろうか。たとえば戸川安宅（残花）というような人物である。

戸川残花こと戸川安宅（一八五五～一九二四）は、一八五五（安政二）年一〇月二二日に江戸に生まれる。七四年に受洗しキリスト者になった。関西地方で伝道した後に、麹町教会牧師となった。その後、キリスト教関係の雑誌を刊行し、『文学界』創刊時、そこに詩を発表した詩人でもある。中でも「桂川（情死を吊う歌）」は北村透谷から激賞されたというエピソードがある。そして毎日新聞社に入社して小説も書き、九七年に『旧幕府』を創刊している。彼がこの雑誌に関わったのは東京時代であり、おそらく原との関係であったのだろう。

戸川は第五号に「花の話」を、第六号に「勤勉の話」を書いている。前者においては「花を見よ、物言ざれど見る人に愉快の心を与へ、物言ざれど見る人の心を清くなさしむるなり、誰か梅桜を観て悪き心を発さんや、誰か蓮は泥中より成長すれど芳香あるを見て感ぜざるものあらんや、この花は皆な神の恩日月の光に由りて咲き出しなり、人もまた花の如き心を持つ可きなり、誰か花を悪まんや、柔和順良の人を卑しめんや、花を観る人は己れかくありたしと思慮ふべし」と。また後者においては嵯峨天皇、橘逸勢とともに三筆と称された小野道風についての逸話を紹介している。小野は名をはせる前は怠惰かつ不勤勉な生活を送っていたが、ある日蛙の苦心して柳の條につかまったその有様に感動し、「この小さき虫類さへ、数十回勤勉しゆゑ高き柳の條に上りしなり」とその努力勤勉さに感動する。以降、彼は決心して悪友と交わらず酒食を断ち勤勉のすえ大家となったことのエピソードを挙げて、勤勉の大切さを論じている。ちなみに第五号には明治期の言文一致体の先駆者として知られる山田美妙も「自然の罰」という単文を書いているが、こうしたさまざまな立場、角度からの文章を掲載していくことも囚人に対して有益であるという判断であろう。

(二) 渡辺亀吉

最後に渡辺亀吉についてふれておこう。『教誨叢書』第三七号(一八九五年一月一五日)には、「伝記」という欄に渡辺亀吉の「自叙伝」(二二一—五二頁)が掲載されている[26]。その経歴を略叙すると、彼は一八五七(安政四)年、大阪で生まれている。幼い頃から家庭の愛には恵まれず、父の放蕩ゆえの母の家出とその死、そして父からも見捨てられ、彼は窃盗を繰り返し遂に幽囚の人となる。その後はその繰り返しであったが、前田泰一、八木和一(市)との邂逅等もあり、キリスト教に目覚めていく。その後、刑期を終えた後、八三年六月からは神戸監獄署に務めることになる。八四年五月四日、神戸教会の松山高吉から洗礼を受けている。この神戸時代において原胤昭との出会いがあり、いわば彼が原の更生保護事業の対象の一人目であった。その後渡辺は松山監獄での伝道を経験したあと、原との関係で釧路集治監雇いとなる。九二年末をもって釧路集治監を辞め、岡山孤児院に移ることになるが、これは同年一〇月に勃発した濃尾大震災の救済活動があった。その後、岡山孤児院職員として過ごすが、九六(明治二九)年五月一一日に永眠する。三九歳の生涯であった[27]。

このように渡辺は原との関係において北海道釧路雇いが一八九〇年六月一六日から翌年一二月三一日までの一年半、したがって釧路の地に居たことになるが、この間は未だ該誌は刊行されておらず、岡山孤児院時代に彼はこの『教誨叢書』に渡辺望岳、望岳等という筆名で小論を寄せることになるのである。その中で、二、三の論文を紹介しておきたい。たとえば第一三号所収の「随感録」「神を敬ひて足ることを知るは大なる利なり」は「隣の財貨を羨みて悪しきことゝは知りながら人の自由と難儀をも顧みず跖の徒となり終に獄窓の客となり身は赤衣と鉄鎖とに戒められ郷家に残る妻や子は寒苦に号び饑に哭き恩愛深き父母が人の閾に首を下げ憐れを乞ふて悲しき境遇に至るも是れ皆な足るを知らぬ其の人の造り出せる罪科なり」と述べ、人間の持つ欲望と神を知ることによって「足る」ことの大切さを指摘している。そして「神を敬ひて足ること知るは大なる利なり我等何をも携へて世に来らず亦何をも携へて往くこと能はざる」と。また第三八号収載の「出獄者との対話」という論文において、彼と求職中の人物との対話が掲載され、渡辺は囚人を意識して次のように論じる。

諸君の社会に出づるは武器にて戦場に出づるに同じ勇奮して生活社会に出で成功の首級を獲ざるべからず、兵士の修練は演習の為にあらず、実践の時の為めなり諸氏の囹圄の服役は一方より云へば実践場に出て花々しく実効を奏せんとする兵士の修練に異ならず、徒に出獄後の事のみに心を奪はれて其時の準備をせざる時は社会より振り棄てられて田舎漢の汽車に乗り後れたるが如く、徒然怨言して人の笑を取るの外なきに至らん、

そして「此際唯一の武器は至誠なり至誠より出づる才謀と計画には一も不義の容るゝ地なし如何に甘く世を渡るの妙計に富むとも至誠なきの妙計は敗北を意味することを忘れざれ」と、「至誠」の肝要さを説く。渡辺は第四八号までに二二個の小論を執筆しているが、彼の文章には自らの豊富な体験が語られ、それゆえに囚人にも説得力があったと思われる(28)。

六　廃刊事情

監獄改良事業の一環として、雑誌を刊行し在監者の裨益となり、足かけ四年間、すなわち第四八号でもって、廃刊を余儀なくされていく。それについてみておきたい。それは北海道集治監のキリスト教教誨師への連袂辞職という結末と関係してくる。そしてその伏線として大井上輝前の不敬事件と辞職問題があった(29)。

一八九五（明治二八）年八月三〇日の留岡に日記には原胤昭が辞職する覚悟であることを彼の書簡をとおして知り「余ハ此事ヲ予知シテ今朝教誨叢書ヲ弔フルノ一文ヲ草シタリ」(30)とある。ところで留岡がこの雑誌について記述しているのは次のような文章である(31)。これは在米時代のものであるが、該雑誌にかける留岡の情熱が察知出来るものであり、かなり長い引用となるが労を厭わずみておくことにしよう。

蓋し同情会より発行せんとする教誨叢書の発行や、見る所なくんばあらず。抑々政府が監獄改良に力を尽す大なるものありて存すと雖、その弊害の一ツともなり易きものハ凡の運動御役目的、語を換へて言はゞ、機械的に流るゝ弊是なり。故に吾人が同情の在監者を活かす力ある、言うまでもなきことなり。吾人が獄事に尽す微意茲に外ならず。

人世の秘訣一ツにして足らずと雖、同情は此れその内の一大秘訣なり。同情の精神は悪を征し善を強むるに外ならず。聊か感ずる所ありて、同情会の運動は明治二十二《ママ》年の暮秋を以て始り、爾来茲に三年八ケ月。毎月一回教誨叢書を発行して、零砕たる七千有余の在監者を涵養し来れり。此間の苦辛再び思ふだに心寒きを思はずんばあらず。然るに天哉同情会の寵子教誨叢書は三年と八ケ月の齢を以て永逝せり矣。吾人は一子を喪ひしよりも尚断腸の感なくんばあらず。吾人微なりと雖、此間この寵児を愛育したるを思はゞ、断腸せざらんとするも又得可らざるなり。天、人の子を奪つて再び其人に子を与ふる思はゞ、聊か慰むる所なきにあらずと雖、苦労と困難の衷に育てし寵児の往きしを思へば、涕澎湃たらずんばある可らず。吾人は慈母が姑息の愛を以て喪児を弔するの愚を学ぶものにあらず。吾人が悲嘆は只如此痴情に迫られて悲しむものにあらず。又理によりて悲しむこと大なりと謂はざる可らず。

何を乎理によりて悲しむと云ふ。曰く説あり、方今監獄改良の声高く、政府は鋭意以て此に当ると雖、その改良や制度即外部に於るの改良にして、未だ以て囚者の心意に徹底するものにあらず。是れ余の一私言にあらず。既に業に烱眼家の看破する所なり。故に吾党ハ茲に見る所ありて、囚者の心意を開拓肥饒せん為に、教誨叢書なるものを月刊し、彼等の心性を涵養せんことを務むる茲に年あり。今一朝にして廃刊の厄に遭ふ。今後何を以てか此を保欠せん。蓋し吾人の悲嘆も偶然にあらざるを知るなり。

吾人が方今此の叢書に重きををく。蓋し故なきにあらず。如何んとなれバ我国の監獄や表面教誨に重ををくが如しと雖、裏面ハ然らず。吾人は当局者の教誨事業に対する思想の甚だ冷淡なるを悲しむ。是れ公然の秘密となれり。泰西諸国の監獄や教誨の盛んなるのみならず、此れニ加付するに完全なる書籍館ありて、在監者の心霊を涵養するに至れりと謂ふ可し。我国や然らず。未だ嘗て一監獄と雖、完全なる書籍館の設けあるを聞かず。於是か教誨叢書体の看読書籍の必要更に大なるを感せずんばある可らず。

誰か奮起して如斯叢書を再興するものぞ。吾人がこの種の看読書籍を監獄界に再び歓迎せんとするの情炎、実に熾なりと謂ふ可し矣。


これは一八九五（明治二八）年八月、大井上が非職したことを知り、『教誨叢書』が廃刊の危機に追いこまれていると予断し、「『教誨叢書』を弔する」意味で認められたものであるが、留岡のこの雑誌のみならず、監獄改良にかける気魄が察知できる。実際、北海道において、大井上の非職後、北海道集治監を内務省の管轄として典獄に石沢謹吾が就任し、五人の教誨師を総て仏教者とした。これに抗議し、九五年一一月、原胤昭、末吉保造、水崎基一、牧野虎次、山本徳尚の五人は新方針を「道義教誨主義を採用せられざりし事」「作業経済に偏重して感化教誨に重きを置れざる事」「教誨師としては幾教派の人物を並用すべきものにあらざる事」と指摘・抗議し、その結果連袂辞職に至り、北海道を後にしたのである(32)。この辞職後は、第四七号（一八九六年一月）と第四八号（一八九六年四月）の二号の刊行をみ、そして廃刊となったものと思われる。ちなみに『獄事叢書』も一八九六年六月の第二五号をもって、ほぼ同時期に廃刊となる。それは連袂辞職とともに北海道でのキリスト教教誨師による監獄改良事業の終焉、「北海道バンド」の終焉を意味したのである。

おわりに

このように、『教誨叢書』は、一八九二年一月、『同情』として刊行され、第五号から『教誨叢書』として改名され、爾来、九五年一一月のキリスト教教誨師の連袂辞職後の第四八号まで刊行された。ちなみに九四年四月からは原胤昭を編集人にして、同じようなメンバーからなる『獄事叢書』が刊行されることになるが、その時も『教誨叢書』は廃止されることもなく続いていったのは、二雑誌に刊行目的の棲み分けがうまくなされていたからであろう。それはこの雑誌が所期の目的以来、囚人を対象に編まれていたことに依拠していることはいうまでもない。

この雑誌に登場する執筆者たちは、いうまでもなく「北海道バンド」と称される人たちが中心であり、原胤昭や留岡幸助、松尾音次郎、大塚素、阿部政恒、水崎基一、牧野虎次といった人々の論文、思想を知る上において有益な雑誌となっている。その中でも松尾音次郎は『獄事叢書』が刊行される前に教誨師を辞職することを考えれば、この雑誌は彼の思想を理解する上において重要な役割を果たしているといえる。さらに原の友人でもあり、後半生を更生保護の仕事、岡山孤児院での事業に挺身した渡辺亀吉の文章が披見できるのもこの雑誌の大きな特徴でもあろう。彼も松尾と同様、『獄事叢書』には論文が見あたらないのである。

社会福祉史のみならず、近代史において、「監獄と遊廓」というように二つの暗黒があったが、その暗黒に光を投げかけようとした実践の歴史、とりわけこの雑誌が囚人を対象にして刊行されたことの意味も大きく、そのユニークな歴史を読み取ることができる。これは『獄事叢書』とも違う『教誨叢書』独自の存在証明でもある。また彼等の実践の視座には囚人たちの人権を考えて行こうとする可能性、姿勢が読み取れるように思われる。近代日本の「監獄の誕生」という時代に、アトサヌプリ（硫黄山）や幌内炭坑での外役労働（囚人労働）廃止への活動を展開したことも意味がある。これについては「明治二十年代の民間闘争の最高の成果」(33)という評価もなされたこともある。こうした明治二〇年代の北の果ての、それも集治監の囚人たちの心に向けて、教誨と教育、犯罪更正を目的としてユニークな雑誌が刊行されていたのである。

【注】

(1) この北海道での囚人労働については、岡田朝太郎がその著『日本刑法論』(有斐閣書房、一八九四)において当時実地調査の上で実態を報告している。また囚人労働とその人権の課題については正木亮『獄窓の中の人権』(朝日新聞社、一九六八)等参照。

(2) 北海道における行刑の歴史については、主に重松一義編『北海道行刑史』(図譜出版、一九七〇)、同著『史料北海道監獄の歴史』(信山社、二〇〇四)等を参照した。

(3) 『獄事叢書』については、拙稿「原胤昭と『獄事叢書』」『「獄事叢書」解説・総目次・索引』(不二出版、一九九八)所収や拙著『留岡幸助の研究』(不二出版、一九九八)、本書の次節を参照されたい。

(4) 『留岡幸助日記』第一巻(矯正協会、一九七八)五七四頁。

(5) 重松一義編『北海道行刑史』(図譜出版、一九七〇)一七六頁。

(6) 北海道庁編『新撰北海道史』第六巻、史料二(一九三六)六一八頁。

(7) 竹中勝男『日本基督教社会事業史』(警醒社書店、一九四〇)一三一頁。

(8) この言葉を初めて使用したのは生江孝之であるが(注9参照)、筆者も拙著『キリスト教社会福祉思想史の研究』(不二出版、一九九四)の第一章「監獄改良事業——『北海道バンド』」(四七—一二五頁)において使用している。ちなみに論文としては鏑木路易「『北海道バンド』論」『同志社談叢』第二〇号(二〇〇〇)がある。

(9) 生江孝之『日本基督教社会事業史』(東方書院、一九三五)七八—七九頁。また生江は同名の著書『日本基督教社会事業史』(教文館、一九三一)においても「北海道バンド」という言葉を使用している。

(10) 大久保利武編『日本に於けるベリー翁』（一九三四）所収。

(11) 原胤昭については、従来、若木雅夫『更正保護の父原胤昭』（渡辺書房、一九五一）の伝記的著作があったが実証性にかけるものである。また、三栖達夫の研究「更正保護史考五　原胤昭免囚の父」『犯罪と非行』第一〇五号（一九九五）の研究もあり、そして最近、片岡優子『原胤昭の研究』（関西学院大学出版会、二〇一一）が刊行され、この著作により原の生涯と事績がおよそ跡づけられることとなった。

(12) ベリーについての代表的な著作に大久保利武編『日本に於けるベリー翁』（東京保護会、一九二九）がある。周知のようにベリーは一八七六年に時の内務卿大久保利通に日本の監獄を調査し、その改善を求め、「獄舎報告書」（『日本に於けるベリー翁』収載）を提出しており、日本の「監獄改良の父」的存在である。

(13) 大井上については重松一義編『北海道行刑史』（図譜出版、一九七〇）や『流れのほとりに植えられた木』（大洲教会、一九九九）等を参照した。

(14) 留岡の日記「羇旅漫録」は『留岡幸助日記』第一巻（矯正協会、一九七八）に収載されている。

(15) 視察旅行から帰宅してからの日記は、『留岡幸助日記』第一巻（矯正協会、一九七八）に収載されている「市来知日記」（一五三―一八三頁）に依拠している。

(16) 留岡は北海道に来る前に丹波教会において牧師をしていたが、一八九二年一月四日その教会員に宛てた書簡においても「……前略……保護会モ設立ニ相成リ、同情雑誌モ不日発行可致候。此ニ連帯スル清農部落即石狩川ノ辺『ヲソキナイ』、『キナウスナイ』ト申ス所、三百五十万坪ノ沃地ヲ今回払下ケヲ乞ヒタルヲ以テ、茲ニ保護会ト同時ニ清農部落ト申ス人民部落ノ殖民地ヲ設ケ、専ラ敬神愛民ノ信徒団結シテ為スアラント致居候」（『留岡幸助著作集』第五巻、二一二頁）と『同情』誌と刑余者の保護、更生にかかわる保護会の件について認めている。

(17) 『留岡幸助日記』第一巻（矯正協会、一九七八）一八七頁。

(18) たとえば『教誨叢書』第三七号（一八九五年一月一九日）の印刷所は東京の「秀英社」であり『獄事叢書』と同様である。しかし初期の印刷所については調べられていない。

(19)『留岡幸助著作集』第四巻(同朋舎出版、一九八〇)三二七頁。また、ここで留岡は「我国の監獄改良史上に於て囚人の為に月刊雑誌を発行した者は、之を以て嚆矢としたのであらう」(同頁)と評している。
(20)『基督教新聞』第四六五号(一八九二年六月二四日)
(21)『留岡幸助日記』第一巻(矯正協会、一九七八)六三〇頁。
(22)当時の行刑関係の雑誌『大日本監獄協会雑誌』第四九号(一八九二年六月)には「教誨叢書」と題して「囚人書籍看読のことは感化上大に益ある事なるにより監獄則改正の際にも其書類の範囲さへ広められし事なるが北海道監獄事業の進歩を図る為めに同地の同情会にては本年一月より専ら囚人看読用として『同情』と題する小雑誌を毎月一回つゝ出版し監獄の教誨及ひ各宗の説教、経済、理学、用文章、読方入門、歓話、格言等悉く囚人の教誨に適切のものを採録されしか読者に益を与ふる事少なからすとて今般改良を加へ書名も『教誨叢書』と改め不日第五輯を出版する由」と報じられている。
(23)『留岡幸助の研究』(不二出版、一九九八)二一七頁の表に新しく見つかった第三七号(一八九五年一月一九日)を追加した。
(24)大塚素については拙著『キリスト教社会福祉思想史の研究』(不二出版、一九九四)の第一章第二節の「大塚素の生涯と思想」(九〇―一二五頁)を参照されたい。
(25)この有馬への書簡は後に一冊にまとめられ『友愛』として出版されることになる。
(26)一八九六年六月七日発行の『獄事叢書』第二五号(一八九六年六月)に天福堂主人(原胤昭)の署名において「渡辺亀吉の自叙伝」という題で掲載されている。『獄事叢書』掲載のものは渡辺の死後に掲載されているが、追悼の意味を兼ての再掲である。『獄事叢書』再掲の理由として原は「本篇は同君の生前囚者を同情し神恩国恩を感謝し之を叙して与へられたるものなり。児が汚濁の半生より吾人に教へ吾人に教を遺せしもの少しとせず特に編者は其交を厚ふせしものから今にして溢るゝの所感あり又兄の遺書夥多あり就て専攻なすは広く斯道の志士を益する事蹟あるを信じ他日を期して一篇の梓に上すべし、もし不肖胤昭の一生公益ありと許すものあらば是れ渡辺君の遺物なりと云はん実に胤昭が斯道に傾心するに至りし最重主動力は渡辺君の改心実証に拠るものありしなり」と文頭に述べている。原の生涯において渡辺という人物の存在の大きさを窺い知ることができる文章でもある。

(27)　渡辺亀吉と岡山孤児院との関係について論じたものとして、細井勇『石井十次と岡山孤児院』(ミネルヴァ書房、二〇〇九)の第五章「岡山孤児院と監獄改良事業——渡辺亀吉と石井十次」(一八五—二二四頁)がある。

(28)　渡辺については、彼の日記が翻刻されつつある。細井勇「渡辺亀吉日記——明治廿五年十二月一日ヨリ明治廿六年四月三〇日迄」『岡山孤児院におけるネットワーク形成と自立支援に関する総合的研究』(二〇一〇年三月)、同「渡辺亀吉日記(明治廿六年五月一日ヨリ同年九月八日迄)」『石井十次資料館研究紀要』第一一号(二〇一〇年八月)。この日記に『教誨叢書』の件がしばしば記されている。

(29)　大井上の不敬事件については重松一義編『北海道行刑史』(図譜出版、一九七〇)、小池義孝『鎖塚』(現代史史料センター出版会、一九七三)や拙著『留岡幸助の研究』(不二出版、一九九八)を参照されたい。また最近の研究として小股憲明『明治期における不敬事件の研究』(思文閣出版、二〇一〇)があり、この事件のことがふれられている。

(30)　『留岡幸助日記』第一巻(矯正協会、一九七八)四九八頁。

(31)　『留岡幸助日記』第一巻(矯正協会、一九七八)五七四—五七五頁。

(32)　『監獄雑誌』第六巻第一二号(一八九五年一二月)

(33)　小池義孝『鎖塚』(現代史史料センター出版会、一九七三)一六一頁。また小池は同書において、「北海道バンド」たちの監獄改良運動を「明治一〇年代の自由民権運動と、三〇年代の労働運動との間を結ぶ、二〇年代の人権闘争として評価さるべきものであろう」(一六三頁)と高く評価している。

第二節 「北海道バンド」と『獄事叢書』

はじめに

近代日本には「監獄と遊廓」という「二つの暗黒」が存在した。監獄にかかわる行刑制度についてみておくと、その近代化、監獄の改革は明治初期からはじまり、一八七二（明治五）年には「監獄則並図式」が頒布され、八一年には「改正監獄則」が頒布されている。その間、七六（明治九）年に宣教医J・C・ベリーによって「獄舎報告書」が提出され、そこで多くの今後取り組むべき課題が指摘され、近代化への緒はついたが、しかしそう簡単に改革が進んだわけではなかった。近代化政策と裏腹に時の政治情勢を背景にして、監獄改良事業は紆余曲折の道をたどった。とりわけ北海道での行刑制度は北海道開拓という国家政策を背景にして悲劇を招来したのである。

明治一〇年代、北海道開拓と行刑の二つの目的として、樺戸や空知に集治監が設置され、多くの囚人が北海道に送られた。北海道に集治監が設置されたのは、樺戸集治監が一八八一（明治一四）年、空知集治監が八二年であり、それは一方において「内地」の自由民権運動という政治状況を背景としていた。そして北海道に送られた囚人たちは行刑における専門的な処遇のみならず、道路開鑿や炭坑での重労働の使役という強制労働が課せられた。そこでは多くの囚人が生命を落としたり重傷を負ったりしたのである。そうした中、前節でみたように「北海道バンド」の人々を中心にして、地味ではあるが、日本の「暗黒」に向けて着実な改革が志向されていった。

この節では『同情』（『教誨叢書』）から二年間ほど遅れて刊行された『獄事叢書』という雑誌を対象にしたい。この雑誌も原胤昭が編集者として就くことになる(1)。原は典獄の大井上輝前の要請に応えて、一八八八（明治二一）年より釧路集治監の教誨師となるが、囚人達の劣悪な処遇に対しては大きな疑問を持っていた。たとえば九〇（明治二三）年一月、原は京都の新島襄に宛てて、次のような書簡を認めている(2)。

……前略……即チ先年来北海道監獄ニ被行候不法残虐に囚徒ヲ斬殺撲倒非命之死ヲ与フル之事ニ御坐候、一昨年目撃之儘実ヲ発イテ報道書ヲ局者ニ出し、且其局之大臣方へも直接ニ其実ヲ吐露致候処、頗ル意外之感アリシ容子ナリシカ、忽チ内務之内訓出テ、旁其方針ヲ換へ、就中当釧路監獄ハ其魁タル場所ニ候カ、爾来官吏も更迭シ、遂ニ昨年ハ全年度ニ只タ一人之逃獄アリシ而已、総而囚徒恭順ニ服役致し候事ト相成候、併シ小弟カ第二之目的タル出獄人保護之事業に付而は存外ニ地味不肥、尚且兼而期シタル資金之途絶江甚タ困却之地位ニ立チ候、只タ　主之御導ヲ俟而已ニ御座候、監獄之方針に付而は内務之輿論ハ前日ニ異リ、ヤ、進化致シ候へ共、北海道ハ道路開鑿業ニ囚徒ヲ役シ、費ヲ減セントスルヨリ変則之治獄不少、頗ル治獄之真ヲ失フ事アリ、遺憾ニ御座候、万事耐忍　主命之努力仕候而已ニ御座候、……後略……

遥か離れた京都の新島に北海道監獄の惨状、「変則之治獄不少、頗ル治獄之真ヲ失フ事アリ」、そして「主命之努力仕候而已ニ御座候」と書き送り、祈念する原の思念をまず汲み取っておく必要がある。このように原たちの事業は全国のキリスト者の祈念と援助なしでは決して成就されないものであった。ここに同情会や「北海道バンド」の原点があるのである。

彼等は同情会を組織し、一八九二（明治二五）年一月からは囚人を対象とした月刊雑誌『同情』（後に『教誨叢書』）を刊行していった(3)。そして九四（明治二七）年四月に、今度は獄吏を対象に『獄事叢書』という雑誌を刊行することになる。爾来、この雑誌は九六（明治二九）年六月刊行の第二五号まで刊行されていくことになるのである。

この『獄事叢書』刊行の時代とは、日清戦争が勃発し勝利し、近代日本が資本主義社会へと大きく前進していく時期のことである。しかし既述したように近代社会の成立過程で、日本には旧来の残滓として「監獄と遊廓」という「二大暗黒」があった。そこに一条の光を投げかけていったのは北海道のキリスト者の一群、すなわち「北海道バンド」と呼ばれる人々であり、彼等の貢献であった(4)。この雑誌も北海道という辺境の地、そして監獄という「暗黒」に光を当てようとして刊行されたのである。従来、この雑誌は同志社大学学術情報センター、同志社大学人文科学研究所、財団法人矯正協会とを併せて二四冊が見つかっていたが、その後東京家庭学校には合本の形で全冊所蔵されていることが分かり、二五冊すべてを披見することが出来ることとなり、そして雑誌も復刻され、その全容を知ることができるようになった(5)。ここではこの雑誌の書誌的な解説とともに、この雑誌が如何なる経緯の下で刊行され、そして如何なる論説や記事が掲載されたのかをみていくことにする。

一　『獄事叢書』の執筆者と論文

(一)『獄事叢書』の発兌

北海道での監獄改良の系譜として、まずJ・C・ベリーの「獄舎報告書」に基づく監獄改良事業を指摘することができる。それが原胤昭に継承され、原の事業は、北海道で展開されていくことになった。その北海道での事業を直接サポートしたのが大井上輝前典獄であった。そして原の成功は留岡幸助という人物を空知集治監教誨師として招聘し、留岡から同志社出身者の系譜としてつながっていったのである。また原と留岡が中心になって創設したのが同情会という組織で、前節でみたように、それが母胎になって一八九二年に『同情』(『教誨叢書』)が刊行されることとなる。この『教誨叢書』の刊行中に『獄事叢書』の発刊があったのである。つまり『教誨叢書』のみでは不十分で、もう一つの雑誌が必要とされたことを意味している。

まずこの雑誌が発刊される経緯についてみていくために、留岡の当時の日記を紐解いてみることにしよう(6)。

一八九四（明治二七）年の初春、二月二三日には大井上と「獄事叢書ノコトニツキ相談ス」とあり、この件について話したことが記されている。そして三月一六日には「早朝ヨリ獄事叢書許可ノ為ニ道庁ニ出テ伺ヒ、手続ヲナシ、雛型丈ヲ了得シ」、同一九日には「獄事叢書ノコトニツキ道庁ニ出テ万事手続ヲ踏ミテ願済シ」とあり、留岡は道庁に足を運び刊行に向けて事務的な手続きをしている。留岡は三月二一日に、小樽にて「此日獄事叢書ニ原稿ヲ認メ、原胤昭兄ノ許ニ送ル」と、時まさしく留岡が米国遊学を向け日本を出発しようとする時に原稿を送付したのである。そして四月三日に、創刊号（第一号）を発兌することが出来た。

ここで創刊号を少しみておくことにしよう。『獄事叢書』は『教誨叢書』と同様、編集人に原胤昭をおいた。発行所は北海道樺戸郡月形村同情会で本文三二頁と付録一六頁と奥付からなっている。印刷は東京の秀英社（東京市京橋区西紺屋町廿六七番地）である。一部四銭であるが、五部二〇銭（郵送代別）と一括とし、最初から継続した講読を希望しているのも安定的な資金確保を考慮してのことであったと推察される(7)。執筆しているメンバーは『教誨叢書』と若干相違する。『教誨叢書』が主に囚人を対象としたのに対し、『獄事叢書』は監獄の問題を江湖に訴えていくという傾向がみられる。この雑誌は爾来月刊雑誌とし第二五号まで刊行された。有力メンバーである留岡が米国へ遊学していた時期におよそ相当する。

創刊号の冒頭には「獄事叢書発行の趣意成立並に原胤昭編輯の任に当るの辞」という原の文章が掲載されている。「固と是れ本紙を此に発刊するに至りしものは曾てより同情会友の間に智識を交詢し獄事を討究するための通信法あり、予輩を稗益すること尠少ならざりしによらずんばあらず、而して其録述する処は等しく監獄問題にはありたれども予輩の謹読して明教を受くる各監獄雑誌等には登録せらる丶程の事も無き些末の事柄、然れども予輩実務者のためには必要なる治獄遇囚戒護検束処務監督衛生の事を極めて手近かに実際に照らして考究討議するが故に直接に益を得ること多かりし也、依て予輩は此の方法を拡張せんと望むこと爰に年あり、遂に筆記に代ゆるに本紙を以てするに至りしもの也」と囚人でなく実務者を対象に刊行されたものである。そして「故に本紙の編輯は会友諸君の手足となるものにして世間に有触れたる雑誌編輯の任に当るとは大に趣を異にするものなれば斯道のためには倒れて止むの胤昭敢て犬馬の労を辞せず、慶んで此の任を擔ふたるなり」と述べている。

（二）編集方針

かくして、この『獄事叢書』は発刊はなったが、発刊の貢献者の一人留岡は米国遊学中であったので、むしろこの雑誌へは米国から最新の監獄の状況や論文を寄せている。編集方針として「論説」「特別奇書」「雑録」「獄務評論」「時事」「外報」「出獄人の成績」「演武談」「養神談」「衛生」「官令」「監獄学」というような欄が考えられていた。

ここで主な欄についてふれながら編者たる原の編集方針についてみておこう。「論説」については「治獄遇囚の要を学理と実際に照して詳細細説し獄務の実理を学ふに宜しき玉稿」、「特別奇書」は「監獄改良の大本につき学士名家の寄せられたる高見名教戒講述せられし玉稿」、「雑録」は「戒護検束の秘訣、老練家の有効談或は失錯談又は囚徒の逃走獄則違犯の実情、牢語、暗号通牒の秘密等得て参考となるに宜しき玉稿」、「獄務評論」は「規律励行の主動力、現行の獄制につき或は処務につき相評し相論じたる玉稿」、「時事」は全国の監獄に係はる時事にして吾輩の奨励警戒とするに宜しき玉稿」等とあり、とりわけこの雑誌の特徴と称せるものに「外報」がある。これには「欧米各国の獄事に関する時事論説、本会の知を辱ふする大家タアラック氏（英ハワルド協会書記）ブロックウエイ氏（エルマイラ監獄典獄）ラウンド氏（米監獄協会書記）ヴヲー氏（米費府監獄典獄）等の通信寄稿、殊に会友留岡幸助君エルマイラ監獄留学中の通信探見につき寄せられんとする玉稿」と記され、留岡への期待が大きいことがわかる。そして最後の「監獄学」という欄は「監獄学専修のため最も有益なる新著、当時世界に名高き名著、多良句氏の行刑新論を訳して連載すべし、他日稿全きを得るときは本会にて製本の労を取り立派に表装して諸彦の机右に供すべしと」と将来一冊の著書として出版の予定であることが語られている。

前節でみた『教誨叢書』の欄と比較しても、この雑誌がまさに「獄事」とあるように監獄の諸問題についての論文、従事者と該問題の専門家を対象にしたものであることが理解できよう。また当時、日本には同種の雑誌として、佐野尚を中心にした大日本監獄協会の雑誌『大日本監獄協会雑誌』（通称「赤雑誌」）と小河滋次郎を中心にした『監獄雑誌』（通称「青雑誌」）の二種類があった。両者は後に合併するが、フランスやドイツの行刑理論を紹介するに大きな役割を持っていたし、原や留岡もこの雑誌に論文を多く書いている。同情会の志向するところが民間とするなら、「官」に対して、独自の論陣を張る場所が必要であったことはいうまでもなく、欧州のみならず米国の理論や実状を紹介するなど他誌と相違する特徴を持っていたといえる。

（三）創刊号の内容

待望の第一号が発兌されたのは一八九四（明治二七）年四月三日であるが、ちなみに「本号第一版は望外に需要諸君多かりしため不足を生じ第二版を印刷致候儀にて其れがため頒布延引致し候段不悪御海恕を希ひ候」とあり、創刊号の第二版が同月二七日刊行されている。この雑誌の発行部数は『教誨叢書』の三〇〇〇部よりははるかに少なく、その三分の一の一〇〇〇部であった(8)。頁数は付録を入れて、四〇頁前後であり、『教誨叢書』よりも薄い物となっている。

創刊号の「発刊の辞」は該雑誌の持つべき重要な意味を披瀝している。無署名であるが原の執筆と考えられる。その中で「獄界は実に人物を要す。社会の罪囚をして堅固なる良民となり生存の競走場裏に立たしむると如何とは遇囚の法如何に存すればなり。北米の博識なる監獄学者ウアインス氏其の秘訣を説きて曰く、規律の内に愛、愛の内に規律と。所謂凛乎秋霜の如く、靄然春風の如くして司獄の任に適せりと謂ふべし」と述べ、「更に又一方に疎雑単純なる監獄思想を以て、懲治の効を奏せりとなすものあり、迷へるも甚だしきものと謂ふべし。聖経に謂はずや人の生命は全世界を以て代ふる能はずと。吾人の同朋兄弟が暗黒場裡に沈淪するを見る、心胸鼓動実に堪ゆべからざるの情感を催し来る也」と、キリスト教精神を基盤にして監獄改良に当たっていくことの覚悟が開陳されている。そして末尾を「吾人譾劣自ら省みるときは幾度か涕涙の睫に交ゆるを覚ゆ、然れども一には邦家の為め、一には可憐囚の為め豈に庸才を問ふの遑あらんや。希ふ所は先達の士が驥尾に附して丹心獄事に従事し予て皇天若し筆硯によりて読者に見ゆるを許さば、男子の涙滴々灑ぎて縷々の文をなさん。願はくは天下同窓の君子、同心協力吾人の微衷を空しからしむ勿れ」と祈念している。

主なる執筆者は原のほか、留岡、大井上輝前、岡田朝太郎、阿部政恒、大塚素らであり、また『獄事叢書』第六号（一八九四年九月三日）によれば「北米の良監獄不定刑期説の実行者エルマイラ感化的監獄の典獄ブロックウエイ氏は吾人が請を容れて本書の特別奇書家たることを承諾されたり」とあるように米国の留岡を拠点にして特に米国の理論・実践紹介が特徴としてあるといえよう。

さて刊行された『獄事叢書』に関して、他の書誌は如何なる言及をしたかをみておきたい。たとえば『基督教新聞』(9)は次のような紹介をしている。

是又教誨叢書と同じく同情会より出づ、十余年来監獄改良に熱心なる原胤昭氏の編輯する所毎月一回発兌にして吾人の今接手せるを第三号となす此道に通達せる学者及実際家の論説其他の記事あり獄事に従事する人は勿論凡そ社会改良事業に「イントレスト」あらんものには最良の参考たり

また『監獄雑誌』(10)では次のように記されている。

同情会の会員は重もに典獄、分監長、書記、看守長、教誨師、医師、看守等即ち北海道集治監に奉職せらるゝ所の諸氏を以て成る、故に獄事叢書に筆を執る所の者亦た縦令ひ表面は一二主筆の任に当るものありと雖も実際に於てはすべて多年実務に経験ある当局諸氏皆な自ら奮つて之れに任ず是を以て叢書を繙く者一見して先づ彼の同僚諸氏が如何に斯道の為めに熱心恊力して事に鞅掌しつゝ、あるかの事相を認め反復熟読して以て如何に其の興味

多く実務に直接裨益を与ふるの大なるかを領得す、謂ふ勿れ雄弁四筵を驚すの文字なきを憾むと流麗の文厳摯の辞論説に雑録に將た獄務評論に特別奇書に能く愛と規律の真趣を写し得て復た余蘊なし殊に毎号紙尾に連掲する所のタラック氏所著の行刑新論訳文の如き号を重ぬるに従て益々佳興《ママ》に入り所謂事理を説尽し人情を曲尽するもの即ち是れ読者をして殆んど巻を掩ふこと能はざるの想ひあらしむ前途遼遠、俗論或は時に跳梁を逞ふする所あらんとす、同情会夫れ健在なれ獄事叢書、夫れ益々斯道の為めに奮励せよ

次に『獄事叢書』掲載の論文から該雑誌に言及しているものをみてみよう。大井上輝前は「今や監獄界漸く将に多事ならんとするに方り獄事叢書なるもの実務者の好伴侶監獄海の羅針盤たらんことを期して本道に生れぬ誠に吾人の慶ぶ所なり其果して宿昔吾人が切望する所の羅針盤たるに適するや否やは須らく之れを将来監獄海の怒濤枉瀾に試み以てト知すべきなり獄事叢書たるもの吾人の希望を充し得べくんば啻に我邦の幸運のみに止まらざるなり」[11]と述べている。ちなみに原胤昭自身も「憾らくは創業日浅く未だ呱々の聲を発したるに過ぎずして監獄改良の上に著しき効果を及ぼす能はざりしを。然れども予め期する処固より天下に標榜して赫々たる虚名を欲するにあらず徐に静養鍛錬して実務者の寸補たらんと欲するにあり、跛鼈自ら晴天に登らんと欲するも豈に企及し能ふ所ならんや。吾人の本旨実に茲に在り、吾人の慰解実に茲に在り、敬愛する読者吾人の意衷を了悟せられて其足らざるを寛恕せらる丶あらば望外の幸也」[12]と論じている。

そしてこの雑誌は一八九六（明治二九）年六月の第二五号まで刊行されることになるが、その刊行月や主なる執筆者をまとめると次頁の表のようになる。

『獄事叢書』

号数	発行年月		頁	主なる執筆者（執筆順）
1	1894	4	32 ＋附	原胤昭、留岡幸助、大井上輝前、岡田朝太郎
2		5	32 ＋附	原胤昭、大井上輝前、岡田朝太郎、畑一岳
3		6	32 ＋附	原胤昭、大井上輝前、ウイリアム・タラック
4		7	38 ＋附	原胤昭、大井上輝前、ウイリアム・タラック
5		8	32 ＋附	原胤昭、片山潜、岡田朝太郎、阿部政恒
6		9	32 ＋附	原胤昭、留岡幸助、岡田朝太郎、阿部政恒、
7		10	26 ＋附	水崎基一、大井上輝前、留岡幸助、岡田朝太郎
8		11	24 ＋附	大塚素、片山潜、阿部政恒
9		12	26 ＋附	留岡、岡田朝太郎、ウイリアム・タラック
10	1895	1	38 ＋附	原胤昭、大井上輝前、留岡幸助
11		2	44	原胤昭、大井上輝前、ジョセフ・エフ・スコット
12		3	36 ＋附	大塚素、留岡幸助、ジョセフ・エフ・スコット
13		4	30 ＋附	原胤昭、岩倉矢一、南海逸士
14		5	24 ＋附	原胤昭、長陽外士、松田又六
15		6	44	原胤昭、大井上輝前、留岡幸助
16		7	42	原胤昭、工藤岩根、草刈次郎
17		8	56	原胤昭、小梁川啓三郎、留岡幸助
18		9	28 ＋附	原胤昭、黄洋生、草刈次郎
19		10	28 ＋附	原胤昭、留岡幸助、ウイリアム・タラック
20		11	28 ＋附	水崎基一、小梁川啓三郎、工藤岩根
21		12	28 ＋附	原胤昭、留岡幸助、田中福治
22	1896	1	30 ＋附	原胤昭、留岡幸助、小梁川啓三郎
23		2	46	原胤昭、山本黄洋、牧野虎次、小西増太郎、巌本善治
24		5	28	原胤昭、水崎基一、大塚素、山科淩雲
25		6	48	留岡幸助、原胤昭、山科淩雲、ハンナ・エム・トッド

二　「北海道バンド」の人々の論文

(一) 大井上輝前、原胤昭、留岡幸助

大井上は渉猟した範囲での『教誨叢書』には執筆はないが、この『獄事叢書』において、幾つかの論文を掲載している。その意味でこの雑誌は彼の考え方を知る意味でも重要である。その論文をみてみると、「天時地利は人和に如かず」(第一号)、「囚徒処遇心得方演説」(第二号)、「監獄の羅針盤」(第三号)、「服装姿勢に関する論達」(第四号)、「勤倹」(第七号)、「作業の督励に就て」(第一〇号)、「何故に抗命不敬の犯則囚多きや」(第一一号)、「囚人の逃走」(第一五号)である。

最初の「天時地利は人和に如かず」(第一号)はそのタイトルからも窺えるように、古代よりのアフォリズム「天の時は地の利に如かず地の利は人の和に如かず」に依拠している。獄吏に当たる者は規律の行使にほかならないが、それを円滑に実行出来るのは、民心一致の心にほかならないこと、「頑冥不霊の徒を感化し兇猛獰悪の輩を矯正する任にあるもの須らく此一致の力に頼り以て規律の厳正を確保せざるべからず」と「和」の大切さを説いている。「囚徒処遇心得方演説」(第二号)においては、近代の監獄制度は恰も「罪囚は一の病者なり監獄は一大病院なり典獄は院長にして看守長は補助員なり」というようなものであり、「典獄に於て如何なる完全無欠の規則を設ると雖も看守にして職を奉するの精神充実ならざるときは安ぞ適正の刑を執行して其目的を達するを得んや」と。そして看守たる職の心得を説くのである。「監獄の羅針盤」(第三号)は『獄事叢書』への期待も込めた論文でもある。すなわち監獄界を海にたとえ、またそれに漕ぎ出す船になぞらえて以下のように論じている。

吾人監獄海の航海者が好羅針盤を望むもの一日にあらず今や監獄界漸く将に多事ならんとするに方り獄事叢書な

るもの実務者の好伴侶監獄海の羅針盤たらんことを期して本道に生れぬ誠に吾人の慶ぶ所なり其果して宿昔吾人が切望する所の羅針盤たるに適するや否やは須らく之れを将来監獄海の怒濤枉欄に試み以てトすべきなり獄事叢書たるもの吾人の希望を充し得べくんば啻に我邦の幸運のみに止まらざるなり

また「勤倹」（第七号）においては「囚人をして自立自営の念を起さしめよ自立自営は勤倹の習慣を養ふに依て得らる勤倹は苦痛なり然れども克己耐久に依りて苦痛を快楽たらしむるを得夫れ人其天職を全ふさせんと欲せば勤倹ならざるべからず」と「勤倹」の美徳を説いている。また「作業の督励に就て」（第一〇号）では、

看守諸氏よ戒護規律は年一年に厳整を加へ彼等をして匪心を萠すの余地なからしむると同時に茲に大に作業督励の紀綱を張り一再懇諭尚ほ従はざるの頑梗漢に対しては些しの仮借なく上司に申告して相当の処分を求め彼等をして働かされば食ふ能はず衣る能はさるの真理を真心暁解せしめ心術の改良に伴ひ労働の好慣習を得せしめ以て監獄の最大目的を達するに最《つよ》めよ

編集人であり、北海道バンドの中心的人物である原胤昭は『教誨叢書』と同様に、当然多くの論文を書いていることはいうまでもない。多くの号の最初の論説は無署名であるが、編集者たる原の執筆と考えて自然である。『教誨叢書』が囚人を対象に発刊されたのに比し、これが獄吏を対象にしていることに注目しておくことが必要だろう。第三号の「社会の別天地」という論文では「天地は宏濶也。然れども身、別天地に処す、宜しく万事を放擲し去り、一箇専門の技術として獄務に従事し、其囚情を観察するや、或る時は望遠鏡の如く、或る時は顕微鏡の如く、事を未然に洞破し細に入り緻に達せば希くは任務を全ふしたるに庶幾しと謂ふべし」とその職務の責任の重要性を説く。その論調は第五号の「軍紀と獄律」という論文中でも「獄律の下に在るは尚ほ軍紀の下に在る如し、故に囚者に関する警報一度来らば衾を蹶て起つの概なかるべからず」とその厳しさと責任を喚起している。

また北海道バンド達の共通的な処遇方針として感化主義を指摘することができるが、これについては第一一号の「感化主義を思ふ」（無署名）において「吾人獄界に身を処する者感化主義を思へば温情満胸、心魂は快暢して窮北の

天にあらざるの感あり。若し夫れ吾人此主義を抱持して孜々汲々の労を採らずんば寂寞荒涼、寒更に強きを加ふるならん。感化主義とは何ぞ囚者は帰正改善し得べしと信じ旧時の監獄思想を蝉脱するこれなり」と論じるように、「監獄主義」に対して「感化主義」を第一義に捉えていこうとする。そしてここには「天下豈に真正の仁人に対して感応なき者あらんや西人曰く真正の慈善寂寥たる病室の内に呻吟苦悶する病者を慰楽する為めには最愛なる剰す一輪の薔薇をも折りて与ふる人ぞ其人なりと。此心以て社会の病人たる犯罪者に対せば豈に善道に導き能はざる事かあらん」と述べるように、同情を起点とした感化につながるエートスを見いだせる。

第二五号に掲載した「渡辺亀吉君の自叙伝」は、渡辺が急死したことによって、急遽留岡の依頼論文とさしかえたものである。その前文において原は「もし不肖胤昭の一生事業に一小公益ありと許すものあらば是れ渡辺君の遺物なりと云はん実に胤昭が斯道に傾心するに至りし最重主動力は渡辺君の改心実証に拠るものありしなり」と吐露している。

留岡幸助も多くの論文をこの雑誌に掲載している。既述したように留岡は一八九四年五月から約二年間米国に遊学することになる。彼の米国での生活は当初、つまり一八九四年は主にマサチューセット州コンコルド感化監獄での実地とボストン周辺を、そして同年末から居をニューヨークに移し、近辺地域の歴訪、監獄や社会事業施設の調査等を行い、翌年四月にニューヨークを離れ、五月一八日にエルマイラに到着し、ブロックウエーのもとで約一カ月間実地研究に励み、再度コンコルドに帰り調査をすることになる。この間に彼が調査・研究し、その報告や論文を北海道に送付しているのである。したがってこの雑誌にも彼は多くの論文を数えることが出来る。ここでは第一〇号所収の「監獄研究録」という論文のみを紹介しておくことにしよう。

嗚呼世は今大慈善家を要するなり、きりすとの所謂愛、釈迦の所謂慈悲、孔子の所謂仁、人の為に己を捨つる聖愛十九世紀の活ける基督、釈迦、孔子を要するなり、最早や十九世紀の宗教問題、社会問題は「ストーブ」の火、煖かなる神学校や講義室のみに論ず可きにあらず、其教理、学説を貧民社会、罪囚社会に適用すべきなり、然らずんば十九世紀の文明、家屋の建築、衣服の改良、其他万般の革新は虚礼虚文となり果んのみ、……略……吾党の士は毀誉褒貶の外にたち、静に世界を救ひ、世界の文明に些少の寄付する所なくんばある可らず、世界を救はんとする志士よ乞ふ先つ世界最終の大敵たる犯罪者を救へ、此ぞ第十九世紀に於る一大問題なればなり

留岡の論文には常に、こうした監獄改良であれ、出獄人保護事業であれ国家の一大事業としての認識が窺われる。もちろん米国遊学もこのような憂国の情があってのことであった。帰国後、彼は米国で得たものを実際、日本社会の中で実践し、監獄改良事業はもちろん、家庭学校の創設や『感化事業之発達』（一八九八）、『慈善問題』（一八九九）等の著を上梓する。さらに日露戦後には『人道』を刊行し、精力的に発言をし、日本の社会事業の歴史に大きな足跡を残していくことになる。

（二）阿部政恒、水崎基一、牧野虎次、山本徳尚

ここでは第一節でも言及されていないキリスト教教誨師、すなわち若くして亡くなった阿部政恒と連袂辞職の同志たる水崎基一、牧野虎次、山本徳尚らの略歴と主なる論文について瞥見しておくことにしよう。

阿部政恒（一八五六～一八九八）については、これまでその出自についてはあまりわかっていないのが現状である。同志社を卒業するのは一八八八（明治二一）年である。その後彼は故郷の兵庫県播磨地方で伝道活動をした上で、九一年の一〇月に樺戸集治監に教誨師として赴任する。赴任順からいえば留岡に次ぐ早さであり、彼は九四年辞任するまで約三年間教誨事業に専念したのである。したがって『教誨叢書』はもちろんこの雑誌にも多くの小論を発表している。

阿部は第五号、第六号、第八号に「倫理学一班」という論文を発表している。それは先ず第五号において「身を獄務に奉する者殊に罪囚に直接する者に於て倫理を弁ふる事の切要なるを」倫理学から接近し、獄にあたるものの任務

としていくことを目的としている。次号では「道義的人物」について述べる。「智能によりて生涯の目的を識り感情によりて福祉を感じ意志によりて自由の選択をなすものを称して道義的人物といふなり」と。そして第八号において「人生の真福とは毅然として事に当り道を尽し任を全ふしたる後俯仰天地に恥ぢず内責むる処なく良心安和天地と共に一体なるの思あるを云ふなり」としている。阿部は北海道での経験も長く、当然、将来を嘱望されていたと思われるが、一八九八年、天に召される。留岡は「長陽阿部政恒君逝く」という追悼文を『基督教新聞』第八〇〇号に掲載している(13)。

水崎基一（一八七一～一九三七）は一八七一（明治四）年、長野県東筑摩郡北深志にて誕生した(14)。八六年に静岡県に移転、八七年六月にカナダ・メソジスト教会のキャシデーより洗礼を受けた。八八年同志社普通学校に入学、九三年六月卒業後、同年八月より樺戸集治監に教誨師として赴任する。そして連袂辞職する九五年一一月まで原たちと教誨の業務、あるいは監獄改良へ取り組んだのである。この間、水崎は『教誨叢書』や『獄事叢書』等に多くの小論を発表することになる。

『獄事叢書』第二〇号収載の「秋夜静燈の下」という論文は、近時刊行の米国監獄雑誌を読んでの感想である。刑罰のみならず、監獄の目的を達するには次の三つの目的が必要であるとする。それは「犯罪者をして旧時の犯罪的境遇を隔離せしめ正経なる社会に入れしむる事」「犯罪者をして文明の真珠を味はしめ社会を害するなく其幾分の要素たる様矯正せしむる事」「文明の生活に必要なる幾多の習慣を修養せしめ勤勉節倹等の気風を第二の天性たらしむる事」であり、しかし日本において、この目的はまだ前途遼遠の感があり、さらに自分はこの事業に邁進していく覚悟であると表明している。水崎は連袂辞職後は英国エジンバラ大学、ロンドン大学で学び、同志社専門学校の教授になっている。その後一九二〇年には浅野総合中学校を創設し、教育事業に携わった。

牧野虎次（一八七一～一九六四）は、一八七一（明治四）年七月、滋賀県蒲生郡で生まれている(15)。故郷の小学校が朝陽小学校であったことから朝陽学人とも名乗っている。八七年に同志社普通学校に入学し、九二年に卒業した。卒業後は熊本東亜学館教師、同志社予備校寮長に就いた後に、八五年から北海道集治監十勝分監に赴任し、九五年秋に連袂辞職するまで教誨師として職務を全うした。この間、『教誨叢書』や『獄事叢書』にも多くの論文を執筆している。

牧野は第二三号に「如何なる点にまで教育事業と観ぜざる丶か」という論文を書いている。この中で牧野は「監獄とは何ぞや」と本質的な問いを発し、一つに「囚人が過去の失行に対して懲瑟の事を行う所」とともに、「監獄は在監囚人が放免後に於ける準備の場所」たること、そして「将来に対しては感化の実を挙げざるべからず」と、しかし「遷善興励して良民に復帰せしむるの大要務」があり、そこには大きな課題があると指摘する。そして「当局者は果して如何なる点に迄監獄事業を教育事業と観ぜざるか」と、疑義を呈し、この監獄事業こそ「悪漢を薫陶する教育事業に外ならず」と位置づけている。牧野は連袂辞職後、伝道事業を経て一八九九年からイェール大学に留学し帰国後は京都教会牧師、『基督教世界』の編集、また大塚素の後を引き継ぎ満鉄社会部の事業や大阪府社会課、家庭学校校長等社会事業の世界でも活躍し、戦時中は同志社総長にもついた。戦後も京都府の社会福祉協議会会長、京都府教育委員長、あるいはハワイのマキキ教会の牧師等々を歴任している。

山本徳尚（一八七〇～一九三〇）は一八七〇（明治三）年一〇月五日、伊予松山で生まれた(16)。小学校卒業後、松浦政泰の海南英学校に入学する。松浦の慫慂により同志社普通学校の二年に編入し、九二年六月卒業する。その後同志社の神学部に入り九五年六月卒業する。そして北海道集治監の網走分監に教誨師として赴任し、同年一一月の連袂辞職までその職に就いたのである。この間に彼と『獄事叢書』との関係があった。山本牛山とも称し、彼は「司獄官の徳義に就いて」（第一八号）、「正吏たるべし俗吏たるべし」（第二三号）、「魔洲条件附裁判制度（訳）」（第二五号）といった論文を発表している。

最初の論文はタイトルからも窺えるように、司獄に当たる者の徳義について論じたものであり、最後に「司獄官たるものは品行方正道念堅固上に諂らず下を侮らず自家の生血を絞りて之を囚徒に飲ましむるの偉大潔士ならざるべからず」と、とりわけ上にたつ典獄、司獄署長らの徳義の重要性を指摘する。さらにこれを展開しているのが、第二三号所収の「正吏たるべし俗吏たるべし」である。

知らずや監獄は善悪の最も烈しき戦場なることを監獄は罪人を駆りて之に集会せしむるが為に設けられず監獄は罪人の手飼場にあらず戒護官吏も亦罪人手飼ひの番人にあらざるなり彼等は罪囚の罪悪を撲滅せざるべからざるの責任を有す彼等は罪囚に向て善的精神を「インスパイア」せざるべからざるの責任を有すそれ此責任を有す彼等自から善を慶び悪を悪み高潔なる気魂と自治の精神を有するものならざるべからず罪囚の多くは極めて卑陋なり極めて他動的なり此卑陋に他動的なる人間をして改過遷善の実を挙げしめんとす朝夕其側に在る者の高尚にして自治自動的ならざるべからざるや論を待たず

山本は連袂辞職した後は、留岡や三好退蔵と共に感化学校創立に向けて尽力するが、結局山本は東京市養育院の感化部に就き、感化事業に尽瘁することになる。その後彼は実業界の人となる。

三　外国の情報と交信——留岡幸助、片山潜、小河滋次郎

この雑誌が刊行されていた時期に、偶然的にもこれに関係する人々が海外にいるという恵まれた事実がある。それがこの雑誌の一つの特徴となっていることも看過できないことである。先ず米国についてみておくと、原の有力な同労者であった留岡幸助はこの雑誌の刊行期と軌を一にするように米国に渡り、また留岡を追うようして大塚素も米国に発つ。その米国には後の労働運動に奔走する片山潜が居たのである。

留岡幸助は第六号と第七号に「コンコルド感化監獄」という論文を発表している。その中で当監獄についての実地調査やシステムについての説明がある。そして次のように論じている。「此の種の監獄は懲罰の分子を含みたる学校組織と云ふを至当とす、啻に懲罰するのみならず、在監者をして大に教育すればなり、抑も犯罪者は如何なる原因よ

り生ぜしやと云はゞ一元以て無教育と云ふを憚らざるべし、余が無教育と云ふ意味は甚だ広きを意味するなり、即ち宗教上の無教育、知識并に道徳上の無教育、加之職業上の無教育を意味するなり、斯かる数種の無教育は、犯罪者てふ一種異様の現象を社会に惹起せり」というように教育という視点を重要視する。彼が空知時代に、多くの囚人と面談をして、そこから教育という視点を置いたことがここでの実地をとおして確信に変わっていったのではないだろうか。

第五号には後の社会主義者、労働運動家として有名な片山潜の「コンコルド感化的監獄」という論文が掲載されている。これは片山が留岡に邂逅し、留岡の勧めもあり監獄の視察報告を『獄事叢書』に報告することを勧めたものである。片山の米国での一番の関心事は社会学であったが、「罪科学」にもおおきな関心を寄せていた。そうした中で、片山にもこのコンコルド感化監獄への関心もあった。片山はこの監獄を「監獄というより学校」であると言っている。それはこの監獄の遇囚法が「授職」「知識」「道徳」的涵養によって米国人民として陶冶していくことにあり、その方法としてマーク方式、階級性をとっていた。片山はコンコルド監獄を「米国第一の監獄なり寧ろエルマイラ監獄より優れりと思へり」高く評価している。

吾人が米国にて緊要とする問題は社会改良と云ふことなり此問題は監獄改良よりも尚大切なる問題なり即ち罪人の生する根底より改良せざる可らず然し之に就き罪科学の研究は一補助を吾人に与るなり蓋し罪人の性質罪人の種類を調査せば自ら社会の欠陥を知ることを得るなり、学術的に云へば感化的監獄及社会に在る総ての監獄は社会の不完全なる所を治療する場所なり之れ固より大切なれども疾病の起らざる様にすることは尚大切なり故に監獄改良は消極的にて社会改良は積極的なり、事を未発に防ぐ事は吾人の務めざる可ざるなり

留岡は米国遊学時代、特にコンコルド時代に当時アンドーヴァー神学校で学ぶ片山としばしば会っており、当時から二人の交友がみられ、片山も監獄や犯罪の問題については関心があったようである(17)。ちなみに同じアンドーヴァーで学ぶ広津友信とも留岡はしばしば会っているが、広津が後に家庭学校の幹事についているのも興味が持たれ

る。また第八号においても片山の「英国倫敦出獄人保護会」というものが掲載されているが、これはＷ・ブース大将率いる救世軍の更生保護事業についての実地調査である。救世軍は翌年に日本に伝道を開始することになるが、その前において該事業の報告は貴重なものである。

一方、当時、行刑関係において、また監獄学において業績を上げている小河滋次郎の欧州からの書簡がある。たとえば第一七号の小河書簡は原と水崎基一宛であり、フランスパリからである。これは小河がパリで開催された万国監獄会議に出席したことによる。第二一号収載の小河の清浦奎堂（奎吾）宛書簡はパリからである。第二三号は原胤昭宛である。第二四号の原宛のものはドイツベルリンからである。また第二五号もベルリンから原、留岡宛であり、これにはクローネの留岡宛書簡が紹介されている。またクローネやスコット、ラウンド（ニューヨーク監獄協会）らの書簡も紹介され、この雑誌には当時の世界的な潮流を理解していこうとする気迫が感じられ、米国やフランス、ドイツ、英国の行刑界の流れを理解できるのもこの雑誌の特徴でもある。

四　ウィリアム・タラックの訳著『刑罰及犯罪予防論全』

既述したように、『獄事叢書』には第一号より「監獄学」の欄において「多良句氏の行刑新論を訳して連載すべし」とあり、ほとんど毎号巻末に付録的な扱いとして「多良句氏行刑新論」という訳が掲載されている。この原著はＷ・タラック（Tallak, William 一八三一～一九〇八）の *Penological and Preventive Principles* である。ちなみに第一号には著書につき「本書は刑罰執行、犯罪予防論と称するものなり、今意訳して行刑新論と云ふ、論旨吾人が監獄学専修のために学ふに最も適当なる良書なれは之を訳して本欄に連載することとなしぬ」と説明されている。ちなみに同号は自序と第一章とが訳されているが、「日本北海道樺戸同情会員訳」となっている。しかし後日出版された奥付には「本書は同情会員松尾音次郎君の専ら精訳されたるものなり」という文言があり、当初から松尾が訳を担当したものと思われる。こうして『獄事叢書』において、連載された該訳は最終号となった第二五号において「行刑新論全部出版予告」という文字があり、近々この著の出版が企図されていることが報じられ、当初の予告どおり、一八九七年一一月一五日に『刑罰及犯罪予防論全』として上梓されることとなった(18)。

この著の表紙には「英国多良句氏原著　日本同情会訳述　刑罰及犯罪予防論全　発刊同情会」となっており、次にタラックの肖像があり、「序」を小河滋次郎が書いている。そして本文四〇三頁からなり、奥付には「編訳者兼発行者」としては原胤昭が、印刷所は秀英社である。原の名前が挙がっている理由として「出版に臨み目下同君（松尾―筆者注）は奈良中学を教授せられ在京無之出版届出の都合あるを以て之に与りたる者を以て訳者の著名者とす」とある。

ここで小河の「序」について少し付言し、この著の上梓の意味と同情会の存在意義についても彼の意見を聞いておこう。「今や世上漸く監獄改良を唱導し来るもその智識と経験とに乏しく好著を待つの急なるに際し同情会は大に此に見るあり」とその時宜に適った出版であると報じ、次のように述べている。

> 抑同情会なるものは北海の僻隅に呱々の声を放ちたるものにして世上此を知るもの甚た少なく斯業に関係を有する人士も尚大に注目せしなきを疑ふ然れども同情会が斯業に効果を与へたるは今や決して掩ふべからざる事実にして乃ち原胤昭氏及留岡孝助《ママ》氏の如き実にこの会の主唱者にてありき世人は罪囚に座するに残忍酷薄恰も野獣を遇するが如き時に際し愛憐同情の念を以て能く彼等に対し其の会に冠するに同情の二字を以てせしが如き余輩実にその識見の高くして偉なるを嘆美せずんばあらざる也

そして「世の斯業に志あるの士この著によつて監獄改良の急務を語り免囚保護幼年感化の必要を察し併せて罪囚に対する同情の念を興起するを得ば一は以て著書と同情会との本志を全ふし一は以て文明の汚点を洗濯するに至るべし」と訴えている。ともあれこの意義ある出版において『獄事叢書』が大きな役割を果たしていたことはいうまでもないことである。

五　その終刊事情――「連袂辞職」をめぐって

（一）幌内炭坑における囚人労働廃止

連袂辞職に至るまでには、大井上輝前の不敬事件についてふれておかねばならない。周知のように、明治二〇年代はキリスト教界にとって信仰自由の問題と、教育勅語（一八九〇）の発令に伴う国権の強化の下で、キリスト教界の受難の期間でもあった。その受難とは不敬事件として、たとえば一八九一（明治二四）年の内村鑑三事件、熊本英学校長・奥村禎太郎事件（一八九二）、熊本八代高等小学校事件（同年）などがあり、この大井上不敬事件もかかる事件と同様の性格が見出される。しかし、個別大井上不敬事件をみるとき、我々は北海道行刑の問題を看過しては決して語れないのである。すなわち順調に成果を上げていたと思われていた北海道でのキリスト者の監獄改良事業も破局を迎えることとなる。まずそれは囚人労働廃止ということが契機となった。大井上は幌内炭山の労働を一八九四（明治二七）年末を以て廃止することを決定した(19)。これについては後述する留岡幸助と印南於菟吉との論争もあった。

大井上は一八九〇（明治二三）年八月、樺戸集治監へ赴任するが、樺戸に近い空知集治監の獄内事情、すなわち幌内炭坑での囚人労働の過酷さと彼の開明的、人道的行刑思想とは相容れなかったことは容易に推察されるところである。大井上義近は当時の幌内炭坑での非人道的外役労働にふれ、「朝は早く晩は遅く十時間以上も栄養に乏しい食物を与へられ重労働を強制せられて居つた有様であつて、懲戒も極端に、人命の価値などは毫もかへりみられてをらなかつたのである」(20)と回顧している。また当時の行刑学者であった岡田朝太郎は、九三年夏、幌内炭坑を視察し、その状況を彼の著書『日本刑法論』でとり上げている(21)。

しかし、大井上らの努力にも関わらず、幌内炭坑に於ける囚人労働は容易に廃止されず、むしろ、それを合理化する論稿も現れている。たとえば一八九四（明治二七）年四月、印南於菟吉は『監獄雑誌』に「作業の性質を論じて北海道炭鉱業に及ぶ」(22)を発表し囚人労働をあえて肯定する。これに対し徹底的な反駁を加えたのが留岡である。留岡が囚人労働廃止を主張した論稿は空知在住時期には見当らないが、異郷にて印南論文に一撃を加えようとする次の論文にそれが充分看取できよう。留岡は、「余は犯人の心性を矯正する方法たる作業として、囚人を炭鉱業に就役さすることは頗ぶる不同意なり、恐くは此ことに関して論ずるにつきては余は最も其資格を有するものと云べし」と述べ、次のように論じている。

蓋し本年四月まで四年間北海道集治監教誨師空知分監詰を拝命し、大に幌内外役所（即ち炭鉱業に服役する囚人を拘禁する所）在監者には種々の工風を運らして教誨せしものなり、然れども余が四年間の教誨殆んど水泡に属せしにはあらざる乎と思ひしこと数々なりき、如何んとなれば炭鉱業は感化に必要なる希望、即ち囚人の希望心を絶滅ならしむればなり。

何をか絶滅と云ふ。曰く説あり、朝に坑内に出役するのに囚人は夕に帰るの望甚だ少なければなり、蓋し朝に出役したるもの瓦斯爆発の為め、若くは落磐の為め頓死すること数々なればなり、以是老頑最悪の囚人中には採炭服役を悦ぶものありと雖、そは坑内にて犯則をなす欲望心より、稍々改悛したる罪囚は坑内に入ること戦々兢々の念止まず、日には幾度か署長に拝謁を乞ひ、分監帰監を志願するもの接踵引きも切らず、余は数人署長より囚人の志願につき説論に困まると云ふことを聞きしなり、何が為めに彼囚人は署長をして忙殺せしめん斗りに頻繁に分監詰換を志願するか、他にあらず朝に出で、夕に帰るの希望なければなり、故に余は典獄分監長より数々炭山教誨につき諮問に与りしは、只以て答ふるものは左の語なりき。一日煖めて十日冷やす(23)。

囚人労働については、一八九四（明治二七）年一一月開催の第八回帝国議会でも議題(24)となり、大井上典獄らの尽力で、時を同じくして廃止されるに至った。このような状況の中で大井上は非職（一八九四年一一月）に追いやられるのだが、それへの伏線として、彼の不敬事件も位置している。

（二）大井上の不敬事件

さて、大井上個人として直接的な刃が向けられるのは、一八九二（明治二五）年一〇月『絵入自由新聞』に掲載された次のような記事である。

我邦の集治監、監獄は憲法発布以前は大抵真宗の僧侶教誨師として幾分の手当にて専ら囚徒に教誨せしか、去る廿二年二月憲法発布以来宗教は信仰の自由なるより空知集治監にては典獄大井上輝前氏か仏教を廃し更らに基督教誨師を置き囚徒に教誨し其の成跡如何は知らされとも次て官制改革となり、北海道の各集治監は樺戸を本監として、空知、釧路、網走は各分監となし、矢張り大井上氏は典獄なりしより悉く囚徒の教誨を基督教として是まて例年一月元旦には天皇陛下の御真影を囚徒に拝参せしめしに、本年一月の元旦には大井上氏之を各分監に命し、陛下の御真影を脱して物置の隅に押し入れ囚徒に拝せしめさりき、囚徒は何故に斯くの如くなるやを疑ひしに全く基督教信仰の結果なりとのことなるか、苟も集治監の典獄たるもの何たる不敬そや(25)、

この件に関し、当時、井上哲次郎はこれを「国家的思想と相背馳する」(26)ものと批判したが、大井上は「元来御真影は囚徒に拝せしむべきものにあらず、それを拝せしめしことあるなし」、そして、「基督教徒にして教誨師たるものありと雖も是れ囚徒に向つて基督教を説く為めのものにあらず、教誨師の務は倫理の講究に止まり、決して宗教のことを云はず、但し囚徒中より特志を以て基督教を聞かんと欲する者は別に集合を設けて之を教ゆることなり」と弁明したという(27)。

留岡は「日記」に大井上と談合した当時の状況を、「又近頃ハ余輩ノ主義ニ反対スルモノ抔アリテ、天皇陛下ニ不敬ヲキリスチヤンハナストテ、有モセザルコトヲ実ニ有リゲニ書クモノアリ。現ニ此日ノ北門新報ニ樺戸ニアリシ不敬事件トテ、散々ニ集治監其レニ関係アル人々ヲ悪シ様ニ言ヘリ。無根ノコトヲ画キ、針小棒大正人ヲ陥レントスル

所作悪ム可シ」[28]と記している。真にかかるフレームアップ、事実無根の根拠は、当時のキリスト教界への国家主義的運動からの策動に相まち、世論をうまく利用し、大井上典獄以下のキリスト教教誨師の排斥を意図したものと思われる。それは、北海道各集治監に於けるキリスト教教誨師の「輝やかしい成功」故に齎らされた結果であると言わなければならない。そして、その「張本人」たる大井上への非職に向けての攻撃であった。それがより具体化するのが一八九四（明治二七）年より幾度か行なわれた内務省による北海道集治監への調査・復命である[29]。

この件について原は『獄事叢書』第一八号（一八九五年九月三日）の「論説」において「送非職典獄大井上君迎後任典獄石沢君」と題して大井上について次のように論じている。「君（大井上―筆者注）が日本監獄改良の為に一臂の労を割き一は貴志のあるところを貫き一は以て世の陋風俗習を破るの任に当らんことを切望す君が治獄に於て素より間然するところなし勿論予輩は君の獄政を以て完全なりと云はず無欠なりと云はず、言、此の如きは諂諛にあらさざれば無味の言たるに過ぎざればなり、されど日本の治獄者最も予輩の理想に近き者を求めて先づ指を君に屈せざるを得ざる也」と。ここでは大井上との惜別のなかで石沢を迎えることが記されているが、実際は原たちとはうまくいかなったのは火を見るより明らかである。

(三) 大井上の非職と連袂辞職

北海道の教誨師をほぼ独占したようなキリスト教教誨師への排撃も始まり、内務省は北海道集治監の官制変更を実地し、その権限強化を計っていった。このようにして、内務省の路線は大井上を非職に追いやり、北海道集治監を内務省の直轄として管理を強化し、大井上の後任として石沢謹吾を典獄に送り、仏教の教誨師を雇用するに至ったのである[30]。

かかる教誨師の併置は、従来、道義教誨を重視し、一貫した方針で遂行してきたキリスト教教誨の方法の混乱を招いた。そして、一八九五（明治二八）年一一月、原胤昭、末吉保造、水崎基一、牧野虎次、山本徳尚の五人は「趣意書」[31]をもって「連袂辞職」を断行することになる。「趣意書」には「近者北海道集治監教誨方針改革の議あり着々其歩を進められたるものあり而して不幸にして吾儕平生の抱懐と同趣ならざるあり終に各自辞職の請願をなせしが幸ひに聴許を蒙るに至れり。人事錯綜紛雑固より一因一果を結ぶ如く平易ならんや然れども進退去就を明にし天下交友の知遇に対し吾儕今回の挙惜已むべかさるに至りし一斑概述せしめば」として

第一、道義教誨主義を採用せられざりし事

第二、作業経済に偏重して感化教誨に重きを置かれざる事

第三、教誨師としては幾宗教の人物を並用すべきものにあらざる事

の三つを挙げ、辞職理由を開陳している[32]。

真にこの趣意書を当時在職の五人は痛恨込めて書いたものと思われ、なかんずく原は一八八八（明治二一）年四月以来、八年間囚人のために身を献げたことを思えば、その無念さは断腸の思いであったろう。それは遠く故国を離れた留岡にしても同様の心境であったことは想像に難くない。この連袂辞職の件を原の書簡で知った留岡は「日記」に「此れでスツパリ北海道集治監はきりすと教主義を放逐せり。可憐なるは七千有余の罪囚なり。いざ此よりは頑連なる司監官の頭上に一撃を加ふるの時来れり真正の言論自由は吾人の頭上にありと云ふ可し」[33]と覚悟を認めており、この言葉は、「北海道バンド」の共有する思念であったと思われる。そして連袂辞職は「北海道バンド」の「バンド」たる所以を証左するものである。こうした状況で『獄事叢書』の編集人であり、同情会の中心人物原は東京に移転する。一八九六年一月の『基督教新聞』には原の移転記事がある[34]。そこには「東京市赤坂区青山南町六丁目百三十九番地」が原の移転先としてあるとともに『教誨叢書』と『獄事叢書』の事務一切取り扱う所として報じられている。

ところで、一八九六（明治二九）年二月七日刊行の『獄事叢書』第二三号でもってはじめて編集方針の転換が見ら

れる。それは前年一一月末の連袂辞職が転機になっていることは言うまでもない。その巻頭論文は「面目を新にす」である。「極北石狩川畔に生れし獄事叢書亦幾多の厄難を経過して今日あるを致せり今年は是れ獄事叢書三歳の祝年なりき、果せる哉、厄難交々襲来し、茫渺北海の広野に編者の机を据ゆる小地なく、ト〻故郷に帰り居をトして筆を執り本書発刊のの趣旨在北海道会友の依嘱を空ふせざるは誠に雀躍抃舞と云はざるを得ず……略……本書のためには妖雲とも云つべきもの北海の空を覆ひ局面一変し、今や吾人居を隔て会友諸君と朝に語り夕に論ずるの機を失したるは千載の遺憾なり、憾まんか憾まんか、否な吾人は寧ろ鳴謝して大に祝福するものあるなり」と複雑な心境を吐露している。そして自己を「寒貧の一民人」と位置づけ、同時代の『大日本監獄協会雑誌』や『監獄雑誌』を意識して、「官海の余沢なく学者の羈束なきは以て吾人の素志を致すに宜しく吾人の窃に慶ぶ処実に此の点にありなり」と民間の立場を明確に披瀝している。「故に本紙上に説く処、一に監獄の学理を解示し、一に獄制の法理を説明し、一に行刑の結果を詳論し、一に監獄経済を攻究し、一に治獄遇囚の現状を明示し、一に監獄の暗黒事物を告白し、強く社会の注目を攪起し、罪囚八万の同胞を救ひ獄費四百万の国金を節せんと欲す」と、従来より、広く監獄改良事業への取り組みを明示し、江湖の協力を願い、新しく出発していくことを告げたのである。ちなみに同号には連袂辞職した山本徳尚（黄洋）や牧野虎次も所懐を披瀝している。これに関して『監獄雑誌』には「本号より大に改良を施し記事を精選せり期する所は獄界の裏面を公白して大に監獄思想を鼓吹し以て監獄の改良を計らんとするに在りと論説、特別奇書、獄務評論、雑録、衛生談、時事其他の諸欄悉く監獄に関する事項を以て塡む」という『読売新聞』の記事（転載）が紹介されている(35)。

ところで『獄事叢書』は第二六号より、米国から帰国する留岡の編集担当となるはずであった。そして帰国した留岡は「今後の獄事叢書」(36)で、「文才は天の我に賦与せざる所なれども今後の獄事叢書は不肖幸助の担任する所なれば筆折れ思想涸渇するに至るまでは勤めて止まざるの決心なり」と編輯予告を掲載したにもかかわらず、刊行されなかった。『大日本監獄協会雑誌』は「廃刊か」(37)と題して「留岡君の帰朝後、定めて光焰万丈ならむの外、其の後、絶へて音沙汰だになきは如何に、思ふに廃刊に非るなきを得んや、斯道の為め、殊に同業の為め、惜むべきの極みなれ」と報じている。北海道の同情会を拠点にした『教誨叢書』『獄事叢書』の刊行であったが故に、キリスト教教誨師を中心にした北海道での事業が終焉したいま、東京で出す意味が再度問われた結果からの判断であったのだろう。こうして一八九六年六月七日刊行の第二五号でもって残念ながら『獄事叢書』は二年余の幕を閉じることとなった。そして同時期に『教誨叢書』もその終焉を迎えている。

おわりに

ここで『獄事叢書』の特徴として四つ指摘しておくと、この雑誌は第一に「官令」等をとおして当時の北海道の監獄と囚徒の状況が逐一理解できることである。明治二〇年代の我が国の行刑水準、とりわけ特殊北海道の行刑制度を理解する重要な史料となっている。

第二に原や大井上ら同労者達が特にキリスト教ヒューマニズムの思想で改良を計っていったことが随所に読みとれることである。原や留岡幸助の研究、「北海道バンド」のメンバーの動向を知る上において、この雑誌は『教誨叢書』とともにキリスト教史からも重要である。

第三として第三の米国の理論紹介においてこの雑誌の大きな特徴と論じたが、留岡のライバルでもあり、監獄学の第一人者小河滋次郎の動向をかなり詳しく報じており、そしてそれに付随して、ヨーロッパの行刑制度の紹介が為されていることも看過できない。その意味で『大日本監獄協会雑誌』『監獄雑誌』等とも違った特徴を保持していることも重要である。

第四として、監獄改良事業は感化事業や更生保護事業との関連性の中で位置づけねばならないとの指摘があり、いわばこの事業は日本の社会事業黎明期の産物であり、社会事業を生み出していく母胎のようなものであった。とりわけ「北海道バンド」の連中の多くが日本の社会事業の一角を担っていく将来を考えた時、この雑誌は社会福祉史からも重要な意味を持っている雑誌といえよう。

最後に同志とともに連袂辞職した原胤昭はその後如何なる道を歩んでいったかを瞥見しておきたい。原は東京に戻り、島田三郎の東京毎日新聞に入社する。一八九七（明治三〇）年一月、英照皇太后の死去に関わる恩赦があり、原はここで畢生の事業と称せる出獄人保護事業に取りかかることとなる。すなわち原寄宿舎の創設であり、後の東京出獄人保護会社の船出である。同年四月には、その趣意書を発表し、事業を江湖にしらしめ、支援を呼び掛けていった。原は一九〇三年には東京出獄人保護所を移転し、一三（大正二）年には大著『出獄人保護』を上梓している。原はこうして日本の更生保護事業の第一人者として位置していったのである。さらに一九〇八年の中央慈善協会の発会と同時に、その幹事に就き、また翌年には児童虐待防止の活動を始め、児童問題に於いても大きな業績を残すことになり、社会福祉史の中心人物として活躍していった。その原点にこの一〇年近い北海道での監獄改良事業の体験が重要な意味を持っていることは言うまでもない。そして『獄事叢書』の主なる執筆者でもあり、原の同労者であった「北海道バンド」の面々も社会事業や教育界等へ進出していく。その意味でもこの雑誌は近代史、キリスト教史、行刑史、社会史のみならず社会福祉史の重要な史料である。日本における「監獄の誕生」(38)の時代に、当時北海の辺境の地において、こうした雑誌が刊行されていたことは近代の歴史においても異彩を放つものである。

【注】

（1）概して原胤昭についての研究は留岡幸助に比して遅れていると言わざるを得ない。キリスト教史や社会福祉史、行刑史等から総合的に研究されてしかるべきである。しかし最近、片岡優子『原胤昭』（関西学院大学出版会、二〇一一）によって原の生涯の大略が分かるようになった。ほかに彼の伝記としては、若木雅夫『更生保護の父　原胤昭』

（一九五一）があり、太田愛人の『開花の築地・民権の銀座』（一九八九、築地書館）は「築地バンド」の人々の一環として原を論じた著である。その他の研究として三吉明の研究『キリスト教社会事業家の足跡』（金子書房、一九八四）や安形静男「原胤昭　免囚の父」『犯罪と非行』第一〇四号、一九九五）、三栖達夫『原胤昭の標茶日記とその足跡』（一九九八）等がある。また児童虐待事業と原との関係を論究した物として、斎藤薫「児童虐待防止協会と原胤昭」『舞舞』第一五号、一九九四）や船越麻子「原胤昭の被虐待児保護事業とその意義」『大阪府立大学大学院福祉研究』第二号（一九九五）等がある。小説であるが、山田風太郎の『明治十手架』（筑摩書房）も原を題材にしたものである。

（2）新島襄全集編集委員会編『新島襄全集』第九巻下（同朋舎出版、一九八三）一二五二頁。

（3）拙稿「近代日本の社会事業雑誌――『教誨叢書』」『関西学院大学人権研究』第一五号（二〇一一）、本書第一章第一節参照。

（4）そもそも「北海道バンド」という言葉を初めて使用したのは生江孝之である。生江は『日本基督教社会事業史』（一九三五、東方書院）で「大井上典獄の下に監獄改良を主眼として集つた十名内外の基督教教誨師の中より、其の後社会事業の発達に多大の貢献をしたものの出でたのは恰も他の三団体の中より他の方面に貢献したものを出したのと何等軒軽はないのである」（七八―七九頁）と述べ、「北海道バンド」と称している。このメンバーの主なる人は、大井上輝前、原胤昭のほか、留岡幸助、阿部政恒、松尾音次郎、大塚素、山本徳尚、牧野虎次、水崎基一、中江汪、末吉保造ら同志社出身者の教誨師、そして後に回心する有馬四郎助、あるいは当時伝道者として関わった生江孝之らを指している。

（5）復刻版『獄事叢書』全三巻（不二出版、一九九八）

（6）『留岡幸助日記』第一巻（矯正協会、一九七九）参照。

（7）『獄事叢書』第二号には「今般本会より発行致候獄事叢書望外の外好評を蒙り続々各地より御愛顧の御注文有之」云々とあり、創刊号が好評であったことが伝えられている。

（8）たとえば『獄事叢書』の各号の巻末に「謹告」に「本書ハ会友通信ノ筆記ニ代ヘルタメ企テラレタルモノナレハ予メ

期スル処ノ僅少ナル部数ヲ印刷シ実費（編輯及ヒ寄稿総テ無報酬）ヲ一部ニ割当テタルモノニシテ夫ノ三千四千ノ大多数ヲ印刷セラル、雑誌類トハ事情大ニ異ナリ且ツ東京ニテ印刷致シ候ニヨリ彼是費用モ多ク依テ本書ハ仮令数本ヲ合スルモ別ニ割引等ヲ致ス能ハス候間此段御承知被下度候」とある。そして第一七号収載の『獄事叢書』出版費の第一回報告には第一五号までの印刷数が掲載されているが、第一号から三号までは一〇〇〇部であり、多いときに一一〇〇部、少ないときで七五〇部、およそ一〇〇〇部程印刷されていた。

(9) 『基督教新聞』第五六九号（一八九四年六月二二日）

(10) 「獄事叢書に就て」『監獄雑誌』第五巻第一〇号（一八九四年一〇月三一日）

(11) 『獄事叢書』第三号（一八九四年六月三日）

(12) 『獄事叢書』第九号（一八九四年一二月三日）

(13) 『基督教新聞』第八〇〇号（一八九八年一二月一六日）ここで留岡は「余の初て君を見たるは明治十八年の冬同志社にてありき、爾来余は君の誘掖によりて三星霜を同志社学窓に費やせり、余の同志社を卒ふるや君は浪華に余は丹波に伝道せり、後余の北海の囚徒を提誨するや、君来りて大に教誨の実を挙ぐ、君によりて悔悛せしもの僅少ならざりき」と追懐している。

(14) 水崎基一については、主に浅野綜合中学校編『追悼　故水崎基一先生』（浅野綜合中学校、一九三八）を参照した。

(15) 牧野虎次については、藪崎吉太郎編『牧野虎次先生自叙伝』（一九五五）、牧野虎次『針の穴から』（牧野虎次先生米寿記念会、一九五八）等を参照した。また筆者も拙論「牧野虎次」として『同志社時報』第七二号（一九八二）に簡単な紹介をしている。

(16) 山本徳尚については、『人道』第三〇一号（一九三〇年一一月一五日）が「山本徳尚君追悼号」の特集となっており、留岡の他、牧野虎次、有馬四郎助、水崎基一といった「北海道バンド」の人々の追悼文が掲載されている。

(17) 留岡と片山については、拙著『留岡幸助の研究』（不二出版、一九九八）の第五章「米国遊学時代の留岡幸助」を参照されたい。

(18) 著書には「本書は著者の博学卓見且つ実験を細に請究し以て刑罰及犯罪予防の要を論述せられたるものにして実に行刑方法の精神を新に論述したるものなり故に曩日吾か同情会月刊の獄事叢書に掲けて其一端を世に公にするに臨み本著に行刑新論の名を冠らせたるは其意義を訳出したるにあるものなり、今前編を上梓するに当り原名を直訳して刑罰及犯罪予防論と云ふ読者乞ふ之を諒せよ」という文言が「出版者　敬白」として掲げられている。
(19) 第一一号には「幌内炭山の外役廃止」として「一時世間の論上に登り存廃頗る論議も喧しかりし幌内炭山採炭貸渡囚徒は去十二月三十日を以て廃止し同所外役の囚人は悉く空知分監に帰り同外役所は悉皆引揚となりたり」と報じている。
(20) 寺本界雄編『樺戸監獄史話』（ともだち社、一九五〇）二二〇頁。
(21) 岡田朝太郎『日本刑法論』（有斐閣書房、一八九四）参照。
(22) 『留岡幸助著作集』第一巻所収、八二―八四頁。
(23) 同右、八一―八二頁。
(24) 大日本帝国議会誌刊行会編『大日本帝国議会誌』第三巻（一九二七）三六一―三六二頁。
(25) 関皐作編『井上博士と基督教徒』（一八九一）六〇頁より再引用。
(26) 同右、六三頁。
(27) 山本秀煌『日本基督教会史』（日本基督教会事務所、一九二九）一九七―一九八頁。
(28) 『留岡幸助日記』第一巻、一八二頁。一八九二年一一月一五日の段。また、同年一〇月一日の段には「当時新聞ニ見ユル所ハ、偽国家論者ガキリスチアンヲ退ケン為ニ種々ノ卑説怪行ヲナス。其一人ハ熊本県松平氏ナリ。横井、綱島ノ両君文部大臣ヲ問ヒ数刻ノ談論アリタ由、時事新報中ニ見ヘタリ」（同書、一七六頁）と記している。
(29) この復命書については拙著『留岡幸助の研究』（不二出版、一九九八）の第五章「空知集治監教誨師――北海道バンド」（一八七―二四五頁）を参照されたい。
(30) 『基督教新聞』第六五〇号（一八九六年一月一七日）
(31) 『監獄雑誌』六巻第一二号（一八九五年一一月）。この重要な趣意書は『獄事叢書』にも『教誨叢書』にも掲載されずに、行刑の専門誌たる『監獄雑誌』に掲載されたその意味について筆者は従来から疑問に思っていた。

（32）ちなみに三つの理由については、以下の様に論じられている（『監獄雑誌』第六巻第一二号）

第一、道義教誨主義を採用せられざりし事

監獄教誨の事を労する者は先づ道義教誨の可なる乎宗教教誨の可なる乎との問題に触着せざるなし吾儕見聞浅狭識見盲昧たりと雖も夙に道義教誨を称導し宗派に偏倚せず専ら道義の赫々たる大光により習癖多々たる囚者の頑脳を打破し再生的新人間をなすを以て心となせり不以当らずと雖も又之れ倫理的教育たるもの徹志によらずんばあらず然るに改革の方針宗教教誨の傾あり之れ吾儕の甘じて留任し能はざる第一理由なり。

第二、作業経済に偏重して感化教誨に重きを置れざる事

今日の我国の獄制上到底米洲の如く監獄之れ教誨たりとの理想点に達する能はざるは又語を俟たんや然れども若し夫れ感化教誨は有邪無邪の間に埋没せられ常に戒護作業衛生等と均一平等に進歩するの方針にあらすんば到底教誨師の驥足を伸ばして留任するの必要なし透徹の識なく或は誤了の識を免れざるものあるや知らずと雖も之れ吾儕の処決せし第二理由なり。

第三、教誨師としては幾宗教の人物を並用すべきものにあらざる事

吾儕は教誨の教育事業たりと信ずるを以て過大の重きを宗教に置かず然れども一宗派の人物に教誨師の官職を帯ばしむる以上は他宗派の人物を用ゆべからざるを信ずる也固より臨時招聘教誨せしむるに於ては何宗たるを問はず敢て異議を狭まざるのみならず喜んで然らん事を欲す然れども連袂提携同監に於て同一の囚者に異派をして毎時教誨すべしとは吾儕其善後に就き良果の存するを認めず狭隘隔離の天地、囚情紛乱宗派の紛争を来す豈に堪へんや之れ吾儕は新に並用せらるゝ仏教教誨師と並机其職に当れとの官命に対し辞職せざるべからざるに至りし第三理由也。

以上只だ梗概に過ぎず、翻想省念吾儕又不敏任務に孤負する多々あり只だ天下一片監獄教誨に意を労するものあらば吾儕の微衷を看取せられん事を所期する也。

（33）『留岡幸助日記』第一巻（矯正協会、一九七四）五二五頁。

(34)『基督教新聞』第六五〇号（一八九六年一月一七日）
(35)『監獄雑誌』第七巻第二号（一八九六年二月二九日）
(36)『獄事叢書』第二五号（一八九六年六月七日）
(37)『大日本監獄協会雑誌』第一〇三号（一八九六年一二月一五日）
(38) 安丸良夫『一揆・監獄・コスモロジー』（朝日新聞社、一九九九）参照。

第二章　近代日本の孤児と非行、そして慈善

第一節　石井十次と『岡山孤児院新報』

はじめに

近代に入って活字文化の発達は識字教育の発達と相関し、新聞、雑誌等のマスメディアの登場を促進していった。ここには当然、新聞や雑誌の印刷技術の発達という要因も看過するわけにはいかない。さらにその文化によって人々のコミュニケーションは大きく変容し、活字を媒体にしたネットワークにも変革をもたらすことになる。具体的には政治あるいは経済、教育等の舞台において新しい方法で人心の変革を遂げていくことになる(1)。とりわけ日清戦後以降、新聞や雑誌等のジャーナリズムにおいては社会問題が多く登場してくる時代的背景が存した。そして社会福祉の世界においても施設創設の登場と相関するように、機関雑誌が月報という体裁でもって、登場してくるのも時代的必然性があったと言えよう。岡山孤児院の創設者石井十次も一八九六（明治二九）年、『岡山孤児院新報』を刊行す

るとき、当時の新聞紙誌を「文明の利器」「此世を支配する能力の権化」等と日記に認めている。換言すれば、活字媒体が社会福祉界においてもコミュニケーションやネットワーク形成、あるいは人々の慈善事業認識において大きな変革をもたらすことになると表現してもいい。

ところで日本における社会事業雑誌、つまり社会事業専門の雑誌はいつ頃発刊されたのであろうか(2)。戦前において全国的に名が知れていたものとして、中央慈善協会が刊行していた『慈善』(一九〇九)や小河滋次郎を中心にして大阪救済事業研究会が刊行していた『救済研究』(一九一三)、留岡幸助主筆の家庭学校機関誌『人道』(一九〇五)等がまず想起されよう。大阪の慈善新報社が出していた新聞『慈善新報』は谷頭辰兄と石西尚によって一八九四年八月の刊行であるが、いまのところそれは一部しかみることが出来ない。

ところで小橋勝之助によって播州赤穂の地に創設された博愛社は一八九〇(明治二三)年から『博愛雑誌』を一等早く刊行することになる(3)。日本の社会事業雑誌の刊行は施設の機関誌から開始されるといってよかろう。それは明治二〇年代、多くの日本の代表的な民間施設が設置されていくのと関連している。いわゆる慈善事業期に社会事業雑誌の誕生がなったといってよい。具体的には明治二〇年代に刊行されたものには博愛社の機関誌『博愛雑誌』(一八九〇)、岡山孤児院の『岡山孤児院月報』(一八九三)、『岡山孤児院新報』(一八九六)、三〇年代に入ると東京孤児院の『東京孤児院月報』(一八九九)、『博愛月報』(同)、上毛孤児院の『孤児の友』(同)そして『東京市養育院月報』(一九〇一)等がある。こうした機関誌をとおして我々は、その施設の経営方針、とりわけ寄付者や寄付金額、財政の分析に関して、あるいは収容者の生活史、創設者・経営者の思想等、人物史、施設史を考察していく時、きわめて多くの恩恵を受けることになるのである。当然その中には当時の慈善事業についての考え方、地域の問題、種々の情報が掲載され、社会福祉史の重要な史料になっていることは周知のところであろう。

さて、この論文において戦前日本の代表的な児童養護施設として位置している岡山孤児院の機関誌『岡山孤児院月報』、とりわけ『岡山孤児院新報』に焦点をあてて、この雑誌の書誌的な解明、若干内容を紹介しながら時代的な意味や社会福祉史上での意義等について考察することにする。それはもちろんこの雑誌が児童福祉史、特に岡山孤児院や石井十次の研究において重要な意味を持っていることはいうまでもないが、かかる雑誌を媒介にして慈善事業が全国的なネットワーク構築に向かう時代的要請、そして慈善や思想が江湖に伝播していく時代的意味や意義を究明していくものである。

一　博愛社機関誌『博愛雑誌』をめぐって

岡山孤児院の機関誌『岡山孤児院月報』と『岡山孤児院新報』について論じる前に、我々はその刊行とは直接的に関係ないが、それ以前に刊行されていた博愛社の機関誌『博愛雑誌』をみていくことから始めなければならない。というのは周知のとおり博愛社は一時期岡山孤児院と合併した時期があり、『岡山孤児院月報』の刊行にはこの問題が背景として存するからである。

一八九〇（明治二三）年一月、播州赤穂の地に小橋勝之助の尽力によって博愛社が創設された。博愛社は創設当初七つの事業を構想している。ここでのその事業とは、「博愛文庫の設置」「博愛雑誌の刊行」「慈善的夜学校」「慈善的高等普通校の設置」「貧民施療所の設置」「感化院の設置」「孤児院の設置」であり、この中に「博愛雑誌の刊行」があり、それが具体的に同年五月、『博愛雑誌』第一号として発刊されていくことになるのである。そしてこの雑誌は第二〇号（一八九一年一二月五日）まで刊行されていくことになるが、突如、小橋勝之助の筆になる「廃刊の辞」が掲載され雑誌の終焉を迎える。さしあたり何故廃刊に至ったかをみておくことにしよう。しかしまずこれには博愛社と岡山孤児院との合併問題、小橋勝之助と石井十次の二人の関係から考察していく必要がある。

小橋は一八九一年四月三日に岡山孤児院を訪問し、石井と面談している。その時のことを小橋は「天父の御慈愛を深く感じて感涙の外なかりし」(4)と認めている。一方、石井が初めて博愛社を訪れたのは同年五月八日のことである。博愛社は九一年七月二五日、念願の普通学校を開校した。その開校の日、小橋勝之助は日記に「今日は博愛社普通学校の開校式を挙行し終日之れが為め費やせし」(5)と認めている。しかし開校間もなく岡山孤児院との合併の議が浮上することになり、財産を岡山孤児院に寄附し、普通学校も岡山孤児院の付属となった。小野田鉄弥は、当時の情況につき「然れとも其目的を約言すれは人の霊魂肉体を兼ね救ふにあり其第一着として普通学校を本年八月廿五日を以て開校の式を挙ぐ。爾来僅に数閲月計らすも孤児院と合同の議起れり主に在る事業特に其目的を同ふする事業の合同に向て誰か反対を試むることを得んや社員一同之れ主の望旨なりと信し熟議の末該普通学校を以て孤児院の付属と為すに決す而して後来其程度を高めて実地農業学校たらしめんことは我等の希望なり因みに云ふ博愛社は為に消滅し去りしか否らす石井氏も亦其社員となれり我等は益々主に在て励み之を以て犠牲献身的人物の一団体たらんことを切望して已まさるなり」(6)と論じている。

一方、石井の日記には「博愛社小野田村尾の二氏来訪（一）孤児院現今の希望を話し（二）眼を大局に注ぎて協同一致主の御榮を顕はすの必要を説く」(7)（九月二二日）と認められ、さらに『博愛雑誌』第一九号の「社告」には次のように報じられている。ここには明確に合併のことが「今般社員一同協議之上弊社の事業と岡山孤児院と合併致し社長小橋勝之助の名義なる所有財産一切同孤児院へ寄付致候付博愛社普通学校は同院に付属することに相成候間此段愛兄姉へ稟告す就ては以後御寄付被下候分は岡山孤児院寄付中へ算入致す可く候間此段合せて謹告候也」と『博愛雑誌』をとおして知らされていった。

かくして一八九一年一〇月二日に博愛社と岡山孤児院は合併し、九三年四月二〇日に再び両者が独自に歩んでいくまで、およそ一年半共同の歩みをしていくことになる。岡山孤児院と合併した博愛社は創設以来、小橋の構想で経営されたが、しかし合併した暁にはその機関誌たる『博愛雑誌』の存在意義が問われることになった。そして第二〇号に「廃刊の辞」が収載されることになったと考えられる。ここには、「既に博愛社を以て岡山孤児院に配す我雑誌のみ独り何時迄か依然旧の如きを得んや故に吾人は本号を以て断然此誌を廃刊せんと欲するなり然り断然此誌を廃刊せんと欲す然れとも此れ只昌黎氏の所謂進むが為め退くのみ焉ぞ退くが為に退く者の類ならんや誰かは知らん此誌の此処に死するは自ら此他日孤児院月報彼処に生まるの徴にあらざるなきを　謹んで本誌廃刊の理由を述べて親愛なる読者諸君の厚情を鳴謝す」と、廃刊理由が述べられている。

すなわち「既に博愛社を以て岡山孤児院に配す我雑誌のみ独り何時迄か依然旧の如きを得んや」というように岡山孤児院と合併した以上、博愛社の雑誌刊行は許されることでないと認識する。しかしこれは退くということではなく、進歩のためでもあると説得する。そして「他日孤児院月報彼処に生まるの徴」とあるように、廃刊は一方では将来的に新しい名称を持つ月報の刊行という期待でもあったと解せよう。ちなみに『岡山孤児院月報』が創刊されるのは、勝之助死後半年後である。しかしその時は博愛社と岡山孤児院は再度、独自の道を歩んでいくことになっていた(8)。

一方、博愛社が機関誌『博愛月報』を刊行するのは、大阪に移った一八九九（明治三二）年五月になってからのことである。かかる点からみて、『博愛雑誌』は岡山孤児院との合併時と廃刊事情を考えてみれば、『博愛月報』のルーツのみならず、『岡山孤児院月報』（『岡山孤児院新報』）の母胎であったといえば言い過ぎであろうか。

二　『岡山孤児院月報』の発刊

さてこのように生前の小橋勝之助が期待していた月報は『岡山孤児院月報』として発兌されるが、それは一八九三（明治二六）年八月一五日のことである。『博愛雑誌』廃刊後一年半以上経過している。ここには博愛社との分離独立といった背景が存する。「発行兼編輯人」は小野田鉄弥で印刷人は林崎将太郎、そして発行所は岡山孤児院となっている。小野田は先の博愛社時代においても、『博愛雑誌』に多くの論文を書いており、また編集事業に協力した経験があり、この雑誌の編集人としての才能や知識は備わっていたと推測される(9)。同誌は二〇頁前後の小冊子で第八号（一八九四年五月）まで刊行された。第八号まで全て「非売品」となっているのは後の『岡山孤児院新報』と大きな相違点であり、月報の性格が未だ院内の報告を中心とした機関誌としてのみ存したからであろう。ちなみに第八号までの発行年月日と頁数は以下のとおりである。

第一号（一八九三年八月一五日）一〇頁。第二号（九三年九月二五日）一九頁。第三号（九三年一〇月三一日）一一頁。第四号（九三年一一月二〇日）二四頁。第五号（九三年一二月一五日）二〇頁。第六号（九四年二月一六日）一三頁。第七号（九四年四月八日）二四頁。第八号（九四年五月九日）二三頁。これからも窺えるように、第六号からは月刊の体裁でなく、また全号をとおして頁数は一定ではない。

ちなみに第一号の構成を見ておくことにしよう。巻頭に「岡山孤児院」の欄があり、概則、現況、養育、教育、実業（活版部、理髪部、農業部）、毎月の経費につき記されている。そして「記事」として一八九三年七月中の孤児院の日録が掲載され院内での行事や寄付金名が記され、また同月中の書類及び物品表、寄付金表として四頁費やされている。最後に孤児院の最初の収容児である「前原定一」についての文章が収載されている。

以下の号についても内容は論文の類は少なく、事業内容、孤児院の記録、寄付書類・物品表、寄付金表、往来書簡等で掲載内容については大して差異はない。寄付者の名簿をみてもこの頃から既に全国的な様相を呈している。ここでは月報の記事内容の一例として書簡のみてておくことにしよう。たとえば第二号に徳富猪一郎（蘇峰）の石井十次宛書簡が掲載されている。徳富は『基督教新聞』掲載の孤児院の日誌に感動し、書簡と寄付金を寄せたものであるが、次のように認めている。

……前略……小生儀最近両三月徒歩ニテ相済ム場合ニハ可成徒歩セント欲シ人力車ニ乗ル費用ヲ徒歩ニテ得ラル、丈ケハ五銭拾銭ノ差別ナクソノ折々ノ勘定ニテ直チニ右ヲ貯蓄珠（陶器ニテ製シタル寳珠ナリ）ニ入レ置キ候モノ有之候間直チニ右ヲ箪笥ヨリ取リ出シ見候処少シハ手答ヘヲ覚エ候間直チニ右ヲ差出ス事ニ相決シ候……中略……金額ハ総計幾何アルカ御落掌ノ上査収サレ度候九牛ノ一毛故ニ尊兄ノ事業ヲ稗補スルニ足ラズト雖トモ滔々タル万丈紅塵ノ裡ニ於テ猛雨ヲ衝キ熱天ヲ凌キ小生ガ健脚徒歩シタルノ報酬而シテ兄ノ至誠ニ感ジタル微志幸ニ御看取下サレ何ナリトモ経営ノタシニ相成候ハ、本望不過之候

周知のように蘇峰はこの「貧者の一灯」に留まらず、以後岡山孤児院の事業に対して積極的に支援を送り、評議員としての役職にも就く。一方、石井も『将来之日本』や『国民之友』の熱心な読者であったし、蘇峰から思想面の影響も受けることになるのである。

こうした蘇峰の書簡に類するものは、国内のみならず国外にも及び、各号において掲載されている。たとえば第六号においてはハワイ島ヒロ在の峯岸繁太郎やホノルル在の岡部次郎からも寄付金とともに送られて来ている。それは月報を通しての「貧者の一灯」といった慈愛の表現でもあり、後のハワイでの音楽幻灯隊の遊説につながるものであった。ほかにもこうした記事（書簡）は多いが、ここでは第七号において次のような倉敷某信徒からの書簡を紹介しておくことにしよう。

拝啓陳者貴院ノ月報ヲ一読致ス毎ニ小生同情ヲ表シ然レトモ家貧シキ故応分ノ寄付致難ク候ニ付キ兼テ生ハ他ニ祈願アリテ日曜日朝飯ヲ断チ候ヘバ其食料ヲ他ニ使用不仕処先般北海道某氏ノ貴院ヲ思ハレ候愛情ニ倣ヒ安息日朝飯一度ヲ壱銭五厘トナシ又小生ハ菓子好物ナレトモ聖日ニ限リ菓子ヲ食ハズ其価ヲ壱銭五厘トナシ都合三銭只今マデ二回分六銭甚ダ軽少ナレトモ生ノ情ヲ察シ御受納被下度以来続々克己仕度候聖書ニアル寡婦ノレプタ二枚トシテ御使用下サレ候得ヘバ幸甚

そして同号には『山陽新聞』掲載の「偽善者石井某」という石井と岡山孤児院の事業を誹謗した記事が転載されているのは興味深い。そこには石井を「サタン」「偽善者」「詐欺師」と断じ、孤児院を「サタンの一身を肥す為の機関」とし、石井に「痛く責罰を加へざらんや」と言った中傷の文言が披見される。また「履歴」という欄には石井が養育した二番目と三番目の貧孤児の入院までの経緯が記されている。

ところでこの月報をとおしてみる寄付者の多くはクリスチャンか教会関係であると思われ、この月報もキリスト教

界を中心にした限られたネットワークであったのだろう。次に刊行される『岡山孤児院新報』、あるいは音楽幻灯隊の諸国遊説によって、各地の慈善会をとおしてネットワークが拡大していったと考えられる。

しかしこの月報は第八号でもって終わっており、きわめて短命であったが、この件につき言及している石井の日記をみておきたい。彼の日記に廃刊のことが記載されるのは一八九四（明治二七）年のことである。「孤児院月報　断然月報を廃して年報となさん……之れ最も天父の御栄なり」、また五月二七日の「本日所感」という段には「孤児院月報を止めて年報に改むること」と認められている。したがってこの第八号で以て月報は短命ながら廃刊になったようである。そして予告どおり一八九五年の年報が発刊されている。ちなみに月報廃刊後石田祐安の『岡山基督教』が発刊されている。

三　『岡山孤児院新報』の発刊とその内容

（一）　発刊事情

石井が約二年間のブランクの後、再度、孤児院の月報を発刊するに至ったかについて石井の日記から、そして編集方針につき初期の『岡山孤児院新報』の記事や「社告」等から考察してみることにしよう。

一八九六（明治二九）年一月二四日の石井の日記には「孤児院新報につきて　一、年報を一月発刊とし　二、新報を二月より発行すべし　三、体彩……はいきなりにやりつくべし　他の新聞雑誌に模倣せず自然に有体にやるべし」とあり、一月頃より新報を出す構想が窺える。六月一二日の日記には「器《ママ》関新聞を発行して大ひに気焔を吐かざる可らず、事業と新聞とは猶ほ恰も蒸気器関とのごとし」、そして渡辺栄太郎を孤児院新報社長とする構想をたてている[10]。また同月二三日の日記には「岡山孤児院発行の件につき院役者の相談会を開き　一、（主筆）……渡辺栄太郎君　二、

（発行人）……河本茂四郎君　三、（印刷人）……小野田鉄弥君に委託し」とあり、「ペテー師を訪ひ『孤児院新報』発行のことにつき相談」と記されている。そして六月二七日の日記には、

偶感一、今日の人間は地上に住まずして実に新聞紙上に住む。
　二、人を射んと欲せば馬を射よと
三、此の文明社会に於て戦ふものは此の理を悟り此の文明の利器を利用して大ひに戦はさる可らず
四、まず「岡山孤児院新報」てう月刊新聞より始め次ぎに毎月三回とし次ぎに毎週新聞となさん

と、ここでは新聞を「文明の利器」と把促し、週刊紙の構想を描いている。そして同月二八日の新聞においては「新聞は此世を支配する能力の化権なり　筆は剣なり剣は権なり」「『孤児院新報』は実にわが岡山孤児院の羽翼なり」「わが岡山孤児院はこれより一大飛揚をなして全世界を横行すべし」と新聞発行の意図と熱情、目的を披瀝している。ここには当時の日清戦後社会、ジャーナリズムの占める意義の高揚が背景としてあったのだろう。すなわち石井はこうした月報をとおして、日本全国にわたる孤児院のネットワーク作りを構想していたのかもしれない。

そして逓信省から『岡山孤児院新報』の発行許可書を九六年七月二〇日付けで受けることになる。

通第三八七七号
一岡山孤児院新報
　岡山市門田屋敷二百三番邸
発行所　岡山孤児院新報社
　同上
発行人　河本茂四郎
一、毎月一回以上遂号定期発行スルコト
二、記載事項ノ性質終期ヲ予定ス可ラザルコト

三、書籍ノ性質ヲ有セラルコト
四、発行ノ目的社会宗教学術等ノ事項ヲ報道論議シ及ヒ広ク之ヲ公衆ニ発売スルコト
右各項ノ証明ヲ勘査シ第三種郵便物トナスコトヲ認可ス
但見本壱部ヲ発行地本管一等郵便通信局へ納ム可シ紙面ノ体裁記載事項ノ性質種類ヲ変更シタルトキ亦同シ
明治二十九年七月二十日　逓信省　□印
このようにして第一号（創刊号）は一八九六（明治二九）年七月二〇日、発兌されることになる(11)。

(二) 第一号（創刊号）の発刊とその内容

創刊された機関誌は発行人には河本茂四郎、編輯人に渡辺栄太郎、印刷人に小野田鉄弥が就き、発行所は岡山孤児院新報社となっている。第一号の内容を紹介しておくと、一頁に「天下の有志諸君に訴ふ」「塾舎建設費に就て」「これ天下の事業なり」「岡山孤児院の概況」の小論がある。そして「雑報」（一―二頁）という欄には「宗村豊袈裟君」「音楽師招聘」「横井峰夫君」「孤児年令別」「孤児県別」「河本茂四郎」「祈祷の応験」「孤児院の食物」「吾等教育上の理念」「桑苗仕立法と児童教育」「東京慈善新報」「病児を見舞ふ」「海嘯地の孤児救済」「フランクリーンの逸事」があり、三頁から「所感漫録（二十九年）」（埒原居士）「聖書便覧」「日夕漫筆」（活版職工）「朝集会」「社告」があり、そして四頁に「故渡辺亀吉君略伝」「在院外児の書簡」「広告」から構成されている。このような内容になるが、「発刊の趣旨」といったタイトルが付された論文はない。それに相当するものが巻頭論文の「天下の有志諸君に訴ふ」や「これ天下の事業なり」である。前論文では「願くは天下の有志諸君が同朋相愛の情に励まされ天父の御報恩として各応分の助けを与えこの可憐の父母なき孤児等が衣食住に不自由なく月日を楽しく送ることの出来る様なし玉はんことを乞ふ」と寄付金や種々の援助を懇願している。また塾舎建築費の募集に付き、次の論文で述べ、また「これ天下の事業なり」

という論文では「これ天下の事業なり、吾輩一私人の事業にあらざるなり、これ吾人が此度岡山孤児院新報を発行せし所以なり、願くは天下有志の諸君の本院の事につきて質問或は忠告なし被下度しことあらば遠慮なく質問し忠告なし被下度し爾来吾輩は新報上に於て或は手紙を以て諸君の質問に答へつつ出来得る丈心力を尽して諸君の指導に従はんと欲す」と訴えている。また「吾等教育上の理想」という論文では次のように論じている。

心に天国と其義とを求め、常に己が手腕に由て己がパンを食ひ、己が衣を着、己が家に住み、終日営々蜜蜂の如く働き、蟻の如く労して余念なく、富ますと雖も衣食の憂ひなく、学者ならすと雖も読み書きに苦ます、智者ならすと雖も普通の分別に乏しからす、聖ならすと雖も野ならす、何も抜群卓越の点あることなく極めて平凡の者たりとも又何の指摘排斥すべき処なく普通にして健全なる知識と健全なる徳と健全なる体力とを有し独立独行労働的の人物を養成せんこと我党教育の理想なり

これらは無署名であるが石井の文章であるかと思われる。「埒原居士」は石井十次のペンネームと思われるが、「無署名」の記事が多く、どれが石井の文章かは今後の課題としなければならない。一つの方法として、これを彼の日記から執筆を判断することも可能であろう(12)。

「社告」には、「孤児貧民の救済及び教育に係はる御意見可成御寄稿被下度候」「孤児貧民の情況に付可成御通信被下度候」「本紙は普く天下に頒布致し度に付御名々購読者を募り御注文被下様願上候」とあり、また第二号（一八九六年八月一五日）の「社告」には「何の宗派に成を問はず各地孤児院等の情況御通信被下度本紙は之を広く天下に御紹介可致候」とあり、この新聞が全国の貧民・孤児のネットワーク的な機能を果たす意図があることを窺わせているのも注目すべき点であると言えよう。

また「聖書便覧」という記事があるように、この機関誌がキリスト教伝道という一つの重要目的にしていたこともこの雑誌から窺える。ちなみに第三号（一八九六年九月一五日）の「社告」には「本紙今般更に福音なる欄を設け信仰の経験、祈祷の応答、及格別なる神恵談等の事実を蒐集記載し神の能と恵を事実上証明致し度存候願くは天下の諸

兄姉各自御経験（身心上）或は御見聞に相成候事有之候はゞ新古大小の差別なく御通知被下度取別牧師伝道師の御方には集会或御訪問の際には屡御見聞相成候もの多かるべくご面倒なから御一筆御書留の上御通知の程願上候且又本紙此後益ます伝道の方面に力を尽くし度考に候得者は御教会の信徒及求道者へ購読方御勧誘被成下度御依頼申上候」と、この方針を天下に訴えている。そしてこれは機関誌の購読の拡大と共に、全国のキリスト教会及び信徒の慈善事業への宣伝の一環でもあった。

最後にこの月報の機関誌が刊行されて、当時の全国の新聞や雑誌はいかなる報道をしたかを岡山孤児院と比較的縁の深い『基督教新聞』と『女学雑誌』に限ってみておくことにする。一八九六年七月七日発行の『基督教新聞』第六七九号では第一号収載の「岡山孤児院概説」を転載し、孤児院の紹介をしている。そして機関誌に付き、「岡山孤児院にては自今毎月一回其報告を発行せんとす今其第一号を見るに孤児院の近況消息細大洩さず知悉するを得特に同号には故渡辺亀吉君の肖像あり真摯堅実の英容其人接する思あり所感漫録、聖書便覧、日夕漫筆等所々有益なる記事あり」と紹介している。また同年翌月の『女学雑誌』第四二五号（一八九六年八月二五日）では次のような紹介記事がある。

岡山孤児院の新報出づ、孤児院が自ら以て任ずる其天下の事業の発達と、彼等熱誠篤信の慈善家等が精神を露すもの、実に之によりて聞くべし、其第二号を記する文に「孤児を社会に出す事につきて」といへるに大胆に社会に出す可し、生命のある人の子は如何なる境遇に立つも決して亡びるものにあらず、躓くと滅ひるとは同一にあらざるなり、人は屡躓かん、されど真正なる進歩の階段にして憂となすに足らず。とあるもの、これ石井君につき屡々聞くの精神にして、また彼大事業を貫中するの精神たらずんばあらず。石井君が此精神を以て、無告の孤児の為に一生を奉ずるため、天下は之に向って大謝せざるべからず。此精神を知らんとせば世は此新報の出づるを歓迎せよ。

かかる当時のキリスト教系のマスメディアをとおして、岡山孤児院の名は一地方に止まらず、全国に広がっていったのであるが、機関誌たる『岡山孤児院新報』も好意的に紹介されている。

（三）『岡山孤児院新報』の内容とその変化

『岡山孤児院新報』は一八九六（明治二九）年七月、第一号を発兌してから一九〇九（明治四二）年五月一日発行の第一四八号まで、約一三年間、刊行された。まさに日清戦後から日露戦後までであり、いわゆる「社会問題顕現期」を背景としていた。この間、奥付によれば「編輯人」は渡辺栄太郎が創刊号から第六二号までで、石井十次は一九〇二年一月一〇日発行の第六三号から終刊までとなっている。孤児院新報の構成は「社説」（第一七号より「新報」）、論文（無署名多し）、孤児院の日誌、岡山孤児院の紹介・宣伝、寄付者名簿、入院者名簿、収支決算、書簡等であるが、しかしこれらは時代と共にかなりの変化がみられる。第一号の紙面構成については既述したとおりであるが、誌面に「目次」（「目録」）が掲載されるのは第四号からである。その欄は「社説」「岡山孤児院日誌」「論説」「福音」「雑録」広告」から成っている。号を重ねるごとに欄は「院内記者」「教育」「史伝」「小説」「あかし」「証明」「奇書」「新報」等がある。主なる初期の執筆者には石井以外で柿原正次、小野田鉄弥、高橋鷹蔵、安部磯雄らがいる。

題字は最初、縦書きであるが第八九号（一九〇四年三月一五日）より横書きに変化する。第一四二号（一九〇八年一〇月一五日）よりまた縦書きに戻る。この際題字の大きさや形態は一定ではない。雑誌の大きさは横二七センチメートル、縦三八・五センチメートルのタブロイド版である。定価は第七号まで一銭、第八号より二銭となる。頁数は号数により変化がみられるが八頁構成が一番多い。付録は多くの号に付いているが、内容は寄付者の名簿から成っている。月報的性格をもっているが、毎月一回そして発行日も厳密に定まっているわけではない。印刷所は「岡山孤児院活版部」で、発行所は「岡山孤児院新報社」である。ちなみに終刊に近い一九〇八年度の新報発行費として二七〇九円二八銭五厘が支出されている。

発行部数については、一九〇〇（明治三三）年一月の第三九号の「孤児院新報の拡張」という記事に「孤児院新報の拡張昨年一ケ月に於ては発行部数三千部なりしもの一二月に至りては実に一万三千部に達し全国中三、四県を除くの外配せざる府県なきに至る即ち一年間に一万部を増刊するに至りしなり新報は実に我が岡山孤児院の弾丸にして活版部は弾丸製造所なり」とある。明治三〇年代、一万五〇〇〇部から一万八〇〇〇部程度と思われる(13)。この発行部数は救世軍の機関紙『ときのこゑ』や『人道』と比較しても多い発行部数である(14)。以上のようにこの機関誌が刊行された時期（一八九六～一九〇九）は石井にとって三一歳から四四歳までで孤児院事業の新機軸を駆使し、その事業が軌道に乗った時期に相当する。

四　『岡山孤児院新報』の論文を中心に

（一）渡辺栄太郎編集人時代（第一号から第六二号まで）

この時期の誌面で特徴的なのは、初期において論文が多数掲載されていることである。この機関誌に掲載された「社説」（「新報」）について、主だった論文をみておくことにしよう。既述したように各号には原則的に「社説」を中心に、論文が収録されているが、しかしここではさしあたって初期の論文、すなわち機関誌「社説」の欄にある第三四号までを対象にして、如何なる論が張られていたかを論述するに、類型的に捉えておくことにしよう。

まず第一は上述した「吾等教育上の理想」のような「教育論」である。たとえば第五号（一八九六年一一月一五日）の「主義は目的に非ず」という論文では「教育とは人性自然の発育を助長する外ならす。別言せば人類自然の本性本能を訓育して何物の為にも束縛妨害せらるゝことなく、凡の物に卓越即ち霊長たらしむるの能力を発揮するにあり。之れ主義を超て一段高尚の地位に横はる〔を〕目的、理想とす」るものと解している。第六号（一八九六年一二月二〇日）の「教育の自由を望む」という論文では「あ丶宗教の自由を許し、実業の自由を許せる我が政府は何故に人材輩出の源泉たる教育を自由にせざる、現今文部省の統一的教育主義は実に活ける教育界を死せる器械的人物製造会社となせるにあらずや器械は活ける動物を生む能はざるが如く干渉的統一教育界は到底活ける人物を輩出する能はず」と当時の国の教育を批判しているのは注目される。これらは孤児院での理想的な教育を背景としてのことであろう。ルソーやペスタロッチの如き活ける人物を輩出する教育への憧れがそこにあるように思える。

第二に慈善事業論が指摘できる。第七号（一八九七年一月二一日）の「社会主義の潜勢」という論文では「吾人は今日育児院、救済院、感化院、職工養成所等の如き諸の社会事業が追々行はれ来り、後日の憂を未発に防渴せんとしつ丶あるを見て誠に喜に堪へず、吾人は我社会が社会主義を要するの情態に陥らんことを恐るばかりなり、之れ社会主義を恐る丶にあらず、寧ろ吾人は社会主義を以て最後の匡救法と信ずる者なれども、社会主義の必要なき社会は更に望ましかればなり」と、そして社会事業が「社会主義の代務」たらんことを期している。また第一二号（一八九七年八月一五日）の「日本人の慈善心」という論文では「願ふに邦人の慈善心は尚未だ幼稚なるなからんや、其平常事なきの時に当て心を慈善に傾くの厚薄果して如何」と英米に比較し、日本人の慈善心、フィランソロピーの哲学の未熟さを慨嘆し、次のように論じている。

吾人不幸にして我邦金満家なる者か生前は固より死後其遺産を学校或いは公益の事業に寄付せし事あるを聞く甚だ稀にして祖父一代の汗血に成れる処孫一朝の蕩費に終るを聞く甚だ多し、噫是をして若人才の養成技術の奨励若くは諸般慈善事業の為に其一部をだに義捐せしめんか、其功徳は永く滅せす、其名誉は不朽に伝ふべくして、社会の福利に寄進すること幾何ぞ吾人は我邦人慈善の心に啻にあ丶憐なり如何に不憫なり気の毒なりと云ふ一旦の惻隠に留らす、社会永遠の福利の為に寄進すると云ふ今一層の高尚なる理想に出てんことを希望して止まさるなり、

第三番目として宗教論とりわけキリスト教論がある。慈善事業とも関連するが、たとえば増野悦興のバーナードに

関する訳文「孤児の父医学士バーナード及び其事業」（第五号）やジョージ・ミュラーの訳文「信仰の生涯」、安部磯雄のエドワード・ベラミー「ルッキングバックワード」の訳文「回顧」等が掲載されている。キリストや福音については「福音」という欄をとおして論じられる場合もある。たとえば第九号の「キリストならバ」という論文は人間如何なる場合においても、先ずキリストなら如何なる行為を為すか、ということを考えて行動すべきであることを説く。すなわち「悲にも即ちキリストを思ひ、喜にも即ちキリストを思ひ、怒りにも即ちキリストを思ひ、十字架のキリスト悲めと教へ給へは悲め、喜へと教へ給へは喜へ、怒れと教へ給はゞ怒れ、十字架上のキリストのみ唯汝の疑を質するに足のみ、英雄に之く勿れ、豪傑に之く勿れ、学者に之く勿れ、智者に之く勿れ、賢者に之く勿れ、彼等は適以て疑を重ね惑を来すに足るのみ」と。畢竟キリストに倣いて生きよ、と言う趣旨である。

第四番目として岡山孤児院について論じた文章が多い。第二三号（一八九八年八月三一日）の「西米戦争と岡山孤児院」という論文では、「若し今日にして吾国四千万同胞の同情を得て賛助員一万人以上に達し西米戦争やんで米国有志者の非常なる同情を受くるにあらずんば吾孤児院は日に益々困難の谷に陥るの外なきなり」と窮状を訴え、「願くは上天この人類を顧み西米戦争をして全く其局を結はしめ吾邦経済界の恐慌をして平和に復せしめこの可憐なる三百の羊をして平安に爾の愛の御翼の下に世界同胞の温かなる同情の中に成長することの出来る様ならしめ玉はんことを西哲曰く社会は一の有機体なりと微々たる一孤児院また日清戦争或は西米戦争の余毒を蒙るア、悪むへきは戦争なる哉」と論じている。ここには日清戦争後社会の貧富の懸隔、孤児の増加、そして寄付金の減少という背景があったことは確かだが、孤児院が国際的視野で且つ政治の関係で捉えられている点に注目していいだろう。

また機関誌として当然ではあるが岡山孤児院への寄付及び宣伝的なものが多い。一八九八（明治三一）年六月三〇日発行の第二一号の「一日に三厘三毛余」という記事は、月十銭で賛助員になれるということ、かかる人々が一万人いれば三〇〇人の孤児を十分に養える。「願わくは天下の仁人義士、自ら進んで賛助員となるのみならず、朋友知己の人々を勧誘して、この可憐なる同胞を救済せんがため一人でも多くの賛助員を募集し玉はんことを切望の至に堪へざるなり」と。そして同号の「音楽幻灯隊全国巡回の目的」というのは二月五日に発足した音楽幻灯隊の説明である。「之れ岡山孤児院の主義、目的及び現況等を社会に発表し孤児救済の必要を社会に訴へ遍く社会の同情を喚起し益々孤児救済事業の拡張を計らんがためなり。全国至る所の有志慈善家諸君願くは深く此挙に同情を表し出来得る丈の便宜と応援とを与へ玉はんことを全国の主にある兄弟姉妹願くはこの一隊の上に大能の聖手に加はりて著しき主の証をなす様常に御祈りあらんことを」と全国の篤志家に呼び掛けている。

そして最後に「嗚呼大人物」(第五号)、「一死あるのみ」「朝」(第六号)、「静思」「勝利は黙行にあり」「人情と天意」(第一〇号)のように道徳論、人生論、あるいは随筆のような類の小論も多く掲載されている。このように初期の社説には多様な論文が収載されており、宛ら小雑誌の様相を呈している。その意味で初期には訳文を含め、論文がかなり多く掲載されているが号を重ねるにしたがい、論文の類は減少していく。

(二) 石井十次編集人時代(第六三号から第一四八号まで)

孤児院新報の編集人が石井十次に代わるのは、一九〇二(明治三五)年一月一〇日発行の第六三号以降である。当時渡辺はサンフランシスコに移住しており、実質的に編集者の役割は果たせず、石井に代わったのだろう。しかし前号の第六二号と比較しても紙面上の変化は全くない。この頃の紙面構成は、初期のそれのように多様な欄はなく、「孤児院日誌」や「寄付金名簿」等の孤児院の報告が中心になっている。

以下、石井の編集期間中の目に止まった二、三の記事を紹介しておくことにしよう。第九九号(一九〇五年一月一五日)の巻頭論文は「時局に対する本院の覚悟」である。「日清戦争に懲りたる本院は日露開戦の噂ある頃より戦争の打撃を免かれんがため全力を尽して戦争と戦争し戦争の結果不景気のため社会より棄てらる丶無告の孤児並軍人遺児を収容し本院の天職をこの戦時に於て遺憾なく竭さんことを覚悟し一月早々準備委員を台湾に遣り」云々と、台湾で慈善音楽会を開催したことを告げている。そして皇室より二〇〇〇円の下賜金を受け、一層、その責任が重大となり天下の同情も著しく注目されるところとなったと報じている(15)。石井にとって戦争とは孤児との、かつ施設経営との戦いでもあった。「三百人餓死するも千人になりて餓死するも餓死は同じ」と悲壮な覚悟を開陳し、「大胆に解放主義をとりて無限に天下無告の孤児を収容し」と無制限主義を訴えている。しかし「天下の有志者慈善家諸君願くは吾人の微衷を憐み同情の涙を注ぎ一は以て出征軍人を以て後顧の患なく君国のために戦はしめ一は以て天下無告の孤児をしてこの光栄ある戦争のため飢渇を感ぜしめ玉ふ勿れ」と同情を期しているように、戦争には反対しない(16)。

第一一三号（一九〇六年三月一五日）の巻頭には「凶作地孤児救済」という見出しで次のような記事がある。「本院は東北凶作地に於て窮困の余其子を棄て、逃亡し或は其愛児を売るものありと悲報に接し孤貧児救済の責任を感じ評議員諸氏の同意を得院長自ら同地方に出張し三県知事新聞社及び東北凶作救済会に謀り福島、仙台、岩沼に孤児救済所を設け事務員及び保姆を派遣し孤貧児の救済に着手し僅々十日間に収容せし孤貧児の数已に五十名に達せり」と。周知のように岡山孤児院は東北凶作に対処して、孤児の無制限収容主義を宣言し、石井自らが凶作地に出張し以後約八〇〇名もの孤児を収容することになる。第一一四号（一九〇六年四月二五日）から第一一六号（一九〇六年六月二〇日）には数回に亘る孤児たちの輸送報告が掲載されている。ちなみに第一一六号の「現在院児数」によれば当時男七八〇人、女四二二人、合計一二〇二人となっている。

さて孤児院は一九〇七（明治四〇）年四月でもって創立二〇年の記念会を持つことになる。第一二七号（一九〇七年五月一五日）には四月二〇日開催された創設満二〇年祝会の様子が報告されている。そこで石井は次のような演説をしている。

回顧いたしますれば今より満廿年前私が巡礼の孤児前原定一を救済せしより今日までの間に内外の同情者より寄付せられし金額四十三万余円、日本全国より救済せし孤児千八百十六名にして敷地壱万弐千坪建物八十棟を有し常に千人の孤児を教養する事を得るの設備をなし卒業生約四百人を出し現在千二百の児女の教養をなせるは天父

の御冥助と　両陛下の御仁徳と皆様方の御同情に外ならず、茲に千二百の院児に代り御礼を申し上げます
乍併之までの廿年間は我岡山孤児院にとりては試験の時代にして、孤児院の組織はコウすればよい、孤児院教育はこうなれば出来るといふ事がわかった迄にして本当の事業はこれからでござります

そして「私は二十年期を迎へまする迄は、岡山孤児院は果して永遠に遺すに足るべきものであるか否かに付て考へて居たのでございましたがいよいよ廿年期を迎ふるに当りましてこれなれば後世に遺しても差支ないと自信することが出来る様になりましたから」云々と、一応の事業としての成功の安堵を述べたものである。石井は同時にこの席上、一口一〇〇円の基本金一万口、すなわち一〇〇万円の募集を訴え、財政的基盤の安定を計ろうとするが、この計画は後に撤回されることになる。またこの号には徳富蘇峰の二〇周年を記念する次のような文章も掲載されている。

他人より之を見れば、固より献身的なり。されど当人より之を見れば、寧ろ吾が志を行ひ、吾が嗜を遂げ、吾が楽を楽しむのみ。彼は彊めて而して後孤児の父たるにあらず、孤児の父たるを好むが故に父たるのみ。世間が彼に同情するは、彼が最も希ふ所なるべしと雖も、彼に向て浮誇なる讃辞を与ふるは、彼に取りては、迷惑千万なる可し。同情は彼の志を恢宏するのみならず、寧ろ進んで要請する場合もある可し。讃辞に至りては、実は思ひ設けぬ事也。況んや成敗を度外に措きたる彼が其の世俗の所謂小成功に酔ふて、其の素志を失墜す可しと懸念するが如きは、未だ彼の心事を知らざるに坐す。惟ふに岡山孤児院は、国民的一大制度となる時節あるべし。然も其の基礎は終古、創立者の芥子種ほどの信仰によりて建つ可き矣

と、そして「実に人の信念ほど、畏ろしきものはなく、人の一心ほど、貴きものはなし。芥子種の信仰は、以て山をも動かすべしとは、決して憑拠なき空言にあらず」と石井とその事業を評している。徳富にとって石井の事業は明治二〇年代中頃からの関心事であり、実際評議員という立場からの石井評でもあった。

五　『岡山孤児院新報』とその周辺

（一）石井十次研究とその周辺

前項において、機関誌に掲載された論文や小論を中心に一部紹介したが、ここでは第一四八号に亘る機関誌にいかなる記事が収載されていったか、そしてそれは石井十次研究や岡山孤児院研究にいかなる意味があるのか、そしてさらに社会福祉史や近代史一般についての意味を論じていくことにしよう。もちろんすべてを論じていくのではなく、この岡山孤児院の機関誌として特徴ある記事を類型的にいくつか紹介するにとどめる。

石井署名のいくつかの論文が掲載されていることに注目しなければならない。たとえば「所感漫録」（第二号）、「基本金募集につきて」（第五五号）、「岡山孤児院に対する恩賜」（第九三号）、「創立満廿年祝会に於ける感謝演説」（第一二七号）、「基本金募集廃止について」（第一二九号）、「不足金につき同情諸氏に謹告」（第一三二号）といった論文（小論）である[17]。先の社論や巻頭論文のうち石井の書いたものをまだ確証はしていない。また社会事業雑誌やキリスト教系雑誌等に掲載された論文は、留岡幸助や山室軍平ら同じキリスト教社会事業家と比較してもきわめて少ない。新報の無署名論文から石井論文を抽出していく作業をしていく中で、そうしたことを少しでも補えることは確かであろう。かかる観点からも基礎的作業として石井の論文目録作成の作業が残されている。

次に石井十次の書簡がたくさん掲載されていることも注目すべきである。石井書簡については石井の直筆の書簡が石井十次資料館のみならず、たとえば蘇峰の追遠文庫のような資料館に残されているものや、児島虓一郎が編集した『石井十次日誌』や他の雑誌等にも窺うことが出来るが、この新報にも多く掲載されている。

一方、石井宛や岡山孤児院宛の書簡も多数収載されているのは貴重である[18]。それは石井の交友関係を知るものとなり得るし、その中には卒院生らが石井に宛てた書簡は退院後の彼らの生活を知ることとともに、彼らと石井との関係を知る上に大切である。また石井の行動（消息）記録が多数掲載されている。彼の日記が残されて且つ翻刻されておりその詳細な記録はそれに頼ることになるが、月報に掲載された石井十次に関する記事はそれを裏付けるもの、あるいは補足するものとして、石井研究において重要な史料となろう。

そしてこの雑誌からは石井の周辺にいる人たち、たとえば孤児院関係なら、小野田鉄弥、、炭谷小梅、光延義民、渡辺栄太郎、岩村真鉄、大庭猛、小野謙二郎といった人たち、あるいは石井の友人関係として大原孫三郎、徳富蘇峰、ペテー、原胤昭、三好退蔵、田村新吉といった人々の動向も伺うことが出来る。また彼と関係の深かった「故渡辺亀吉君略歴」（第一号）、「故小野田登良子」（第八号）、「故武用五郎邊衛君之略歴」（第一六号）、「森上信君逝や」（第一四一号）等、そして無名の孤児たちのものの追悼記事もあり、生前中の関係とともに彼らの人間像にも迫れるものであろう。

（二）岡山孤児院史研究とその周辺

「岡山孤児院概則」第八条に「毎月一回岡山孤児院新報を発行して院況を報告す」とあるように、岡山孤児院の機関誌であるから、当然孤児院関係の記事が圧倒的に多いことはいうまでもない。もちろんここでは施設史（岡山孤児院史）というような範疇に限って論じていくが、たとえば、各号において岡山孤児院の日誌（日録）が掲載され、客観的に寄付金収支決算表や寄付金名簿、決算報告、財政に関すること等、岡山孤児院の運営に関する基礎的な財政の史料提供も豊富である。もちろんこれは石井十次資料館収蔵の原史料があるわけで、一次史料があるものについてはこうした記事は二次的な意味しかない。寄付金名簿はどこの施設機関誌でもそうであり、一見、無味乾燥な感を免れないが、それを細かく分析するといかなる階層、地域等からそれがなされているのかを知る手がかりになろう。また孤児院内において、何が起こったか、あるいはいかなる日々を送ったか、そうした施設の日常が月毎に細かに報告されており、処遇方針に変遷等も窺うことが出来よう(19)。さらに内外からの書簡と共に寄付金が送付されていることの報告があり、そこにはいろいろな情報が込められているといってよい。

孤児の岡山孤児院への孤児に関する入退院についての記事も多い。それは時には写真入りで孤児の来歴を説明し、いかなる境遇の中でここに送られることになったかの経緯が記されている。もちろんこれは個人情報の面から慎重に取り扱う必要があるが、こうした入院児童とともに退院児童について、あるいは退院した児童の消息についても報じており、当時の児童たちの実態を知る上で重要である。そこにはその都度院児数も掲載されていて施設史からも参考になる。また一九〇三年八月発行の第八二号には数名の発起人によって同窓会が組織され「岡山孤児院同窓会規約」(20)が掲載され、「各地に散在する本院出身者が悉く入会されんことを切望す」と呼びかけている。

そうした記事の中でも、その時々の時代状況の中で施設の対応の様子を読むことが出来る。たとえば一九〇五（明治三八）年の東北凶作において、八〇〇名を超す東北の凶作地の貧孤児を受け入れたことに関する詳細な記事がある。既述したように第一一三号（一九〇六年三月一五日）において「本院は東北凶作地に於て窮困の余其子を棄て、逃亡し或は其愛児を売るものありとの悲嘆に接し孤貧児救済の責任を感じ評議員諸氏の同意を得院長自ら同地方に出張し三県知事新聞及び東北凶作救済会に謀り福島、仙台、岩沼に孤児救済を設け事務員及保姆を派遣し孤貧児の救済に着手し」云々と報じている。そして次号の第一一四号には写真入りで「第壱回東北凶作地収容児」の記事があり、さらに次号（第一一五号）には二回から五回の輸送記事がある。また第一二八号には「東北凶作地収容児中送還報告」という記事がある。このように東北の凶作における院の受け入れや対応がこの月報において詳しく理解できる。

こうした記事は孤児院の受け入れという観点からのみならず、第九三号の「戦争と孤児」という「雑報」記事に窺えるように、日露戦争のために貧困で父が自殺したケースや戦争で父が負傷して帰還したが養育出来なくなった児童のケースを知ることが出来る。すなわち戦争の犠牲者が孤児院に送られざるを得ないような時代状況をよみ解くことが出来る。

さらにこの月報をとおして各地の孤児院、たとえば神戸孤児院、濃飛育児院、博愛社、山陰慈恵院、金沢孤児院等の情報も掲載されており、他の施設の歴史を考える上で、貴重な史料となっている。

(三) 音楽幻灯隊の動向

1　日本各地での動向

一八九九年六月二九日「音楽隊解散せられしより我が内国幻灯遊説隊は初陣として昨福渡を攻撃せり主戦隊員は大西、小野田、大島の三君にして石井院長は午後より高原、井口の二君を伴ふて応援せられたり」(第三三号)と報じられている。明治三〇年代における岡山孤児院の大きな事業として、音楽幻灯隊の日本全国の遊説があるが、これにつき各地の報告がなされており、その実態を知ることに重要な情報源を提供してくれるものである[21]。この遊説隊の目的はもちろん賛助会員の募集という目的があった。第三五号付録の「岡山孤児院賛助員募集」という中に「岡山孤児院は昨年五月左の方法にて賛助員壱万人を募集し毎月賛助金壱千円を集め三百の孤児安養の道を定めんと欲し之れを天下に発表せり然るに今日まで僅に一年三ケ月にして全国各地より入会を諾せられたる方々已でに五千七百人に達せり(尚ほ四千三百人の不足なり)天下有志家慈善家諸君願くは毎月十銭即ち一日三厘三毛宛を節約して賛助員となり速かに本院の希望を満たしめ給はんことを」とあり、「申込書」には毎月十銭の寄付を請うている[22]。

以降その動向については多くの号において、各地で行われた音楽幻灯隊の様子が報じられている。そしてそれを準備するために慈善会が結成されていること、さらに詳しい寄付者名簿等が掲載され、そのことは日本の、とりわけ明治三〇年代、当時の社会状況が透けてみえる格好の史料となっている[23]。

2 海外の動向

日本各地だけでなく、海外への音楽隊の派遣とそこに展開される慈善会や慈善事業の様子が窺える。それをここではハワイ・北米関係と東アジアとの二つについてみておくことにしよう。これは海外での遊説は寄付金集めとともに、救世軍の思想的な影響によってもたらされた孤児院の植民事業と関連もある。また個別ハワイ・北米に関していうと、日本人移民がたくさんいること、そして東アジアに関しては植民地問題と関係してくる。

①ハワイ・北米への派遣

ハワイへの派遣は一八九九年の音楽隊の派遣が初めてのことであり、以後一九〇二年、〇三年、〇九年の四回にわたる音楽隊の派遣につながり、初期においては渡辺栄太郎の「海外幻灯隊通信」(第三六号)や「海外幻灯隊」(第三八号)「布哇通信」(第七一号)という記事や欄等をとおして知ることが出来る。それはハワイにおける日本人移民はもちろんのこと、現地の人々にも岡山孤児院の存在を植え付けることとなった。そして多額の寄付金を得ることになる。その範囲はオアフ島、ハワイ島、マウイ島、カウアイ島に至るハワイの主要の島々に及んでいる。そうした報告が逐次この雑誌に報告されている。もちろん現地新聞(日本語や英語新聞)記事との照合の必要性もあるが、派遣者からの報告は移民研究からも価値あるものと考えられる。

さらに北米大陸のサンフランシスコやオークランド、シアトル等での報告は「米国通信」や「米国便り」といった欄をとおして窺うことが出来る。とりわけサンフランシスコからの報告が多い。当時ハワイに立ち寄ったあとはサンフランシスコに渡るというルートが一般的であり、当地での活動とともに寄付金名簿や金額を知ることが出来る。また日本と同様に各地で孤児院を支援するような慈善会が出来ていることもこの新報をとおして知ることが出来るのは興味深い。たとえばハワイオアフ島においての慈善会が詳細に報じられている。明治末期になれば第一四一号掲載の小野田鉄弥「布哇通信」や、とりわけ第一四七号の「布哇各島慈善会報告」は五頁にわたって詳しい現地での寄付者や慈善会について報じられている。

②東アジアへの派遣

一九〇三（明治三六）年一二月の新報には「朝鮮通信」という欄があり、小野田鉄弥が書いており、以下、釜山通信、仁川通信、京城通信等が掲載されている。また同号には『漢城新報』（一一月二五日）の社説「岡山孤児院の分院を京城に設くべし」を転載している。ちなみにその記事は以下のようである。

岡山孤児院の歴史と成績は何人も称揚して已まざる所なれば、其の院生の一行が我が京城に来る、必ずや日本人一般の同情を博すべし、余輩も亦院生が行先き光明確実なる独立営業に就くに至らんことを偏に希望して已まざるなり……略……

要する処は唯将来孤児をして光明確実なる独立営業に就かしむる其孰れが不便なるを決するにあるのみ是を以て余輩は岡山孤児院の分院を京城に設立せんことを勧告する。

朝鮮の慈善会は京城慈善会、龍山慈善会、仁川慈善会、釜山慈善会、平城慈善会等の報告が音楽幻灯隊の報告と関連して多く寄せられている。

また清国や台湾における報告記事もたくさんある。たとえば第一一二号（一九〇六年二月一五日）の「大連通信」、第一三五号（一九〇八年二月一五日）の「満州営口慈善会」「大連慈善会」といった記事であり、ここには先に見た朝鮮と同様に、天津や北京慈善会、奉天慈善会、長春府慈善会、公主嶺慈善会、旅順慈善会等、台湾も台北慈善会や台中慈善会等の記事が当地での詳細な活動記事と共に報告されている。このように各地の慈善会の様子が報告されており、日本のみならずハワイ・北米や東アジア等の海外、植民地において、今後、現地新聞との記事を照合していくことも今後の研究課題であろう(24)。

こうした記事は日本の初期の児童養護施設がいかなる理念や財政、処遇のもとで運営されていったのかということ、それはジャンル的には施設史になろうが、そうしたことを具体的に窺うことができよう。またその中心的な人物は石井十次であるが、彼の個人的な指導があったにせよ、財政一つとっても、実際の事業は多数の院内外の人々に支えられていたものである。それは先述の無数の寄付者によっても裏付けることができる。

(四) 卒院生の書簡を中心に

(一) でもふれたが、この新報には退院した児童からの書簡も多く掲載されていることに注目すべきである。内外に在住する退院児童の石井や孤児院宛の書簡等は彼らの現状報告のみならず、孤児院内での処遇や教育に関することもあり、きわめて重要な意味をもっていると言えよう。それは日本各地におけるものは当然だが、ハワイ・北米、アジア地域からも寄せられている。この背景には当時の児童たちが孤児院出身であるという複雑な心境の中で生きていかなければならない状況を無視することは出来ないが、それは一方で各地で逞しく生きていくことの証でもあり、石井も一番気にかかっていたと推察されるところでもある。たとえば一九〇三年一一月発行の第八五号には朝鮮の前原定一からの書簡が掲載されているのもその一例である。

米国に渡った多くの孤児たちから、書簡が時には寄付金と共に孤児院宛に送られてくる。その都市はサンフランシスコ、バンクーバー、シアトル、ニューヨーク等である。その孤児の数は一〇人以上にのぼる。その中でサンフランシスコにいる岡本儀助の書簡は断然多い。岡山孤児院の児童を当初は米国へ移民させていこうとする考えもあり、彼がその先鞭をつけていくが、これは「岡山孤児院と植民」という課題のみならず、多くの書簡をとおして、彼の個人史を知る上において、そして移民史からも重要な史料となろう。

第一四〇号(一九〇七年九月一〇日)「在米国出身者岡本儀助」によれば、石井との邂逅は一八八七(明治二〇)年七月三〇日のことである。つまり前原定一と二人目の孤児を養っていた時、姉弟二人を連れた女巡礼がやってきて、六歳の弟の方（儀助）の養護を石井に頼んだ。彼は孤児院小学校を卒業し成績優秀であったから、関西中学校に通う。三年で退学し渡米を志し、孤児院活版部で印刷の技術を習得し、一九〇三（明治三六）年六月末渡米する。そして、日米新聞社活版部で働くことになり、〇六年オークランド太平洋印刷会社の職工長に聘されることになり、翌年七月二九日に結婚した。

彼については多くの書簡がこの岡山孤児院新報に収載されており、出身者の動向を知ることができる一人である。またこれは移民史とも深く関わってくる。彼が移民であることと同時に日米社といった日系新聞社に勤めていたことも重要である。

このように『岡山孤児院新報』は孤児院経営がかなり軌道に乗った時期の約一三年間、一四八号にわたって多くの論説や記事、報告を江湖に知らしめてきた。そこには石井や岡山孤児院研究の重要史料であることはいうまでもなく『石井十次日誌』とは違う種々の情報が埋もれている。比較的早い次期に刊行されていることにおいては、社会福祉史にかかわるたくさんの情報が埋もれていることはいうまでもない。しかし石井の実践の影響はさておき、機関誌のみについて留岡の主宰した家庭学校機関誌『人道』と比較すると、発行部数の多さにもかかわらず、これは留岡の資質とも関連しようが、石井自身が多くの論文を発表していない、その点で孤児院経営や児童福祉史から評価はできるが、石井は社会事業界の理論的な教導役を果たしたわけではなく、それだけ『岡山孤児院新報』が初期の計画に反して機関誌としての性格からは脱却していない。まさに岡山孤児院の機関誌であったのである。

おわりに

このようにして『岡山孤児院新報』は一八九六（明治二九）年七月以来、爾後毎月欠かさず発行されてきたが一九〇九年五月一五日発行の第一四八号でもって終わることとなる。しかし第一四八号でもって何故にこの新聞が廃刊になったかについての記述もなく、ましてその理由は明確でない。また当時の石井の日記にはその件についての言及は何もない。石井十次資料館には廃刊後、ガリ版刷りの「週報」が残されているが、これが月報に代わるものだとは考えられない。『岡山孤児院年報』にも一九〇九年五月でもって廃刊とあり第一四八号が最終号であることはほぼ間違いない。一九〇九（明治四二）年の「年報」には「由来本院には岡山孤児院新報を発行して同情者各位に院況の報告をなすこと多年なりしが昨四十二年五月限り全く之を廃止し之に代ふるに更に『年報』を刊行し以て現況及ひ過去一ケ年の状勢を報告することとなせり」（一頁）とあり、五月三〇日の条に「本月限り岡山孤児院新報を廃す」（八頁）と報じられている。廃刊理由についてはふれられていない。ただ当時の日記からは六月一日に東洋救世軍の再出発を覚悟していることが読み取れる。そして孤児たちは茶臼原へ移住していくという背景があった。

総じて我が国の歴史を考えてみるとき、社会福祉史の研究にはまだまだ未開拓の分野が如何に多いかが気付かされる。最近漸く社会史に対して注目されるところがあり、従来取り上げられてこなかった分野においても人々の目が行くようになりつつある。社会福祉史の対象としている貧民、孤児、病人、障害者、老人、あるいは保育所、孤児院、救護・教護等の施設、スラム、セツルメント事業、監獄等々、かかる人々や地域、施設、事業が歴史の中で如何なる布置を構成しているのか、あるいは意味を持っているのかを問うていく作業は地味ながら社会福祉学は言うに及ばず歴史学の課題としても重要である。岡山孤児院に関して言えば、日本近代史の中で「孤児」の持っている「意味」はいったい何なのか、あるいは「孤児院」の「存在」、そしてその「経営」とは如何なる存在なのか。さらにその中心人物であった石井十次の思想と彼を支えていた人々の精神とは、かかる生活史や精神史を歴史という横糸との交差の中で考えていくことが必要であろう。すなわち孤児院という、児童が生活する場の研究は単なるそれの事実解明だけでなく、全体との関連の中で把捉し、歴史的展開の中で考察していくことが大切である。ここの全体とは「孤児の社会史」「孤児院の社会史」としての位置付けといえようか。単なる近代史の落穂拾いという消極的な課題として位置付けることでなく、歴史から一見外れたマージナルな領域への積極的な関心であり、一孤児院を素材にして「近代システム」としての社会事業を解明していく作業がきわめて重要であろう。すなわち家族や地域から排除された孤児たちが施設に包摂されていく過程であり、そしてその空間において様々な試み、機略が展開されていく。かかる意味からもこうした機関誌は重要な意味をもっているのである。

【注】

（1）近代日本の新聞の歴史については、山本武利『近代日本の新聞読者層』（法政大学出版局、一九八一）や春原昭彦『日本新聞通史』（新泉社、一九八七）等を参照した。春原は時代区分として、明治二〇年代を「パーソナルジャーナリズム」として「個人の思想や個性を強烈に反映した新聞」とし、次の「近代新聞の成立期」（明治三〇～四五）と区別している。

（2）ここでいう「社会事業雑誌（ジャーナリズム）」という用語は、たとえば「キリスト教ジャーナリズム」とか「女性雑誌」というように、これまで筆者は社会福祉の歴史においてもそのジャンルが成立するであろうという意味で使用してきた。これには社会事業のみを対象としたものの他、施設機関誌や各府県の社会事業協会の出すもの等が対象とされよう。また社会事業の範疇に、その時代的特徴を考慮するなら、広義に解釈して犯罪・非行、労働・社会政策、監獄改良や廃娼、社会改良関係のものも包摂されてくるかも知れない。

（3）博愛社の機関誌『博愛雑誌』については、拙稿「『博愛雑誌』について」『関西学院大学人権研究』第八号（二〇〇四年三月）を参照されたい。この論文で、該雑誌の書誌的な説明と二〇号にわたる雑誌の内容分析をおこなっている（本書第四章第一節参照）。

（4）『博愛雑誌』第一三号（一八九一年五月五日）

（5）博愛社所蔵史料による。ちなみに小橋勝之助は博愛社の創設者であり、彼には三冊の個人日記が見つかっている。最後の日記『天路歴程』については、博愛社史研究会編『小橋勝之助日記「天路歴程」』（博愛社、二〇一一）として翻刻刊行されている。

(6)『博愛雑誌』第一九号(一八九一年一一月五日)
(7)石井十次の日記は現在、児島虓一郎氏が編集した『石井十次日誌』(石井記念友愛社、一九五六〜一九六四)において、一八八二年から一九一三年までの日記三一冊が刊行されていて、それを利用することができるが、以下の行論においてこの日記からの引用はこれに依拠する。
(8)博愛社と岡山孤児院との分離について『博愛社』(博愛社、一九〇三)には「岡山孤児院との分離」と題して「本社が先に農業を以て教育の要素とする一貫の主義によりて合同したる岡山孤児院は、頃来漸く其方針を改め、農を措て工商を主とするに至りたるを以て、前年同院より移して教養せる児童の過半を返還し、更に九月に至り、同院の財政いよいよ窮乏を告げ、彼此の事情は寧ろ合同を中止するの双方に利益なるを認め、茲に全く従前の関係を絶ち、各々独立して斯業に貢献することゝなれり」(一〇頁)と記されている。一八九三(明治二六)年三月に小橋勝之助が召天した。中心的人物を失って博愛社の動揺もそこにあったものと解せられる。
(9)小野田鉄弥(一八六四〜一九四八)は茨城県猿島郡古川町の出身である。一八八三年に立教学校神学校に入学。九〇年、友人小橋勝之助の博愛社創設に向けて協力した人物である。その後、岡山孤児院合併以来、石井の下で働くことになり、後年は按手礼を受け、組合教会の牧師となった。『博愛雑誌』に於ける彼の論文については、前掲拙稿を参照されたい。
(10)石井が機関誌刊行のキーパーソンとして挙げ、実際発刊された後も編集人となる渡辺栄太郎は一八六七年五月五日(旧暦)、石井と同郷の馬場原で生まれており、石井とは二歳違いである。石井と同様に岡山において金森通倫から洗礼を受ける。同志社に学び、一九〇一年卒業、帰郷したあと高鍋教会で尽力し、その後岡山孤児院の職員となる。その後サンフランシスコにわたり、孤児院出身者の渡米事業に貢献する。一九〇七年に帰国し、足利教会、柏崎講義所、一九一三年からは宮崎教会牧師となり、後半生はキリスト教伝道に尽瘁することになる(『信仰三十年基督者列伝』警醒社、一九二一)
(11)石井十次資料館所蔵史料。ちなみにこの史料は『石井十次日誌(明治二九年)』の巻頭に「岡山孤児院新報認可書」

として掲載されている。また石井の七月二三日の日記には「岡山孤児院新報発行届すめり」とある。
(12)　たとえば一八九六年八月三〇日の段には「いまや斧を樹の根に置かると云ふ語を題とし孤児院新報三号社説に草す」とあるように、実際刊行された号にも無署名で掲載されているが、これは石井の論文と判断にしていくことが出来る。
(13)　「明治四〇年度第五回報告」には「孤児院新報（毎月一回、一万八千部を印刷す、六頁乃至十六頁）」と記されている（『石井十次日誌（明治四十年）』）。また英文新報のことも他の日記にあるが、これについてはまだ確かめていない。
(14)　救世軍機関紙『ときのこゑ』は一九〇三年頃には一万一五〇〇部くらいであり、家庭学校機関誌『人道』は全号（一九〇五〜一九三二）をとおして、二〇〇〇から三〇〇〇部くらいである。また先の『博愛雑誌』はせいぜい二〇〇から三〇〇部程度の発行部数である。
(15)　この論文からは日露戦争への取り組みと共に、石井の皇室や天皇観について窺えるのであるが、第九三号（一九〇四年七月二〇日）の「岡山孤児院に対する恩賜」といった論文にもそれが言及されている。この課題については田中真人「石井の天皇観、皇室観」同志社大学人文科学研究所、室田・田中真人編『石井十次の研究』（同朋舎、一九九九）所収を参照されたい。
(16)　第九五号（一九〇四年九月一五日）掲載の「軍人幼児教育」という記事には「本会は出征軍人の幼児にして保育者なきもの〃保育方を引受けんがため左記育児院等と特約を結び本会の費用を以て保育方を委託すること〃せり故に保育希望の方は本会又は左記育児院の中へ御照会相成べく候尤も幼児に関する市町村役場の戸籍証明書は必らず添付を要す」とし、濃尾育児院（岐阜）と汎愛扶植会（大阪）と東京孤児院と共にこうした会を立ち上げている。岡山孤児院と日露戦争とのかかわりの一端を知ることが出来る。
(17)　「不足期につきて天下の同情に訴ふ」（第一二二号）の論文には、東北凶作の犠牲となった貧孤児の救済につき、夢の中でイエスキリストが石井の枕元に大きな籠を背負って現れた有名なエピソードについて論じている。その中で石井は「此の孤児院初めから汝が背負ふて居るのではない。これは今汝の見た通り私（キリスト）が背負ふて居るのである。また汝はモー此の上狭くて孤児院には児供を入る〃ことは出来ぬと思ふて居るけれども今お前の見た通り入るればいくらでも入るではないか、お前は決して心配せずにた〃有り丈の力を出して籠の底に手をかけて手伝さへすればそれでよいのだ、と私に黙示をもて《ママ》教訓を垂れ給ふたのであると思ふてその時から二十年来の重荷を全く主キリストに託ね奉りて心の底から安心いたしました」云々とある。

(18) たとえば第六六号（一九〇二年四月一〇日）には「在米国牧野虎次君より左の書簡と共に金弐弗送金せらる」としニューヨークヘラルド紙に牧野が岡山孤児院に関する記事を投函し、全文とはいかないが掲載されたこと、そしてその読者から二ドルの寄付があったことを報じている。この新聞のタイトルは「*THE CHRISTIAN HERALD*」で、タイトルの下には「AN ILLUSTRATED FAMILY MAGAZINE」と記されている。一九〇二年一月一五日発行の号に「JAPANS GREATEST ORPHANAGE」というタイトルで一面トップとさらに本文に写真付きで紹介されている。この記事の末尾の方に、「誰か東洋の父なし子の鳴き声を聞いてくれる人はいますか」というように異国の人々に哀願する文章となっている。

(19) たとえば菊池義昭「『岡山孤児院新報』に見る『岡山孤児院十二則』の形成過程」『東北社会福祉史研究』第二四号（二〇〇六）所収ら一連の岡山孤児院史に関するもので、この雑誌が中心に利用されている。

(20) 「岡山孤児院同窓会規約」の第三条「目的」には「一岡山孤児院と本会員との関係を親密にし岡山孤児院の発達を謀ること　一会員相互の厚誼の親密及知識の交換を謀ること　一岡山孤児院理事並に評議員の選挙孤児院組織の変更其他重要の事件に関し本会より建議し又諮問を受くる時之が意見を発表すること」とあり、また第六条の「年会」には毎年四月二〇日の創立記念日に年会を岡山にて開催されることが規約されている。

(21) たとえば第五九号（一九〇一年九月一〇日）に掲載の群馬県前橋で開催された音楽幻灯会の報告をみておくことにしよう。

岡山孤児院基本金募集慈善音楽幻灯会趣旨書

岡山孤児院は去る明治廿年四月現院長石井十次氏の創立する所にして爾来星霜を閲すること十五ケ年天下無告の孤児を収容すること五百九十一名内既に同院の教科を卒へ進んで中等の学を修むる者四十名、社会に出でて各種の業務に就けるもの二百有余あり而して目下教養の孤児は二百六十名にして、毎月の費額凡そ金壱千弐百円を要し、其他塾舎の修理、学校の設備等投資の急を告ぐる者少なからず、幸に各地賛助員の定時義捐する所と、有志者の随時寄付する所の金品と、院内実業部の収入と相待て、其経費の大半を支ふと雖も、尚常、窮乏を免れずと云ふ今弥院長石井氏は孤児を以て組織せる音楽隊を率ひ来りて当地に投じ幻灯隊によりて同院の履歴及び実況を示し普く博愛義侠なる各位の同情を仰がんとす依て茲に同志相謀り発企者となり同院をして益々財政上の基礎を強固ならしめ後顧の憂なく孤児教育の好果を収めしめんがため基本金募集の目的を以て慈善会を開き其所得を挙げて之を寄贈し永く院児をして仁慈なる各位の温情に浴せしめんと欲す希くは一夕の清閑を割きて其訴ふる所を聴き以て同朋相憐れむの至情を垂れ玉はんことを

ちなみにこの発起者には上毛孤児院関係者の金子尚雄、宮内文作をはじめ、堀貞一やキリスト者、上毛新聞社等があがっている。こうした各地で行われた会の趣意書はたくさん掲載されている。

(22)　財政収入を安定させるためには、賛助員制度が大きな役割を果たしていくことになるが、第四五号（一九〇〇年七月一五日）付録の「明治三十三年六月調岡山孤児院地方委員姓名録」といったものは、日本各地での拠点、その責任者が列挙されている。たとえば東京なら飯田良作、原胤昭、田川大吉郎、小崎弘道が愛媛県今治なら蜂谷徳三郎、露無文治、矢野元吉、青野兵太郎が就いている具合である。また第五三号（一九〇一年三月一〇日）には三好退蔵ら五人の署名の下に「貴族院議員間における賛助員運動」という記事が掲載されている。

(23)　たとえば一色哲「メディアとしての音楽伝道隊」同志社大学人文科学研究所、室田・田中真人編『石井十次の研究』（同朋舎、一九九九）所収は各地において実施された音楽幻灯会の様子を、地域の新聞等を駆使して、その会の実体につき論究したものである。

(24)　まずハワイの一例を挙げておこう。ハワイホノルルで刊行されている日本語新聞『やまと新聞』第四六一号（一八九九年九月七日）においては「岡山孤児院と其目的及幻灯会」といった論文が掲載されているし、「広告」欄に九月八日午後八時、日本人芝居小屋旭座において岡山孤児院の幻灯会が模様されることが報じられている。そして同紙第四六五号

（一八九九年九月一六日）には寄付者名と寄付金額が詳細に掲載されている。一方、東アジアに関しては安藤邦昭「石井十次と朝鮮半島〜岡山孤児院音楽幻灯（活動写真）隊の軌跡を中心に〜」『人文論叢』第二六号（蔚山大学校人文科学研究所、二〇〇七）といった研究がある。

第二節　留岡幸助と『人道』

はじめに

日清戦争後の一九世紀末から二〇世紀の初頭、日本は資本主義の発展とともに社会問題の顕現期を迎えることになる。ジャーナリスト横山源之助が『日本之下層社会』（一八九九）を著し、下層社会における貧困の実態を、また社会主義者安部磯雄が『社会問題解釈法』（一九〇一）でもって社会問題（労働問題）の解釈（解決）を構想したように、近代的な社会問題に如何に対応するかが問われ始めた。そして日清戦争一〇年後にロシアとの戦争が起こり、一九〇五（明治三八）年九月、その終結をみる。しかし終結と同時に、講和条約に対する不満から日比谷騒擾事件が勃発し、民衆の不満が一気に爆発した。かくて明治国家は多額の借金と緊縮財政のもと、日露戦後経営を図っていくことになる。

ここで当時の慈善事業に目を転じてみると、慈善事業家留岡幸助は一八九八年に『慈善問題』を著し、社会問題を慈善事業でもって解決を計ろうとする構想を展開した。そして、政府内務省も開明官僚井上友一を中心にして社会行政への端緒が拓かれていく。全国各地に慈善事業施設も増加し、一九〇三年に初めて全国慈善大会が大阪で開催される。この大会で中央慈善協会の創設が企図され、全国的な慈善事業への展開と一方で組織化、統制化へ向かうことになる。また、岡山孤児院、博愛社、神戸孤児院、上毛孤児院、東京孤児院等の児童養護施設は機関誌を発行し、慈善についての啓蒙的な役割とネットワークを築きはじめていく。すなわち社会事業雑誌の草創期を迎えることになる(1)。この節では日露戦争時に発兌された家庭学校の機関誌『人道』に光をあててみる。

留岡は一八九九（明治三二）年一一月、畢生の事業とも称すべき非行少年のための感化施設「家庭学校」を創設している。そしてこの施設を拠点にして小舎制の採用、慈善事業師範学校（部）、思斉塾の設置等、施設運営だけでなく社会福祉史上、斬新的な制度や機略を考案し実行していった。そして一九〇五（明治三八）年五月、従来から抱懐していた機関誌『人道』の刊行が実現することになる。時代は日露戦争中のことであった。また一四年からは北海道北見の地、社名淵に家庭学校の分校を設け、さらに二三年には茅ケ崎分校も開校する。こうした状況に中で、『人道』は明治、大正、昭和戦前期にかけて留岡生前中、第三二二号まで刊行されたのである(2)。

この節において、留岡が『人道』をとおして江湖に何を訴えていこうとしたのか、そして多くの論説は近代社会において如何なる意味をもっていたのか、を中心に論究していく。それは留岡幸助研究からの視点とともに、この雑誌の社会福祉史からの位置付け、さらに近代史における意味についての考察を行うものである。ただし『人道』は第三二二号で一端終刊となり、時をあまり経ずして復刊『人道』が刊行されるが、ここでは留岡主筆の『人道』に限定しておく。

一　『人道』の刊行をめぐって

留岡は機関誌『人道』を編集することになるが、月刊雑誌として二七年間も殆ど欠かさずに刊行し続けていくことは、その持続力、雑誌編集のセンス、そして確固とした雑誌刊行への思念がない限り不可能なことである。さしあたり留岡の雑誌刊行の意図が奈辺にあったのかを瞥見しておくことにしよう。

それ以前、留岡が雑誌や新聞の編集業務に間接的に関わったのは、第一章で見たように北海道空知での教誨師時代である。ここで同労者たる原胤昭らと共に監獄関係の雑誌を刊行した。すなわちその最初の経験が『教誨叢書』と『獄事叢書』の二雑誌の刊行であった(3)。この二誌の編集人は原胤昭で留岡が編集を担当したことではないが、原と同様に、当時極寒の北の地で雑誌刊行という思念に燃えていたことは疑いのないことである(4)。そして留岡は一八九四年五月から米国に遊学し、日清戦後に帰国し、組合教会系の週間新聞『基督教新聞』の編集人に就き、二年間、該新聞を編集することになる。

一九〇〇年前後は、施設機関誌を中心に社会事業雑誌が刊行された時期であるが、『人道』は一施設の機関誌を越えた性格を持つものであり、留岡の個人誌または社会事業雑誌としての重要な史料的意味を持っている。ちなみに一九〇九年に社会事業雑誌と称せる中央慈善協会の機関誌『慈善』（後の月刊誌『社会と救済』『社会事業』）は季刊誌として、また小河滋次郎を中心にした大阪救済事業研究会の機関誌『救済研究』（後の『社会事業研究』）は一三年の刊行であり、時期的にも『人道』誌の刊行が早く、その史料的価値は大きい。

既述したように、留岡が紙誌の編集という業務に本格的に取り組んだのは『基督教新聞』の編集人に就いたことによる(5)。その時、いかなる編集人としての思念を保持していたのだろうか。編集人として就任した時、その紙面で「操觚者の任」を「文学の効用」と認識し、「一枝の禿筆」が「大きな奨励を与へ」、「一葉の新説」が「思想の変遷を醸し出す」という操觚者としての使命を語っている(6)。これはもちろんキリスト教系の新聞という特殊なものであるが、「社会の木鐸」としてのミッション、この姿勢は操觚者としての明白な彼のスタンスと理解してもいいだろう。

次に社会事業雑誌への思想を確認しておきたい。その端緒は一九世紀末に上梓した彼の主著『慈善問題』において、将来「慈善同盟会」を設置して、その事業の一つに「毎月若くは二ケ月に一回慈善雑誌を発行すること」(7)と構想しており、こうした雑誌刊行の必要性を早くから熱望していた。その後、一九〇三年、全国慈善大会において、中央慈善協会の設立が企図されたが、日露戦争において中断せざるを得なかった。それは日露戦争中、留岡には「聯合戦時慈善協会」の構想として受け継がれていくが、その中でも「当分会報を発行して漸次雑誌の発刊に及ぶこと」(8)として、その精神を受け継いでいる。これは一九〇四年のことであり、もちろん未だ中央慈善協会の発会が具体化されない時のことである。そして、その翌年に家庭学校の機関誌として『人道』の発刊がなるのである。この雑誌が家庭学校の機関誌としての性格上、彼の夢の全てを代替するとは言えないが、往年の思念の一端が実現することとなった。

こうした留岡の持続する社会事業雑誌刊行への思想と情熱が大きな要因であったことは想像に難くない。彼は後日、「之は私一人でいかに努力して見た所で追つ付くものでない、社会が動き出さぬ限りは、斯業の発展は期し得られない、如かず、慈善事業と我儕を結び付ける所の月刊雑誌の必要を感じて来たのである。只に我儕と社会を結びつけるばかりでなく、欧米各国の斯業に関する思想及事業の状態を紹介して、社会を啓発せねばならぬと考へ、遂に奮発して『人道』を発刊することに決心した」(9)と当時を回顧している。このように留岡の初志は「我儕と社会」との結合、欧米各国の慈善事業に関する「思想及事業」の紹介、そして「社会への啓発」として位置づけられていた。

二　『人道』の発刊と論文をめぐって

（一）『人道』発刊

かくした経緯のもとで一九〇五（明治三八）年五月一五日、留岡が年来抱懐していた雑誌刊行の夢は『人道』という名でもって、日露戦争の最中に日の目をみることになる。彼の雑誌発兌への意図と情熱を確認するために、さしあたり「発刊の辞」を見ておくことにしよう。

余は移り、時は進みぬ。社会の事情は益複雑となり、社会の問題は彌繁劇を加えぬ。此の時に当り、慢に疎大なる旧思想を以て刻下の問題に痛切なる解決を下さんとす、抑も亦難からずや。若し夫れ社会に、政治に、宗教に、教育に其他諸般の事項に於て真に適当なる解決を得んと欲せば、必らずや新しき研究と新しき思想とを以て、着実にして真摯なる観察を遂げ、公平にして適切なる方法を択ばざる可らざるは元より論なき也。晩近、社会的観念の発展熾んなるや、此の種の問題を評論するもの、若しくは此の種の事業を経営するもの漸く多からんとす。然れども利弊の相伴ふは数の免れざる所にして、或は精神主義を偏重して、物質的側面を閑却するが如きあり。或は物質主義に陥りて、精神的側面を忘却するが如きあり。是れ大に戒む可き也。我党自ら揣らず、敢て人道の大義を発揚して如何にして心霊的に、将た亦物質的に同朋を救済せんかの大問題に向つて聊か菲言を献ぜんと欲す。若し寸分の微効だに奏することあらば、望外の栄と謂ふ可き也

この『人道』の発刊によって留岡の論陣の拠点は定まった。発行所は「人道社」で、発行及編集人は留岡幸助である。誌面はパブロイド版、創刊号は一二頁からなり、誌面の構成は「社論」「宗教」「教育」「特別寄書」「雑録」「家庭」「社会『パノラマ』」「海外近事」「海外通信」「個人消息」からなっている(10)。『人道』は家庭学校の機関誌でありながら、

社会、教育、宗教、地方改良、報徳、行刑等の分野にわたって彼の論文が掲載されていくのみならず、執筆陣も彼の豊かな人脈を布いて多彩であった。ここには家庭学校という一機関誌の性格を越えた留岡のジャーナリズムにかける思念が察知できる。

（二）「人道」という概念

ここで雑誌のタイトルともなり、そして「発刊の辞」にもある「人道の大義を発揚して」とある、この「人道」という概念について若干の考察をしておきたい。留岡がこの言葉を使う場合、二つの意味がある。その一つは留岡は以前から人道という概念を使用しているが、たとえば『感化事業之発達』（一八九八）では「人道」という用語にヒューマニティーとルビを付与している。『慈善問題』（一八九九）において「人道救護の精神」という用語も同義である。かかる考え方は一九〇六（明治三九）年末の「石井十次と岡山孤児院」といった論文の中でも人道というタームに「ヒューマニチー」とルビをふっている。このように人道という言葉はヒューマニティーという意味で使用されている。

そして二つ目の意味として報徳を研究する中で、尊徳の思想の影響を受けて「人道」についての考え方に変化が見られる。それは尊徳あるいは報徳を論じていく時のキーワードとも称せる「天道」「人道」の概念である。尊徳にとって「天道」（天理）とは「夫世界は施転してやまず、寒往けば暑来り、暑往けば寒来り、夜明れば昼となり、昼になれば夜となり、又万物生ずれば滅し、滅すれば生ず」(11)と言う如く、真に「自然」そのものである。この「自然」への認識と対自然へ向うものとして「人道」が定立される。人道は天理に順うといへども、「作為の道にして」自然の道ではないとする。すなわち「人道」は「自然」そのものでなく、人間の対自然への意識による「作為」の非連続性にあった。この「自然」から「作為」という人間の主体的な発揚こそ、尊徳にとっては近世社会に於ける生産（開発）仕法という「時代の抵抗」であった。

留岡は「この天道なるものは解り易く云へば天然自然である。春は花が咲き、夏は葉が茂り、秋は実を結び、冬は雪が降る等のことは即ち天道である」[12]と言っているように、自然そのものの認識である。そして「天道即ち自然の力は人間の仕事を打ち壊すから、それで天道に反抗しなければならぬと云ふのが二宮翁の哲学である」[13]と、すなわち「人道」は「天道に反抗」する概念として認識されている。留岡の尊徳理解は、尊徳の原点を追いながら近代社会への応用的理解であると言えるだろう。すなわち、自然という外的環境から作為として護るべきものが人間社会であり、これが人道という意味になってくる。

かかる思想のもとで家庭学校の機関誌における「人道」という命名があったのではなかろうか。もちろん留岡はヒューマニズムとしての「人道」という概念が出発点であるけれども、この『人道』発刊の頃は、留岡が報徳や尊徳の思想に著しく傾斜していた時で、この概念にはその思想の投影があったように考えられる。またしばしば一見、相対立するような概念でも、自家薬籠中のものとして新たな思想を醸成する。西洋的なヒューマニズムの概念をふまえた上で、天道の対立概念としての人道、すなわち「作為」の概念として留岡は使用しているようである。おそらく留岡にとってそれは近代社会という環境へ人間が敢えて抵抗していくための方策をも意味していた。

(三)『人道』誌をめぐって

この『人道』誌において「主筆」としてあった留岡は冒頭の「社論」欄を中心に多くの小論を発表していく。ちなみに創刊号から第一〇号までの社論をみておくと以下のようになる。「慈善事業の二大『活』」(第一号)、「慈善的寄付問題」「老教育家」(第二号)、「廃兵処分」(第三号)、「慈善院とその名称」(第四号)、「飲酒と犯罪」(第五号)、「二宮尊徳と其五十年祭」(第六号)、「浮浪者と失業者」(第七号)、「記念号の辞」(第八号)、「ペスタロジーと近世教育」(第九号)、「監獄教誨論」(第一〇号)であり、第八号の記念号とは「報徳記念号」を意味している。

また留岡は社論以外においても以下のような小論を発表する（〈　〉は欄名）。「自発的信仰」〈宗教〉（第一号）、「軍事の家族と生業扶助」〈講演〉、「信仰上の三現象」〈宗教〉（第四号）、「西下漫録」〈通信〉（第五号）、「結婚の小哲理」〈家庭〉、「西下漫録第二信」〈雑録〉（第六号）、「二宮翁の遺物に就て」〈講演〉、「二宮翁と欧米の二偉人」〈雑録〉（第八号）である。

これらタイトルから窺えるように、留岡の関心事が如何に幅広く、また毎号健筆を揮っていたかが容易に推察できる。『人道』には「社会、慈善、教育、宗教等を論議報道するの機関也」という編集方針があるように広い分野を対象としていたし、留岡自身もそれをカバーしているといえよう。たとえば「廃兵処分」「二宮尊徳と其五十年祭」というような論文は、日露戦争や日露戦後の日本の社会状況を論じているし、「慈善事業の二大『活』」「慈善的寄付問題」等は慈善の課題を、また「老教育家」「ペスタロジーと近世教育」等は教育の課題を、「自発的信仰」「信仰上の三現象」等は宗教の課題につき論じたものである。このほか、報徳や地方改良、また従来からの監獄改良といった課題は時宜に応じて特集号としても論じられていくことになる。

さらに既述したように、この雑誌は留岡の家庭学校の機関誌であると共に、一方で留岡の個人雑誌的な風を醸し出しているが、彼以外の多数の執筆者が登場する(14)。その大半は留岡の知己あるいは彼と関係する人物であり、留岡幸助研究にとっては欠かせないことはいうまでもない。換言すれば社会福祉史やキリスト教史、教育史、地方改良運動史、報徳運動史といったジャンルにおいても重要な史料となっていることも評価できよう。留岡の論文も類型化すれば多様になるが、紙幅の関係もあり次章から留岡の慈善・社会事業、報徳・地方改良、教育・宗教論等に限って、それも代表的な論文に限定し論文の内容を紹介していくことにする(15)。

三　『人道』誌における留岡の論文（一）――慈善・社会事業論

（一）明治期の論文から

『人道』の発刊の辞にあるように、留岡は社会問題とその対策への発信の場としてこれを位置づけており、したがってその内容からみれば、慈善事業、感化救済事業、社会事業等のいわゆる社会福祉史の範疇に属するものが多いことはいうまでもない。この章では慈善・社会事業論に関する彼の代表的な論文をみておくことにする。

この時期の社会事業界における重要な課題の一つは慈善事業の組織化の問題があった。一九〇八（明治四一）年九月、ようやく懸案の中央慈善協会として発足することになる。その三カ月前の六月に留岡は「中央慈善協会将さに生まれんとす」（第二六号）という論文を書いている。「今や日東に位する我帝国も各般の進歩に伴ひ、慈善事業も又著しく発展せんとするに当り、其一大要件として中央慈善協会の設立は実に急務中の急務として謂はざるべからず、何が為に急務なるか」として次の三点を指摘する。「第一、従来鬱生したる善悪混同の慈善事業を整理せしめて、健全なる発達を遂げしめんが為め。第二、幼稚なる我政府の慈善的施設に向つて刺激を与へ、益々其制度をして完備ならしめん為め。第三、富豪并に一般特志家の慈善事業の為に投資する資本をして、更に一層有効なる方面に使用せしめん為に健全なる主義と方法とを示し、施いては社会一般の慈善事業に対する与論を喚起せん為め。少くとも如上列記したる三箇条の理由は中央慈善協会の設立を必要とする所以にして、吾人がこの種の協会の設立を望むや実に切にして且つ久しと謂ふべし」と。発足したこの団体は渋沢栄一を会長にして、全国的な組織化がなった。またそれと前後して府県レベルの慈善協会が結成されていく(16)。

また慈善事業に関わる興味ある論文も多い。たとえば一九〇五年六月の「慈善的寄附問題」（第二号）という論文では、従来から家庭学校への寄付金が足尾鉱毒事件と関係の深い古河市兵衛からなされていることにおいて内村鑑三によって批判された(17)。それをめぐって留岡は「不浄なる財産も一たび真正なる慈善事業の畑に隠れなば、糞便の化学的作用と恰も相似たる変化を起して清浄結果を此の社会に持ち来らすもの也。啻に不浄なる金銭を清浄に用ゆる而已ならず、寄付者彼れ自身をも浄化するの期なしとせず」というように合理的に解釈して、積極的に受け入れていこうとする。さらに〇七年一月、「慈善政策」(第二一号)という論文においては「慈善」に「政策」という矛盾するような言葉を使用し、一見乱暴な用語のようであるが、政策論的な意味をもって展開している。「慈善政策とは社会政策といふ名称に因みて名づけたのである。日露戦争後に於ける我邦は満鉄の経営、満韓の開発、海外の貿易、其他内外の発展等を以て急務として居る、けれども未だ政治家の眼に隠れて居る所の慈善政策は、確かに急務中の急務なのである」として次のように論じる。「そこで慈善政策とはどういふ具合になしたらばよからうといふに、先ず内務省は其省中に、土木局、地方局、宗教局、警保局等と同じく竝び立て慈善部といふものを設けて、其府県下の人道問題に尽力して貰はねばならぬ。次に各府県庁には其府県庁内に矢張り慈善局といふものを設けて大に其方面に尽力して貰はねばならぬ。又東京、京都、大阪、さては名古屋等の大都会に於ては、市役所の内に慈善課といふものを置いて、其市其市の人道問題の為に大に経営して貰はねばならぬ」、そして「故に政府に於ては、今後予算を組むときなどには慈善政策の上から大に人道の問題に注意を払つて貰ひたいのである」と。この「慈善政策」とは、国家あるいは地方での福祉政策的な意味合いをもって使用しており、当時社会政策学会もあり、社会政策という用語はあったが、社会事業政策といった用語はなく、それを慈善政策とした苦渋の選択は一応理解できる。

一方、明治天皇の崩御に際して刊行された第八八号(一九〇八年九月七日)収載の「明治聖代の慈善事業」という論文は、明治期において慈善事業が大きな発展をみたが、それには皇室の貢献が強かったことを強調し評価もする。とりわけ明治末期、明治政府によって一九〇八年の「戊申詔書」の渙発、一九一一年の「施薬救療ノ勅語」等が出され、「天皇制イデオロギーの浸透政策の徹底化」(18)が図られていく。こうした時期を背景にして留岡の皇室観が窺える論文でもある。

而して事の能く茲に至れるのは、公私幾多の犠牲献身者あるを忘るべからずと雖も、抑も亦蒼生を愛撫し玉ふ上御一人の御思召が、国民の慈善的精神となりたるが為にあらざらんや。加之奨励の御思召として御下賜金あり、天災地変に際しては大御心を悩まされ、其都度巨額の恤救金を下賜さる、事等の、如何に我が国民を駆つて慈悲善根に篤からしめ以つて慈善事業発達を助長せしめたるかは、仔細に研究し来らば思ひ半ばに過ぐるものあらん。我国に於ては凡ての事　皇室に発現し、民草其の恵沢に浴するのみ。之を思へば明治聖代に生れたる我等六千万の同胞は真に赤子の心を以て聖代を頌せずんばあるべからず。豈啻に慈恵事業に於てのみならんや。先帝陛下御一代の御治績は之を大にしては国家隆昌の歴史なり。之を小にしては野草雨露の恩沢なり。我慈恵事業が近々四十五年間に於て今日の盛況を見るに至りたるものは洵に偶然にあらざるを知るべきなり。故を温ねて新しきを知る。吾人は慈恵事業の経過を繹ね来りて只皇恩の無量なるを知る。今や　先帝陛下崩御に遭ひ、転た悲痛感慨に堪へざるなり。

留岡や家庭学校の行事等をみてみると、キリスト教主義を掲げながら、皇室との親和関係が窺えるし、彼の思想からもこのような評価は別に違和感はない(19)。

(二) 大正期の論文をめぐって

一九二〇（大正九）年に内務省に社会局が設置され、中央の社会行政において大きな進展をみることになった。この頃に長谷川良信『社会事業とは何ぞや』（一九一九）、田子一民の『社会事業』（一九二二）が刊行されるように、一般に社会事業という言葉が使用されている。同年六月刊行の『人道』（第一八〇号）には「社会事業の大会」という留岡論文が掲載されている。それによると、今回より社会事業大会と称されることとなり、その中でも今大会は女性参加者が多かったことを感慨深く述べている。「我儕は平素社会事業に婦人の参加せざるを此上なく遺憾に思ひ、数次其参加を慫慂したるも杳として反応なかりしが、今回の大会に於ては少数ながら従来に比して婦人の多かりしは最も喜とせざるべからざることなり。之を欧米殊に米国に見るも、社会事業大会の如きは集会者三分の二は概ね婦人なり、如何に社会事業の実施に婦人の勢力あるかを見るに足る可し。是を以て来るべき大会には婦人の一部を加へて、婦人は婦人として其立場より社会救済を論議するの必要の生じ来りたるは云ふまでもなきことなり。是れ我が社会事業の一進歩と謂はざるべからず」と。少数ながらも大正期における女性の社会事業界への進出を歓迎している(20)。

大正時代における児童保護関係のものとして一九二一年に「少年法案」が提出される。これに関して留岡は「児童保護の見地より少年法案を論ず」(21)を発表し、少年法に関して「思想の上から云ふも不良少年の取扱ひに刑罰的の意味を加味せんとするが如きは明に現代思潮の大勢に逆行するものであり、児童保護の実際上の現はるゝ憂ふべき時代錯誤である」、あるいは「愚見を以てすれば、貴族院に開かれてゐる特別委員会の決議を今暫く延期して、更に之れを広く世上に試問して審議を練り直し、実地に適する様の法律を造って貰ひ度いのである。面倒ではあるが斯くして法律を造り上げることは大切のことで決して遅くはあるまいと信ずる。然るに何故か司法当局は此法案を急速の間に決定し度いと云ふやうに見ゆるのは頗る吾人の遺憾とする所である」と強く反対論を展開している。ちなみに彼の畏友小河滋次郎も刑事政策的な色彩の濃いこの法案に反対した(22)。

また、大正期の重要な社会事業の一つとして、一九一八（大正七）年の大阪府方面委員制度の創設がある。これについては二七年ではあるが、第二六五号から第二六七号にわたって「民衆の福祉と方面委員制度」という長い論文がある。周知のように、これも日本の社会事業の発展に大きな貢献をした制度であるが、その制度については非常に好意的に、かつ必要な制度であることが強調されている。その他、この時代、思想として社会連帯思想が紹介された時代であり、これについては「公民道徳と社会道徳」（第一九八号）といった論文でも紹介されている(23)。

四　『人道』誌における留岡の論文（二）――尊徳・報徳、そして地方改良論

（一）　報徳と二宮尊徳論

留岡は明治後期から二宮尊徳や報徳思想に共感を示し、自ら報徳運動にも積極的に加担していった。留岡のこの思想への共感は、日露戦争前からであるが、その後、米国・欧州への視察旅行の後、報徳への傾斜が強まっていった。それは日本回帰にも似た、より土着的な思想への注目であり活力ある思想への期待であった。もちろん報徳に関しては中央報徳会の機関誌『斯民』があったが、『人道』も報徳関係において、とりわけ留岡の報徳とのかかわりを理解するためには重要な雑誌である(24)。一九〇五年一一月二五日発行の第八号は三二頁から構成される「報徳記念号」と銘を打った特集を組んでいる。その記念号の巻頭論文は「記念号の辞」として留岡が執筆している。ここには前月の一一月二六日、上野公園での尊徳「没後五〇年記念会」(25)の開催に窺えるように、日露戦後における経済と道徳の高揚を説き、二宮尊徳という人物のシンボル化が反映されている。留岡はこの論文で日露戦後社会を「社会的一大不調和なり」と断じ、戦争は増税の負担、失業者の増加、犯罪者の醸成といった「苦痛」を招来することになった。この状況を如何に打破していくか、「経済の欠点を補ひ、道徳の萎靡を振作」すべきか、これには二宮尊徳という人物が最適であると論じていく。そして、末尾を「『人道』敢て自ら揣らず、大義を標榜して天下に立つ。平常崇めて以て人道の代表者なりとする二宮尊徳翁を世上に紹介し、更らに過般記念会の大略を読者諸君に報道するは、正しく本誌当然の任、独り平素の懐抱に背馳せざるのみならず、聊か義を古人今人に致すの道なりと信ず、これ本誌を以て記念号とする所以なり」と結んでいる。

また「雑録」には「二宮翁と泰西の二偉人」という論文があり、ここでは尊徳と救世軍の創始者W・ブース、そし

てカーネギーと比較して論じている。このブースに関して尊徳と共通している面で、「実行」と「経験」を指摘する。すなわち、それは「若しブースを以て単純なる基督教を実行したものとするならば吾が二宮尊徳翁は即ち単純なる人道を躬行したものと謂はなければならぬ」「経験は同情を生み、同情は愛憐を生ず。翁が難村の復旧や、貧窮者の救済に向つて、其畢生の汗血を絞りたるもの洵に道理ある次第と謂はねばならぬ」と論じるように、「難渋なる道理を、最も簡単に、平易に、明快に実行することと、貧窮者を愍むこと」という点に求めているのである。一方、カーネギーとの比較は、両者が貧困から身を起こし、社会事業に大きな貢献をしたことの共通性と共に、「カーネギーが貧困より身を起して大富豪となつた如く、二宮翁も亦困厄の中に人と為つて能く巨富大財を致した。けれども、翁は自ら富者とならずして、依然一布衣、一寒生を以て、其清貧を楽しんだ」として、敢えて両者の違いも指摘する。この号には他に、岡田良平「二宮翁と報徳制度」、清浦奎吾「二宮先生と其人格」、桑田熊蔵「社会問題と報徳社」、横井時雄「二宮尊徳を憶ふ」、井上友一「二宮翁と国民の風化」、二宮尊親「人道論」、井上哲次郎「学説上に於ける二宮翁の位置」、浮田和民「模範人物たる尊徳翁」、徳富蘇峰「市民の福音」、島田三郎「事実としての報徳社」、山路愛山「遠くから見たる二宮翁」、幸田露伴「報徳記及び尊徳翁について」といった錚々たる人物の小論や講演記録等が掲載されている。この号に掲載された主要論文は後日、留岡編で『二宮翁と諸家』（人道社、一九〇六）として上梓された。

また二宮尊徳について論及した論文は雑誌の性格上『斯民』ほど多くはないが、「二宮翁の遺物に就て」（第八号）、「二宮尊徳と貝原益軒」（第三四号）、「ペスタロッチと二宮尊徳」（第四九号）、「二宮尊徳とジョン・ラスキン」（第二三二号・第二三三号）等があり、多くの論文の端々に報徳の考え方や「経済と道徳の調和」、時代が要求する人物として論究されている。そして留岡も報徳関係の多数の著書を刊行する(26)。

(二) 地方自治・地方改良論

留岡は地方改良運動に参画し、地方自治に論究して「自治」「市民」「独立自営」といった用語を駆使しながら、自己の理想とする自治の構想を披瀝する。たとえば一九〇八年九月の「市町村自治の四角同盟」（第四一号）という論文で「英雄―私は衆目を驚かす様な英雄を造るのではなく、市町村民として規律の正しい、市町村民として納税の義務を果し、市町村民として公共心を有し市町村民として苟も恥かしからざる処の其の考を持つた一個の市民《シチズン》といふものを造るのが、即ち今日国家を経営する所の理想でなくてはならないと思ふのである」と述べている。留岡がここで「市民」という言葉に「シチズン」というルビを付しているのも注目すべきことである。

私は過去十年の間、内務省に在りまして日本の各都市及び町村の状態を研究して居るのであるが、日本人には責任を重んずるといふ精神が乏しい。国家を愛するといふ事、義侠の精神から金に離れが宜いといふことは他国の人には見る事が出来ない程優れて居るが、高き低きを論ぜずして、自分の職分に安んじて其の職責を尽すといふ観念が乏しい。其処で日本の自治制度といふものが如何になるべきかといふ事を考へて見ると、余程私は憂ふべき処があるであらうと思ふ。自己の職責、天職といひますか。何と云ひますか、我が職分といふものを重んじて之に尽瘁すると云ふことが実に大切である。それが都市と町村とを発達せしめる上に於て非常なる関係を有して居るのである。

そして留岡は「健全なる町村を作らんとするならば村長と学校長、宗教家それから篤志家といふ四角同盟が起らなくてはならぬ。而して此の四角同盟の中心的精神ともいふべきものは至誠である。然うしてこの至誠を中心として其右に公共心、それから左に共同心といふものがなくてはならぬ。何れかその一つを欠ても、市町村を発達せしむることは出来ない」と述べ、「四角同盟」という興味ある構想を立てている。また一九一五年六月の「地方改良と町村魂」（第一二二号）という論文で次のように述べている。

政府は市町村制を造りたるも、魂は造る能はず。魂は是非共国民自ら之を造らざる可からず。旧来の大和魂は之を拡張又は転用するに非ずんば、其儘にては決して今日の市町村に活用する能はざるものなり。即ち別に町村魂なるものを造らざる可からず。何となれば普通に所謂大和魂と称するものは、国家有事の時に於てのみ発揮さるるものにて、平生平和の間には現はれざるものなり。故に大和魂とは寧ろ国家に対する精神なり、と吾人は国家に対すると同様、市町村に対しても、又家に対しても、之を愛するの心なかる可からず。日本人は、家に対する観念は随分強く、実子なき時は養子迄して家名を存続せしむる習慣あり。斯くて国を愛し、家を愛するの心はあるも、只一つ市町村を愛するの心を欠くは我国民の一大欠点にして、今後文明の社会に在っては、是非共町村魂を養成せざる可からず。

伝統的な日本人の家への強い観念や国家の「大和魂」に対比させて、自治制度への観念の乏しさから「町村魂」という言葉を使用しているのは興味ある発想である。しかし留岡には自治独立、独立自営といった思想がある一方、「然らば町村魂とは如何なるものを云ふか、余は之を三つに分ちて第一公共心、第二共同心、第三家族的情熱と称せんと欲す」というように、もちろん家や共同体への期待とセットであることに注意しなければならない。

地方改良運動とも連動する課題でもあるが、留岡が部落問題について関心を払っていたことは従来から指摘されてきたところである。これについては『人道』誌において明治末期から昭和初期までこれに関する論文が登場する。また大正後期において水平社が創設され、議論も活発化していく。一九二三（大正一二）年五月の第二一三号には「水平運動」という論文が掲載されているし、時を経ず第二一五号には「部落問題と人格及人格主義」、その次号には「部落問題と環境の改善」といった論文が掲載されている。ここでは最初の「水平運動」から当時の彼の該問題への考え方を少し論究しておこう(27)。

この論文は「差別され排斥されて二千年　浮世のかげに潜むわが友」という留岡の短歌から始まっている。そして

「熾烈の社会問題」として「近頃社会問題の中で最も熾烈で最も熱誠なものは水平運動に若くものはなからう。水平運動は読んで字の如く水平面に浮み上がろうとする部落民の努力である。永い〳〵歴史の道程に於て屈辱され除外され擯斥されて来た部落民が平等の権利を主張し、一般民と同一な社会的地位を獲得せんとする熱烈なる運動である。今や彼等は国民の三大義務と称せらるゝ納税、教育、兵役に服しつゝあるにも係らず、待遇だけは一般民と別異されると云ふことは全然謂れなきことである。その謂れなき社会的事実に向つて不合理を訴ふるものが所謂水平運動である」として水平社創立とその運動に一定の理解を示す。第二一五号（一九二三年七月一五日）の「部落問題と人格及人道主義」では「一般民に向つては人格主義と人道主義とを提唱して、真実部落民を尊重し、彼等を兄弟と云ひ姉妹と呼ぶやうにせなくてはならないので、換言せば部落民に対する私共の思想を根本より改造せなくてはならないと思ふ」と人格主義、人道主義という概念を使用する。留岡は水平社の運動に対して一定の評価をしたものの、その後地方改善事業への関わり、あるいは融和運動にかかわっていく。その基本的立場としては、被差別部落への社会事業と精神論の強調があり、融和事業家の域を出るものではなかった。

五 『人道』誌における留岡の論文（三）——教育論と宗教論

（一） 教育論

『人道』の発刊目的の一つに重要項目に「教育」がある。留岡の教育思想とも関連するが、ここにはペスタロッチやルソー、コメニウスらの自然と児童に関する教育思想について論じたものが多くある。たとえば「ペスタロジーと近世教育」（第九号）において「第十九世紀の教育主義と制度とに革新を来たしたる教育的勲功者尠からずと雖、彼は此等偉人の最も大なるものにして、近世教育の新意義は彼によりて創見せられ、其制度は彼によりて形成せられたりと謂ふも敢て過大に失したるの言と為す可らず。吾人廿世紀の碧頭に立て、既に授けられたる教育を悦ぶものは彼に負ふ所少からざるなり。否国家の発展教育に拠る所多しとせば、我が維新以後に於ける明治の盛運も亦ペスタロジーに負ふ所蓋し少々たらざる可し」と高く評価する。また「ペスタロジーと其宗教」（第三九号）では、ペスタロッチと共にルソーを取り上げ、彼らが宗教教育において大きな思想的感化を及ぼしていることを評価し、「ペスタロッチと二宮尊徳」（第四九号）では、尊徳と対比してその共通点と相違点について論じている。

また、留岡の論文はしばしば日本の教育家にも及んでいる。先のペスタロッチとの関係でいえば、「老教育家」（第二号）という論文は、留岡が最初に牧会活動を展開した丹波の教育家井上半介について論じたものである。すなわち「将た又ペスタロッチがブルグドルフの城砦に於て子弟を教へたりし点より云ふも、井上翁は或る多くの点に於て、ペスタロッチに類似する処あるを見ずんばあらず」と「郷先生」（徳富蘇峰）の教育家を紹介する。それは新島襄を論じた「嗚呼洛陽の偉人」（第五八号）なども教育を論じたものと言えようし、この雑誌が教育史においても一定の意味をもっていたことがわかる。

その他、家庭学校と関係し、感化教育を論じたもの、あるいは家庭学校について論じたものも多数ある。ここでは社名淵分校について論じたものをみておくことにしよう。留岡は東京巣鴨の土地からさらに自然豊かな環境の中で少年たちを教育し、そして新しい試み―感化農場を構想する。それは一九一四（大正三）年のことである。同年四月、『人道』第一〇八号に「感化農場と新農村」という論文に次のように書いている。

自分は今回北海道北見国紋別郡上湧別村サナブチ原野に一千町歩の土地を得て、弥々此の四月より多年の宿望たる感化農場を創設すること、なつた。これは自分に取つて非常な喜びであり、又た愉快なことである。けれども今後幾年の久しきにして果して此の計画が完全に成就するであらうか。自分一生のうちに其成功を見ることが出来ぬかも知れぬ。命は天に在り、成否の程は計られぬ。唯だ自分は渾身の力を揮ふて前途の荊棘を拓き、茲に感化農場を経営すると共に、百尺竿頭更に一歩を進めて理想的新農村を作り度いと思ふ。天佑豊かに、人助亦た薄からずんば、他年何れの時か志を遂ぐる期やあらん。否な必ず其時期の到来すべきを信じ、踴躍して斯業に尽瘁する積りである。

このように農場創設のために原始林を生徒たちと一緒に拓いていくことになる。東京の家庭学校は小塩高恒、篠崎篤三、辻雅俊に委せ、留岡は内務省嘱託を辞任し北海道に渡る。そして八月二四日、農場の開場式を挙行する。かくて毎年七月から一一月までをこの北海の農場に留まり開拓に専念することになる。過去一五年の感化事業を実験の時代とし、今後の新しい展開を期したのである。その計画は感化農場に将来一五〇人を収容し、我邦唯一の「農業的感化院」とする。この感化農場を経営するために、広大な地に一五〇戸の新農村を造り、感化施設と農場の二つを両立させることであった。つまりこのことは「我家庭学校の感化農場が成功するの暁には、感化事業に一方面を開くに於て寸補なしとせざるべきを言明するに躊躇せないものである。而かも目的は独り感化事業のみでない。我感化事業に伴ふて起る新農村の出現は農業経営の上に少からざる資料を与ふるものと信じて疑はぬ。感化事業の立場から云へば、新農村の設置は単に副業たるに過ぎない。けれども之を社会的立場より云へば、新農村を設立することは即ち主にして感化事業は客である。百五十戸則ち一戸五人と見て、都合七百五十人の男女を正直勤勉の農民に育て上げることは極めて愉快なる事業である。けれども其の経営や極めて困難であるを感ぜねばならぬ」と吐露するように、成功の保証のない大胆な構想でもあった。

そして農場において地主と小作人の関係でありながら、本家と分家と呼び、あくまでも家族的なパターナリズム（温情主義）でもって経営を計ったのである。ここには留岡の農業問題、小作人問題に対す対策もあるのだが、こうした実践を北海道の地で実行するにしても現実には困難が待ちかまえていたことは確かである[28]。こうした感化農場、社名淵分校のことは逐次、『人道』に報道されるところとなった。とりわけ一九二一年一〇月の『人道』第一九五号から数回にわたって連載された「自然と児童の教養」はペスタロッチやコメニウス、フレーベルにふれながら自然教育の重要性を論じたものであり、社名淵分校の教育理念が展開されている。

私は永い間、何故に我国教育家の多数が又教育行政の当局者が、教育の上に偉大なる影響を与ふる処の自然Nature の勢力に関し、之を認むることの如何に浅いかといふことを疑問として居たのであるが、誠に現代教育の制度や美はしく、其の論究する処は水も洩さぬばかりの精緻を極めてゐるにも拘らず、人の子を教育する現実の上に少しも自然の力其の物が取入れていないといふことは如何にも不可思議千万に思はれるのである。元来から教育は自然と人間との協同事業として成立つものである。而して若し自然に母の如き働をする作用があるとするなら、人間の働きは父の如きものであらねばならぬ。教育上の成功は是等の両親が揃うてゐて初めて完全を期し得らるゝのである。然るに今日の教育が酷く智識方面に傾斜してゐるのみならず、万事の組織が人間要素に偏して了つて、殆んど自然との関係が没却されてゐるかの如く見えるのは誠に寒心すべき最大欠陥と云つて過言ではあるまい。

そして、「不良少年の発生は即ち都市生活より来る一つの弊害たる現象に過ぎないのであるから、之を改良するには其児童を自然の懐に入れて育て上げることで、之が家庭学校の主張であり、恵の谷の開かれた所以である」と抱懐する感化思想を披瀝している。後にこの論文は加筆され、『自然と児童の教養』（警世社書店、一九二四）として刊行されることになる。

（二）宗教論

『人道』刊行の使命として「宗教」があったが、もちろん宗教という範囲も非常に広い。留岡個人として、宗教、とりわけキリスト教についての言及が多い。しかし仏教や儒教、あるいは報徳教という概念もあり、ここまで対象化していくとさらに多くなる。また人間にとって、あるいは社会にとって宗教とは何か、といった原理的な言及も数多い。たとえば創刊号の「自発的信仰」という論文では、「大凡事は何事においても自発的のものでなくてはならぬ。

……略……殊に宗教と教育に於ては此の自発力の力に依るにあらねば、そが生長発達は所詮覚束ない」と言うように、宗教と教育に於ける自発性を尊重する。そして創刊号に掲載された「慈善事業の二大『活』」という論文の「精神の供給は鄙見に拠れば、宗教に拠るより外はないと思ふ。其宗教は基督教もあれば仏教もあり、儒教もあれば神道もある。一概にどれを限ると云ふことは出来ない。どれでも自ら是なりと信ずる所のものを採用して差問はない。要は真面目に之を信ずるのである。信じて之を実行するのである」と、そして「宗教の精神なくして慈善事業を遂行せんと欲するは、蒸気力なくして大洋を横断せんとする船長の如く、到底安全なる航海は六ケ敷からふ」という文章にも彼の姿勢が端的に表現されている。活力と実行力のあることが、重要な基準になっているのである。

また一九〇七年一一月の「伝道の姉妹事業」（第二一号）という論文では「而して其の伝道をするには日本人の性格とか日本人の状態等には毫も考へ及ばず、一に二もなく西洋の事なれば宜いと云ふやうな考が伝道事業に対し様々の方面に入り来り其の筆法で伝道された。今日は大分変つて居るやうで稍や日本的になつては居るけれども、兎に角従来は其様な風でやり来つたものであるから、一言で言へば基督教の丸呑み、他の言葉で言へば日本の生活状態に基督教が適当うて居らぬと云ふことが、思ふ如く伝道の出来ない原因である。……略……要するに伝道事業を有効ならしめんと欲せば、伝道事業と共に教育慈善の両事業が足竝を揃へて健全なる発達を遂げなくては決して『神の王国』を我国に来たすことは出来ないと思ふ」と述べている。明治末に発表された「基督教の活伝道」（第六七号）という論文では、「吾人の確信する所によれば基督教は個人を改善し、社会を徳化するに於て、其力を強大猛烈なること恰も爆裂弾に似たるものあり。爆裂弾の物体に衝き当るや、爆然として火星を、物皆な砕かれざるなし。是れ実に爆裂弾の性なり」と。しかし現今のキリスト教は爆裂弾が湿った如くで何ら社会への響きがないとする。そして如何に現今社会でのキリスト教の復権が可能かを問うのである。

さらに一九一六年一一月の「近代生活と宗教」（第一三九号）においても、「宗教は先づ健全なる意思を作り、此の意志を浄化して神の意志に服従せしめ、是を以て聖旨を実践躬行せしむるに非ざれば、宗教の究極目的地に到達したものとはいえぬ。基督教宣伝せられて、而かも個人の改心を促さず、家庭の改良を結果せず、将又社会の改善行はれずば、基督教の説く千万言も遂に空しく音響として消え行くのみである。茲に力ある人間を作り、此力に由りて進で家庭及び社会を根底より改善するに非ざれば、基督教は何等社会と交渉を有せざるものとなり、遂に存立の理由を認めざるに至るのである」というようにキリスト教批判の眼は厳しい。その他一九〇七年四月発行の「貧民の階級と救世軍」（第二四号）はブース来日に合わせて、救世軍とブース大将について論じたものであり、留岡にとって救世軍のような「活ける宗教」こそ理想とするものであった。そもそも報徳への憧憬の根柢もここに由来していると解せられよう。

六　『人道』誌における留岡の論文（四）――時事論やエッセイ

（一）時事論

明治、大正、昭和と三代にわたって刊行された『人道』の社論にはその時々の内外の事件について書かれた多くの論文がある。そこには社会事業家留岡がみた近代日本を読みとることができる。たとえば「国家安泰の道」（第七〇号）は大逆事件について論じたものであるし、「風教の根底」（第八三号）は当時内務省が推し進めようした神道、仏教、キリスト教の「三教会同」についてのものである。また「絶対無限の力」（第一一七号）は第一次世界大戦についてトルストイらを引用して、「今や我国民は眼前の利害得失に其心を奪はれて道徳的標準がない。平時は或は夫れで良いかも知れぬが、一朝事のあつた時に如何にして良心の命ずる所に従ひ、死生を賭して正義人道を遂行せんとするのであるか」とキリスト教（宗教）や信仰、良心について述べている。そして一九二三年一〇月の「震災の教訓」（第二一七号）は関東大震災についての論である。「今回の震火災は災害の程度が激甚であつたが為に直接災害を受けた者は言ふを俟たず、間接に災害を被つた者も感動することが甚だしかつた」とし、「第一、平等は人心を和楽にする」「第二、今回の震火災は論理の結果である」「第三、建築は道徳を表現する」「第四、奢侈は人を食ひ国を滅ぼす」と述べ、第二の点についてては「之を大局より観察するに政治、経済、宗教、文学、世事百般はどの点より見るも行き詰りと然か見えなかつた。此の行詰りは絶大の偉人豪傑の現出せない限りは打開されないと思つた。所が其の偉大豪傑なるものは容易に出て来ない。然らば何人かこの行き詰りを打開けるかと云ふに、人でなく天であつた。此度の震火災は峻烈は峻烈であつたが、行詰りを打開するには是より外に道がなかつたかも知れぬ。私は之を論理の帰結であると云ひ度い」と論じている。こうした文明や宗教から把捉するのは、内村が「天罰及び天恵」として、あるいは小橋実之助が「神の試練」と把握しているのと類似性がある。

さらにそれは当時の社会事業界への言及にもなる。たとえば一九二六年にキリスト教社会事業の羅針盤的存在であった岡山孤児院がついに解散になるのだが、それについての論評がある。同年七月刊行の『人道』に掲載された「岡山孤児院の解散――『感慨無量』」である。

何故、私が今回岡山孤児院の解散されるにつき、自分が主幹する家庭学校の解散されたよりも以上に遺憾に感ずるかは、岡山孤児院の解散されることも固より一大遺憾ではあるが、それよりも以上に遺憾なことが他にある。それは岡山孤児院以外にも、我国に多数の孤児院が存在して居る。それらはこの度の解散を聞知して、大に落胆しはすまいか、岡山孤児院の如き天下の同情を集め、而かも其同情と援助に与つて居るうちには皇室の殊遇を初めとし、内務省、府県庁、殊に岡山県さては朝野有力の名士、それのみでない、日本全国津々浦々から深甚の同情と援助とが雨の如く降り注がれたにも係らず、突然寝耳に水のやうな発表があつて、遂に解散さるゝと云ふことは我国社会事業の上に与へられた一大衝動でなくて何んであらう。其の影響する所は甚大と謂はねばならぬ。

岡山孤児院の解散について、孤児院側はまず、大原孫三郎の「集合教育」への批判と児童保護法案への期待を背景にしてなされた(29)。この点についても留岡は「集合教育への批判は家族委託制度と家族制度とによつて略ぼ矯め得らるゝことを信ずるのである」「日本社会事業の歴史における一大失策」というように孤児院の解散に反対した。この岡山孤児院の解散についての論評は、社会事業界の重鎮たる留岡の言説だけに影響も強かった。ところで時事論とも関連するが、留岡は友人が亡くなった時、それぞれ『人道』に多くの追悼文を書いている。そこには彼の己が人生における掛け替えのない人への哀惜の念が語られ、そして有名無名を問わず、多くの外国人の名も披見出来る。また、そうした追悼文では、その人物についての多くのエピソードが纏められているのも興味深い(30)。

(二) エッセイ

最後に留岡には「エッセイ」「随筆」と称せられるような論文、あるいは小論をたくさん執筆しているのも彼の主筆たる『人道』の特徴でもある。たとえば一九一四年二月の「囚へられな」(第一〇六号)というような論文は彼が自由について論じたものである。「自由は人間の特権である。高天厚地、自主の権能を自在に運用してこそ、人間の生命であると云ふべけれ。それを何事ぞ、自ら牢獄に這入つて、或意味の罪囚的生活を送らんとは。苟も人として生れたからには、宜しく斯る牢獄より脱出し、自由の天地に自主独立の生活を営まねばならぬ。謬る勿れ、自分が斯く言へばとて放埒で我儘勝手な生活を営なめといふのではない。自分の言ふ所の自由とは良知良能の命ずる所に従つて、思う存分飛翔するといふことである」「自ら主となるに於て、其の行ふ所は即ち自家良知の許す所である。自ら許して我が事を行ひ、我が思を述ぶ。知己あらば即ち可なり、知己なきに於て将た何の恐るゝ所ぞ。快は自ら主たるほど快なるはなく、強は自ら許すほど強なるはない」、そして「自主の民とは習慣や、迷信や、悪思想や、悪主義に囚へられない人を云ふのである」と論じている。

また、一九一七年一二月にラスキンを論じた「人間あつての経済」(第一五二号)という論文があるが、そこで留岡は「ラスキンは斯ふ云つて居る。人間を忘れて金々、経済々々といふのは畢竟番頭経済学に過ぎぬと。彼は経済学で主要の問題として云ふ所の富の造成なるものは唯善人を造ることである。……略……何れも是れ経済の最大目的は品性ある人間を生産するにありといふ結論を生み出すのである」「他言せば経済学の最大目的たる人間を善くするといふことが十分成就されて居ないからである。人を善くするといふことそれ自身が国家の富である」と(31)。こうした視点は一九二〇（大正九）年三月の「黄金造成の目的」（第一七七号）といった論文での「拝金主義」への批判としても表象される。「吾人は黄金目的其のものを増殖する為に黄金を造らず、黄金を使用して人類を益し、社会を発展せしむる為に黄金を造成したいと思ふ」と。そして晩年になると、風景や四季を愛でるような「冬」（第二四二号）、「春」（二四三号）、「秋の声」（第二五一号）、「夏の快味」（第二六〇号）、あるいは紀行文、書簡、和歌、家庭論、人生論等々の随筆も多く登場する。こうした晩年の枯淡の域に達した文章も留岡の一面を知る上においても興味あるものとなっている。

七　終刊号をめぐって

『人道』は一九三二（昭和七）年八月一五日刊行の第三二二号でもって終刊となる。ここには中心人物であった留岡幸助の健康上の理由とともに、家庭学校の経済的理由を挙げなければならない。最終号の社説は「社会事業に於ける人道主義の復興」というタイトルである。留岡の執筆ではないが、この論文には当時の社会事業界、とりわけ理論への批判が込められている。そこには、世界不況とともに大正時代の終わりから昭和初期にかけて社会事業の科学的な研究としてマルクス主義理論が展開されていく背景がある。その理論家は、大阪では川上貫一、大林宗嗣、山口正といった人物であり、社会事業に関する本質を追求していこうとするものであった。それに対してこの論文では「今や社会事業に於ける人道主義清算に時代が到来したなどと云ふ主張を耳にするのであるが、此の如き主張は逆立ちしたものの見方に基因するものである。そして「今後の社会事業の基礎たるものも依然として人道主義である」とし「別言するならば社会事業の分野に於て人道主義を実現する為の科学化であり、組織化である」と説く。そして『人道』が三〇年間、社会事業の一角にたって徹頭徹尾「人道主義の主張に終始して来たことは甚だ愉快である」とし、留岡の創刊号の社論「慈善事業の二大『活』」の一部が引用されている。ここでは、その人道はヒューマニズムの謂である。

ちなみにこの号で一応終刊となったが、翌年の六月六日に新しく就任した牧野虎次校長の下で復刊『人道』が刊行されることになる(32)。留岡はその年の一二月に『留岡幸助君古稀記念集』の出版をみながらも、病のために出席できず、一九三四（昭和九）年二月五日、七〇歳の生涯を終えたのである。その生涯の後半生の二七年間にわたって『人道』が刊行されたことになる。留岡の同志社時代の恩師でもあるデイヴィスは「我が生涯が我が遺言である」と称したが、この雑誌には彼の遺言ともとれる多くの論文が残されおり、彼の周辺の人々の生き様をもよみ取ることが出来る。そしてそれは近代日本の歩みの一駒であり、この雑誌から一社会事業家の眼をとおしてみた「もう一つの近代日本」をよむことができるのである。

おわりに

このようにして家庭学校の機関誌『人道』は一九〇五（明治三八）年五月に産声を上げてから、一九三二（昭和七）年八月一五日発行の第三二二号まで、ほぼ毎月刊行されたことはまことに驚異と言わざるを得ない。社会事業家として席の温まる暇のない多忙な留岡がここまでこの雑誌を継続させたことは周囲の協力があったとはいえ並大抵なことではなかった筈である。そこには彼が日本の社会事業への情熱があったことは言うまでもない。二七年間、絶えざる情熱の根底には彼の近代への社会事業構想をぬきにしては語ることができない。

発刊の動機に於いて「露払ひに先駆して」(33)という所期の思念は、後にその専門誌として『慈善』（一九〇九）や『救済研究』（一九一三）らが刊行されても『人道』は継続して発行されていく。ここには家庭学校機関誌としての使命だけではなく、彼の操觚者としての矜持と思念が存在していたと理解できよう。すなわち「発刊の辞」に謙虚に開陳した「敢て人道の大義を発揚して如何にして心霊的に、将た亦物質的に同胞を救済せんかの大問題に向かつて聊か菲言を献ぜんと欲す」という言葉にそれは約言されているのではないか。さらにそれは常に「新しき研究と新しき思想とを以て」解決していかなければならない課題への飽くなき挑戦であったのだろう。『人道』に掲載された多くの論文を、後日『社会と人道』（一九一〇）、『明暗剳記』（一九一〇）、『感化農場と新農村』（一九一四）、『水平運動』（一九二三）、『自然と児童の教養』（一九二四）等と、一冊の著作として上梓し、世に問うていった姿勢からも、このことを証左している。

留岡の思想の原点には、人道主義を背景にして、人間平等への憧憬、キリスト教たる宗教が常に暗黒を照らしていくという使命感があった。もちろんその解決方法において彼は社会科学的な研究者とは違う存在であったし、また社会問題や労働問題の解決においてマルクス主義、社会主義といった理論には一定の距離をおいていた。むしろどちらかといえば内務省に近づき、そこから政策を展開するといったような保守主義的な立場から抜け出ているわけではない。しかし彼は社会の矛盾において改良をくわえて行こうとする姿勢は決して崩さなかったように思われる。犯罪のない社会、貧困が解決される社会、差別のない社会、労働争議のない社会という思念は終生持ち続けていたように思う。そして常に活力があること、それには土着的でなければ真の文化とならないことを警鐘する。「洋服は英独仏に於けるも、将た亦我邦に於けるも、等しく洋服に相違なきも、彼国人に適せりとはいふ可らず。要は其洋服を我国民の身長に適へて造るに在り。仮令我国人に適合せる洋服出来上りたりとするも、服装のみにては生活を便にする能はず、靴も穿たざる可らず、洋館も築かざる可らず」[34]と。

かかる意味において一社会事業家が刊行したこの雑誌は、紙幅の関係上、論説について多くを紹介することが出来なかったが、日本における慈善や感化、救済、社会事業といった言葉の意味を考察するとき多くの情報を提供してくれ、社会福祉史において重要であることはいうまでもない。つまり革新的とは言えないけれども斬新的な社会改良に向けて、換言すれば体制内的な改革派としての立場を貫いたのであろう。そして『人道』には宗教や教育、犯罪問題や社会問題、生活問題、報徳や地方改良等々にわたって、慈善や博愛・社会事業と関わりながら近代をみていた人たちの論文が掲載されているのである。その意味において近代史においても異彩を放っている雑誌であるといえる。

【注】

（1）社会事業雑誌草創期の時代的背景等については拙稿「近代日本の社会事業雑誌――岡山孤児院の機関誌『岡山孤児院新報』を中心に」『キリスト教社会問題研究』第五七号（二〇〇八年一二月）を参照されたい。

（2）『人道』は、一九七四年、同志社大学人文科学研究所において留岡幸助の研究会の発足と著作集刊行のための資料蒐集の過程で、当時家庭学校から人文科学研究所に寄託されたものを中心にして復刊号を含め、およそ全号を収集することができた。懸案の欠号部分は国会図書館所蔵資料、静岡県の鷲山家の「溪水文庫」等で補填されることになったのである。その後、『人道』は不二出版から復刻されることになり、留岡幸助や家庭学校史研究において大きな貢献をはたすことになった。この復刻に際しては、当時の研究会のメンバーでもあった山本幸規によって詳細な書誌的解説がなされている。しかしこの雑誌に掲載された論文内容にまでには多く言及されていない。

（3）留岡とこの雑誌とのかかわりについては、拙著『留岡幸助の研究』（不二出版、一九九八）の第五章「空知集治監教誨師――北海道バンド」を参照されたい。

（4）たとえば帰国後のことではあるが『獄事叢書』の第二六号からは、留岡が編集の業に就く予定であった。ちなみに第二五号でもって廃刊となった。これについては、拙著「原胤昭と『獄事叢書』について」『「獄事叢書」解説・総目次・索引』（不二出版、一九九八）を参照されたい。

（5）留岡が『基督教新聞』の編集人に就いたのは、一八九七年五月から九九年四月までの二年間であり、この期間に留岡は二四〇余の論文を社説欄を中心に発表している。キリスト教関係だけでなく、社会的な論評があることも彼の編集人時代の大きな特徴である。これについては本書第一章第二節を参照されたい。
（6）『基督教新聞』第七四七号（一八九七年一二月一〇日）
（7）『慈善問題』（警醒社書店、一八九九）七六頁。
（8）『警察協会雑誌』第四八号（一九〇四年五月一五日）
（9）『人道』第三〇〇号記念号（一九三〇年一〇月一五日）
（10）雑誌の見出し欄は時代と共に変化するが「社論」は論説が中心で、この雑誌の核であり、ほとんどは留岡の執筆になる。「時事」欄も重要な論文が掲載されている。「社会パノラマ」や「消息」欄は当時の社会や慈善（社会）事業や人物の動向を知る上においてきわめて大切である。発行部数は二〇〇〇から三〇〇〇部くらいであろう。以上のこと、そして定価や発行所、発行部数等についての書誌的なことは前掲の山本幸規の解説を参照されたい。
（11）福住正兄筆記『二宮翁夜話』（『二宮尊徳・大原幽学』日本思想体系五二巻所収、岩波書店、一九七三）一二四頁。
（12）中央報徳会編『留岡幸助報徳論集』（中央報徳会、一九三六）二三七—二三八頁。
また留岡は「報徳哲学」（『留岡幸助著作集』第四巻、四三八頁）という論文でも次のように論じている。

天道といふことは天然自然、即ち西洋人の言ふ「ネーチユアー」である、人道は人間が作為した所の道であるといふことであります。そこで人間の務は何であるかといふと、天道と相撲を取るといふことであります。そうして天道と相撲を取つて打勝つといふことが、人間の道徳的であるといふことであります。……略……天道は其人間の造つたものを滅却して行くから、其天道の滅却に服従しないやうに、米や麦を作つたり、蚕や綿を作つたりして、仮令天道が打壊しても亦次に新しいものを作り、さうして天道に敗けないやうにし、人道を以て打勝つやうにするといふのが、二宮翁の勤労の出て来る本であります。
（13）中央報徳会編『留岡幸助報徳論集』（中央報徳会、一九三六）二三八頁。
（14）主だった執筆者を「社会福祉関係」「家庭学校関係」「キリスト教関係」「その他」と大別して瞥見しておくと以下のようになる。社会福祉関係においては、海野幸徳、三好豊太郎、緒方庸雄、生江孝之、山室軍平、有馬四郎助、原胤昭、小河滋次郎といった人物がたくさんの論文を寄せており、菊池俊諦、竹内愛二、渡辺海旭、長谷川良信、八浜徳三郎、石井十次といった人々の論文もある。家庭学校の機関誌であることからも、家庭学校関係者が一番多いことはいうまでもなかろう。それは小塩高恒、鶴見欣次郎、藤田倶次郎、品川義介、秋田鶴代、横山有策、上野他七郎といった人物である。そしてキリスト者として金森通倫、伊吹岩五郎、内村鑑三、村井知至らがおり、また井上友一、相田良雄、田子一民、中川望といったような内務官僚、その他、徳富蘇峰、山本滝之助といったような人物が論文を寄せている。

(15)『人道』は家庭学校の機関誌なので、当然家庭学校の情報は豊かであり、家庭学校の歴史を知る上においては不可欠の史料であることはいうまでもない。しかしこの論文では紙幅の関係上、施設史（家庭学校史）としてふれていない。

(16)中央慈善協会の歴史については、中央社会事業協会編『中央社会事業協会三十年史』（一九三五）に詳しい。また地方の組織化についてみると、たとえば大阪に於ては「大阪慈善協会」という組織が一九〇四年にその発会式を挙行している『博愛月報』第四九号（一九〇四年一月一三日）には「大阪慈善協会発会式」の模様が報じられている。そして京都慈善連合会は一九一一年の発会である。

(17)内村鑑三は一九〇二年一一月二三日発行の『万朝報』において、「金の要せざる慈善」という小論を発表しその中で、「慈善は金を与ふることではない……略……もし金を与ふる者のみが慈善家であるなら古河市兵衛氏も慈善家である」と批判している。

(18)菊池正治他編『日本社会福祉の歴史』（ミネルヴァ書房、二〇〇三）、六七頁。

(19)土肥昭夫・田中真人編『近代天皇制とキリスト教』（人文書院、一九九六）収載の田中真人の論文「人道」（第八章）で『人道』誌と皇室や天皇制の問題を分析している。また社会福祉と天皇制との関係を戦後社会にまで射程を伸ばして論究した労作として、遠藤興一『天皇制慈恵主義の成立』（学文社、二〇一〇）がある。

(20)ちなみに留岡は一八九八年刊行の『慈善問題』のなかで一章を設け、欧米の女性に比し日本の女性が社会にでる機会が少ないことを指摘し、「余が平素婦人に対して懐抱することは日本の婦人は今少しく社会公共の或種の働に手を出し力を致しては如何と云ふにあり、我国の現状婦人が社会の事物に手を出すことは啻に社会の喜ばざるのみならず、婦人自身も亦大に遠慮して慈善をなすの機会を失ふこと少しとせざるなり」（八〇頁）と日本の状況を批判している。

(21)『人道』第一八八号（一九二二年二月一五日）

(22)小河滋次郎は「非少年法案論」を『救済研究』第八巻第一号（一九二〇）に掲載し、あくまで少年は教育の対象であることの基本的枠組みを主張する。大正期の少年法に関しては多くの先行研究があるが、最近のものとして、鳥居和代『青少年の逸脱をめぐる教育史――「処罰」と「教育」の関係』（不二出版、二〇〇六）や二井仁美『留岡幸助と家庭学校』（不二出版、二〇一〇）等がある。

(23)留岡はこの論文「公民道徳と社会道徳」『人道』第一九九号（一九一一年三月一五日）、『斯民』第一七巻第二号（一九一三年二月一日）で既発表である。この中で留岡は社会連帯思想にふれながら「此思想が徹底すれば、公共団体の責務は権利義務の関係より一歩、否百歩を進めて、自分が尽す所の事は、自分が負債を弁償することとなるが故に、先人の徳と恩に報ゆる所以であるといふ強烈なる考となる。為に義務の領域より進みて感激の境涯に達するが故に、実行の力は熾烈となる。実に宗教的の報恩、道徳的の謝恩を社会的に転化した所に面白みが加はるのである」と留岡らしい解釈をしている。

(24)『斯民』の発刊は『人道』より一年ほど遅く、一九〇六（明治三九）年四月のことである。留岡もこの雑誌に、報徳関係や地方改良を中心に、多くの論文や小論、書簡を載せている。『斯民』における留岡論文を考察したものとして、村山幸輝「留岡幸助の社会道徳論―上―「斯民」における留岡幸助を中心に」『四国学院大学論集』第四九号（一九八一）、同「留岡幸助の社会道徳論―下―『斯民』における留岡幸助を中心に」『四国学院大学論集』第五〇号（一九八一）がある。

(25)この趣意書の発起人は留岡のほか、平田東助、早川千吉郎、岡田良平、一木喜徳郎、久米金弥、桑田熊蔵、鈴木藤太郎、田村武治、井上友一、清野長太郎である。ここで気づくことは久米金弥、桑田熊蔵、井上友一、清野長太郎らは貧民研究会のメンバーであり、また早川千吉郎や鈴木藤太郎、田村武治らは家庭学校とも深いつながりがあり、留岡と関係深い人物たちである。

(26)留岡は編『二宮翁と諸家』（人道社、一九〇六）、『二宮尊徳と其風化』（警醒社書店、一九〇七）、編『二宮尊徳と剣

持広吉』（警醒社書店、一九〇七）、『二宮翁逸話』（警醒社書店、一九〇八）、『報徳一夕話』（警醒社書店、一九〇八）、『報徳之真髄』（警醒社書店、一九〇八）らがあり、また彼の没後には中央報徳会編『留岡幸助報徳論集』（中央報徳会、一九三六）が刊行されている。

(27) この論文は後に『水平運動』（警醒社書店、一九二三）として著書として刊行されることになる。なお留岡と部落問題とを論じたものとして、藤野豊「留岡幸助と部落問題」上下『福音と世界』（一九八四）、田中和男「キリスト者と水平社」秋定嘉和・朝治武編『近代日本と水平社』（解放出版社、二〇〇二）所収がある。

(28) この新農村の実態、経営の困難さについては、青木紀「感化教育事業実践と新農村計画――北海道家庭学校の小作制農場」『北海道教育学部紀要』第五八号（一九九二）に詳細に論じられている。また最近の研究としては二井仁美『留岡幸助と家庭学校』（不二出版、二〇一〇）がコロニーシステムという視点を入れながら社名淵分校を論述している。

(29) 岡山孤児院の解散については、これまでよく議論もされてきたが、柴田善守『石井十次の生涯と思想』（春秋社、一九六二）や細井勇『石井十次と岡山孤児院』（ミネルヴァ書房、二〇〇九）等でも取り上げられている。

(30) 留岡が取り上げた主だった人を列挙すると以下のようになる。日本人への追悼文として「村井宇野子女史を偲ぶ」（第一三四号）、「実業界第の偉人波多野鶴吉翁」（第一五六号）、「井上名府」（第一六九号）、「彼死して物言ふ」（第一八三号）、「児玉亮太郎君を弔ふ」（第一九六号）、「嗚呼江原素六先生」（第二〇二号）、「早川千吉郎氏の死を悼む」（第二〇七号）、「井上公二翁の永眠を悼む」（第二三二号）、「社会改良家としての小河滋次郎君」（第二三六号）、「嗚呼坪野平太郎先生」（第二三八号）、「吁山本徳尚君」（第二九九号）等である。また外国人への追悼論文も留岡の生涯を知る上において重要である。たとえば「嗚呼タラック翁の長逝」（第四四号）、「嗚呼恩友ピアソン翁」（第四五号）、「恩師デビス先生逝く」（第六九号）、「日本の恩人ペテー師逝く」（第一七八号）、「監獄界の偉人ブロックウエーを懐ふ」（第一八六号）、「恩友リーランド氏を憶ふ」（第二六五号）、「九十六歳逝きしウキリアム・ゼー・バツハ」（第三〇七号）等である。

(31) 留岡とラスキンについての先行研究をみておくと、嶋田啓一郎「ラスキンと留岡幸助」『キリスト教社会問題研究』

第二八号（一九八〇）、鈴木綾子「留岡幸助による二宮尊徳とJohn Ruskin考――道徳と経済との調和を中心に」『社会福祉』第三七号（一九九六）等がある。

(32) 復刊『人道』については、山本幸規「解説――『人道』について」『「人道」解説・総目次』（不二出版、一九八三）において詳論されている。

(33) 相田良雄「人道と留岡主筆と私と」『人道』第二〇〇号（一九二二年四月一五日）

(34) 留岡幸助『二宮尊徳と其風化』（警醒社書店、一九〇七）の「自序」。

第二章　近代日本の貧困、廃娼、病気、そして矯風

第一節　山室軍平と『ときのこゑ』

はじめに

明治の文壇に福翁、福地、竜渓、鼎軒等の平易昌明なる文字の一異彩を放てるが如く、我が斯《ママ》教文壇に在りて茲に数年孜々として倦まず、平明の筆を揮つて専ら下層の開拓に努め、明治の鳩翁を以て任ずるもの山室軍平氏あり、……略……氏が下界の情を捜り、人情の機微に接触し、縄暖簾の裡濁醪の傾けらるゝ所に、檐傾き土居おちくぼり病みほうける老婦苦吟の宿に、将た黒鴨に身をかためし勇しき帳場の車夫に、人生の秘奥を探りて一喝人の骨髄を刳ぐらむとの希望は決して一朝一夕の事にはあらず、氏は活きたる社会の観察と共に、又故紙堆中にも遺珠をあさりぬ、吾人の有せし西鶴集は氏が所有の三馬集と交換せられし事ありき、惟ふに氏の心掛けは世人の予想の外にあらむか。

これは一九〇三（明治三六）年二月の『基督教世界』第一〇一七号に掲載された紅炉庵主人の「基教文壇管見（山室軍平君）」という文章の一端である。ここでこの著者は山室が平民的文学者として在ることと、そのための彼の一方ならぬ努力に対して敬意を払い、「明治の鳩翁」として山田美妙と比較し、「山室氏は高邁の想を遣るに此の卑近の手段を用ゐるも、然も卑に失せず、俗に失せず、語らむとて其の語る所を尽くす」と、言文一致体文学への彼の功績を高く評価している。その代表に『平民之福音』や『ときのこゑ』をあげている。すなわち「氏が主宰の下に成長せる『鬨《ママ》』は、日本の伝道界には多くの貢献をなせるを信ず、吾人は氏の前路と共に健全なる発達をなさん事を切望せさるを得ず」と。

同様に、後年、小室篤次も山室と『ときのこゑ』につき、次のように評している。「明治の鳩翁と、吾輩は彼を呼ぶ。山田美妙斉などが、都の花や国民の為に、美文のお化けのやうな、言文一致の文を書いて居た時、山室君は眼をここに附けた事と思ふ。救世軍のときのこゑは、当時の時文を導いた。日本をして言文一致国に導いた、功績ある印刷物の一つである」（『山室軍平選集』別巻、四五一頁）と。そして、彼の主著である『平民之福音』が植村正久の『福音新報』（第二二七号）をして、「基督教の鳩翁道話」と評せしめたこと等も、かかる山室の民衆への基本的姿勢、あるいは救世軍の方針を証左するものと言えるだろう。

周知のごとく、この『鬨聲』（『ときのこゑ』）は、日清戦争後の一八九五（明治二八）年一一月に発刊され、月二回の回数で、救世軍が救世団と改称させられ、機関紙も『日本救世新聞』（後に『朝のひかり』）となるまで、戦前においても第一〇六五号まで続いた日本の救世軍の機関紙である。そして、『ときのこゑ』の多くはその指導者山室軍平により編輯されたか、あるいは指導の下に刊行されたものなのである。

ところで、『ときのこゑ』は日本の救世軍の動向や山室研究にとっては必要不可欠なものであり、従来からもキリスト教史のみならず、廃娼運動史や社会事業史の中で注目をされてきたが、全巻を完全にみることは不可能に近いものであった。しかし、救世軍日本本営所蔵本と山室家所蔵本（同志社大学人文科学研究所寄託本）とを併せて不二出版より戦後の第一一〇二号（一九四八年一二月一日）まで復刻され、その全体像を追うことが可能となった。もちろん、この節で対象とするのは戦前の『ときのこゑ』であるが、これは山室の生存期間とほぼ合致する。紙面は無署名記事を含め山室の文章で多くが埋められており、「救世軍の山室か、山室の救世軍か」と呼ばれた理由が、『ときのこゑ』にも表れている。

一　救世軍とは

まず、日本の救世軍とその機関紙『ときのこゑ』を理解するために、救世軍について簡単にふれておこう。救世軍とは一九世紀後半期、イギリスで誕生したキリスト教の一教派である「Salvation Army」の訳である(1)。この救世軍の創設者はウィリアム・ブース（Willam Booth）で、一八二九年四月一〇日、ノッチンガムで生まれている(2)。亡くなったのが一九一二年であって、ヴィクトリア女王の治世（一八三七〜一九〇一）とほぼ同時期に相当する。いわばこの「ブースの時代」は「ヴィクトリア朝の時代」であり、救世軍は輝ける大英帝国の産物と言えようか。彼は一五歳の時、ウェスリー派の教会で回心し、メソジスト派に属していたが、一八六五年よりロンドンのイーストエンドのスラムで伝道を試み、生涯の方向を決定することになる。つまりイーストエンドに集う底辺の労働者、スラムの人々、名も無き無告の民こそ真の「異教徒」であり伝道すべき対象であることを悟り、同年七月二日「東ロンドン伝道会」を組織し、天幕を張り本格的に伝道を開始した。これが救世軍の濫觴であり、この会は七〇年に「キリスト教伝道会」となり、七八年に「救世軍」（Salvation Army）と改称される。その機関紙 *The war cry* も翌年より刊行されている。

ところで、この救世軍の誕生期、ヴィクトリア時代の後四半世紀は、「世界の工場」として誇った輝かしい繁栄の時代から大不況期（Great Depression）を迎え、慢性的な不況に陥っていく。失業や貧困は社会問題化し、一方で労働運動や社会主義、社会改良運動が展開され、モーリス、ラドロウ、キングスレーらによるキリスト教社会主義の勃興、C・ブースやラウントリーの社会調査、COS運動、T・バーナードの社会事業等々が行なわれた時期であった。

かかる状況を背景にして、救世軍は「都市の光と影」すなわち、「都市の影（闇）」の部分に積極的に光を当てていこうとする。そしてそうした方向性を示した書物が、一八九〇年に出版された『最暗黒の英国とその出路』(*In Darkest England and the Way Out*) である[3]。ここでブースは「沈められた十分の一」(The submerged tenth)、つまり「失われた人々」「見棄てられた人々」「排斥された人々」といった三〇〇万人に及ぶ落魄した民の実態とともに、彼らの精神的且つ物質的救済策を披歴している。それはスタンレーが描破したアフリカの未開社会の暗黒と同様、文明国・英国の「最暗黒」に光を当てる試みであり、一方で当時の慈善事業、救貧法 (Poor Law) 体制への批判、国家の社会事業・社会政策への批判的視点を持った広大な社会的スキームであったのだ。そして救世軍は、「救い」と「聖潔」「血と火」を標語として、救霊と社会的事業を併せ持ち、軍隊組織によって、イギリスのみならず、世界各国に伝道が展開されていくことになる。八〇年にはアメリカ合衆国へ、翌年にはオーストラリア、フランスへ、続いてスイス、スウェーデン、インド、カナダへ、そして日本へは九五年へと、まさに隙原の火の如き勢いでもって、全世界へ拡がっていくことになる。

次に、救世軍の来日に際し、今少し当時の日本の状況をみておくことにしよう。救世軍やその創設者・ブースについては、一八九一（明治二四）年二月、植村正久により「救世軍の大計画」（『福音週報』第四九号）や「将軍ブース氏の廃人利用策」（『六合雑誌』第一二二号）として、あるいは『国民之友』『日本評論』等、当時の雑誌をとおして紹介されつつあった。そして救世軍の来日前に、日本に於いて救世軍と銘うつ二、三の団体が存したことも注目しておかねばならない。それは島貫兵太夫を中心とした「東北救世軍」と石井十次の「東洋救世軍」である。

東北救世軍は、一八九二年、島貫らの仙台のスラム街での貧民伝道の体験が基となっており、ブースの救世軍を倣ったものと言われている[4]。そして九五年三月には、雑誌『救世』を発行するが、第五号の「救世軍を論ず」という論文では「われわれは飽くまでも救世軍こそ日本に必要な軍隊であることを信じている」と救世軍の日本における必要性を論じ、同年九月の救世軍の来日を期している。

一方、時代は前後するけれども、石井は一八九一年頃よりブースに傾倒し、岡山孤児院内に東洋救世軍を創設する。同年七月二七日の彼の日記には「倩々救世軍のことを考へ終ひには彼等に好を通してわが日本にも救世軍隊を組織して活動を創めんと欲へり」、一〇月五日には「器《ママ》関新聞を発兌し本軍の主義並事業を明らかにす」（『石井十次日誌（明治二四年）』）と認めている[5]。

そして、一八九三（明治二六）年八月一〇日の彼の日記には「米国救世軍より其器関新聞即ち『トキノ声』を恵送し来る」と記されており、八月二〇日の段には「救世軍の雑誌――『鬨声』と名け伝道主義の雑誌を発行せん」とある。文中の救世軍とは石井の東洋救世軍であることは言うを俟たぬが、東洋救世軍の創設と共に、石井が「鬨声」という雑誌の刊行を考えていたことは、きわめて注目すべきことと言えよう[6]。

ところで、ブースは九〇年頃より日本への伝道を考えていたようであり、ARCH WIGGINS による *"THE HISTORY OF THE SALVATION ARMY" Volume* VI によれば「Shinobu L.Nagasaka」という人物が一八九三年にブースに日本伝道を依頼した記述がある（同書、六七頁）[7]。しかし、諸般の事情で日本への本格的な伝道は、ライト大佐による九五（明治二八）年まで待たねばならなかった。このように救世軍来日までにかかる動きが後述する山室を含め日本人のなかにあったことも看過すべきことではない。

二　救世軍の来日と『鬨聲』の発刊

一八九五（明治二八）年四月、日本は清国との戦争に終結を遂げたが、この日清戦争は極東の小国日本が世界の人々の衆目を集めるに充分な大事件であった。これと前後して、既述したように日本への伝道（開戦）を申し入れる者が本国は言うに及ばず、日本人にも現れてきた。これを受け、ウィリアム・ブース大将は十数人の士官を選び、いよいよ極東に派遣することになる。同年七月一四日、ロンドンのシティ・テンプルで任命及び告別会を開催したが、その席上ブースは次の如く述べた。「往いて其の人民を愛せよ、それが出来ないなら、宜しく速に本国に召還せられんことを請へ。世界の眼は御身等の上に注いで居る。往いて戦ひ、苦み、忍び、又あまた度涙を流さねばならぬ。しかも直ちに其の涙を拭ふて、人々の中に出でゆかねばならぬ」（『ときのこゑ』第七〇二号）。ライト大佐以下一行一四人は七月二一日オールデンブルグ号に乗り、英国を立ち、香港でドイツ船ホーヘンゾーレン号に乗りかえ、かくて九月四日、横浜に到着したのである。彼らの方針は一つ「日本人をして日本を救はしめよ」であった。かかる方針に則り、あくまで日本人の主体性を喚起する為め、一行は和服を着し、日本食を食べ、日本建築の家に住み、日本での烽火をあげたのである。それは当時日本のマスコミが様々な評価、報道をしたように、きわめて奇異の眼でみられ「風替りのドコドン連」（『日本』）とも評され、一方では滑稽の域を出ないものであったが、一行たちにとっては健気な真剣な態度であったのだ(8)。来日した救世軍は九月二二日、東京神田のキリスト教青年会館で日本での開戦の集会を持ち、京橋区新富町に日本本営を設けた。そして一〇月末、京橋区南金六町の新橋の袂に第一小隊を設置し開戦の火ぶたをきった。かかる中で山室軍平と救世軍との運命的邂逅があるのである。

山室軍平（一八七二～一九四〇）は岡山県阿哲郡哲多町の出身であるが、若きにして、養子先の杉本家を飛び出し、東京に出でキリスト教を信仰し、平民伝道を畢生の事業と覚悟する。徳富蘇峰により新島襄を知り、一八八九年、同志社普通学校に入学する。九四年、「新神学」の影響を受け煩悶を重ねたが、同志社を中退するまで吉田清太郎との交友にみられる如き典型的な苦学生であった。しかし平民伝道の初志は貫き通したといってよい。山室は救世軍についでは、その来日前より関心を示していた。たとえば同志社学生時代にブースの『最暗黒の英国とその出路』（*In Darkest England and the Way Out*）を読んでいたし、石井十次との親交の中で救世軍についての種々の情報を得ていた。また英国の救世軍機関紙 *The War Cry* も松江のバックストンのもとで既にみていた。そして何よりも「労働者の友」となり、「底辺民衆への伝道」を畢生の事業と覚悟していた点で、彼の素志と救世軍の精神とはきわめて親和性を持っていたのである。

たとえば、一八九三（明治二六）年一月一〇日、「労働者ヲ救フノ道」という文章の中で、山室は自己の使命的事業につき次のように列挙している(9)。

曰教会ヲ組織シ日曜日ヲ以テ心静ニ神ヲ拝シ義ヲ思フノ場所トナスコトニアリ
曰学術講演会ヲ開テ労役者ニ切用ナル智識ヲ与フルコトニアリ。日曜日ノ夜之ニ当ツベシ
曰小冊子ヲ発兌シテ花客ニ報ヒ宗教道徳ト処世ノ方法トヲ弁明スルニアリ
曰雑誌ヲ与ヘテ一方ニハ労役者ノ智徳ヲ進メ一方ニハ労役者ヲ代表シテ上中社会ノ人ニ対スルコトナリ
曰禁酒会ヲ興シ廃娼論ヲ唱エテ社会殊ニ下等社会ヲ改良スルコトナリ目撃剣、体操、音楽等ノ無邪気ナル快楽ヲ供エテ淫猥ナル虚栄ヲ消スルコトナリ。日曜日ノ午後之ニ当ツベシ。……以下略……

そして、山室は幾度の精神的彷徨の末、一八九五（明治二八）年一一月三〇日、救世軍に入隊する。

山室の救世軍入隊については、彼の文章「嗚一《ママ》年前の今日」(10)に詳しく記されてあるが、末尾を「神は慥かに救世軍を以て日本全体殊には下層の社会を救給ふと信じます」と結んでいる。石井十次もこの山室の入隊を知り一二月四日、「東京山室君よりいよいよ決心して『救世軍』に入隊せしことの吉報来る」（『石井十次日誌（明治二八年）』）と喜びを記している。

かくしてライト大佐以下来日した救世軍のメンバーは日本での伝道を着々と進めていったが、その機関紙たる『鬨聲』も一八九五年一一月二日に記念すべき第一号を発兌することになる。

ところで、この明治二〇年代の日本キリスト教界の雑誌を概観すると、組合教会系では『基督教新聞』が、またその色彩の濃い『六合雑誌』（後にユニテリアン系）、一方、日基系として、植村の『福音週報』（『福音新報』）、『日本評論』、あるいはメソジスト系の『護教』、聖公会の『日曜叢誌』、そして他に『真理』『ゆにてりあん』『女学雑誌』等々

があった。そして日清戦争期には *The Far East*（九五年二月）、『日本宗教』（同年七月）、『福音叢誌』（九七年六月）が各々創刊されるが、『鬨聲』は、このようにキリスト教ジャーナリズムが活況を呈していた状況の中で刊行されたのである。

時代は、横山源之助が名著『日本之下層社会』で、「特に日清戦役以来、機械工業の勃興によりて労働問題を惹き起し、物価の暴騰は貧民問題を喚起し漸次欧米の社会問題に接近せんとす。加ふるに政治社会の堕落は年に甚しく今まや其の極点に達せり、嗚呼黒つき濁れる潮流は滾々として流がる、誰か我国に社会問題なしと言ふぞ」（同書二九五頁、岩波文庫）と喝破した日清戦後社会、社会問題の顕現化の時を背景としていた。

さて、それでは『鬨聲』第一号についてみてみることにしよう。その「発刊の辞」の文頭は以下の如く記されている。

吾が救世軍は到る処、その運動の進行したる国に於て、新紙を発行するの慣習あり、今や吾れらは日本に於て、その運動を始めぬ、されば茲に吾れらの事業を記録し、吾れらの目的を解説し、且又吾れらの運動法を弁明せんがために、新紙発行の必要従て起るを見ん、吾れらは確かに信ず、苟も吾れらの為さんとする所は、唯々神の光栄を期し、罪人の救済を求むるにあることを、而して吾れらは、実に眼前この目的を持して、説教するが如くに、又採筆せんとす、他国に於ける吾れらの新紙事業に伴ふ神の祝福は、吾れらを激励して、此処にも亦、御手の加はる可きことを信ぜしむもの也、

そして、ブラムエル・ブースの言葉「善と悪とに対する、世界に於ける勢力の一機関として、印刷物の必要の意外なることは、人能くその感化力の際涯を計るを得ざるを以て知る可し」を引用し、こうした「文字事業」に救世軍が世界各地で積極的に着手していることを述べている。すなわち救世軍の「文学」につき「我が軍の文学は厳然非宗派的にして、又非政派的なり、由て基督教徒、及び彼等の事業に対して、或は攻撃し或は批評し、或は罵言するが如きことは、断じて吾れらの為さゞる所なり、而して又その文学は普通人に向て、極単純なる言語を以て書かれ、箇人的宗教に関する、幾多の証明を以て満されたるものなりとす」とするのである。このように「非宗派的」「非政派的」

に中立的立場で、「普通人」＝民衆に対し、「単純なる言葉」をもってわかりやすく伝えるところにその特徴を置くことが力説されている。このことは爾来『鬨聲』（『ときのこゑ』）の編輯方針を貫いていくものである。

第一号の内容について、もう少しみておくことにしよう。「発刊の辞」のほか、「書記長の録事」「救世軍の定義」「少年軍」「入隊手続」等、主に救世軍についての説明、宣伝が主たるものである。たとえば「書記長の録事」には「救世軍は社会の改良と国家の繁栄を計る目的を以て進むものであります」「救世軍は至る所貧民の友となり霊魂上と社会上の有様とを進めんため働くものであります」「各国に在る救世軍々人たる者は罪の奴隷より救はれ且つ基督教に感化せられたる男女を以て組織せられたるものであります」と記されている。創刊号の紙面のサイズは縦四五センチメートル、横二九・三センチメートルで、四頁構成となっており、この形は一九〇五（明治三八）年三月の第二二二号まで継続する。題字は『ときのこゑ』でなく、漢字で『鬨聲』と横書きされていて、「鬨」と「聲」との間には救世軍のマークが入っている。その下に日本東京救世軍と記載されている。

奥付によると発行兼編輯者は長坂毅であった。この長坂という人物につき、後年、山室は「長坂氏はたしか倫敦で、一時救世軍の士官候補生となって居られたとかいふことで日本に帰って後、或る宣教師たちの賛助を得て、一張の天幕を手に入れ、それを携へて各地を巡り、救世軍の制服を着用し、救世軍の制帽を冠り、『救世軍学』と名づくる小冊子を売りつゝ、そこゝで演説せられた。私共が同志社に在学中、同氏は私共の学校にも来て其の礼拝堂で集会を営まれた」[11]と回顧している。

この長坂のほか、印刷者は高田乙三、発行所は救世軍仮本営（第三六号より救世軍本営）、印刷所は秀英社である。毎月第一第三土曜日発行とあり、定価は一銭であった。途中毎週刊行の意図もあったが、結果的には創刊時より関東大震災時の例外を除き月二回刊行されることになる。創刊号の発行部数は一五〇〇部程度であった。この時の状況は、『鬨聲』第二号において「本月二日に生れたる『鬨《ママ》の聲』第一号は週日を経ざるに忽ち我国の兄弟姉妹の間に散りて大なる結果を顕はしつゝあるなり而て我各士官及兵士等は街頭に行売し且伝道す尤も外国人の居留地外行売は法律の禁ずる処なるを以て我国兄弟姉妹の行売するものに随行伝道す聖霊の神も亦これに伴ひ給へり」と報じられている。第二号は二〇〇〇部刷ったが売残りを出した。創刊号より一年近く後の第二二号では、「千七百五十部を刊行するの必要に迫られ」と記されており、「其発兌の費用に至〔つ〕ては毫も万国本営の補助を仰かす毎月幾分の潤益を待つゝある事実は自らを証明するに足れり」と述べられていることから、ほぼ一年間は二〇〇〇部に満たず一七〇〇〜一八〇〇部程度の部数が発行されており、万国本営からの補助はなかったようである。そのことは、その裏に編輯者や『鬨聲』の販売に於ける苦労があったことを物語るものと言えよう。

さて、長坂毅に代って山室軍平が編輯発行人として登場するのは第一五号（一八九六年六月六日）からである。何故に長坂から山室にバトンタッチがなされたかについては『基督教新聞』第六七二号（一八九六年六月一二日）に「救世軍に一時雇として働き居りし長坂氏は不都合の所以ありし為め今般解雇したりと云ふ」という文言があるが詳しくはわからない。一方山室は、家出した一四歳の時より築地活版製造所にて職工の経験があり、編輯作業についての知識が皆無でなかったことも確かである。また同志社の学生時代、すなわち一八九三年一月、「将来ヲ夢想ス」という題の文中に「雑誌ヲモ発兌シ我信ズル所ノ宗教主義ヲ主張シ、平民的ノ道徳ヲ拡張シ日本ヲ挙テ世界ノ大国トナシ日本人民ヲ率テ大国民タラシムルニ至ラン事ヲ期ス」（『救世軍士官雑誌』第三〇巻第六号）と論じるように、雑誌刊行に対しては大望を抱いていたことも窺え、この就任に当ってはかかる彼の素地も看過できないところである。後年山室は、救世軍の草分け時代における編輯模様と販売につき次のように回顧している(12)。

私の如きも「ときのこゑ」の編輯の他に、士官養成所も受持てば、本営の事務も執る、各地の小隊を応援して廻る等、必要に迫られては、一人で八人芸を演じたやうなこともあり。或時上州辺に伝道に行き、帰つて来ると「ときのこゑ」の〆切日が来て居つた。そこで机に向うて、大急ぎで筆を執り始めたのが、その日の午後の三時であつた。それから原稿を書いて、書いて、書きぬいて、不眠不休で努力し、全く書き上げたのが、翌日の午後の三時であつた。

◇

その頃「ときのこゑ」を売るのは、相当に骨が折れた。何しろ救世軍が何だか、世間一般に理解のない頃であるから、一枚の「ときのこゑ」を売るに半時間もかゝり、「そもそも救世軍とは云云」といふ説明を要する。それでおいて折々は、何とかいうては警察に牽かれるやうなことも毎度あり、大抵の骨折ではなかつた。これは私のみか、その時代の諸君が皆同じく、経験せられた所であった。

『ときのこゑ』の息長い刊行には、かかる編輯者や兵士達の苦労があったことも看過すべきではない。

　このように『ときのこゑ』の編輯と執筆には、当初より山室が大きな貢献をしていくが、これを証左するために、同志社大学人文科学研究所に保管されている「山室軍平資料」(13)の中の『ときのこゑ』の原稿を検証しておくことにしよう。山室の史料のうち、ここでは比較的原稿が残されている『ときのこゑ』第六六六号（一九二三年一一月一日）の原稿と実際活字化された記事とを比較参照してみることにする（『「ときのこゑ」解説・総目次・執筆者索引』上、三二九頁参照）。

第六六六号一九二三（大正一二）年一一月一日

※信仰上の大復興を要す	山室　軍平	一
※盲人は見る―（上）日光／（中）失明／（下）人格		一
信仰に立ちて（八）	A	一
※救世講壇―地震と火との後	山室 軍平	二
震災と士官		二
社会雑観―数字に現はれた震災の被害は此の如し		二
※大震災に於ける救世軍（＊二、三頁に写真も）		三
理想の救世軍人	ブース大将	三

世界の軍状　三
※救世時事―「ときのこゑ」／感謝祭／信仰の復興　四
※嗚呼勇士は仆れたる哉有為多望なる二士官の昇天（＊写真も）―中佐指田和郎君／参軍酒井宗八君　四
※患難の日　四
各小隊の活動―関東聯隊／九州大隊／郡山小隊／横須賀小隊／神戸小隊／他　四
九月一日号に就き　四
※人類愛の顕現（司令官の書翰）　ウイリアム・イーデー　五
※皇室の御下賜　五
※米国の応援隊　五
※慰問運動の概要（＊写真も）　五
※天下の同情　五・八
国吉大尉の一子　五
戦場挿話―地震で押つぶされた家から三人を救出した救世軍人　六
慰問隊に加りて　一記者　六
天使中校ケート・リー―（五）特別運動（三）　六
救恤品の間から人情の美しきを知る　持田静子　六
※大震災の当日（＊写真、八頁に画も）　山室軍平　七・八
新勧序考　古　道　七
罹災者から礼状　鈴木金太郎／長谷川一家　七

「主婦之友」の厚意　七
老兵士と鈴　八
▼士官の部署　四・五の間

この中で論題、または各欄上に※を付しているのが、原稿が残されているものである。この第六六六号をみる限り、無署名のものの大半を山室が執筆していると推定でき得る。もちろん、この号のみで判断するのは重々慎まねばならないが、彼の回顧文からも判断して無署名記事の多くは山室の執筆の可能性は強い。『ときのこゑ』が「山室軍平先生の箇人雑誌」(『朝のひかり』第一一一五号)と言われたことも、あながち的がはずれているとは言えないだろう。

三　『ときのこゑ』について

創刊号より続いた題字の『鬨聲』がひらがなで縦書きの『ときのこゑ』に変わるのは一八九七年一〇月一日発行の第四六号からである。すなわち、前月を以て開戦二年を経て、新しく第三年目に入った一つの区切りの時でもあり、巻頭論文も「第三年度の救世軍」(第四四号)、「面目一新」(第四六号)、「前途の眺望」(第四七号)とそれに即応した論題が付されてある。また、月二回の発刊が一日と一五日に定着するのも第四四号からである。さらに題字について付け加えておくと、『ときのこゑ』が横書きされるのが一九二三年の第六四九号からであり、それ以後ずっと続く。

救世軍では既述のように、「白羽の使者」として機関紙の発行と文書伝道を重視するが、その販売(伝道)を行なうのは軍隊(小隊)及び兵士の役割である。第七四号(一八九八年二月一五日)には「兵士の鬨聲売について」という項目の中、毎月一日と一五日にその前の一五日間に於ける『ときのこゑ』販売成績の報告義務を告げている。それは左記の雛形に依る。

鬨聲売の報告

一鬨聲第何号何拾部
一同

兵士　何某
改心者何某

右御報告中上候也
月　日

救世軍何々軍隊
大尉　何某

大佐ベリー殿

そして、これに基づく各地からの報告は「鬨聲売腕くらべ」として第七六号から登場してくる。

『ときのこゑ』は創刊号より一〇年近くにわたって大版で四頁構成を保ってきたが、その紙面、体裁、内容面等においても大きな変化が見られるのは一九〇五年四月一日の第二二三号からである。この時期は日露戦争中であったが、山室は前年、ロンドンでの救世軍万国大会に出席し、戦場書記官になっており、山室の日本での指導的立場もかなり高くなってくる(14)。この改変には山室の影響が背景に存したとも推察できよう。この号より『ときのこゑ』のサイズは縦三八・二センチメートル、横二六・五センチメートル、八頁構成となっている。その内容面についても前号において、「これ迄より一層多く感ずべき信仰上の事実談、悔改の物語、平易い聖書の講義、霊魂の養ひとなるべき説教、論文、又罪人への警告等を、載する積り」と予告を出している。そして子供の為めに「絵入り教訓物語」を、仮名しか読めない人に対し「平仮名欄」を設け、教会も救世軍もない地方の人々の為に「通信伝道」の道を開き、一層挿絵を利用した「絵入基督教新聞」の特長を発揮し、救世軍の所期の目的たる民衆の為のキリスト教ジャーナリズムたることを目指すと記されている。ちなみにこの一九〇五年四月から後述するように、救世軍機関誌として月刊の『戦場士官』が発刊される。

ところで、『ときのこゑ』を通観してみると、この新聞には非常に気の利いた「挿絵」が毎号掲載されていることに気づかされる。とりわけ明治末期から大正時代にかけて、生活感溢れる挿絵が措かれているのである。それは吉岡弘毅の息子、吉岡徹の筆になるものであろう。吉岡の「追憶」（『山室軍平選集』別巻、三一八頁）によれば、一九〇六（明治三六）年頃、山室は吉岡に「日本の宗教新聞は皆堅苦しいのみで、平民的じゃない。高尚な説教は到底労働者に分る物じゃない。挿絵を沢山入れて、チョット見て合点できるような新聞を作りたいと思う」と語ったと言う。吉岡は当時、明治学院に学んでいたが、銀座二丁目の本営に行っては、山室と話して、次の挿絵の意匠を決めたことを回顧している。ここにも、平民伝道を心がけ視覚にうったえた山室の思想や、一種の『絵入基督教新聞』を目指した『ときのこゑ』の方針を窺うことができよう。

『ときのこゑ』における発行人、編輯人、印刷人、印刷所の推移については次頁の表のとおりである(15)。第三二四号より第三二八号の五号には仮編輯人として指田和郎の名前が記されている。発行所は創刊号より救世軍仮本営、第三六号よりは救世軍本営、第一一八号よりは救世軍日本本営となっており、その間、第五四一号より第五七四号までは救世軍日本仮本営となっている。

価格は創刊号より第二二二号までは一部一銭で、改変された第二二三号より頁数も倍になったこともあり、二銭となっている。そして第五三九号（一九一八年五月一五日）より三銭となり、第五七四号（一九一九年一一月一五日）より五銭に上っている。これら価格の改訂にはその時々理由をつけているが、いずれも物価・印刷費の上昇が主たる原因となっている。ちなみに一九二〇年以降の特輯号「禁酒号」は一六頁、一〇銭の特別価格である。

附録は一九二八（昭和三）年一月一日の第七八六号より、毎年ではないが一月一日発行の分に対して救世軍やキリスト教関係の美しい画がつけられた。

各欄名については、その時々かなりの推移がみられるので、主だった号数の欄名のみ記しておくことにする。改変される前号の欄は「耳学問」「一語千金」「西洋だより」「手近い説教」「各地の戦況」で、第二二三号は、「実地経験談」「実物教育」「西洋だより」「一語千金」「手近き説教」「児供ばなし」「各地の戦況」「通信伝道」である。第五〇〇号では「社会雑観」「初心手引草」「実物教育」「実験の学校」「救世講壇」「聖潔の聖書」「各地の戦況」、そして第一〇〇〇号

『ときのこゑ』の編輯人等の推移

号数	発行兼編輯者	印刷者	印刷所
1～14	長　坂　毅	高　田　乙　三	秀　英　舎
15～64	山　室　軍　平	高　田　乙　三	秀　英　舎
65～70	山　川　俊　三	高　田　乙　三	秀　英　舎
71～108	山　室　軍　平	高　田　乙　三	秀　英　舎

号数	発行人	編輯人	印刷者	印刷所
109～115	ヘンリー・ブラード	山室軍平	高田乙三	秀　英　舎
116～117	ヘンリー・ブラード	山室軍平	大野金太郎	秀　英　舎

号数	発行兼印刷人	編集人	印刷所
118～280	ヘンリー・ブラード	山　室　軍　平	秀　英　舎
281～310	トマス・エスチル	山　室　軍　平	秀　英　舎
311～459	ヘンリー・ホツダー	山　室　軍　平	秀　英　舎
460～506	ヘンリー・マップ	山　室　軍　平	福音印刷合資会社 東京支社（475～503）
507～510	山　室　軍　平	指　田　和　郎	福音印刷株式会社
511～532	デ・グルート	山　室　軍　平	福音印刷株式会社
533～648	山　室　軍　平	指　田　和　郎	福音印刷株式会社
649～665	山　室　軍　平	秋　元　巳　太　郎	不　明
666～728	山　室　軍　平	指　田　静　子	不　明
729～1009	山　室　軍　平	秋　元　巳　太　郎	日東印刷株式会社
1010～1065	植　村　益　蔵	秋　元　巳　太　郎	日東印刷株式会社

では「救世短言」「信仰読本」「回心談」「薬石言」「救世講壇」である。

『ときのこゑ』の発行部数は、当初二〇〇〇部未満であったが、一八九八年二月の第五二号では四五〇〇部、一九〇〇年一〇月の第一二六号で七二五〇部と報じられ、着実に増加していることが窺える。そして、翌〇一年の年報『救世軍戦争記』によれば、「此正月には八千三百部宛発行することゝなり、其新年号の如きは一万五千八百部刷つても、未だ足ない程であつた」と。また、〇三年の年報『救世軍とは何か』では「目下毎号の発行部数は一万千五百部」であると伝えている。一九〇七年一二月の『ときのこゑ』では一万部、『少年兵』は二三〇〇部と報じられており、少なくとも一万部は出ていたようである。ちなみに明治三〇年代初期の組合教会系の『基督教新聞』の発行部数は一〇〇〇部、『女学雑誌』は一四〇〇部程度であり、『ときのこゑ』は、斯界でも発行部数は多いと言える。以下、『ときのこゑ』の「売腕くらべ」等を通して推計してみると、第五〇〇号では一万五〇〇〇部、第一〇〇〇号では二万五〇〇〇部程度出ていたのではないかと思われる。

『ときのこゑ』の執筆者だが、もちろんこれは軍友を含めて救世軍関係の人が多くを占めている（『ときのこゑ』解説・総目次・執筆者索引』上・下巻、参照）。中でも長きにわたって編輯やその指導に当った山室軍平の文章が圧倒的に多い。新聞という性格から当然かも知れないが、無署名記事も多い。内容面から言えば、新聞の発行趣旨の如く、政治的な面はきわめて少なく、漢字にはルビがふられており、宗教、道徳、説教的なものが平易に書かれている。それらには喩話が多く引用され、「明治の鳩翁」の形容も妥当性を持つが、一方同じ内容の小論が掲載されることも多い。

かかる編輯方針につき、一九二八（昭和三）年、山室は次のように述べている(16)。

「ときのこゑ」には、政治を論じない、他の宗教又は運動を批評しない、もとより人身攻撃をしない、神学上の議論をしない、譬喩、寓言を除いては、一切小説を載せない、又救世軍以外の広告をとらない。其の論文も、挿絵も、報告も、証言も、要するに唯「耶蘇基督及び其の十字架」をあらはさん為に、之を掲げらるゝものと思うて、間違ないのである。したがって其の文章は、あく迄平易通俗を旨とし、どこ迄も一般民衆の読物たらんことを心がけて居る。

こうした編輯方針及び論調は、この『ときのこゑ』が一号〳〵民衆への伝道媒体としてあった性格の故であろうが、今我々が何年分を通読してみる方法をとるとくり返しも多く、通俗的で、少々もどかしさも感じられないわけではない。しかし内村鑑三や植村正久らの日本の代表的なキリスト者が対象を知識人に向けたのに対し、山室は徹底的に日本の民衆＝平民に民衆の言葉で語りかけていった。平凡な日常生活の中で、正義を全うする、あるいは、罪を問い信仰生活に入っていくその営みにこそ人としての生きる道があることを常に説いていたのである。

このように『ときのこゑ』は、月二回のペースで順調に刊行されていったが、一九二三年九月の関東大震災によって、一時期、休刊を余儀なくさせられた。すなわち、同年九月一日の第六六五号刊行後、次の第六六六号が刊行されたのは一一月一日で二カ月のブランクをみている。そして同号より翌年三月一日の第六七〇号まではゞ、月一回の刊行となっているのである。この件につき、第六六六号では次のように記されている。

稀有の大震災は「ときのこゑ」の発行を迄も妨害した。活版所も印刷機械も全滅の状態に陥り、為に今日迄休刊を余儀なくせられたのは、如何にも残念なことである。

それさへ当分は月二回の発行でなく、月一回でやって行かねばならぬのは、困ったわけではあれど、これも已むを得ない。唯此の際若し量に於てゞなくは、少くとも質に於て一段と優良なものを出し、所謂「白羽の天使」としての使命を、更に満足に果させて戴きたいと、切に祈るものである。

『ときのこゑ』第三〇〇号(一九〇八年六月一五日)には「『ときのこゑ』の地理的分配」という記事があり、一万部の配分先が記されてある。もちろん、こうした販売の大勢は毎号の「売腕くらべ」を通して知ることが可能であるが、参考のため、この記事を紹介しておこう。それによれば、東京(関東)が二六〇〇〜二七〇〇、関西で一五〇〇、中部一五〇〇、東北五七〇、北海道四六〇、中国三五〇、北陸二二〇、九州二一〇、四国一〇〇となっており、ほかに沖縄、隠岐、対馬、伊豆大島、小笠原にも少数だが購読者がいる。当然こうした状勢分布図は、小隊の設置や教勢の変化により塗り変えられるものである。海外に目を転じると、ハワイに一六〇、米国六四、朝鮮六〇等々とあり、外国に住む日本人にも読まれていたことが窺える。一九三八年の米国の在留邦人についてみると「東京で発行の『ときのこゑ』は到る処の在米同胞に愛護せられ居り、小生の手許からは東は千四百哩も離れたコロラド州、北は千余哩もあるアラスカの金鉱、其の他、遠近の在留同邦間に発送して居る」と報じられている。ちなみに米国救世軍の日本人部に於いても、小林政助指導の下、『ときのこゑ』が刊行されていた(17)。

最後に第二二三号の『ときのこゑ』の改変とも密接な関連を持つ救世軍の諸雑誌について若干言及しておきたい。主に『戦場士官』(『救世軍士官雑誌』)と『少年兵』についてである。

『ときのこゑ』は一九〇五(明治三八)年四月一日より、大幅な改変が行なわれたが、それは救世軍のもう一つの機関誌である『戦場士官』の発刊と同じ時期である。ブラード大佐による「発刊の辞」には「世界各国救世軍の事業の進歩したる国々には、大抵どこでも其国にて発行する『戦場士官』がある。それが我日本には今日迄欠けて居た処、今愈々発行の運びに至つたのであるから、真に喜ばしいことである」。そして「山室少佐は其戦場書記官たり、闘聲記者たる義務を尽すと共に、併せて此『戦場士官』をも編輯致し升。而して少佐が如何に其適任であるかと云ことは、私し共の一斉に認むる所であります」と山室への期待を披瀝している。この『戦場士官』は月刊で印刷兼発行人はヘンリー・ブラード、編輯人は山室軍平、発行所は救世軍日本本営、印刷所は株式会社秀英社である。一六頁で一〇銭。一三年九月の第九巻八号から『救世軍士官雑誌』と改称されている。

『戦場士官』はもちろん、その対象を士官に限定しているが、換言すれば従来の『ときのこゑ』が一般民衆と士官と分派したととれようし、『戦場士官』の刊行によって、逆に『ときのこゑ』の編輯方針が規定されたとも解せよう。このことは、また一九〇七（明治四〇）年三月一日の『少年兵』の発兌にも指摘できうることである。つまり、『ときのこゑ』の子供欄が分派独立していったと言える。「此『少年兵』は児供達を楽ませ、教へ、殊に其霊魂の上の益をなすに相違ない。児供達は熱心以て毎号の『少年兵』を待迎へ、もつと度々出れば好いと、待遠く思ふことかと考へます」と。これは月刊の新聞であるが、二三年九月一日の第七九号以下を確かめていない。

そして一九二六（大正一五）年八月一日、又新しく『少年兵』が刊行されるに至る(18)。しかし、この『少年兵』には山室の「発行の趣意」が掲載されているが、以前の『少年兵』との関係については言及がない。そして、三六（昭和一一）年七月からは月刊で『救世軍下士官新聞』が発行されている。このように、救世軍では『ときのこゑ』のいわば姉妹篇として、機関誌が刊行されていくが、いずれも山室を中心になされていることが窺える。そしてこのことは『ときのこゑ』がますます一般読者へ対象を拡げていく軌跡でもあったろう。

四　記念号（特別号）と特輯号をめぐって

『ときのこゑ』は毎月二回のペースで刊行を続けていたが、号数によっては、記念号もしくは特別号を出すものもあり、また一九一六（大正五）年以来、二月一一日には毎年「博愛号」とか「禁酒号」で特輯号が出されている。ここではその時々出されたものを「記念号」（「特別号」）とし、二月一一日刊行のものを「特輯号」としてみていくことにする。

題字『ときのこゑ』の次に「○○号」と入っているものを掲げておくと以下のようになる。

第一一二号（一九〇〇年八月一日）　〔醜業婦救済号〕
第一一四号（一九〇〇年九月一日）　〔少年兵号〕
第一四三号（一九〇一年一二月一日）　母の号
第三五三号（一九一〇年九月一日）　水難救済号
第三六二号（一九一一年一月一五日）　奉公人号
第四七六号（一九一五年一〇月一五日）　御大典紀念合戦号
第四七七号（一九一五年二月一日）　御大典紀念特別号
第四七八号（一九一五年二月一五日）　御大典紀念特別号
第四九五号（一九一六年八月一日）　山室大佐夫人紀念号
第五〇一号（一九一六年一一月一日）　立太子式御記念号
第五〇五号（一九一七年一月一日）　新年号
第五一一号（一九一七年四月一日）　克己週間号

第五一四号（一九一七年五月一五日）　少年青年号
第五三七号（一九一八年五月一日）　少年号
第六八二号（一九二四年九月一日）　震火災記念特別号
第七八六号（一九二九年一月一日）　救世軍創立者記念号
第一〇〇〇号（一九三七年一二月一日）　第一千号記念
第一〇〇一号（一九三七年一二月一五日）　軍人遺家族慰問号
第一〇二五号（一九三八年一二月一五日）　軍人遺家族慰問号
第一〇四九号（一九三九年一二月一五日）　軍人遺家族慰問号

この中で最初の「醜業婦救済号」をみてみよう。第一一二号には、記念号（特別号）の表示はないが第一一三号の「本営録事」に、前号は「醜業婦救済号」で、次号は「少年兵号」であると報じられているので、この二つの号については〔　〕を付し記念号として掲げた。この号は、名古屋のU・G・モルフィ（Murphy）による娼妓の自由廃業運動に連動すべく、救世軍も本格的に廃娼運動への烽火をあげた時であり、「醜業婦救済所」（後の「婦人ホーム」）を設置した時期である。内容をみてみると、無署名だが、山室の筆からなる「女郎衆に寄る文」が巻頭論文としてある。それは「口から出任せの追従軽薄は、いやと云ふ程聞ておいでなさらうが、真実あなた方の為を思ふて、相談相手になつて呉れる人は一人もない、気の毒なる御身の上を思ふにつけ、どうしても黙つて居られませぬから、一筆かいてあなた方に差し上げるわけであり升」という書きだしで始まっている。そして、

今日あなた方の様にかごの中の禽同然、狭い廓の内に閉こめられて、よしや幾らか綺麗な着物を其身につけて居るにもせよ、夜昼気にそまぬ人々の機嫌きづまを取り、親不幸者、不忠義もの、酒のみ、虚言者、泥棒など世間で一番賤しい人間に、かはるがはる其からだを玩具にせられ、折々は悪い病気をうけ、お医者にいやな検査をされ、からだは衰へ、心は苦しく其のみならず借銭は日に増し殖へて、何時自由の身になれることやら、其当途と

云ふものはありませず、……略……大凡女郎と云ふ商売ほど、苦しくて、悲しくて、恥かしく又罪の深い仕事が人間の世界に今一つと厶りませうか。あなた方は何時迄も此んな仕事を好い事の様に考へて居てはならぬ、是非共速かに此る道ならぬ世渡を止め様と云ふ決心をせねばなりませぬ。

そして「あなた方に何れ程の借金があるにせよ、活た人間を其質にとつて、無理につらい勤めさすることは出来ぬと云ふことが、ちやんと明白に定まつて居りまする故、あなた方が唯是非共此厭らしい仕事を止ると云ふ覚悟を定め、廃業届と云ふものを其筋に差出しさへすれば、其借銭の有無に拘らず、あなた方は直に女郎を止めることが出来る様になつて居ます」と述べて、廃業への方法を丁寧にわかりやすく諭している。

この「女郎衆に寄る文」に続いて「放蕩を止る法（二）」、ブラード大佐の「我醜業婦救済所と出獄人救済所」及び「堕落婦人」等を掲載している。ちなみにこの『ときのこゑ』は八五〇〇部印刷したが、不足を来たしている。救世軍は、この号をもって東京のみならず各地の遊廓へ進軍していったのである。たとえば、東京吉原の野戦については「矢吹大尉、森中尉、其他候補生兵士の一隊は吉原に攻入りて野戦をなし、又醜業婦救済号の鬨聲を売りましたが、之が為に乱暴人に欧打され、中には下駄で頭を打やぶれたる者もあり、何れも多少の苦しみを受けぬ者はありませぬでした」と報告されている。この八月一日号は以後、第一三五号（一九〇一）、第一五九号（一九〇二）、第一八三号（一九〇三）らとともに、毎年特別号的なものとなっている。また、第一二八号以下の号には、自廃を勧める「天下の娼妓に告ぐ」が掲載され、そして「娼妓」たちの救済のケースや手紙を幾度となく掲載し、息ながい廃娼運動の軌跡を『ときのこゑ』は残してくれている。

そして、明確には記念号の表示はないが、それに類すると思われるものについてもふれておきたい。一九〇七年四月のW・ブースの来日に当り、同年二月一日の第二六七号から六月一日の第二七五号まで、ほぼ毎号、ブースの記事に多く費やしている。とりわけ、第二七二号から第二七四号は宛らブース大将来日の記念号的色彩を呈している(19)。これらの号には、ブースの人柄、来日の意味、日本での足跡や演説、名士の救世軍観等々が掲載されており、日英同盟の許、ブースが日本各地を転戦し、一大「ブースフィーバー」を惹起させていることが読みとれる。山室の文章のほか、尾崎行雄、後藤新平、留岡幸助、内ケ崎作三郎らの文も掲載されている。また、明治天皇やW・ブースの亡くなった時や山室軍平が召天した時、すなわち一九四〇年四月の第一〇五六号・第一〇五七号も同様に、表示はないが内容から言えば特別号的なものと言えよう。このように『ときのこゑ』では、不定期に記念号（特別号）が出されているのも注目されよう。

次に特輯号に移ろう。最初の特輯号が発行されたのは一九一六（大正五）年二月一一日の「博愛号」であり、一二頁からなり五銭であった。この博愛号の趣旨は「世上の結核予防に関する注意」を促し、「銘々自衛に注意することを奨励し」、一方において売掛った純益金で「貧民結核療養所の費用を資けん」ためであった。当時「国民病」と呼ばれた結核は未だ治療において医学的にも未発達な状態で、とりわけ貧困家庭ときわめて密接な関係を有していた。救世軍では一二（大正元）年、念願の救世軍病院の設立をみたが、さらに結核療養所の設立に向けての資金を必要としていた。すなわち、『ときのこゑ』が「其の広めらるゝ一部は即ち頼辺なき貧民結核患者の救済の資金となることを御記憶願い度いのである」と。この号の論題と執筆者は、山室軍平「博愛衆に及ぼすべし」、北里柴三郎「肺結核病の注意書」、マップ少将「結核デーに際して諸君に訴ふ」、松田三弥「救世軍病院と結核」、志立たき子「貧病者の巡回救護に同行するの記」、高田畊安「日本に幾許の結核患者あるべきか」である。この博愛号は一〇万部売ったとある。

一九一七年の特輯号は「禁酒号」であった。救世軍では当初より伝道と矯風の一環として禁酒事業に対しては深くかかわってきたが、ここにおいて初めて特輯号を出すに至った。山室による「何故禁酒を勧誘するか、禁酒号『ときのこゑ』を発行する理由」があり、この中で「紀元節の目出度い祭日に、世間では祝盃を挙げて之を祝ふといふ際、私共は却つて禁酒の主義を拡張する為に、此日を用ゐ様とする」と述べ、かかる行為こそ真に「紀元節を祝い、亦国家の為にも尽す」ものだと論じている。他の執筆者は以下のとおりである。大沢謙二「飲酒の害」、片山国嘉「酒は万病の母である」、小西富右衛門「酒造廃業いろは歌」、長尾半平「禁酒は時代の要求なり」、故ブース大将「日本人に禁酒を勧む」、根本正「禁酒軍の勝利必せり」、森村市左衛門「今は実行の時代なり」、デグルート大佐「禁酒戦廿八年の回顧」、小林富次郎「余の譲り受けし第一の遺産」、安藤太郎「飲酒は自殺の行為なり」、伊藤一隆「能率増進と酒」、島田三郎「禁酒は税源を拡む」。この特輯号は一二頁五銭であった。

さて、一九一八年は「健康号」であった。発行の趣旨は主として「文明国民の三大敵なる酒と結核と花柳病」のこの三大悪から如何に防禦していくかを訴えたものである。論題と執筆者を挙げておく。山室軍平「健康号を発行する趣意」、山室生「三箇の提案」、デグルート夫人「国民保健の三間題に就て日本の婦人に訴ふ」、安藤太郎「列強の落伍者と為る勿れ」、長尾半平「徳利は読で字の如くならず」、三宅鉱一「酒の脳に及ぼす影響」、山室軍平「世界各国禁酒の大勢」、松浦有志太郎「一瓶の昇汞以て能く太平洋を消毒し得るや」、小河滋次郎「犯罪と売淫と」、藤浪鑑「性欲の抑制は健康に害なし」、三輪田元道「女子に対する礼節」、デグルート夫人「我等は国民の三大敵と戦ふ」、山室軍平「道楽者を救ふ神あり」、富士川游「売淫は花柳病よりも恐ろしき変性を誘致す」、北里柴三郎「肺結核とは如何なる病か」、堀内ます子「救世軍の療養所を訪ふ」、松田三弥「或る患者の手紙」、原栄「結核予防の根本原則」。この号も一二頁五銭であった。

一九一九年は「勤倹号」である。例の如く、山室の筆になる「勤倹号を発行する趣意」が巻頭に登場する。この中で山室は「労働」の大切さを説きつつ、

近来我が日本に於ても、労働者保護の為に種々なる社会政策が講ぜられて居り、数年来不完全ながら工場法の実施を見、今は失業者の為の職業紹介、小民の為め住宅改良、其の他公設市場、労働保険、労働組合等の問題が真面目に研究せられ其の或者は漸く実行の緒に就かんとして居る。何れも喜ぶべきことの至である。併し乍ら私共はそれと同時に、他の一面に於て、労働者自ら其の品性を高め、其の自尊心を養ひ、飽く迄も自ら助け自ら立つやうにといふことを奨励したい。

と述べる。何故かと言えば、「幾ら外部の境遇事情が改まつても、肝心な人間が改まらねば之に由て利益する所が少

い、のみならず肝心な人間が改まらねば、外部の境遇事情の改善さへ中々思はしく行かぬ事が多いからである」と論じるのである。ウィリアム・ブースの「先づ人を造れ、されば彼等は自らに適当したる境遇を造るであらう」を引用し、そしてこの号は「殊に宗教上の信念に土台を置いた勤倹の徳を鼓吹することになつた」と表明している。この山室の論文のほかは森村市左衛門「奮闘主義の極地」、生江孝之「貧富論」、安藤太郎「酒と貞操とは油と水の如し」、島田三郎「徳性の伴はざる富は幸福を害ふ」、長尾半平「青年に酒は大敵である」、浮田和民「働かぬ人の前途は暗黒なり」、留岡幸助「人は喰ふ為のみに働くか」、故ウィリアム・ブース「労働は幸福の必要条件なり」、デグルート少将「同胞の福祉に対する救世軍人の責任」、山室軍平「勤労の人耶蘇」、江原素六「酒を勧める親切は最大の不親切なり」、新渡戸稲造「文明は精力の貯蓄なり」、山室軍平「稼ぐに追ひつく貧乏なし」、安部磯雄「僥倖を希ふ心は盗賊の心」、棟居喜久馬「職業に貴賤ありや」、天岡直嘉「貯蓄奨励の真義」、羽仁もと子「華を去り実につけ」、デグルート夫人「聖潔と家庭」等が掲載されている。この号は一〇頁であるが定価は不明である。

一九二〇（大正九）年から一九四〇（昭和一五）年までの二一年間は、全て「禁酒号」であり、大震災後の一九二四年二月一日発行の禁酒号を除いて二月一一日に発行されている[20]。山室はその各号の趣旨を書き、かつ二・三の論文を書いている。この二一年間の特輯号だけみても山室の署名入り論文は六〇篇近くに達する。これをみても如何に山室の指導性が高いかを証明するものである。ちなみに、二〇年以降の「禁酒号」の執筆者と執筆回数（論文の数）の順をみておこう（アンケートの回答等は除く）。長尾半平が一〇回でトップ、七回が生江孝之、青木庄蔵、伊藤一隆、高田畊安、六回はブース大将、片山国嘉、五回はエバンゼリン・ブース、根本正、大原伴吉、田子一民、牧野虎次、松浦有志太郎、林歌子、安藤太郎、島田三郎、関根文之助、四回はウィリアム・ブース、三田谷啓、賀川豊彦、田中竜夫、林竜太郎、阪谷芳郎、守屋東、三回はデュース少将、帆足理一郎、中里介山、江原素六である。その他二回執筆の著名な人として、田川大吉郎、内村鑑三、安部磯雄、杉山元治郎、本間俊平、原胤昭、吉岡弥生らがいる。これら特輯号の執筆の人々は、山室の人脈の一端を窺がわせるものでもあろう。

五　『ときのこゑ』にみる救世軍社会事業――明治末期を中心に

山室は救世軍の機関紙『ときのこゑ』に毎号数編の小論を書いているが、無署名のもの、簡単なエッセイ等を含め、トータルすれば膨大な数になるだろう。もちろんその内容は繰り返しが多いことも特徴である。ここで救世軍での大きな変化を遂げる明治末期に焦点をあてて、彼の署名論文を瞥見しておくことにしよう。

編集方針に大きな変化を遂げるのは一九〇四年における万国救世軍大会への参加以降である。彼は『ときのこゑ』第二一五号（一九〇四年一二月一日）に「帰朝の御挨拶」という論文を書いている。その中で山室は「私は又言はん為に彼地（英国―筆者注）に参りました。私は救世軍の主義を日本に移し植ゆる上に付て多少の考へを有つて居る。而して機を得て之を大将、参謀総長、及び外務長官等に腹蔵なく言ふことの出来たることを喜ぶ者である。……略……而して其間も私は勉めて日本及び日本人の光明の側面、少く共、前途多望の点を紹介することを心がけ、決して弱音を吐かぬことを心得て居ました。私『汚い下着は自宅で洗ふべきもの』と、信仰して居る者であり升」と。喩はあまりよくないが、救世軍の日本の自立を訴えそれが理解されたことの報告である。この英国訪問を機会に山室の指導性が発揮されていく。それは社会事業においてもであり、日露戦後から大正初めにかけて「都市社会事業」が展開されていくことになるのである。

日露戦争が終結をみた直後、条約改正に不満を持つ民衆の活動が活発になる。すなわち一九〇五（明治三八）年九月の「日比谷焼打事件」や翌年の「電車焼打ち事件」等、都市民衆の不満・鬱積が爆発したいわゆる「都市民衆騒擾期」であった。日露戦争における戦費は戦後一七億という負債の付けを齎らしたが、その付けは国民の増税としてふりかかり人々の生活は逼迫する。いわば明治国家の危機的状況であり政府は国家財政の緊縮を断行し、地方改良運動や報徳運動などを通して社会改良を実行しながら天皇制と国家主義のイデオロギー再編を計っていく。一方、一九一〇年の大逆事件に象徴されているように労働運動・社会主義運動は「冬の時代」を迎えることになる。

社会事業に目を転じると一九〇八年九月には従来からの懸案であった中央慈善協会が漸く発足し、そして感化救済事業講習会も行なわれるようになる。同年の「済貧恤窮ハ隣保相扶ノ情誼ニ依リ互ニ協救セシメ国費救助ノ濫給矯正方ノ件」という通牒が発せられ、一〇月には「戊申詔書」が渙発されたが救世軍は「私共は此際謹で勤倹悖厚の風を養ひ、自彊発展の誠意を奉載して、せめては罪と禍の中に難渋せる同胞を救わん為め、財を擲ち身を延んでて尽くさねばならぬ」(『ときのこゑ』第三二一号)と受けとめている。社会主義や労働運動への弾圧という鞭とともに、恩賜財団済生会という飴の政策が展開される。

また内務省では一九一一年と翌年にかけ、東京を中心にして細民の調査をした。それによれば東京市中で貧民の数が一番多いのは浅草区で六万九八〇〇人、次が下谷区三万六〇〇〇人、本所区三万五〇〇〇人、深川区三万人等となっており、この四区で東京市中の貧民の数の大多数を占めている(『ときのこゑ』第三八四号)。以下の救世軍の事業も此処を起点になされていくことになる。

さらにこの時期はブース大将の来日を契機に救世軍が市民権を得て、都市において救世軍の種々の社会事業が活発に展開された時でもあった。一九〇六(明治三九)年の救世軍の標語は「前進」であり、この標語の示すとおりこの年早々事業が開始されたのが労働紹介所と木賃宿であった。そして本営よりエバンス大将夫婦以下一四人の新しい士官が来日し、救世軍の事業を援助していくことになる(『ときのこゑ』第二四二号)。

一九〇六年一月一日の『ときのこゑ』の一つは「口入と木賃宿――救世軍の新事業」である。これには資本主義の発展と共に失業の問題も徐々にではあるが顕在化し、かてて加えて日露戦後の一〇〇万に垂々とする帰還兵の就職問題が背景としてあったのである。そして労働紹介所の設置は雇人口入所の弊害を如何に無くしていくかを一つの目的としていた。さしあたりその事務所を芝口の本営内に設け、専従の士官を置き、「雇主と雇人の間に立て丁寧親切に其世話をすることとなつたのである」(『ときのこゑ』第二四一号)。日本の職業紹介の歴史からみてみると公的な紹介所が設置されるのは、数年を待たなければならず、かかる意味からも救世軍の職業紹介所の設置は該事業の先駆的なものといえるだろう。

この労働紹介所とタイアップして設けられたのが、泊まる宿のない人の為めの木賃宿である。一九〇六年一月には本所区花町に木賃宿箱船屋が設けられた。これは「ノアと其一家族が大洪水の中を箱船にて助かつた如く、浮世の波間にうきつ、沈みつする世の人々を止宿させ、之を有ゆる禍ひより救ひ出さん為の、設備である」(『ときのこゑ』第二四二号)。当初の収容人数は五〇人程度であった。翌年一月二〇日、満一年の記念会が行なわれた。一年間の統計によれば宿泊者の数は七九〇〇人で、無料での宿泊数は四八〇人、職業に就かしめた数は一四五人、集会を営んだ数は九七回、改心者は六六人を数えている。もちろんこれは生活困窮者のみならず家出人、無宿者、非行少年等の「失われた人々」を「待ち受け、之を宿泊せしむるのみならず、之に必要なる忠告と助力とを与へ、之を職に就かせ、之を親元に帰らせ、又は改心して堅気の人とならしめる」ことなどをその目的としていた(『ときのこゑ』第二六七号)。ちなみに四年半の実績は二万七四〇〇人である。後に一九一五年七月からは無料宿泊所となった。そして救世軍の一膳飯屋が四月二〇日より本所区花町の箱船屋の向いに開かれている(『ときのこゑ』第二四九号)。

一九〇六年二月、東北地方の大凶作で娘の身売りの問題が浮上する。『ときのこゑ』第二四四号（一九〇六年二月一五日）には「東北の飢饉――不幸なる婦人を奉公に出す計画　救世軍の凶作地に対する新運動」として、士官を派遣し、該問題への取り組みを表明している。「妙齢の子女をして、艱苦を他郷に嘗めしむるは、素より慈親の耐ふる非ざらむも、一家の窮乏を救はんには、子女の労をも藉らざるべからず」と言う情況であったのである(『ときのこゑ』第二四五号)。こうした子女の救護問題は東京の職業紹介事業と連動しながら行なわれていく。その一つは築地二丁目の「女中寄宿舎」の設置である。『ときのこゑ』第二四八号（一九〇六年四月一五日）には「東北の凶作地より引取りて救世軍の女中寄宿舎に収容したる者の数は四月六日迄に女子五十一人、男子十八人、計六十九人別に救世軍の手を経て孤児院等に引渡したるもの十六人。以上合計八十五人であります。而して此中には現に狡猾なる人買の手にかゝり一生を誤らふとする危ない所から救護せられたる者も少なからぬ」と報じられている。ちなみにこの事業には山室機恵子が世話に当った。さらに、凶作地の窮民の為に生業扶助も併せて行なっている(『ときのこゑ』第二五五号)。

さて、この年の年末より貧困家庭に慰問籠を配っていく「慰問籠事業」が開始されている。一九〇六年一二月一五日の『ときのこゑ』に「救世軍に於ては今年のクリスマスに際し、貧しき家庭の慰めとなるべき品物を色々入れたる蜜柑籠の如き者を数多製造し、之を『慰問籠』と名けて東京市中の極貧民の間に配る計画であります」とある。この慰問籠には蜜柑、林檎、パン菓子、風船玉、絵紙、玩具、羽子、手帳、手拭、絵葉書、餅、紙、筆等およそ一五～二〇銭相当の生活用品、そして別に『ときのこゑ』や『救世叢書』、福音書等々の信仰の手引書の類を添え、年末に貧困家庭一軒一軒に配布されていく。翌年よりは宣伝及び金品の寄付集め等、島田三郎の東京毎日新聞社も協力していく。そしてこの慰問籠は当初東京の代表的なスラムで配布されたが次第に全国的に行なわれていくようになった。また一九一〇年の年末から社会鍋の前身である慈善鍋（三脚鍋）が街頭に設置され、慰問籠の寄付や寄金を募っていくことになる（『ときのこゑ』第三三九号）。救世軍は「一身の温飽は天に愧ず」をモットーに、また三宅雄次郎はこの事業を「適当なる人の適当なる事業」と評し、そして慈善鍋と共に年末を彩る行事となっていったのである（『ときのこゑ』第四〇七号）。

かかる慰問籠運動と連動する形をとって、「貧民窟探険」（スラム調査）が実施されたことも看過することができない。このことはスラムの実態の認識、それに対する社会事業のみならずスラムへの伝道事業の必要性を再認識することになった。『ときのこゑ』第三三三号（一九〇九年一月一日）の「東京市之饑寒窟」（山室）の記事は東京のスラム街の極貧の人々の生活事情を描写したものである。

一九〇七年四月にはブース大将が初めて日本を訪れることになる。四月一五日夕、横浜に着した後、折からの日英同盟の下、各地で歓迎会や講演会が催される。たとえば一八日午後には東京市の歓迎会が市会議事堂で催され尾崎市長、大山元帥、渋沢男爵、阪谷蔵相等陸海軍人、実業家、政治家等々が多数参加し山室もブースの講演を通訳する。

この時のブース大将の演説は『ときのこゑ』第二六七号（一九〇七年二月一日）から第二八〇号（一九〇七年八月一五日）にかけて「東京市会議堂に於るブース大将の演説」として掲載されている。そして夜、神田三崎町の東京座にて二五〇〇人の大歓迎会が開かれ、二〇日には明治天皇に救世軍の制服のまま会見した。その後前橋、仙台、名古屋、大阪、京都、神戸、岡山等の各地でも大歓迎を受けることとなり、ブースや山室を通して救世軍の事業や性格が伝播されていく。宛らブースフィーバーの現出は格好の救世軍の宣伝ともなった。こうしてブース大将の影響もあって救世軍は確実に市民権を得、山室も説教者としての位置を築いていく。そして、救世軍の社会事業施設もこの年飛躍的に発展していくことになる。

一九〇八年九月一九日、神田三崎町に大学殖民館の開館式を挙行している。山室は「大学殖民館は学生の為の純潔なる寄宿舎である。教育ある階級と教育の便宜なき平民、労働者との間に握手せしむることは是大学殖民館の特色である」（『ときのこゑ』第三〇七号）とその趣旨を述べている。ここでの事業は学生の寄宿舎を設置し、一般学生に実行的の宗教を奨励し、実用夜学校を起こして、また通俗講談会を創め、慈善旅行やクリスマス会などを貧民の子弟の為にし、労働者の為に各種の会合をしていくという、いわばユニバーシティー・セツルメントの事業である。当時、救世軍にかなり関心を寄せていた鈴木文治も一九〇八年一〇月一日刊行の『新人』に「大学植民事業の如きは、我が国に於て蓋し最初の施設たり、真個其目的の完成を見んには前途の困難あるを予期せざるべからず。然も一善は万善の母なれば、一の大学植民事業あるは、十の此事業ある所以、十の大学植民事業あるは、百の此事業ある所以、出獄人保護事業又然り、吾人は此意義に於て救世軍の此挙に満腔の同情を禁ずる能わず」と論じている。ここには程なく「貧民法律顧問部」（法律顧問部）も置かれ、法科大学の学生が法律上の問題につき相談相手となり、鵜澤聡明、平沢均治らが顧問となった。また、一九〇九年一月には「無筆の人々が信用して依頼することの出来る」「無料代筆部」が設けられ、「夜学校」や「通俗講談会」の計画も構想されている。ちなみに第一回の学術講演会が開催されたのは一九一〇年二月二六日のことである（『ときのこゑ』第三四二号）。一九〇九年一一月には大学殖民館医療部が設けられ、貧民に対する救療事業を展開していく。

一九〇八年一〇月三日、「出獄人救済所」・労作館の開館式が挙行されている。救世軍のこの事業への取り組みは二〇年以上の歴史があるが、牛込区赤城下町に新しい建物を建築したのである（『ときのこゑ』第三〇六号）。一九一〇年七月、横須賀の「軍人ホーム」の開所式が行なわれた。翌年一一月二五日には石黒・渋沢両男爵、床次内務次官、原田東京市助役を迎え月島労働寄宿舎の開所式を挙行している（『ときのこゑ』第三八四号）。

一九一二（明治四五）年六月三〇日、台東区仲御徒町に救世軍病院が開院する。この病院の設立の端緒は五年前のブース大将の来日時であったが、資金の問題などで遅れていたが漸く開設に至った。そしてこの病院の設立について重要な役割を果たしたのは松田三弥という救世軍医者である。

こうした時代における救世軍の方針につき『ときのこゑ』第三九四号（一九一二年五月一五日）に掲載された「救世軍の特色」という論文で山室は次のように論じている。

救世軍の特色は平民の為に尽すにある事。救世軍の其次の特色は世の賤しまるゝ者、弱者に往く事である。大将は「真一文字に霊魂に往け、極悪人に往け」といふて居られる。霊魂の救を目がけると一緒に大切なるは極悪人に往くことである。使徒パウロの如き博学なる宗教家をして希臘の学問や羅馬の法律、軍事に明るい人々に説法せしめよ。救世軍人はペテロや、ヤコブや、ヨハネと同じ様に「無学なる賤しき民」の郡児である。宜しく身の程を弁へて彼の寄辺なき大多数人民の救に赴かねばならぬ。これは基督が「貧き者に福音を宣べ伝へ」給ふたる御足跡を辿る所以である。何も世の智者学者や権力ある人々を見棄てるわけではない。併しながらそれは自ら別に其人もある事であるから、救世軍は他の基督教団体の手の届かぬ所に往かねばならぬ。これは社会の大なる要求である、而して私ども彼の茅屋に住む大多数の人民の為に尽さねばならぬ。裏棚や、貧民窟に住む同胞を特に救世軍に関係ある人民として、彼等の為に有ゆる手段方法を採つて働かねばならぬ。

救世軍、そして山室の「平民」すなわち「茅屋に住む大多数の人民」に対しての一貫とした方針をよむことができる。

六　『ときのこゑ』が語りかけるもの

キリスト教の一教派である救世軍の機関紙という、一見取組みにくさを感ぜざるを得ないこの新聞はかくして今我々の眼前にその全容を呈している。日清戦後社会、一九世紀末に誕生し、日露戦争、大正デモクラシー、米騒動、関東大震災、昭和恐慌、一五年戦争と連綿と続く日本近代の流れの中で、政治を論じないという方針があったとはいえこの紙面は我々に一体、何を語りかけてくれるのだろうか。言い換えれば我々は、今これを如何によみ解いていけばいいのだろうか。

先ず、この『ときのこゑ』が山室軍平という人物研究に果たす役割の大きさは言うを俟たないところである。戦前から戦後にかけて顕彰風な山室の伝記に代わり、昭和四〇年代より、山室武甫『人道の戦士山室軍平』（一九六五）、三吉明『山室軍平』（一九七一）、高道基『山室軍平』（一九七三）等の著作が刊行され、山室研究は大きく前進した。しかしこれらの研究も、史料的制約のためか、充分に『ときのこゑ』を活用しているとは思われない。山室軍平については戦後、『山室軍平選集』全一一巻が出版されたが、その中には「著作年譜」はあるが、「論文年譜」はない(21)。山室研究にとって『ときのこゑ』は内村鑑三における『東京独立雑誌』『聖書之友』、山路愛山における『独立評論』、海老名弾正における『新人』『新女界』、柏木義円における『上毛教界月報』、あるいは留岡幸助の『人道』等々の如き意味を有するものと言わねばならない。かかる意味から『ときのこゑ』は山室研究にとって、史料の宝庫としての意味からも、基本的文献であることは言うまでもない。

次に『ときのこゑ』が救世軍の機関紙としてあることから、当然、これが日本の救世軍の研究に果たすべき役割を指摘しなければならない。救世軍の通史的研究としては秋元巳太郎『日本に於ける救世軍七十年史』全三巻（一九六五

〜一九七〇）があり、最近、戦後の救世軍史とも称せる吉田信一編『神の国をめざして』（一九八七）が刊行された。もちろん論山室自身による『救世軍二十五年戦記』や『救世軍略史』等の著作もあるが、いずれにしろ、『ときのこゑ』を中心的文献として詳細な救世軍史の研究が待たれるところである。

また『ときのこゑ』が我々に重要な史料を提供してくれるのは、中央に於ける活動だけでなく、海外での活動を含めた各地の小隊活動であり、それは「各地の戦況」「戦場だより」等の各欄を通してほとんど毎号報告されている。こうした地方小隊の活動を地域社会との関連の中で如何に把えていくかも今後の課題であると言えよう。各小隊史・施設史のまとめもである。そして救世軍関係の人物研究も『ときのこゑ』は可能にさせてくれる。それらは生涯救世軍人として働いた人、あるいは一時期救世軍に入隊し、思想的影響を受けた人、同情を寄せた人々様々である。思いつくまま列挙すると、山室機恵子、矢吹幸太郎、山田弥十郎、大原伴吉、鶴原誠蔵、松田三弥、岩佐倫、瀬川八十雄、村松愛蔵、村松きみ、須田清基、金森通倫、小林政助、岡崎喜一郎、升崎外彦、森川抱次、永島与八、田辺熊蔵、こういった人々がすぐ想い出されてくるし、一方、地方には無名ではあるが、注目すべき仕事を残した人々も多数埋もれているだろう。

三番目として、救世軍の社会運動、とりわけ廃娼運動をみていく時、『ときのこゑ』は貴重な史料を提供してくれる。従来山室と廃娼運動を論じたものとして、小倉襄二「廃娼論の輪郭」（『キリスト教社会問題研究』第六号）等がある。この問題が本格的に登場してくるのは、一九〇〇（明治三三）年八月一日発行の第一一二号からであり、救世軍は『ときのこゑ』を手にして、新吉原や洲崎、品川の遊廓へ進軍していき、楼主側と激しい戦闘をしていくのである。また救世軍は「醜業婦救済所」を設け、婦人の保護に努めた。こうした廃娼運動史における救世軍の活躍はこの『ときのこゑ』でたくさんみることができる。それは、苦界に身を沈めざるを得なかった名も無い女性達の訴えであった。そしてこの廃娼運動史や女性史としての『ときのこゑ』の位置づけは、他誌、たとえば『女学雑誌』や『廓清』『婦人新報』等との比較の中で論究していかねばならない課題である。

四番目として、救世軍の社会的実践をみていく時、廃娼運動と共に重要な位置を占めているのが社会事業、とりわけ民間社会事業としての位置であろう。たとえばこれについては戦前において竹中勝男が「近世日本社会事業史に於ける山室軍平の足跡」（『社会事業』第二四巻第七号）で、戦後においては三吉明が「山室軍平と社会事業」（『日本歴史』第二五四号）、「救世軍の社会事業と山室軍平」（『北星論集』第八・九号）等をとおして山室の思想との関わりで論じられてきた。しかし、これらも総論的な性格は免れず、さらに個別的に社会事業について究明していく必要があろう。たとえば『ときのこゑ』第四一六号より第四三二号まで連載された「社会事業館めぐり」という記事に代表される如く、救世軍の各施設の個別的な施設史研究である。すなわち、それは免囚保護所、婦人ホーム、水夫館、労働寄宿舎、大学殖民館、救世軍病院、結核療養所、愛隣館等である。また、貧困家庭への巡回救護活動、「慰問籠」運動、あるいは社会鍋等の社会的活動、火災や地震、風水害の救援活動、さらには一九二二（大正一一）年八月よりの児童虐待防止運動への関わり等々、救世軍の幅広い社会事業活動を個別に追究していくことが必要である。

その他、前にも紹介したように、特輯号における禁酒論を中心とした矯風関係の記事にも事欠かない。そして、成田龍一が「山室軍平の都市事業」（『史観』第一〇五号）として、都市事業という観点から、あるいは佐藤茂子が「『闇黒に住む民』とともに」（『近代日本の生活研究』所収）という論文において民衆生活史研究の立場から山室を把えたことは、民衆史や社会史の関わりでさらに『ときのこゑ』の利用を拡げていくことになるだろう。

このように『ときのこゑ』は、キリスト教史のみならず、日本の社会福祉の歴史を、廃娼運動の歩みを、そして底辺民衆の生活等を考えていく上できわめて重要な史料であることは言うを俟たぬが、一方で重要な課題を有していたことも歪めない。たとえば、日本の植民地支配と救世軍との関係、戦争の問題、国家の問題、天皇制との問題等々である。そして、そのことは救世軍個有の問題であるとともに、日本キリスト教の普遍的課題なのかも知れないが、いずれにしろ、今後、問われていかねばならない課題であろう。しかし、『ときのこゑ』や山室、救世軍が日本人権史上に於いて果した役割は重要で、過少評価するものでもない。

七　『ときのこゑ』の休刊と復刊

日本救世軍の指導者山室は一九四〇（昭和一五）年三月一三日、六七歳の生渡を閉じた。そして、その死後数カ月後、救世軍は機構の刷新を余儀なくさせられる。救世軍は救世団と改められ、『ときのこゑ』は九月一日号より『日本救世新聞』と改題された。ここに戦前における『ときのこゑ』は前月八月一五日発行の第一〇六五号をもって休刊することになる。号数は継承されたが、その九月一日の第一〇六六号には「『ときのこゑ』改題」として次のような文章が掲載されている。

　去る四十数年間、救世軍公報「ときのこゑ」は、救世軍の内外多数の方々から愛読されて来ました。その有形無形の御援助に対して、厚く御礼を申上げます。皆様の耳目に親しまれて来た此の「ときのこゑ」は今回「日本救世新聞」と改題することゝなりました。勿論、これは従来の救世軍の機構を刷進《ママ》し、国家の進運に順応して、更に伸展する為であります。

そして、新体制に「即応して、国家の繁栄、新東亜の建設に貢献」しなければならないことを披瀝している。この救世軍から救世団への移行過程で『ときのこゑ』も戦時体制への色彩が次第に出てくる。国家総動員法の施行をうけ、一九三九年一月一日の第一〇二六号からは「挙国一致長期建設　国民精神総動員　救霊救済報国」のスローガンが毎号一面に登場するし、第一〇六三号から以後四号、「国民精神総動員」は「奉祝紀元二千六百年」に変わる。

そして『日本救世新聞』は、一九四二（昭和一七）年一月一日の第一〇九八号より『朝のひかり』と改題させられる。その『朝のひかり』第一〇九九号の「改題の辞」には「『朝の光、上より臨み云々』といふ言葉が、ルカ伝に御座います。朝の光は生命を意味します。有望を意味します。前進を意味します。正義を意味します。また、勝利を意味します。日本は只今、朝の光の如く、その光芒を世界に放つてゐます。朝の光は若い、力に満ちた、希望に輝く日本の表徴でありますと述べられてはいるが、「『大東亜戦争』是れは、東亜共栄圏を確立し、以て世界の平和に貢献する大巨歩を示すもの」であると説くように、戦争への追従を余儀なくさせられている。しかし、この『朝のひかり』も第一一一五号（一九四二年九月一五日）を以て廃刊となる[22]。

一九四五（昭和二〇）年八月一五日、日本は連合国に対し無条件降伏をなし、敗戦を迎えた。幾度かの空襲により東京は灰燼に帰しており、救世軍の建物もほとんど焼失していた。そうした中で、同年三月、救世軍復興の議が起こり、救世軍復興準備委員会が結成されることになる。翌年六月二〇日、オスボーン大将の特使として、デビドソン中佐が来日し、救世軍復興準備委員会のメンバーと接触を計った。七月五日、救世軍創立会議が開催され、植村益蔵が日本救世軍の司令官に就任し、万国本営も、これを戦前に続く救世軍と認めた。そして九月二二日、神田公会堂に於いて救世軍再建発表会が開催された。この九月二二日という日は、くしくも五一年前のすなわち一八九五年、日本救世軍開戦の日であった。一方、救世軍は日本キリスト教団から独立をする。そして、いよいよ一九四六年一二月一日、その機関紙『ときのこゑ』も復刊第一号を出すに至る。

この号には、植村の「救世軍再建に際して」という文章が掲載されており、その中で「然るに、思掛なき事から、我が国が、平和国家として、輝かしい発足をなす際、再び隊伍を整へ、其の独得な往き方を以て、奉仕の道に、上り得たのは喜ばしいことであります」と述べ、「吾々は、日本救世軍の再建に当り、神への献身を新にして、前の通り、世論に超越し、政治に係はることなく、只管、救霊と社会奉仕とに、邁進するやう決心を致して居ります」と再建の覚悟を披瀝している。復刊された号は第一〇六六号であった。一九四〇年、救世団と改称させられたが、その機関紙『日本救世新聞』以降の号数は継承していないのである。つまり、『ときのこゑ』は一九四〇年八月一五日刊行の第一〇六五号を忠実に受けついだのである。

この号の発行兼印刷人は植村益蔵で編輯人は秋元巳太郎である。定価は一部五〇銭で二頁からなっており、当初は月刊であったが、一九四八年一月から月二回となっている。そして以後、『ときのこゑ』は一九八六年五月一五日をもって第二〇〇〇号を数え、現在も連綿と続いている。悠久なる歴史からみれば、それはほんの僅かの時間かも知れないが、日本から全世界から「暗黒」が消滅するまで、「白羽の使者」の戦いは続いていくのであろうか。

おわりに

ブラムエル・ブースは『ときのこゑ』につき、「これは使者である。神の真理と愛との使者である。全人類に対する平和と好意との使者である。同情と友情との使者である。略言すれば白衣の宗教の白羽の使者である」と述べた。同じキリスト教系ジャーナリズムとしても機関紙としての性格もあり、『六合雑誌』や『新人』等の華やかさはない。しかし、日本の『ときのこゑ』は、「神と平民の為に」をモットーにした山室指導の日本救世軍が、近代の中でややもすれば疎外され、光が当てられなかった人々に対して、如何に福音と救済の手を差しのべていったかを地味ながらも我々に刻明に残してくれている。『ときのこゑ』は、各社会福祉施設に、貧困家庭に、刑務所に、紅灯の廓に、山間の僻地にさらに、海を越えた日本人移民の中に、この一〇〇年近い歳月の間、確実に発射され、人々の胸に刻まれ残されているのである。それは「明治の鳩翁」の名に値するが如く、山室軍平という一大傑物の平民伝道にかけた一つのなせる業であっただろうし、そしてそこには多くの無名の「兵士」達の献身的な働きがあったことにほかならないのである。

【注】

（1）救世軍について知るには、ロバート・サンダール他著の、“*THE HISTORY OF THE SALVATION ARMY*”全六巻が救世軍誕生の経緯や活動、各国の救世軍の歴史、状況について書かれており、便利である。尚、従来より

Salvation Army を救世軍と訳したのは尾崎行雄と言われている。「元来今日云ふ救世軍はもと済世軍と訳されてゐた。私は此名称が妥当でないと考へ、救世軍と訂正して遣った」（尾崎行雄『咢堂自伝』二五八頁）

（2） ウィリアム・ブースについては、日本人が書いたものとして山室武甫『ウィリアム・ブース』（玉川大学出版局、一九七〇）や山室軍平の『ブース大将伝』（救世軍出版及供給部、一九〇六）、山室編『日本に於るブース大将』（救世軍日本本営、一九〇七）等が代表的である。

（3） この著は、生前山室武甫によって訳されていたが漸く一九八七年、相川書房から岡田藤太郎の監訳によって日の目をみた。

（4） 島貫と東北救世軍については相沢源七『島貫兵太夫伝』（教文館、一九八六）を参照。山室は島貫らの東北救世軍について次のように回顧している。「当時仙台の東北学院に学生たりし島貫兵太夫、木村清松、荻原金太郎、須藤鷲郎等五六人の青年が『東北救世軍』といふ名称にて、学校の休暇に、殆んど無銭旅行のやうなことをして、東北の各地に伝道してまはつたので、其の際、島貫君から倫敦の救世軍本営に宛、早く日本に開戦せられるやうにと、いふやうな手紙を贈ったのを、後の軍の旧い月刊雑誌で読んだことがある」（『ときのこゑ』第七〇〇号）と。

（5） 石井が救世軍をいかに受け入れ、いかに展開させていったかについては、拙論「石井十次と東洋救世軍」同志社大学人文科学研究所、室田・田中真人編『石井十次の研究』（同朋舎出版、一九九九）を参照されたい。

（6） 石井記念友愛会発行の『石井十次日誌』には、一八九一年より救世軍や東洋救世軍のこと等が多々記されている。たとえば、一八九六年六月八日の段には、「島貫兵太夫君来訪」とあり「東北救世軍は文を以て西洋救世軍は武を以て東洋救世軍は労働を以て茲に一心一体となり主なる葡萄樹に連り下等社会の救済に着手しては奈何と相談す」とある。その二日前の六日に「東西救世軍の結婚式は天意なり」と所感を述べており、彼の遠大な構想を窺い知ることができる。さらに六月二三日の日記には「一、山室君が救世軍記者として実に天来なることを切感す」とある。

（7） たとえば秋元巳太郎『日本における救世軍七十年史』第一巻（救世軍出版供給部、一九六五）によれば、「救世軍創立者は明治二十三年頃、日本に救世軍士官を派遣する意向で、志願者を募ったところ、後のエドワード・ライト大佐がそれに応じた」（一頁）とあり、また、このNagasakaという人物は『鬨聲』の第一五号までの編輯人長坂毅と同一人物なのか確かめていないが、その可能性は高い。
（8）救世軍の来日については当時のジャーナリズムの様々な評価があるが、夙に佐波亘編『植村正久と其の時代』第二巻（教文館、一九三八）六五五―六七七頁に紹介されている。
（9）『救世軍士官雑誌』第三〇巻第六号。
（10）『ときのこゑ』第二七号（一八九六年一二月五日）
（11）『ときのこゑ』第八三二号（一九三〇年一二月一日）。ところで長坂についてであるが、山室と一時期、同志社で過ごしたことのある今泉真幸も長坂につき「その頃毎週の祈祷会の度毎に山室さんは感話をして、多くの人々を泣かせたのは事実である。救世軍の歴史には記してあるかどうか知らないが、同志社に初めて救世軍を紹介したのは、群馬県高崎出身の長坂毅という人であった。或晩その人の話があるので同志社公会堂に聞きに行った。話の途中で上衣を脱ぎ、赤シャツ丈になったのを記憶する」（『山室軍平選集』別巻、二七九―二八〇頁）と述懐している。
（12）『ときのこゑ』第一〇〇〇号（一九三七年一二月一日）
（13）この資料は山室家より同志社大学人文科学研究所に保管、委託されたもので、山室軍平研究会のメンバーによって整理されている。ちなみにこの『ときのこゑ』の原稿は「山室用紙」と印刷された用紙が使用されており、一枚二〇字一四行で、既に原稿には『ときのこゑ』のために朱で割付けの指示がある。
（14）『ときのこゑ』第二二二号（一九〇五年三月一五日）の「救世軍公報」によれば、「山室少佐任戦場書記官兼鬨聲記者」とある。
（15）第六四九号より第七八六号まではほ奥付不明のため、この間に関しては不二出版の復刻版『ときのこゑ』補巻に依拠した。
（16）『ときのこゑ』第七八一号（一九二八年一〇月一五日）
（17）米国西部地区の日本人部が発行した『ときのこゑ』については『鬨の聲』第二六号（一九二八年四月）のほか、同志社大学人文科学研究所所蔵の第九六号～第一〇〇号までの『ときのこゑ』の所在しか確かめられていない。

(18)『少年兵』第一号(一九二六年八月一日)の発行兼印刷人は山室軍平で、編輯人は秋元巳太郎である。月刊で定価は五銭。そして、山室になる「発行の趣意」文中には以下の如く述べられている。「我が日本でも此度取敢ず、月一回の『少年兵』を発行せらるゝこと、なつた。之を発行せらるゝ趣意は、第一、まだ神様のことを知らない少年に、信仰のことを知らせる為である。第二、既に信仰を始めた少年を、ますます、恩恵の中に成長せしめん為である。第三、もつともつと救世軍の青年部を進歩発展せしめんためである。而して『少年兵』は屹度此うした種々の目的を遂ぐる上に、大なる益となることを信じて疑はない」と。

(19)ちなみにこのブースの来日に関しては、山室と関係深い留岡幸助の家庭学校機関誌『人道』において、第二四号(一九〇七年四月)と第二五号(同年五月)に救世軍とブース来日の特集を組んでいる。

(20)『日本救世新聞』に改称された後、すなわち、同紙の第一〇七七号(一九四一年二月一一日)と『朝のひかり』第一一〇一号(一九四二年二月一一日)も「禁酒号」を刊行している。そして第一〇七七号は九万二四〇〇部売ったとある(『日本救世新聞』第一〇七九号)

(21)基礎的な資料として、同志社大学人文科学研究所において、一九八三年四月から「山室軍平研究会」が持たれ、「論文年譜」のためのカード化がなされたが、刊行されていない。「消息年譜」については『山室軍平の研究』(同朋舎出版、一九九一)において、『ときのこゑ』を中心にしての年譜が掲載されている。

(22)『朝のひかり』第一一一五号によれば、『朝のひかり』は「神の国新聞、世の光、福音の光、信仰の友、福音」の合計六紙が統合され、一〇月一日より新しい雑誌に代わると報じられている。

第二節　『東京市養育院月報』をめぐって

はじめに

近代日本における社会福祉施設の濫觴といえる東京市養育院の機関誌『東京市養育院月報』が発兌されたのは一九〇一（明治三四）年三月一〇日のことである。まさに二〇世紀の新しい扉が開かれたのと軌を一にしている(1)。時は日清戦後社会であり、内地雑居後の社会、資本主義の発展を背景にした「社会問題の顕現期」という時代的特徴のなかでの発刊であった。

同時代のジャーナリストの横山源之助はこの日清戦後社会において資本主義が発展し、底辺の民衆がそれに翻弄されていく状況、これを「下層社会」と表現した。そして底辺に蹲る民衆、とりわけ無告の民に対するヒューマンな眼差しでもって、一八九九年『日本之下層社会』を著した。また、その前年には監獄改良を志し米国遊学から帰国していた留岡幸助は二〇世紀の日本が取り組まなければならない重要な課題は慈善事業であるとして『慈善問題』を上梓した。さらに一九〇一年には、安部磯雄が『社会問題解釈法』という著を刊行し、近代社会の大問題、社会問題の解決法を提示した。このように社会問題に対する認識とそれへの対策、さらにそれを解決していくには如何なる道が構想されるのかといった議論が始まった時期である。

一九〇一年という二〇世紀の最初の年、如上の時代背景の下に『東京市養育院月報』が産声をあげたことを、まず確認しておく必要があろう。当時の養育院には劣悪な状況があったにもかかわらず、そこには活字媒体でもって世間に底辺社会の実態を曝け出し、社会が抱えている課題を世に問うていこうとする責任とともに、「如今我邦の急務は軍備の拡張、財政の整理のみに非ずして、其最なるものは即ち慈善事業の振興にありとす」(2)とあるように、慈善事業への熱い想いがあったことも事実である。そしてこれがジャーナリズムである以上、編集者には雑誌刊行目的のため旗幟を鮮明にし操觚者としての責任とともに二〇世紀における国家政策の思想や構想があったことも注目しておく必要があろう。かくて発刊以来三〇年経った一九三二(昭和七)年六月発行の第三七一号で、当時の編集主任であった堀文次によって「養育院月報は斯界の明星でありまた指針であつた、それは今日の指導的な社会事業雑誌の総和にも等しい地位に置かれ重大な使命を持たされてゐた」と回顧されている。さしあたり、「社会事業雑誌の総和」とも評価される東京市養育院の機関誌にふれる前に、この養育院が如何なる経緯のもとで設立され、そして近代日本を歩んでいったかを瞥見しておくことにする(3)。

一　東京市養育院の設立と機関誌の発刊

(一)　養育院の設立

養育院が設立されたのは維新後間もない一八七二(明治五)年一〇月のことであるが、これには近世からの長い歴史があった。一七九一(寛政三)年、老中松平定信(楽翁)は町会所を設立し天明の大飢饉への対策の一環として、江戸の民衆を救済するために「七分積金制度」を創設した。爾来、この制度は江戸の民衆のための救貧対策として機能していたが、一八七二年八月、町会所は廃止され、その事業や財産は東京府の営繕会議所に移管され、ここで運営されることになり、その付属機関として養育院が誕生したのである。

明治維新後、江戸は東京と改められ首都となったが、維新という政治的大変革の下、多くの貧しい人々が路上生活者、浮浪者として存していた。こうしたとき、一八七二年一〇月、ロシア皇太子が来日することとなり、営繕会議所は「救貧三策」を答申し、かかる浮浪者の緊急収容施設を本郷の地に創設した。東京という新しい帝都から二四〇人の浮浪者を排除し、一定の場に収容し、救済の名目でもって社会からまさに隔離したのである。養育院は皇太子帰国後、浅草に移転し、また七三年には上野護国寺跡に移り、生活困窮者や病人だけでなく棄児や孤児等も収容していった。その後、七六年に東京府に移管され東京府養育院となり、渋沢栄一が養育院事務長に就き、七九年に養育院院長となっている。八六年に養育院の『第一回実際考課状』を刊行するが、これは九二年から『養育院年報』と改称されて以降、年報として刊行されていくことになる。

養育院は一時民間に委託経営された時期を経て、一八八八年に市制・町村制が布告されることとなり、九〇年に東京市に移管され、東京市養育院となる。設立後の状況は、当初、窮民を中心に救助していたが、行旅病人や棄児・遺児・迷児らも引き受けることになり、渋沢は「養育院収容者の種類は赤児あり、少年少女あり、青年あり、壮年あり、老爺あり、老婆あり、病人あり、怪我人あり、妊婦あり、産婦あり、農民あり、商人あり、不良少年あり、低脳者あり、放蕩の為めに家産を倒尽したる者あり、稼業の手違にて落魄したる者あり、内地人あり、台湾人あり、朝鮮人あり、外国人あり、素性の善きもあれば悪しきもありて、宛然人類標本の集合場の如き観がある」(4)と様々な人々を収容したことを回顧している。そして養育院は次第にこうした状態から対象者別に分化して行くことになるのである。

たとえば一八八〇年代には、児童への悪弊を鑑み、彼らへの処遇が分化し、一九〇〇年には感化部が設置され、また虚弱児童・病児のための保養所を千葉県勝山に設立している。そして〇一年には院内幼稚園が設置され、大正期にはハンセン病の隔離病棟が設置され、大正期には「『よろず屋』的拡大」(5)といわれるように職業紹介所や労働者宿泊施設、授産所、少年保護施設等々を設置するなど総合施設となっていった。このように一八七二年創立以来、大塚、板橋へ移転し、場所と名称、そして管轄を幾度か変えながら、様々な人々を収容する施設から次第に分化、専門化、近代化していく軌跡を辿っていった。かくして二〇世紀はじめには総合施設となっていき、以降、帝都東京という一地域はもちろん、近代日本の歩みとともにその施設があったのである。それは都市の光とともに、影を構成する存在でもあった(6)。

(二) 社会福祉の歴史と施設機関誌

いうまでもなく東京市養育院は戦前日本の代表的な社会福祉施設である。この養育院の機関誌『東京市養育院月報』を理解していくために、ここで背景となっている近代日本の社会福祉と施設機関誌の歴史を簡単に振り返っておくことにしよう。

二世紀半にわたる長い幕藩体制も終わりを遂げ、一八六八年、新しく明治国家がスタートすることになる。幕末からの動乱において、貧窮者は依然として多く存在していた。そうした中で七四年、政府は恤救規則を発布し、救貧のための法律を定めたが、周知のようにそれはきわめて制限的なものであった。したがって九〇年、第一回帝国議会に提出された窮民救助法案のように、新しい法案制定への動きがあったけれども、一九二九年の救護法制定までは日の目をみることがなかった。児童対策の方も、維新期の棄児養育米規則や一九〇〇年の感化法の制定、また病人の場合、伝染病予防法（一八九七）、精神病者監護法（一九〇〇）、あるいは行旅病人及行旅死亡人取扱法（一八九九）の制定等、総じて社会事業関係の法律や政策は現実の多くの窮民層の顕現に比してきわめて貧しいものであった。

こうした国家の貧しい福祉制度を背景に民間慈善家や篤志家を中心にして福祉の施設が創立されていくことになる。たとえば児童養護の施設としては、長崎の浦上養育院（カトリック）や東京の福田会育児院（仏教）といった施設等は一八七〇年代から創設されており、有名な石井十次による岡山孤児院は八七（明治二〇）年の創設である。また当初兵庫県赤穂の地に創設され、その後大阪に移転し今も続いている博愛社、神戸孤児院を生む母体となった神戸救済義会は九〇年の創設になり、同じキリスト教施設として上毛孤児院（後の上毛愛隣社）、東京孤児院（後の東京育成園）ら、日清戦争前後に多くの児童養護施設が創設された。また感化事業においては池上雪枝による池上感化院や高瀬真卿の東京感化院らが一八八〇年代に創設、そして懸案の感化法が一九〇〇年に発布されることになるが、その前年には留岡幸助によって家庭学校が東京巣鴨の地に創設されている。こうして次第に専門分化した施設が増加していくことになる。さらに目を医療施設に転じてみると、明治中期には国民病と呼ばれた結核の療養所が設立され、またハンセン病の施設をみると一八九〇年前後に熊本においてH・リデルによって回春病院が、御殿場においては神山復生病院がそれぞれ設立されている。しかし多くの貧しい民衆は医療にもかかれない状況であった。当時の施設は民間が多く、かつ児童や老人といった個別対象者の施設であるが、養育院は公立であり、そして多岐にわたる対象者を受け入れた総合的なものであった。そして養育院は二〇世紀末にその歴史を閉じるまで、明治、大正、昭和、平成と日本の代表的な社会福祉施設としてきわめて長い歴史を刻んでいったのである。

ところで日本における社会事業ジャーナリズム、つまり社会事業の専門雑誌はいつ頃発刊されたのであろうか。小橋勝之助によって創設された博愛社は一八九〇年から『博愛雑誌』を一等早く刊行している。日本の社会事業ジャーナリズム（雑誌）の刊行は施設の機関誌から開始されるといってよかろう。それは一八九〇年代、多くの日本の代表的な民間施設が設置されていくのと関連している。いわゆる慈善事業期に社会事業ジャーナリズムの誕生がなった。これについては本書においても、たとえば第二章第一節でも瞥見したように一八九〇年代に多くの施設機関誌が登場することになる。その一環として二〇世紀初頭に『東京市養育院月報』が創刊されたのである。ちなみに『東京市養育院月報』発刊以降に刊行されたものとして大阪養老院の『養老新報』（一九〇三）があり、留岡幸助主筆の家庭学校機関誌『人道』は一九〇五年である。またほかに中央慈善協会が刊行した『慈善』（一九〇九）や小河滋次郎を中心にして大阪救済事業研究会が刊行していた『救済研究』（一九一三）等がある。こうした点からみて、この『東京市養育院月報』が比較的早い時期の刊行であり、したがって施設の実態解明とともに日本の社会福祉の歴史を知る上においてもきわめて重要な史料であることが理解されよう。

二 『東京市養育院月報』の刊行

(一) 創刊号をめぐって

『東京市養育院月報』創刊号が刊行されるのは、日清戦後社会という「慈善の時代」(7)、そして社会事業施設の機関誌、すなわち社会事業ジャーナリズムがまさに開花した時であった。こうした時代的背景のなか、養育院に「養育院月報編集事務嘱託」として、田中太郎が着任することになる。もちろんここには院長渋沢の構想があったことは言うまでもない。ところで院長についた渋沢には『論語と算盤』(東亜堂書房、一九一六)や『論語講義』(二松學舍出版部、一九二五)等があるように、論語に関しての著があり、彼が儒学に大きな思想的基盤を持っていたことが窺える。彼の社会的な活動もこの儒学の影響があってのことである(8)。したがって渋沢のこの機関誌における論文にもその色彩は色濃く反映している。さしあたり「発刊の辞」をみてみよう。

「発刊の辞」の冒頭に曰く「恤暘惻隠の心なき者は人にあらず、喜ぶ者と共に喜び哀しむ者と共に哀しむは、之れ人間の至情にして又た道徳の極致なりとす、然かも此の明々の大義時に其光鋩を潜めて、久しく世に顕はれざることあるは何ぞや、他なし人心の枯渇にあり」と。そして、

凡そ天下の事を以て任ずる者、其最も憂ひとすべきところは、民心の壊頽と元気の消耗とにあり、而して民心の壊頽元気の消耗は慈愛同情の欠乏に因し、而して慈愛同情の欠乏は利我私慾の横行に基ゐす、斯くの如きの有様を以て然かも尚ほ邦家の繁栄、国光の発揚を希望せんとす、亦た難哉。如今我邦の急務は軍備の拡張、財政の整理のみに非ずして、其最なるものは即ち慈善事業の振興にありとす、盖し之れ禍害を未然に杜絶するの事業にして、然かも仁慈の大道興国の捷径なり……略……人事は由来偶然に非ざるなり、義は国を高うし、不義は民を辱

かしむ、豈に夫れ国家民族の運命のみを云はんや、家は仁に栄え、不仁に亡ぶ、古往今来至上の殷鑑乏しからず、盖は興敗盛衰共に偶然の運に属せざるを以てなり、恤救慈善の事業豈に好事家の私事のみにて止むべきかは。聊か所感を記して以て発刊の辞に代ふと云爾。

このように背景に儒教精神があるとはいえ、日清戦後を国家の危機と捉え、かかる理念のもと、慈善事業の展開を主唱し、新世紀の日本のあるべき方向を示したのである。こうして『東京市養育院月報』は以後長きにわたり、刊行されていくことになる。

創刊号の構成は「論説」「雑録」「家庭」「院報」に分かれており、創刊号から第三号まではこの様な欄の構成になっているが、第四号から「海の内外」といった欄が登場する。ここで創刊号についてもう少し詳しくみておくことにする。「目次」に続き「特別広告」という欄があり、そこには「本院広告」として、寄附の方法、手続きの文章がある。

一金員にても物品にても寄附せらるゝには直に送付下さるもよろしく又端書電話などにて御一報あらば本院よりは仮受取を携帯せる受取人を差出すべし尤も本証書は金品受領後送付すべけれど前以て金額なり物品の種類員数を報知せらるれば受取人へ本証書を携帯せしむべし

一物品は如何なる品にても本院にては殆ど不要なるものなし例へば古服、古足袋、反古紙、玩具疵物、履物の疵物等何れも必要のものにつき不用の物は寄贈あらん事を乞ふ

養育院の運営に於て、人々のこの寄附は運営上きわめて重要なことであった。それは金員のみならず、生活必需品も含まれていた。そして各号において寄付者の名簿も掲載されることが多い。

既述した「発刊の辞」に続き、渋沢栄一の「東京市養育院の過去及現在と将来に対する希望」と三好退蔵の「本院感化部設立に就て」があるが、これは昨年七月における感化部開始式での演説筆記である。前者において、渋沢は長い養育院の濫觴から現在に至るまでの歴史を振り返り、そして穂積博士のヨーロッパ、とりわけ英国の慈善事業の様子を紹介し、それを参考にしながら、日本の今後を考えていくこと、そして「戦争に勝たが商工業は振はない、商工

業は発達したが、社会人道は進歩しないでは、日本の面目に関する少なからぬことであらうと思います」と慈善事業の発達こそが近代国家の要諦であり、経綸であると主張している。

また三好はこの感化部に顧問に就いたのだが、三好は以前、留岡と共同して民間の感化学校を創設していくことを計ったが、キリスト教主義に於ける解釈の齟齬が生じ、その計画は頓挫した(9)。しかし三好はここで渋沢と交渉を持つ。当初二人は公と私という意見の違いがみられたが「反覆論壇数回交渉の末余は大に氏の公義心に感ずる所あり且つ時の東京府知事久我侯爵の周旋する所ありしが故に断然余の計画を廃して渋沢氏の意見に従ひ氏と共に東京市公共団体の慈善機関たる養育院感化部の事業に従事することに決し感化部顧問の嘱託を受け拮抗経営漸く今日の事業開始を見るに至れり」、そして「余は自是渋沢委員長の指揮に従ひ経験を積み練達を加へ生徒を監督愛育し化して良民と為すを期し誓て人道に従ひ天職を尽さんと欲す」と決意表明をしている。

そして「雑録」という欄があり、無髯子（田中太郎）の「貧富と死生」「漫筆」という二論文がある。前者は「貧乏人の子沢山」という古諺があるが、外国の調査例を挙げて、貧困家庭ほど子どもの人数が多いことを指摘する。また貧民のほうが富者より死亡率が高いことをこれも外国の調査に基づき実証的に論じている。後者の「漫筆」は「慈善」について論じたものである。最初に英国の上流階級においては所謂「ノブレス・オブリージュ」の精神が根付いており、そうした文化が存在していることを指摘する。いわばこうした福祉文化の形成を願ったものと解していいだろう。

「家庭」欄は「転地保養」というこれも田中の小論である。これは養育院に預けられた子どもは精神的かつ肉体的にも養育が不十分なため身体が弱体化している。こうした状況を打開する一手段として「転地保養」という方法でもって対処していく利点について述べている。中でも虚弱な子どもを房州勝山の海辺に保養の為に連れていったところ「僅かの月日の間に頬が膨らむで来る者もあれば、体量が二百目あまりにも増した者がある程」の効果が見られた。そしてこの企画を遂行するためには費用が必要であることは当然であり、このための寄附金を無心したいという記事である。これに関する記事が「院報」の「本院保養所の成績」にある。

その次に「院報」という欄があり、ここに養育院の種々の報告があり、情報が込められているといってよい。「院報」の最後は「本院寄附金寄附」として一九〇〇（明治三三）年一月分の寄附の様子が報じられている。これをみるに一月だけでも多くの人の寄附金や寄附物品があり、養育院がこうした人々の支援があってこそ成り立っていることが読み取れる。もちろん公費として不十分な背景があることは言うまでもないことであるけれども、慈善への関心は決して低いとはいえないのではないか。かくてこのようにして無事発刊をみた『東京市養育院月報』は、爾来月刊雑誌として刊行されていくことになる。

（二）その後の展開

発刊以来八年余を経た節目の第一〇〇号（一九〇九年六月二五日）には、この間「本誌の職としては院に於ける収容者の増減乃至教育工業経費の支出特志家の寄付金品若しくは収容者中彼等の興味に富める経歴等を紹介し、之に添ゆるに慈善救済に関する論説雑録、海の内外、家庭等を以てし編纂努めて遺憾なきを期せしと雖も是等の記事時に或は愛読者諸子に満足を与へ得ざるものありしは今更謝するに辞なし、されど他山の石たりしことも亦信じて疑はざる所なり」と、謙虚に論じている。そして養育院の創立以来、四〇年近く経ち、収容の様も変化したことにつき「然して本院事業の内容を更に披瀝せば鰥寡孤独に衣食を与へ病者に治療を加ふれば足れり云ふ如き単調的のものに止まらずして、収容せる児童が退院後に於ける素地を造り病者全治後に於ける処世の方針を指導する等、一々之れを欧米に於ける慈善救済事業に対照を試むる時は或る意味に於ては免囚保護所たり、労働紹介所たり、相談所たり、孤児院たり、養老院たり、慈善的病院たり、浮浪児感化院たり、乞食収容所たり、有ゆる救済的事業を含有せりと云ふも過言に非らざるべし」と矜持を込めながら現状を報告している。

そして『東京市養育院月報』が通号で第二〇〇号を迎えたのは一九一七（大正六）年一〇月二五日発行の『九恵』においてである。この号の巻頭論文は編集担当の川口寛三からなる「二百号の辞」である。この中で川口は過ぎにし一六年間、我が国救済事業界において「隔世の感」があるとして、発刊時の一九〇一年と一七年とを比較している。たとえば収容者の合計をみても六五九人（内、里預六五名）から二五三二人（内、里預五一五名）へと四倍近い増加があり、施設の拡大が報じられている。

また同号で創刊号からの実質的な編集者たる田中太郎は「二〇〇号祝辞」として『東京市養育院月報』に関して次のような思い出を吐露している。

余は養育院月報が世に生れ出でたる際の産婆であつて、爾後約九年間も引続いて之れが保育者であつたのである、月報に対する余の哀惜心の浅からざる蓋し偶然ではない、但し余が保育中の月報は薫陶其宜しきを得ざりし為め稍や荒ばれ児の姿であつたかも知れないが、後任者の努力と注意とによりて、今や上品なる分別に富める君子風の青年となりつゝあるかも知れないが、後任者の努力と注意とによりて、今や上品なる分別に富める君子風の青年となりつゝあるように思はれる、之れ余の深く喜びに堪へざる所である、特に近来は川口氏の勉強により て紙面も非常に賑やかになり、有益なる文章もナカナカに多くなつて来たのは大に祝さなければならないのである。今や第二百号に達するを聞き余は坐ろに、自分の蒔いた純栗の種子が何時の間にか亭々たる喬木となつたのを空打ち仰いで見るやうな気分がして、心私かに喜悦を禁ずることが出来ないのである。

また高田慎吾も「養育院在職中の回顧」として、彼が巣鴨分院が設立されたとき「児童掛」として就いた時の思い出を語り、そして「今本院時代の児童の状態を回顧するなら、誰でもその当時養育院の育児事業がどんなに幼稚であつたを想見するであらう。而して今後十年の後、今の巣鴨分院の育児事業をふりかえるならば、また一種の感慨にうたれる事と思ふ」と述べている。このように『東京市養育院月報』の展開は養育院の発展の歴史であり、そして近代日本の社会事業の歴史でもあった。

ちなみに戦前の最終号は一九三八（昭和一三）年七月三〇日発行の第四二五号である。これは「楽翁公研究」という特集号となっている。時正に前年の日中戦争の勃発、そして当年の国家総動員法の発布など非常時の背景があった。その編集後記には「本院職員中よりも已に十余名の将士を戦野に送つた。残留の我等一同も愈々元気一杯、暑中の半休も廃止して時艱の克服に銃後の守りを固めてゐる」云々とあるが、明確に休刊の報はない。

三　初期の論文――田中太郎の論文を中心に

月報に掲載された初期の論文について、およそ二年分位を対象にして主だった論文を紹介しておくことにしよう。しかしその場合においても多くの論文があることはいうまでもないが、ここでは養育院の存在と非常に関連する貧困や慈善事業について論じたもの、さしあたりこの時期の編集者であった田中太郎（無髯）を中心に見ておきたい。

田中は第二号（一九〇一年四月五日）において「慈善の理」を、そして「貧困の福音」（第四号）、「貧困とは何ぞや」（第七号）を掲載している。「慈善の理」は慈善という概念への彼の考え方が表現されている。「彼のアウギュスト・コムトが、人は社交的存在者であるから、他人と自己との調和を為す為めに各々自己の利害を他人即ち公衆の為めに犠牲として献じなければならぬ、と云つた如く彼等人間の社会には犠牲愛他的の行為、即ち慈善と云ふものが行なはれなければ、社会の維持も発達も到底十分に遂げることは出来ないと云ふ結果を来たらす」と述べる。そして「他愛の至情より流がれ出でたる慈善と云ふものは、実に我等人間社会の維持及び発達の為めには、非常に大切なものであつて、丁度物理的の筋力や、智識の力が必要であるのと秋毫も異なる所は無いのであると云ふことです。即ち生存競争に或る制限を加へて、不適者の生活を保護する慈善は、其れと同時に社会の団結を鞏固にし、其繁栄発達を便ずる所の一大原動力であり、従つて之れに重んじ之れを奨励しなければならぬと云ふ結論に到達することが出来るのであります」とする。

「貧困の福音」はカーネギーの「富者の福音」を想起するものであるが、敢えて彼は「貧困の福音」とした理由を「富者をして其の社会に対するの天職を会得せしむるよりは、寧ろ貧者をして其境遇に裡に、尚ほ光明あり希望あり、従つて又た天職ありと云ふことを瞭然と理解せしむることが、却つて今日の急務であると云はねばならぬ」と述べている。そして「抑も人間の価値と云ふものは決して黄金の多少に依て定むべきものではなく、実に其品性に依て定むべきものである」と「品性」の高潔さを価値の基準にすべきことを述べる。もちろんここには「貧」に対する世間の差別や富への憧憬という現実があり、これへの抵抗でもある。

故に吾人は貧困の必ずしも忌み恐る可き咒詛でないと云ふことを信仰し且つ主張するものである。若し今の時に当つて、富貴を過度に渇仰し、貧賤を過度に惶忌するの迷信を打破することが出来たならば、世の所謂犯罪なるものは殆ど消滅し尽すことが出来やうと思ふ、此意味を以て吾人は世の教育家、特に貧児若しくは浮浪児等の教育に従事せらるゝ人々が、右に所謂迷信打破の点に就て最も周到なる訓育を勉められんことを、熱切に希望して止まざるものである。

田中は第一三号（一九〇二年三月二五日）より第二二号（同年一二月二五日）にかけて「窮民論」という論文を一〇回連続で執筆している。長い論文の一回目の文頭には「社会に窮民あるは猶ほ一家に病者あるが如し、病者多き家が経済上及び其他種々の点に於て、少なからざる損害を被むりつゝあると同時に、其家の衛生的状態に於て必ずや何等かの欠陥あるを証拠立つるが如く、社会に窮民の発生を来したるは、啻だに該社会の経済的損失たるのみに止まらずして、之れと同時に其社会には組織制度及び人民の生活状態の上に、必然或る誤謬欠陥の存在することを証拠立つるものと云はなければならぬ」と記しているように、家族と社会とのアナロジーをとおして、窮民の発生する社会の問題を指摘する。ここに課せられた課題認識こそ、この論文の骨子なのである。彼の得意とする外国の例や理論を引き合いに出し、貧困認識とその対策、後の課題、日本の方向について論じたものである。そして今ここで、その全容、各一〇章のサブタイトル的な記述を挙げておく以下のようになる。（一）「特に其状態調査の必要を論ず」、（二）

「特に其状態調査の必要を論ず」、(三)「特に其状態調査の必要を論ず」、(四)「身上調査の箇条」、(六)「其配偶的状態」、(七)「其健康状態」、(八)「其教育の状態」、(九)「貧窮問題と教育」、(一〇)「其信教」となっている。

内容についてもう少しふれておきたい。文頭の言は上述したが、この論文の大きな課題は、「人類の幸福を円満ならしめ社会生活の目的を遺憾なく遂げしめんと欲するには、必ずや先づ社会の病的現象に就て緻密なる検按調査を施こし、其の由て来たる所以を明らかにして、以て之れが救治改善を図かると云ふことが、先づ第一に着手せらるべき仕事である」と指摘する。社会調査に由る実態解明の重要性と、何のための調査かというと、明確にその調査によって「救治改善を図かる」ことにあるとしている、このことは重要な指摘である。続いて「窮民」の概念についての説明がある。それは「貧民」との区別から説明している。すなわち「貧民」が「些少の賃金を得て辛らくも生計を支えて居る、所謂其日暮らしの労働者」を指し、したがって彼等はまだ「窮民」とは言えない存在である。では「窮民」とは何か、田中は以下のように定義する。「窮民とは一の時代及び一の社会に於て、生存に欠くべからざるものとして認識せらるゝ必需品をば、他の扶助を仰がずしては享受する能はざるもの者の謂であつて、彼等は実に社会の負荷として存在して居る者」であるとする。このように両者には「截然たる区別」が存しているとする。

(二)の「特に其状態調査の必要を論ず」では窮民の「種類」が議論せられ、その性質から区別すれば「自然的窮民」「自業的窮民」「常住的窮民」「一時的窮民」の四つであり、救助の形式から区別すれば「院内窮民」「院外窮民」「私的窮民」「公的窮民」と分類化している。次に如何なる事項についての調査すべきか、という「調査事項」についての説明がある。そして(三)の「特に其状態調査の必要を論ず」において、(甲)自然的状態、(乙)社会的状態、(丙)民俗的状態、(丁)四圍的状態、(戊)貧困の原因、以上を列挙する。しかし(三)においては、項目説明にはいる前に「救貧的事業の一般なる関係」について三点、指摘されている。その三点とは第一に窮民の数と国家との関係であるが、「窮民の多寡は国富の程度と必然的に相随伴するものではない」ということ。第二として窮民救助法の類やそれに関する施設が具備されている国とされていない国とは統計上数字において一律に比較することはできない、それは一国内、一地方内においてもである、そして三つ目としては季節によって被救助者の数は「著しく変動」していくことも、調査の前提において注意するべきことを、英国のチャールス・ブースの調査例を駆使しながら説明している。そして、(四)の「身上調査の箇条」から(七)の「其の健康状態」まで、本格的に調査項目の説明が多くの外国の調査を例を引き合いに出しながら為されていくのである。

(八)の「其教育の状態」において、教育の調査についてはその重要性を強調し、さらに(九)の「貧窮問題と教育」に再度その点について論じている。すなわち「貧窮問題解釈の最根本的方法は決して慈善救済の事業に非らずして、寧ろ教育事業である」と断じ、「慈善事業は弥縫的、事後的、応急的の性質のものであって、教育事業は形式的、慈善的、永久的の性質に属するものである。即ち之れを例ふれば慈善事業は医療の如く、教育事業は栄養法の如し」と。そして最後の(一〇)の「其信教」において、窮民と信仰する宗教について論じ、窮民と宗教の関係を調査するとは「人生観に対する或一種の解釈を有し居るや否やと云ふ点を調査するに非ずして、彼れが平素如何なる形態の宗教を奉じ居たりしやを調査」することにあるとする。

このように、この論文は日清戦後の社会問題顕現期において、窮民が増加し下層社会が形成されていくなかで、実態を把握し、その対策、施策を築いていこうとする田中の姿勢が窺える重要なものであることはいうまでもない。そして二〇世紀初頭の社会問題への彼の接近、そして養育院での今後の彼の基本的姿勢を垣間見ることができる。ついでながら彼の論文はこの月報にきわめて多く、初期の代表的なものを二、三指摘しただけだが、田中太郎という人物についてはは社会福祉の歴史からも今後研究が必要である。そして彼の実践と思想・理論において、研究が殆どされていない現状において、この人物の研究をする際、この月報は格好の史料を提供してくれるものである。

四　『東京市養育院月報』について若干の書誌的考察

当初から月報の名称は、『東京市養育院月報』と命名されていたが、一九一三（大正二）年二月発行の第一四四号から『九恵』と改称されている。その名称は「管氏入国篇九恵之教」に依拠している。しかし第二四二号（一九二一年四月）から『東京市養育院月報』に復し、さらにその後、三六年五月（第四一五号）に『東京市養育院時報』になり、三七年七月の第四二一号から『救護事業』に改称されたが、三八年七月三〇日刊行の第四二五号をもって休刊となった。戦時中は刊行されることもなく、戦後は四六年一〇月に第四二六号から復刊されることになる。

発刊当時の奥付をみてみると「発行兼編集人」には高島登代作という人物が記載されている。当初、印刷人は田辺信吉で印刷所は栄文舎である。発行所は東京市養育院であることはいうまでもない。発行編集人は長く高島が記載されている。ちなみに大正期には高島登代作、山下嘉太郎、石崎菊次郎らの名前が挙がっている。奥付の編集人と別に、創刊号から明治期に実質的な編集者としての役割を果たしたのは田中太郎である。

田中太郎は青山学院と東京高商で学び、英語に優れていた。ワデル宣教師からキリスト教も学び、熱心なキリスト者となった。一八八九年から内閣統計局で働いている。田中は統計の手法をもって社会問題に接近し、二〇代で『犯罪救治論』（一八九六）を著している。田中は渋沢と出会い、彼からの「委託を受け」一九〇一年から、「養育院月報編纂事務嘱託」として養育院の機関誌の編集に従事することになる。当時につき田中は「余が一人編者で、『論説』も書けば、『雑録』も書く、『家庭』即ち庭訓譚も書けば、『海の内外』即ち中外社会事業界の消息も書くと云ふ風で、忙がはしいことも非常であつた」（第二〇〇号）と回顧している。田中は「田中無髭」「無髭子」といったペンネームでもって多くの論文を発表している。編集者はその後、市場学而郎が継ぎ、そして川口寛三が編集を受け持つというように、バトンタッチされていくことになる。

内容構成、各欄についてみてみると、創刊号は「論説」「雑録」「家庭」「院報」「広告」となっており、第一〇〇号は「百号の辞」に続き「論説」「雑録」「家庭」「院報」からなり、次の第一〇一号には「海の内外」の欄があり、およそこの時期は「論説」「雑録」「海の内外」「家庭」「院報」となっている。また第二〇〇号には「二百号の辞」等に続き、「寄書」「論説」「研究」「雑録」「彙報」「養育院収容者増減一覧表」「院報」となっている。第三〇〇号は「説苑」「収容者統計」「雑報」「社会彙報」「広告」である。また後の『月報』には「収容者の研究」「琹ト琹」といった欄もある。第四〇〇号（一九三四）の内容構成は「説苑」「在院者統計」「院報」「文苑」「社会彙報」である。大正中期頃から昭和期にかけ養育院の情報が多くなっている。このように月報には時代的な推移とともに変化はあるが、論説とともに内外の社会事業の動向や院内の様子が報告されていった。

『東京市養育院月報』という名称が示すように月一回が原則であるが、一九二三年の関東大震災の時は七月二五日発行の第二六九号から次の第二七〇号が出たのは翌年の一月二五日である。「不幸大正十二年八月号は製本未了中九月一日の天災の為め印刷所と共に烏有に帰し、遂に読者各位に見みへしむるの機を失したり」（第二七〇号）とあり、「新年における本誌の復刊」を掲載している。三六年からは隔月刊行となり月報最終年の三八年は年二回となった。

『東京市養育院月報』のサイズは第四号からは四六倍判であったが（創刊号から第三号までの判型は不明）、一九一三年二月刊行の第一四四号から菊判となっている。また題字は最初から六号までは縦書きで『東京市養育院月報』となっていたが、第七号からは横書きとなる。また『九恵』は当初横書きであったが、第一五五号より縦書きとなった。頁数は号数によって一定していない。一般に多いのは一六頁から二〇頁くらいである。定価は創刊号から二銭である。表紙に別に「進呈」といった文字があらかじめ印刷されているものも多く、『月報』は各地の社会福祉施設や関係者、機関に配布されていったものと思われる。

記念号（特集号）は全体からそう多くはない。例を挙げておくと、「第二百記念号」といった節目のもの、「肺結核研究号」（第二〇二号）のように時宜に適ったもの、あるいは「故渋沢養育院長追悼号」（第三六四号）のように養育院の重要人物の追悼号といったものが出されている。そして第三七一号には附録として「故田中養育院院長追悼録」が収載されており、さながらこれも追悼号のようである。第四二三号は「『故渋沢子爵の遺業・東京市養育院』特輯」となっている。そして既述したが第四二五号は「楽翁公研究」という特集である。また各号の口絵等に多く写真が掲載されているのはビジュアル的にも興味を抱かせる工夫を凝らしている。これは現在、史料的にも貴重なものとなっている。

五　執筆者群像

二〇世紀の当初から持続的に刊行されたこの『東京市養育院月報』には多くの執筆者が様々な意見、論文をよせている。その多くはこの養育院に関わりをもった人々であるが、そうした論文は日本の社会福祉史はもちろんのこと、近代史、貧困史、生活史そのものでもある。ここで主だった人物を挙げておきたい。

渋沢栄一は周知のように営繕会議所、養育院創立からの中心人物でもあり、養育院の経営にも貢献した人物である。一九三一年一一月、死去するまで長きにわたって院長職にあった。『月報』にも数多くの論文を発表している。そうした養育院との関わりのほか、彼は経済人としての活動が主たるものであったが、〇八年の中央慈善協会発足時の会長でもあり、社会事業にも大きな関わりを持ってきた人物である。たとえば『渋沢栄一伝記資料』第二四巻に収載された彼の日記を紐解いてみても、養育院との関わり以外に、留岡幸助、石井十次、原胤昭、山室軍平ら多くの民間の社会事業家との交友が読み取れる。したがってこの『月報』は彼の社会事業への考え方を知る上においてこの上ない史料であるといえる。

安達憲忠（愚仏）は一八五七（安政四）年、岡山で生まれ少年時代から寺に預けられる(10)。その後岡山『山陽新報』等の記者を経て、一八九一（明治二四）年から東京市養育院の幹事となっている。爾来、一九一九年、退職するまで四〇年近く養育院の事業に尽力した。一八九五年には児童と非行・犯罪の関係を論じ『乞児悪化の状況』を著している。養育院退職後は『貧か富か』（一九二二）を出版している。彼もこの『月報』にたくさんの論文を執筆している。ちなみに内藤二郎編『安達憲忠関係資料集』（彩流社、一九八一）には、『月報』に執筆された安達の論文が収載されている。

田中太郎（無髭）は既述したように、『月報』創刊号からその編集の事業に深く関わっていた。渋沢の死後、第二代目の院長（一九三一）になる人物でもあり、彼は一八七〇年東京で生まれている。青山学院卒業後、内閣統計局にはいり、感化救済事業研究のため欧米に留学した。帰国後、渋沢栄一の計らいで東京市養育院に勤めることになる。田中はこうした内外に於ける豊富な知識と共に、キリスト者としてヒューマニズムの視点で、この『月報』の編集をおこなった。そして養育院退職後は、東京市社会局で働き、東京市の社会事業行政の基礎をつくった。一九三二年六月五日、六三歳で死去している。田中も渋沢や安達同様、多くの論文を書いている。とりわけ西洋の社会事業の紹介文は社会福祉の歴史からも重要である。

高田慎吾は一九〇八年三月、東京帝国大学卒業後、翌年一月に東京市養育院に就職し、一二年二月に渡米するまでその職を全うしている。高田は第二〇〇号の中で養育院時代を回顧し「書物からうける知識よりも、遙かに尊い実際の知識」を学んだと表現している。帰国後は内務省や大原社会事業研究所（大原社会問題研究所）で働き、大正期の日本の児童問題についての理論的な牽引者の一人となるが、この養育院での体験が彼にとって重要な意味をもっている。

小沢一は一九〇七年に早稲田大学を卒業した後、巣鴨分院に就職している。一二年、高田の辞職にともない、巣鴨分院主任に就いている。二〇年、内務省の職に就くまで主に乳児保護のために養育院で働いた。養育院退職後は内務省社会局、二七年からは浴風園で働く。社会事業界での活躍としては、とりわけ彼は大正後期からケースワークを日本に紹介するなどの業績を挙げた。

市場学而郎（鴨村）は『東京市養育院月報』編集者田中太郎の後任に就き、編集を担当することになる。市場は安達憲忠の世話により養育院の職に就いたのである。また『売笑婦研究』（厳正堂、一九一二）などを著している。

川口寛三は渋沢、田中の後、第三代目の院長である。『月報』の編集担当者ともなった。したがって『月報』に彼の多くの論文が掲載されている。川口は戦後、全国保育協議会の初代会長（一九五二〜一九六二）にも就いている。

光田健輔は一八七六年山口県防府市に生まれる。九八年 東京帝国大学医科大学を卒業し、翌年、医師として勤めている東京市養育院内に「回春病室」を開設し、ハンセン病患者の医療に取り組んでいくことになる。一九〇八年東京市養育院副医長に就任。翌年、公立癩療養所全生病院医長に就任した。ハンセン病予防事務視察のため、欧米各国などに渡る。しかし彼は徹底した隔離政策を断行していった。『東京市養育院月報』にもハンセン病に関する論文を多く書いている。

その他にも戦前の日本の社会事業にとって重要とされている人物が多くこの場で働き、あるいは関与していることも見逃すことができない。たとえば瓜生岩子（いわ）が安達憲忠の計らいで養育院の幼童世話係長となったのは一八九一年三月のことである。瓜生は七カ月しかいなかったが、彼女の児童の養育にあてた業績はきわめて優れたものであったと評され、養育院内に「瓜生会」(11)（「四恩瓜生会」『東京市養育院月報』第五四号参照）が設置されるように養育院においても大きな影響を与えた。ちなみに社会主義詩人児玉花外（一九三六年一一月入院）や「放浪の画家」長谷川利行らのように晩年を養育院ですごした人物もいる(12)。また平田東助、田川大吉郎、高島平三郎、乙竹岩造、佐久間長敬、小林政助、徳富蘇峰、小林正金、生江孝之、窪田静太郎、安部磯雄、磯村英一、羽仁五郎らその他多くの著名な執筆者を挙げることができる。

六　論文からみえてくるもの――課題と研究の可能性

このように東京市養育院の機関誌は、一九〇一（明治三四）年、『東京市養育院月報』の創刊から、『九恵』『東京市養育院時報』『救護事業』とタイトル変更をしながら、三八（昭和一三）年まで継続していき、戦後も復刊されている。この雑誌をとおして、慈善や博愛、救済、社会事業はもちろんそれ以外の多くの情報と事実、そして研究の可能性を窺うことができる。戦後、養育院創立八〇年を記念して刊行された『養育院八十年史』には、創刊号からこれに掲載された多くの論文等を「養育院月報掲載文献目録」として「社会竝貧困問題」「社会事業」「社会事業視察」「犯罪竝感化事業」「児童保護」「救療問題」「養育院事業に関するもの」「養育院収容者研究」「白河楽翁公に関するもの」「渋沢院長講演」「雑録」の一一に分類して表題と執筆者を掲載している。

膨大な量の論文や記事をここで紹介することは紙幅の関係から、もちろん到底不可能である。しかしここでは研究の可能性への期待を込め、この『東京市養育院月報』をよみ解くことから如何なる研究の課題が浮かんでくるかを一〇項目に類型化し、みておくことにしよう。

第一に社会福祉史の観点からこの『東京市養育院月報』が果たす役割は多大なものがあるといえよう。すなわち、この雑誌が日本の代表的な社会福祉施設の機関誌であって、明治、大正、昭和と連綿と続く我が国の社会福祉の歴史を知る上において貴重な史料であることはいうまでもない。とりわけ社会福祉の歴史をその主体側と対象側の両方から見ていくのにきわめて貴重な情報を我々に提供してくれるものである。しばしば養育院の歴史は日本の社会福祉史そのものである、と指摘されるようにその典型的な施設の総合的な実態の研究は重要な意味をもっている。児童や老人、障害者、病人等各分野において多くの論説が掲載されている。ちなみに児童といってもさらに児童保護、感化事業、病気や障害を持っている児童等に細分化されるが、それぞれにおいて歴史とその詳細を追究することができる。

　第二に『東京市養育院月報』には毎号、数編の論文が掲載されており、編集者であった田中太郎は多岐にわたってたくさんの論文を執筆しているが、自己の在外研究を生かして外国の社会事業を紹介した論文も多い。この雑誌が当時の世界の動向を伝えていることは注目されていいだろう。それはさながら『慈善』（『社会と救済』『社会事業』）における生江孝之の果たした役割に似ている。安達憲忠については内藤二郎の研究があるが(13)、既述したように田中については研究がまだあまりなされていない。日本の社会福祉史、とりわけ思想史や理論史において、『東京市養育院月報』は重要な史料となる。また田中や安達ほど有名ではないが、編集に携わった市場学而郎（鴨村）や川口寛三についても多くの論文から業績や思想を窺うことができよう。たとえば市場は「特殊児童の性癖を論ず」（第一四四号）、「幼児虐待に就て」（第一五二号）、また川口も「東京府慈善協会設立に就て」（第一九三号）、「社会事業の発達と救済の実務」（第二〇四号）等々といった論文がある。また大正期の児童福祉の分野に大きな貢献をした高田慎吾も養育院に勤めていた時代があった。そして「私生児の処遇に就て」（第一六三号）、「現代の救済事業並救済事業家の資格」（第二〇三号）という論文を書いており、高田研究においても重要である。これは小沢一や光田健輔、瓜生いわ、らにも該当する。執筆論文から多くの社会事業家のみならず、関係者の理論や思想をよみ解くことができる。

　第三に社会福祉史研究の中で施設史というジャンルで言及しておくと、施設史は児童や老人、障害児・者、病院等の歴史が刊行されているが、総合施設として養育院の歴史は近代日本の施設史からも異彩を放つものである。施設史研究は民間のものが多いが、ここでは、この『東京市養育院月報』をとおして公立施設における経営の実態、財政、事業等々を分析することが可能である。

　従来から施設史は施設関係者が関わっての編纂であり、また養育院についてはしばしば批判の対象ともなるが、機関誌を追うことで客観的な新しい事実が検証できる。さらに施設に関連して養育院の前身ともいえる町会所あるいは七分積金制度を創設し、多数の貧窮者を救済した松平定信（楽翁）のことや江戸時代の救済制度についても多く論じられている。儒教精神や日本の伝統や歴史を論じていることも注目できることである。そして何よりも施設の動向を伝えていることから、その詳しい歩みの実態を知ることができる。

第四に、この養育院という施設の中心は戦前、長きにわたって院長であった渋沢栄一という人物を看過することはできない。渋沢は近代日本において多彩な活動をしたこと、そして『論語と算盤』をはじめ、たくさんの著書を世に出したことは周知のことである。さらに彼には渋沢青淵記念財団龍門社編『渋沢栄一伝記資料』全五八巻といった膨大な史料もあり、彼についての研究書も数多い。しかし、これまで社会福祉の分野や歴史においてそれほど重視されてきたわけではない。つまりこの史料はこれまで世にでることが少なく利用することが難しい状況があったことが要因であろう。『東京市養育院月報』には彼の社会事業関係の論文はもちろん、事蹟の情報もおおく、今後、渋沢の研究が進捗していくことを期待したい。

第五に近代日本の貧困の歴史についてである。戦前における四〇〇号を超す『東京市養育院月報』で、我々が大きな関心を抱くのは、近代日本において底辺の人々が如何に犠牲となって生きていたか、そして彼らが如何に社会的に排除され、そして包摂されていったかをよみ解くことができる。それは近代化ゆえに国家や社会、そして家族から排斥された人々の群れである。乳幼児から高齢者まで、病気、不況、家族崩壊、戦争、障害、犯罪、貧困を余儀なくされた人々がいかにたくさん存在したのかを再認識することが出来る。たとえば田中太郎の「貧困の福音」(第四号)、「貧困とは何ぞや」(第七号)、巣鴨生「貧乏学の研究(第一号〜第一〇号)」(第一〇七号〜第一一六号)等々非常に多い。それは排除された人々の群れとともに、如何にして彼らを包摂、救済していったかの記録でもある。

第六に、近代日本の生活史についてである。上述の課題とも関連するが、底辺に蹲る人々、とりわけ施設入所を余儀なくされた人々にとっては、その生活する場所が施設という空間に移っていくことになる。そこで彼等は如何なる生活をしたのだろうか。ここには救護、感化、病気等によって異なった生活空間で過ごすことになった人々の日々の生活がある。民衆の生活がこうした所に存在したことも忘却すべきではない。退院者も含めてかかる人々の生活をみることは近代日本の裏面を知る、というより近代化の実態、真実をみていくことになるのである。こうした視点を提供してくれるものに多数の施設生活者の報告がある。たとえば「児童の声」「院児の作文」欄において収容児童の作文が掲載されているように、当事者からの生の声を聞くということ、これはもちろん行間を読むことにもつながるが、きわめて貴重な記録である。

第七に、近代日本の都市史についてである。この『東京市養育院月報』はまさに近代日本の都市の歴史でもある。華やかな近代都市東京の中に、こうした養育院という存在を如何に把握していくのか。都市空間は底辺民衆といかに関係をもっていったのか、近代都市を研究していくとき、行政や民衆の心性との関連性をもってこうした場（空間）を凝視していくことが必要だろう。そういった視点から、他の社会事業施設もそうだが、都市史の対象ともなろう。たとえば大橋重省「都市人口の過剰と救済」（第一五七号）、田中太郎「都市と社会問題」（第二三九号〜第二四〇号）といった論文があるが、こうした施設を包含していくことによって近代都市が成り立っていることをよみ解いていくことが必要だろう。

第八に、毎号の巻末の「本院事業要領」の一つに「本院基本財産は　皇后陛下の御下賜金」云々とあるように、皇室についての記事もかなり見られる。たとえば「東伏見宮妃殿下の御台臨」（第二〇六号）、「皇后陛下渋沢院長を召して謁を賜ふ」（第二六二号）、「山階宮両殿下の井之頭学校台臨」（第二六三号）、「皇后陛下三度渋沢院長謁を賜ふ」（第二六八号）等々であり、皇室との関係、あるいは天皇制の問題課題を提供してくれている。これはもちろん養育院の財政問題や政治としてイデオロギーの問題との関連性においての課題と連動していくものである。

第九として医療史といった領域でいうと、当時「国民病」といわれた結核の問題、あるいはハンセン病史といった課題が設定できよう。たとえば光田健輔を中心にしてハンセン病史を知る上においてもこの雑誌は重要である。養育院内にハンセン病の人たちを隔離する病室（回春病室）を設けたのは一八九九年のことである、一九〇七年に「癩予防に関する件」が制定公布され、〇九年に全生病院が開設され、彼は一四年に全生病院長となる。『月報』には光田の「癩病隔離の必要に就て」（第一一二号）、「癩病患者に対する処置に就て」（第五九号）、「癩病予防について」（第一〇三号）といった論文が多く掲載されている。そして光田と渋沢、あるいは安達憲忠との関係も重要である。ちなみに光田は『黎明期に於ける東京都社会事業と安達憲忠翁』（一九五四）という著を編集している。

最後に一〇番目として、その他、労働問題史、民衆史、看護史、教育史、社会政策史、建築史、人権史的観点等々から、養育院やこの雑誌にアプローチしていくことも可能であろう。ちなみにこの『東京市養育院月報』は戦前の史料を中心に復刻されているが、戦後の史料の復刻がなれば戦後史との比較が可能となり、新しい研究領域も開けてくる。

おわりに

長い鎖国政策を終えて、新しく開国を断行し、西洋の文明社会に追いつくべく急速な資本主義化を達成した近代日本は多くの犠牲を伴うことになった。近代化ゆえに底辺に呻吟した多くの民衆が都市の底辺に集積したのである。その多くは貧困者、病人、障害者等の生活困窮者であった。養育院はこうした多数の無告の人々の最後の生活の場でもあったが、当時の養育院についてのルポルタージュにもあるように、入院者は劣悪な状況に置かれ、また差別の対象にもなった。近代社会から弾き出され、社会事業を「排除」（「隔離」）と「包摂」（「収容」）という視点から捉え直してみていくことも必要だろう。ここには政治的かつ社会的にシステムとして装置化していくのに慈善、社会事業といったイデオロギーが機能していく。しかし慈善思想や社会事業思想といった時、排除や隔離していくための面と、一方で排除や隔離を乗り越え、収容者の生活を守っていこうとする積極面もあることも忘れてはならない。近代日本の社会事業の発展は活動の多様性でもって成り立っていることはいうまでもない。『東京市養育院月報』に掲載された論文や記事にはまさにこうした議論がたくさん掲載されている。これまで創立の節目ごとに『養育院六十年史』『養育院七十年史』『養育院八十年史』『養育院百年史』『養育院百二十年史』等が刊行されてきた。しかしその実態はこうした膨大な『東京市養育院月報』の史料をとおしてさらなる研究の深化が期待でき、また現在的な視点からよみ解いていくことも可能だろう。

【注】

（1）『東京養育院月報』は二〇〇九年に不二出版より、一九〇四（明治三四）年三月の創刊号から一九三八（昭和一三）年七月の第四二五号（楽翁公研究）まで、戦前を主にして復刻され、容易に閲覧することが可能となった。そして『「東京市養育院月報」解説・総目次・索引』（不二出版、二〇〇九）が刊行され、その中には拙稿「近代日本社会と『東京市養育院月報』」と清水寛「東京市養育院における利用者の処遇の分化――障がい者・子どもの問題を中心に」の二つの「解説」が収載されている。

（2）「発刊の辞」『東京養育院月報』第一号（一九〇四年三月一〇日）

（3）東京市養育院の歴史については、主に『養育院六十年史』（東京市養育院、一九三三）、『養育院七十年史』（東京市役所、一九四三）、『養育院八十年史』（東京都養育院、一九五三）、『養育院百年史』（東京都、一九七四）、『養育院百二十年史』（東京都養育院、一九九五）を参照した。

（4）渋沢栄一述『回顧五十年』（東京市養育院、一九二二）一八―一九頁。

（5）東京都養育院編『養育院百年史』（東京都、一九七四）の第四編（一五七―二三〇頁）は「よろず屋的拡大」となっており、大正初期の養育院の実態が扱われている。

（6）養育院に関する最近の研究としては、塩見鮮一郎『貧民の帝都』（文芸春秋、二〇〇八）がある。これは東京という大都市を舞台にした貧民（底辺の民衆）の歴史でもある。また中島久人「『慈善』の裏側養育院のイデオロギー的正当化をめぐって」黒川みどり編『〈眼差される者〉の近代部落民・都市下層・ハンセン病・エスニシティ』（解放出版社、二〇〇七）がある。その中で中島は「排除し隔離していく養育院という施設が、いかに社会的意識の中で認識され、最終的に社会に包摂されたのかということが中心的な問題点となる」（一二九頁）としている。
（7）菊池正治他編『日本社会福祉の歴史』（ミネルヴァ書房、二〇〇三）の第二章は「産業革命期の慈善事業」であり、この時期がいわば「慈善の時代」に相当する。
（8）渋沢の社会事業思想について論じた主なものとして、姜克實「治国平天下――渋沢栄一の慈善思想」『岡山大学文学部紀要』（二〇〇六）『近代日本の社会事業思想』（ミネルヴァ書房、二〇一〇）所収。山名敦子「渋沢栄一にみる公益という名の慈善――東京養育院に関わる」陶徳民他編『東アジアにおける公益思想の変容』（二〇〇九、日本評論社）所収。また最近の渋沢と社会事業との関係をまとめた著作として、大谷まこと『渋沢栄一の福祉思想――英国との対比からその特質を探る』（ミネルヴァ書房、二〇一一）等がある。
（9）三好退蔵の履歴や留岡と三好退蔵との感化学校との共同作業やその決裂については、拙著『留岡幸助の研究』（不二出版、一九九八）に収載されている第十章「巣鴨家庭学校の創設」（三七九―四二一頁）を参照されたい。
（10）安達憲忠については、光田健輔『黎明期に於ける東京都社会事業と安達憲忠翁』（黎明期に於ける東京都社会事業と安達憲忠翁編纂委員会、一九五六）や内藤二郎『自由民権より社会福祉　安達憲忠伝』（文献出版、一九八五）等を参照した。
（11）「瓜生会」については奥寺龍渓『瓜生岩子』（四恩瓜生會、一九一一）や菊池義昭『瓜生イワ』（大空社、二〇〇一）等を参照した。
（12）児玉花外については、太田雅夫『不遇の放浪詩人――児玉花外・明治期社会主義の魁』（文芸社、二〇〇七）があるが、その年表によれば、一九三六年一一月九日のことであり、「救護法の適用を受け、板橋の東京市養育院に移る」とあり、花外六二歳の時である。
（13）内藤二郎『自由民権より社会福祉』（文献出版、一九八五）や同『社会福祉の先駆者　安達憲忠』（彩流社、一九九三）等である。

第四章　博愛社の機関誌から慈善・博愛・社会事業をよむ

第一節　小橋勝之助と『博愛雑誌』

はじめに

本書でしばしば述べてきたように、明治二〇年代後半から施設の機関誌が刊行されはじめていく。しかし今ここに明治二〇年代前半に刊行された施設機関誌がある。それがここで紹介する『博愛雑誌』である。この雑誌は創立者小橋勝之助の個人雑誌的な感もするけれども、日本の社会事業ジャーナリズム（雑誌）の一等早い刊行と称せようし、慈善事業の黎明期においてかかる雑誌が刊行されたことにおいてその意味はきわめて大きいものと考えられる。

幸いにも『博愛雑誌』は博愛社に全号所蔵されている。この雑誌は博愛社の歴史を叙述するときや博愛社初期の状況を論じる研究等において利用されてきた(1)。しかしこの雑誌全体を対象にして論じられたことはない。岡山孤児院創設後の慈善事業期において、また小橋勝之助やその周辺の人々がいかなる論を展開したか、そして史料紹介的な意味を含め、この雑誌の特徴を社会福祉史やキリスト教史においても考察していくことは意義のあることである。一般の人々の人権はもちろん近代日本の形成期に、子どもの幸福を願い地味ながら活動をしていった実践の軌跡を辿っていくことはきわめて重要なことであり、博愛社や、その創立者の思想や実践、あるいはその刊行物を研究することはその一環でもある。

一　小橋勝之助と博愛社の創設

ここで取り上げる『博愛雑誌』は博愛社の機関誌であるが、周知のようにこの博愛社は小橋勝之助が中心になって一八九〇（明治二三）年一月一日、兵庫県赤穂の地に創設されたものである。さしあたってその創設までを瞥見しておくことにしよう(2)。

小橋勝之助（一八六三〜一八九三）は一八六三（文久三）年一月二五日、播州赤穂矢野村瓜生で生まれた。家は庄屋格で比較的裕福な農家であった。しかし一五歳の時、父が他界した。彼は神戸医学校で学び、その後東京大学医学部で学ぶため東上し、独語学校、済生学舎等で学んだ。東京での生活は弟実之助との共同生活となったが、肺を患いベルツ博士に診察してもらうことになる。彼の病は少年時からの不摂生が大きな原因であった。彼は高瀬真卿の事業（感化事業）に参画し、感化心学会、感化協会の設立に参加し、私立予備感化院（東京感化院）の講師ともなるが、感化問題や心学等にも関心をしめす(3)。彼は当時道徳や倫理、心学等精神的拠り所を求めていたように思われる。キリスト教への邂逅もかかる精神的彷徨の帰結であった。かくて、一八八六（明治一九）年一〇月から三一神学校に入学し、キリスト教にも深く関心をしめし、聖公會ウィリアムズ監督（Williams, C. M 一八二九―一九一〇）の牧する神田教会に通うようになる。そして八七年五月八日、ウィリアムズ監督より洗礼を受けるに至る。彼の日記には前々日の六日に築地立教大学校において洗礼の試験を受けており、八日に「夜神田明神下教会に於て洗礼を受けたり。証人は藤田克馬、矢先又太郎、矢先すがの三氏を依頼したり」(4)とある。そしてこの教会で当時立教女学校の教師であり、後に博愛社に奉仕する林歌子や小野田鉄弥らと出会うことになるのである。ちなみに林も翌月二六日に受洗する。後に博愛社に関わる人々がキリスト教をとおしてこの頃、信仰の共同体を形成していた。

しかし翌一八八八年九月、母が死去し勝之助は家業に専念しなければならなくなり、神学校卒業を待たずして故郷赤穂に帰ることとなる。そして小橋は故郷と周辺の地でキリスト教の伝道活動を行う。しかしこれは同族から「耶蘇教」という異教を出したということで親類らの反対にあうことになる。さらに勝之助は同年一一月、肺疾患のため神戸病院に入院している。翌八九年六月には三木善五郎よりキリスト教信仰ゆえに、勝之助、良之助に対し、絶交状が送られる。しかし小橋はかかる迫害に屈せず、己が信念を貫いた。同年九月、勝之助は転会を希望し姫路教会、神戸多聞教会、明石教会を転々し西播地方の伝道を行なっている。そして一二月、組合教会のアッキンソンより伝道士の資格を得ることになるのである。

かくて一八九〇（明治二三）年一月、小野田鉄弥、沢田寸二、前田英哲、弟実之助らと共に、故郷に博愛社を創設した。これには小橋家の財産（田畑一町五反、山林原野四町余、家屋二棟等）を捧げたのである。こうして後述するように有名な七つの事業を構想し、博愛社は船出したのである。ところで勝之助が慈善・博愛の事業に生涯をかける契機は八五（明治一八）年頃からと思われる。つまり、高瀬眞卿の事業にかかわりだした頃からであろう(5)。そしてキリスト教との出会いの中で、慈善事業への志向が深化していったと思われる。

次に小橋勝之助の日記から博愛社創設時の記録を見てみよう。創立前年一二月三一日には「午后は博愛社の準備をなし夜は一年中の感謝会を開けり」とあり、翌一八九〇年の冒頭には

第一伝道期

紀元千八百九十年即明治廿三年一月一日より同四月十日迄を第一伝道期として宜しく聖霊の導きによりて働き多くの人を主に導く可し

明治廿三年一月一日（水曜日）午前は日課及び感謝会を開き夫れより新年の慶賀に出掛けたり午后は休息及び書見をなせり夜は説教会を開き（人とは何ぞや）（社会の道徳）の二題を弁ぜし(6)

とあり、博愛社についての言及はないが、キリスト教伝道という大きな課題に直面していたことが窺える。

さて、ここで、小橋が命名した博愛社の「博愛」という言葉について、少し言及しておくことにしよう。西洋を中心にした社会福祉の歴史において一九世紀、「慈善から博愛へ」と推移していくと一般的に把捉されている。しかし外国から急激に移入してきた日本での福祉実践において、慈善や博愛という概念が明確に区別され、あるいは明確な意識においてその言葉が使用されてきたとは思われない。小橋も博愛社においても「博愛慈善の事業」と言ったりしている。博愛社は岡山孤児院（当初は孤児教育会）に遅れること二年余に設立されたものであり、近代日本の社会福祉の黎明期に於ける重要な児童施設として位置していることはいうまでもない。もちろん当初は児童養護中心の施設から出発したものではない。そして博愛社が今日まで一二〇年以上の歴史を持ち、幾多の児童を救済し養育してきた歴史を考えると、その原点にこの雑誌があることも看過できないことである。

二 『博愛雑誌』の刊行——創刊号（第一号）を中心に

周知のとおり『博愛雑誌』の刊行は一八九〇（明治二三）年一月の博愛社創設、つまり、博愛社の七つの事業の一つであり、発兌されたのは創立後数カ月経た同年五月のことである。小橋勝之助の日記(7)に具体的に『博愛雑誌』創刊号（第一号）発刊の件が認められているのは、前月四月二三日に、「今日は終日博愛雑誌編輯に従事したり」とあり、翌日も全く同じ文章で終っており、この両日に集中的に創刊号の発刊準備をしたことが窺える。そして二七日の段には「今日午前豊岡輿一氏に博愛雑誌を任せり」とある。また赤穂に伝道に出かけた五月二日の段には「豊岡輿一氏と雑誌の事にて談話し」ともある。ちなみに五月の創刊号の刊行についての叙述はなく、五月二一日には「今日は終日博愛雑誌編輯に従事し」とあり第二号の準備をしている。

このようにして博愛社創設数カ月後の一八九〇（明治二三）年五月五日、『博愛雑誌』は創刊号が発兌された。ここでは記念すべき創刊号についてみておくことにしよう。巻頭論文は「神の愛」であり無署名であるが、小橋勝之助の執筆になるものと思われる。ちなみに以下の号の巻頭論文すべて無署名であるが小橋の筆になるものであろう。巻頭論文の次は「博愛社の主意書」（小橋勝之助）、「奢移と滅亡」（小野田鉄弥）、そして「金言」となっており、一〇頁からなっている。創刊号の奥付によれば、編集発行人は小橋勝之助（兵庫県播磨国赤穂郡矢野村ノ内瓜生村七十一番屋敷）で印刷人は岡本亀太郎（兵庫県播磨国赤穂郡赤穂町ノ内加里屋町四十一番屋敷）である。この体制は第二〇号の終刊まで変わることがなかった。大きさは縦二一センチメートル、横一四センチメートルの小雑誌である。

さて第一号の内容に移ると巻頭論文は「神の愛」であり、小橋勝之助の論文であろう。その文頭には「愛の源なる全智全能の父なる真の神天に在りて宇宙万物を主宰し我儕人類を愛護し玉ふ然れとも世の多くの人は斯る真の神あるを悟らす真の道を離れ岐路に迷ひ罪悪に沈倫し姦淫苟合不義悪匿貪婪……」云々と罪を犯すものが多いことが指摘される。しかし父なる神は「却て之を愛し種々なる方法を以て之を悔改に導き善道に立帰らしめ玉ふ其の愛の大なる実に極まりなし」とその愛の偉大さが述べられる。また「世間に親のなき子ほど不幸なる者はなかる可し是れ親の如くに昼夜之れが為に心を労し之を慰め之を愛し之を養育するものなければなり」、しかし天にいる父の愛は「肉に属する父母の愛の幾千倍なるやを知らず」「困難の時は希望を与へ其の他病ある時も貧しき時も恒に安心と平和と喜楽を与へ給ふ」と「神の愛」の崇高さが論じられるのである。

斯る愛に富み玉ふ父なる神天に在ます事を知りたらんには我儕亦其の神を愛し且つ同胞兄弟姉妹を愛せざる可らず我儕もし互に相愛せば神われらの裏に居りて彼を愛す愛を我儕の裏に全なす我儕神を愛するは彼まづ我儕を愛するに因れりもし我は神を愛すと言て其の同胞兄弟姉妹を愛せざるものは是れ偽善者なり既に見る所の兄弟姉妹を愛せずして未だ見ざる神を如何で愛せん乎

そして「顧みて我国四千万の同胞を観るに貧窮困苦のもの鰥寡孤独のもの到る所に充満し罪悪を犯して道徳及び法律の罪人となるもの年々歳々増加し飲酒放蕩の為財産を徒費し健康を害し特性を破壊するもの又肉欲名利の奴隷となりて空しく生涯を送るもの又甚だ多し嗚呼神を愛する人よ立てよ我国同胞四千万の人々を救ふ為に全霊全身を尽されよ是れ天父か我儕に切に求め玉ふ旨なり」と結んでいる。ここには既述したように青年時代から東上し、幾多の思想的遍歴を経て、キリスト教に回心し、キリスト教でもって、人の世を相渉っていく覚悟と自己反省の上に築かれた信念、またそれでもって日本の危急を救済していこうとする思念が読み取れる。

次に小橋の筆と思われる「博愛社の主意書」が掲載されている。ここには道徳腐敗、風俗頽廃、貧民増加といった現状があり「同志相団結して博愛社を組織し協心同力博愛慈善の事業を企て以て貧民を救済し資力に乏しき青年を教育し放蕩生を感化し孤児を養育するの方法を講究せんとす」と設立目的を挙げ、有名な七つの事業につき詳論している(8)。その中で第二の博愛雑誌を刊行する目的として「博愛雑誌は福音の真理を証明し博愛慈善の事業に就きての論説を掲げ又博愛社の起こす事業の成績を報告し社会の慈善心を喚起し博愛慈善の事業の益々起らん事を奨励する為に発行するなり」と述べている。一方、この一大事業は一〇年くらいを考えていること、キリストの愛に包まれての事業であること、それ故、困難があっても多くの人の協力、必ずや神の助けで成就できること等を披瀝している。

ところで、この号には次のような「協力者への願い」といったパンフレット類のものが付されている。ここには彼の事業にかける覚悟が語られているといってよい。

人の是の世にあるや万国万民は皆兄弟なり姉妹なり而して我儕の父は天に在り主イエスキリスト曰はく我爾曹を愛する如く爾曹も相愛すべしと然らば則ち人々互に相愛し相親み貧窮困苦のもの鰥寡孤独のもの罪悪に沈倫するものを憐恤救助するは我儕の天父に対する義務なり

余は不肖と雖ども天父の御導きによりて夙に博愛慈善の事業に志し既に五年の星霜を経たり其の間種々の事に遷過して益々志を堅固にして今日に至りては凡その準備略ぼ整ひ事業に着手すべき時期到来せり故に奮つて心身を

犠牲に供し以てその事業に着手し着々歩を進め爾来十ケ年の星霜を期して之れが大成を図り国家の為同胞の為微力を尽さんと欲す

博愛慈善の諸愛姉よ願くは余の微衷のある所を諒知せられ賛成助力あらん事希望の至りに耐えず

明治廿三年一月一日

小橋勝之助

続けて「博愛社略則」がある（〔　〕内は史料に訂正あり）。

社名　本社を名けて博愛社と称す

目的　本社は博愛慈善の事業則文庫を設ける事　博愛月報〔雑誌〕を刊行する事　慈善的夜学校を設ける事　慈善的高等普通校を設ける事　貧民施療所を設ける事　感化院を設ける事　孤児院を設ける事等の事業を起すを以て目的とす

社員　社員はキリスチアンにして本社の目的を賛成し或は労力或は金銭物品を以て本社の事業を助くるものとす又キリスチアンに非らずして本社の目的を賛成し労力或は金銭物品を以て助くるものを賛成員とす（毎月金十銭宛寄付する社員及び賛成員合せて二百名ある時は本社の事業の基礎を置く事を得）

役員　社長壱名幹事二名男女の教師三名医師二名とす事業の進歩するに従ひて役員を増加するものとす

付　……略……

明治廿三年四月一日

博愛社社長　小橋勝之助
幹事　前田英哲
　　　小野田平次郎
助教師　小橋実之助
女子部教師　村尾よし
炊事裁縫掛　小野田さく

西播赤穂郡矢野村　博愛社本部

最後に雑誌の部数について見てみると、「博愛社の希望」(9)という論文では『博愛雑誌』の刊行は毎月二〇〇部刊行していると報じ、今後、賛成員の増加するに従ひ次第に部数を増加する見込であるとしている。「博愛雑誌発行の主意は博愛社の取る所の主義と其の精神及び其の事業を企つる法方と成績を社員及び賛成者に報告せんとするに在り是の博愛雑誌によりて博愛の取る所の主義と其の精神を了知せられ一人なりとも多く賛成の意を表せられて博愛社の取る所の主義と其の精神が我国真正の開明進歩を幾分の裨補する所あらん事を希望するなり」としている。

以上論じたように小橋勝之助のこのような思念と情熱によって博愛社の創設と『博愛雑誌』刊行が成就したが、次から第二〇号までの主なる執筆者とその論文内容についてみていくことにする。

三　『博愛雑誌』の小橋勝之助論文

創刊から第二〇号までの主なる執筆者は社長の小橋勝之助であり、彼についで小野田鉄弥であるが、論文の数からいうと小橋が圧倒的に多い。もちろん草創期の博愛社は彼が中心であったことからして、きわめて当然である。ここで博愛社社長でもある小橋勝之助について如何なる論文が掲載されたかについてみていくことにしよう。小橋は無署名の巻頭論文を入れて、約三〇個の論文を執筆している。それらを（一）キリスト教に関するもの、（二）慈善博愛事業に関するもの、（三）博愛社に関するもの、（四）その他、の四つに類型化して考察していくことにしよう。

（一）キリスト教論

当時、小橋にとってキリスト教伝道という問題は最重要課題であり、キリスト教について論じたものが中心になってくることはいうまでもなく、毎号のようにそれに関連した論文が掲載される。主だったものを見ていくと、第二号（一八九〇年六月五日）の「キリストノ愛」という論文では「キリストは我儕罪ある人類を深く愛し之を救はんが為天の位を棄て丶是の世に降り己を虚ふし僕の貌をとり東奔西走瞽者を癒やし癩病人を潔め聾者を癒やし死したるものを復活せしめ貧者に福音を聞かせ詬られて詬らず苦められて厲しき言を出さず枕する所さへもなき程に昼夜身心を労し玉へり」と彼のキリスト観が述べられている。また父母の愛につき論じ、「然れどもキリストの愛は父母の愛の幾千倍なるを知らず父母は僅かに是の世に在りて我儕助ける耳なれどもキリストは永遠我儕を守り我儕を恵み玉ふ況んや肉体の父母も亦キリストの与え玉ふものなるに於いてをや」と、そして続けて、「キリストの愛は能く頑固なる心を解かし悲みある心を慰め失望せる心に希望を与へ弱気ものを強くし玉ふキリストの愛一家に来るなれば一家の平安喜楽和親之より全くなるに至らんキリストの愛一国に遍くなるなれば其の国之れより一致平和を来らして益々隆盛に赴かんキリストの愛万国に遍からば万国万民皆一致和合して一つの肢となり相愛し相親み以て人生の幸福を共受するに至らん」と愛が万物に降りていくと論じる。

このように小橋のキリスト教に関する論文の特徴として、「愛」という概念がよく論じられる。この論点は繰り返されるところであるが、たとえば第三号（一八九〇年七月五日）の「爾曹相愛す可し」においても、「愛に富み玉ふ父なる神は我国を憐れみ腐敗せる人身を改良し亡びたる霊魂を救ひ一つの救ひ一つの善美なる国となさんが為に二十年来基督教を我国に宣伝し爾曹相ひ《ママ》愛す可しとの誡を与へ玉へり我儕若し是の誡を守り己を棄て丶互ひに相愛し一致協力して凡ての事をなさば醜風汚俗其の跡を絶ち浮薄残忍変じて質朴醇厚となり家睦じく国治まり人々皆な博愛の帯をしめ正義の靴をはき東奔西走して天父の本分を尽し以て真正の文明の春を楽しむに至るや期して俟つ可きなり」と。そして「此の如く一家族相愛するを得る時は従つて親戚を愛し友人を愛し隣人を愛し遂に己れに敵するものまでも愛し得るに至る可し」と述べ、さしあたって身近な家族から隣人愛、結果として「文明の春」を謳歌できる国家となることが可能であると説くのである。それはもちろんキリスト教理解にとどまるものでなく実践がともなってくるのが必然である。

また第一一号（一八九一年三月五日）の「慎言実行」では「然れども耳に聞き口に言ふのみにして身に行はざる人々には如何に新約全書につきて研究するもキリストの言行の浩大なることは少しも感じますまい」「我儕は口にして神を敬ひキリストを呼ぶのみにては真のキリスト信者とは申されませぬ行ひを以てキリストの聖旨に従ふものでなければ真のキリスト信者とは申されませぬ」と厳しく言行一致を説く。

しかし小橋が理想とするようにキリスト教界が動いていく様子ではなく、第一三号（一八九一年五月五日）の「教勢振起策」「教勢不振の原因」「教勢振起法」はキリスト教界の不振の現状を憂い、具体的にその原因を指摘し、対策――振興策を論じたものである(10)。また「使徒パウロ」(11)という論文において、以下のように論じている。

我国当今の伝道者にしてパウロの如く己の罪を感する深くパウロの如くキリストの愛を感ずる厚くパウロの如く大なる愛心と熱心と忍耐と勇気を以てあらゆる艱難辛苦を嘗めて伝道に従事するものあるか其の甚だ稀なるを知れり伝道の功を奏せざるも亦宜なり然らば我国目下伝道上の急務はパウロの如き大伝道者の起ること是れなりキリスト天にありてわれ誰をつかはさん誰かわれの為に往くべきかと呼びたもふわれ此にありて我をつかはしたまへと叫んで立つもの何処にあるか刮目して竢つ

さらに第一八号（一八九一年一〇月五日）収載の「祈祷」において、「現今に於てもムーデー氏の祈祷によりて多くの人々の霊魂救はれブース氏の祈祷によりて多くの貧民救済されジョージミユルラル氏の祈祷によりて多くの孤児救はれつゝあり其他キリストの福音は世界万国に宣伝され多くの霊魂日に月に救はれつゝあるは諸聖徒の熱心なる祈祷に由て与へられたる応験なり実に主の目は義人の上に止まり其耳は義人の祈祷に傾け給ふは我儕の深く感謝すべき所なり」と論じている。このように「使途パウロ」と「祈祷」の二論文で指摘されているように、キリスト教に於ける伝道と「祈祷」の深化、具現化をとおして神の愛がこの世に顕現するのであり、これは小橋自身が自戒するところでもあったろう。博愛社での具体的な活動が、キリスト者としての実践の一つでもあった。

（二）博愛慈善事業

博愛社は当初、七つの事業を目的に創設されたが、小橋には、当時社会の多数をしめる貧民の問題が彼の大きな課題であった。

たとえば「救貧策」(12)という論文では「世界各国何れの処へ行くも多くあるものは貧民なり殊に我国の如きは四千万の同胞の中貧民其の多数を占む是の貧民の中には飢餓に迫りて窃盗働くものあり或は力なく餓死するものあり或は身を河に投じ又は首を縊りて其の苦を逃れんとするものあり或は汚穢醜業をいとなみて糊口をなすものあり其の他貧苦の為めに種々なる悪業を働き生路を求めんとするもの夥多あり」とし、「娼妓」「罪囚」「丐児」「密淫売者」「芸妓」らは「貧民社会」が生み出すものである。しかし生み出された彼等は国の「障害物」であり、「開明を妨げる」ものであるいう論旨からなっている。貧民の存在は我国全体の盛衰に関係するものであるから、救済の方法を考究し国の独立独歩を図っていくことが危急の課題であるとする。小橋の思想には人権的視点というよりナショナルな近代国家建設という視点があったことも看過できない。彼は救済方法として次の四つを挙げている。

（第一）殖産興業を隆んにし貧民に職業を得さす可し

（第二）貧民に伝道して其品行を矯正す可し

（第三）貧民の疾病を施療するの方法を設く可し

（第四）慈善的夜学校を設けて貧民の子女の教育すべし

そして「我国を愛する人よ（只口のみに非らず真実心から）我同胞殊に多数の貧しき同胞を愛する人よ少しの時間と少しの金銭とを義捐して貧民救済の為にめ力を尽されよ是れ余の切に希望する所なり」と訴えている。明治二〇年代初頭、貧民についての議論は例えばジャーナリストによってスラム社会が「異質さへの関心」として論じられもした(13)。

しかし、解決方法まで論じていくところに小橋の社会事業家としてのアイデンティティーが存すると言えよう。

第一一号（一八九一年三月五日）の「禁酒と禁煙と廃娼」という論文では、「我国人が毎日飲みて己れの身心を害し人を害し社会を害する所の酒を厳禁し又時々刻々烟となして之を吸引し己が身心の健康を害する所の煙草を厳禁し又我国各都会の地にありて多くの青年を慾海に溺らし梅毒を伝播して社会を害し社会の淫風を養成して風俗を頽廃せしむる所の娼妓を全廃し之に要する所の時間と人費を転用して伝道事業と教育事業を拡張し殖産興業を盛んに起す時は我国は直に真正の文明国たるを得べし」と述べ、この「三大害毒」についての費用を具体的に示し、その莫大な浪費を指摘している。倫理・道徳的視点より「伝道教育事業を始めとして殖産興業其他万般の事業改良進歩を図り我国の安泰を希図」すべきだ、と自説を展開している。

第二号（一八九〇年六月五日）の「社会と改良」も同じ様な文脈で、彼等に対し「自活の道」を得させ、「国家の良民」たらしむることが、社会改良の根幹であり、それにはキリスト教の伝道と実業教育に依拠していくことが必須であると説いている。「国家の良民」という概念は岡山孤児院等、当時の草創期の施設の趣意書にもよく登場する言葉である(14)。小橋の認識にもこれが窺えることは興味深い。いわゆる社会事業の対象者認識において、その目的において「不道徳」や「犯罪」からの彼等の教育を通しての自立、すなわち「良民」へと導くこと、「国民形成」が結果として国家の健全なる「発展」につながっていくという構図である。世間において顧みられない彼等を救済していくことにキリスト教の存在証明がある、と考える。ちなみに第一三号（一八九一年五月五日）には一八八八年から事業が開始された「神戸新田夜学校」や「神戸多聞キリスト教少年会」のことが報じられている。

(三) 博愛社の事業

三つ目として、博愛社の機関誌として、当然、博愛社の今後のあり方や構想等を論じていくことは自然のことである。「博愛社の希望」(15)という論文において「博愛社は身を神に献げキリストの足跡を踏み潔き生涯を送り主の為国家の為粉骨砕身して己れの本分を尽さんと志すもの、一つの小団結なり一粒の芥種すら之を地に播くときは百様の種より微けれど既に播て萌出れば百様の野菜よりは大くかつ巨なる枝を出して空の鳥その蔭に棲む程に及なり然らば即ち博愛社の団結小なりと雖ども神の御恩恵を蒙むる時は次第に成長して世に大なる働きをなすに至らん」と論じ、次のように具体的にキリスト教を機軸に据えて、事業を完遂していくことを述べている。

本社の希望する処は一人にてもキリストに在りて真正の徳義を養ひ智識を研ぎ身体を強壮にし実業を働きて自活し忠君愛国の働きをなす所の青年を養成せんとす

又一人にてもキリストに在りて真正の徳義を養ひ智識を研き身体を強壮にし一家を能く治め子女を能く養育し善良なるホームを形づくり国家の元気を発揚すへき責任を全ふする婦人を養成せん事を希望するなり

又一人にても放蕩懶惰なる少年及び青年がキリストに在りて真正の徳義を養ひ智識を研ぎ身体を強壮にし実業を働き自活の道を学び社会に立ちて独立自治の働きを為すに至らん事を希望する也

又一人にても彼の親を失ひたる憐むへき孤子がキリストに在りて養育の道を得生長するに従ひ天父の恩恵を感じ主の忠僕となるに至らん事を希望するなり

又一人なりとも博愛慈善の事業を賛成し真正の徳義を養ひ節倹力行以て己れの職業に励み忠君愛国の働きをなすもの、輩出せん事を希望する也

博愛社の事業の一つ実業学校については、「我国の二大欠点」(16)において、「実業的教育は独り実業を修練し併せて有益有効なる所の万有物に関して其の知識を研くのみならず身体の健康と強壮とを増進し智性と感情とを改良し道徳を養成するに尤も大な益あり余は后進の子弟に実業的教育を施さんが為に博愛社普通学校を設立せんと目下計画中なり」「真に基督教主義の道徳に基ける実業的教育は道徳の腐敗と経済の困難を救ふ無二の秘法なり」「キリストの福音我国にあまねく宣伝し実業的教育盛んに起こる至り始めて国家安寧なりと」と述べている。

ちなみに第九号（一八九一年一月五日）は一八九〇（明治二三）年の事業報告となっている。その中で『博愛雑誌』の箇所を見てみると、五月から一二月までの八号分、一七〇〇部を発兌したとあり、来年度より毎月三〇〇部刊行の予定であるとしている。

さて、第一三号（一八九一年五月五日）の「救貧策」という論文において「道徳の腐敗経済の困難」が嵩じ、「飲酒淫猥奢侈」の風が流行し、混乱が生じている。かかる乱れた社会を救済し改良していかなければ日本の将来は愁うるものになる。博愛社に於てはキリストの愛に励まされ我国当今の状態を憂ひ博愛慈善の事業を企て貧民社会を救済するを以て目的とするなり」と述べ、貧民社会を救済する方法として主なる三つの事業を挙げ、自説を展開する。それは霊魂の救済、職業と自立、北海道への殖民事業である。そして小橋は「我儕の絶へすキリストに依りて天父に祈る所の事は博愛社の主義と法方が我国の憐れなる貧しき同胞兄弟姉妹の霊肉を幾分か救ふに至らん事なり世の博愛慈善の諸愛兄姉よ冀くは我国の貧しき同胞を憐れみ給へ之れが救済策を講じられ博愛社の主義と法方が実施され貧しき同胞兄弟姉妹の霊肉を救ふに至らん為間接又は直接に御尽力あらん事を」と慈善事業の責任を明示している。それは当然、キリスト教に根拠をもったものであった。

(四) その他

ここでは上述の範疇に入らない小橋の論文を紹介し彼の思想の一端を窺っておこう。第三号（一八九〇年七月五日）の「愛国心」という論文は当時の小橋のナショナルな論旨が語られている。そこでは「東洋の一隅にある所の一小帝国が万国の競争場裏に立て独立の位置を保ち文明の進歩を競ふは容易の事に非らず四千万の同朋皆愛国の赤心を以て相結合し一致協力して国の為めに尽すに非ざれば能はず苟も日本国に生れ天賦の愛国心を有するものは豈奮励せずして可ならん哉」と。そして我が国の今後必要なる愛国者には二種の人がいる。その一つは「天賦の愛国心を養ひ己れの身を脩め一家を斉ひ己れの職業に励み余力を以て社会公共の事業に力を尽すもの」であり、二つ目は「国の大事と見ては奮然起きて己れの財産生命をも犠牲に供し熱血至誠以て国の為めに尽すもの」である。小橋が財産を擲ち、博愛社を創設していく過程には、国家に対する危機意識が存した上での、まさに愛国心の発露でもあったろう。

また第七号（一八九〇年一〇月五日）収載の「家庭の改良」という論文において小橋の家庭観が論じられている。「家庭はキリストの愛に充たされざる可らず」「家庭は一つの教育場たらざる可らず」「家庭は飲酒喫煙淫猥の弊風を除去すべし」「家庭には節倹力行の美徳具はらざる可らず」「家庭は慈善的の働きなかる可らず」「家庭は衛生法行はれざる可らず」「家庭には宗教上の集りを欠く可らず」と七つにわたり詳論している。そして「以上陳述せし七個の方法が我国の家庭に実行さるゝなれは之れより其の感化を全社会に及ぼし彼の有志家の企つる種々なる慈善事業と相須つて我国の全社会を改良し我国をして真正の文明国たらしむるは決して難きに非らず」と論じている。

「帝室に対し基督信徒の敬畏」(17)という論文には当時のキリスト教界において大きな事件であった内村鑑三の不敬事件やそれと関連する教育勅語への言及が見られ、彼の皇室、天皇観が窺える。内村事件において小橋は次のような解釈をしている。

我儕基督信徒は聖書に示されたる言ばに基き我が　天皇陛下を政治上日本国の君主として之を尊敬し之に服従するものなり然れども宗教上に至りては天地の主なる独一の真神を信仰しキリストを我儕の救主と信じ霊魂の救はるゝ事を祈るなり政治上と宗教上の事は全く別の事なり豈之れ混同して可ならん哉其れ故にこそ帝国憲法第二十八条に於て新教の自由を許し宗教をして政治外に立たしめられたるなりキリストもまたカイザルの物はカイザルに帰し神のものは神に帰すべしと教へたまへり故に我儕基督信徒はキリストの教へを守り　天皇陛下に対しては尊敬と忠義を尽し国の法律は良心を以て之を守り殊に彼の教育上の勅語の如きは之を拳々服膺して躬行実践を怠らざる事を是れ務め凡ての人を愛し神を畏れて其の日を送るなり斯くの如くして尚帝室に対し不敬なり不忠なりと云はゞ最早答ふるに及ばず黙して止むべし

小橋は形式的な忠誠といったごまかしでなく、その人が天皇と神の二つに信念でもって尽くしているかが問われるべき問題であるとする。以上、小橋の主要な論文を見てきたが、キリスト教の啓蒙とその伝道、そして矯風的事業、キリスト教的博愛の精神でもって、下層社会への取り組み等々が見られた。しかし明治人らしいナショナルな国家意識に支えられていたのも看過すべきでない。

四　『博愛雑誌』の論文をめぐって——小野田鉄弥ら

『博愛雑誌』に執筆者についてみると小橋に次いで論文数が多いのが小野田鉄弥である(18)。彼は「奢侈と滅亡」（第一号）、「實業的教育」（第二号）、「節倹」（第三号）、「禁酒論」（第四号）、「教育家に望む」（第五号）、「女子教育」（第八号）、「明治二十三年の感想」（第九号）、「家政に関する所感」（第一七号）、「主にある事業の合同一致を望む」（第一八号）、「岡山孤児院」（第一九号）、「孤児救済」（第二〇号）といった論文を書いている。彼は博愛社創設とともに、東京での職を擲ち、赤穂に飛び込んで来たわけだが、彼の大きな課題は教育であった。先ず第二号（一八九〇年二月五日）の「実業的教育」という論文をみてみよう。彼は「吾人が施さんと欲する教育の方法は午前は学生に和漢英数の学科を教授し午后は教師学生共に必ず農業或は工業を勤むること、す斯く学生をして親しく実業の労苦を嘗め又其中に存する愉快を味はしめ且以て身体の健康を助く」とし、当地が都会より離れているという寒村僻村の短所というより、むしろ「大気新鮮人撲に風俗野なる地能く吾人の素志を達すへきを信せり」とその利点をあげる。

青山四面を圍み田畝相接し一道の清流岩石に激する所人をして覚へす天然の美を絶叫せしむ此幽邃なる山間の小村に於て和漢洋の書に由て智を研き或は耒耜斧鋸を手にして業を務め或は山川を跋渉して勇を鼓し家に在ては静に聖書を学ひて霊魂の糧を受け或は音楽を奏して心意を慰む此の如く智徳体の三育を兼て有為の人物を養成せんこと之れ吾人か日夜希望して已まさる所なり

このようにむしろ自然に囲まれた中での教育の理想を掲げ、博愛社での実業教育の必要性につき「諸君よ何ぞ江城華奢の梦より覚めて地方赤貧無学の民を思ひ奮然勇退して窮民の友となり耒耜を手にして後学を導かさる之れ唯今日の急務たるのみならず抑も我邦後来万世の長計なり」と論じている。

一方、第八号（一八九〇年一二月五日）の「女子教育」に際しては「女子をして我邦今日生計の程度に適合する知育に添へて家政学並に切要なる職業を実修せしめ第二に忍耐不撓の精神順良温厚の徳を養ひ家に在ては独立の処女人に嫁しては善良の妻母たる者をして陸続輩出せしむるは教育家たる愛兄姉の責任なり吾人佇立して以て待つ」としている。彼や小橋の悲願とした学校（博愛社普通学校）は九一年七月二五日、漸く日の目を見るに至る(19)。そして後述するが、博愛社は九一年九月に岡山孤児院と合併することになる。これに関する論文が第一八号（一八九一年一〇月五日）の「主にある事業の合同一致を望む」であり、そこにも基本方針が述べられている。すなわち小野田にとって、キリスト教という共通の上に立った事業は合同一致すべきであると、慈善事業においても「故に主の聖旨に循ひ我等己を忘れ近きものは主に在て合同一致し遠きものは気脈相通し益慈善事業を拡張し無告の窮民可憐の孤児寡婦を救ふことを勤め信徒相互間の墻を除き苦楽を分ち死生を共にするの決心を以て主の聖国の一日も早く我邦に来ることを熱祷せさるへからす」と。

ちなみに彼が最終号（一八九一年一二月五日）に書いた論文は「孤児救済」であり、濃尾大震災とその救援について言及している。周知のようにこれは同年一〇月二八日に濃尾大震災が勃発し、これに向け救援事業が展開されるわけだが、文中の東洋救世軍とは岡山孤児院内に創設されたものである(20)。この時はもちろん合併した岡山孤児院と歩調をあわせている。

我岡山孤児院は其最も憐むべき孤児等を救済せんことを期し本院職員岡山英語学校と合し東洋救世軍なる名称の下に一団結となり昼夜寝食を忘れ東奔西走一は尾張の地に事務所を設け或は地方を遍歴し孤児救済に従事し一は畿内中国四国を巡廻し金品募集に従事せり其労空ならず已に四十名の孤児を救済して之を岡山に移し三十余名は

大垣より名古屋に移し彼地に一の孤児院を設けて之を教養するに至り義捐金は数百円同衣類物品は数千点に上れり彼の孤児等以て飢ゆることなく凍ゆることなきを得べし天恩の優渥なる深く感謝する所なり吾人は天恩の優渥なるを感謝すると共に多くの慈善家の幸福を祈らさるを得ざるなり

これは濃尾大震災に於ける貴重な報告の一つである。次に彼の孤児院事業について論究している論文「岡山孤児院」(21)を紹介しておこう。

実に親むへく愛すへくは小児なり其小児中に於て最も憐むへきは孤児にあらすや其前途の最も暗黒なるも亦孤児にあらすや世人蝶々其憐むへきを口にすと雖とも進で其如何なる救済法を講するやと問はゝ或は答て我之を為すの暇なしと云ひ或は我力なしと云ひ其他種々の遁辞を設けて之を避け他人をして其重荷を負はしめんと欲するの者の如し怪む勿れ幾多の孤児漸く堕落して社会の体面を汚す所の乞丐となり掏摸となり窃盗となり強盗となり了るを彼等は斯る運命に定められし者なる乎其れ然り豈に其れ然らんや之れ我儕怠慢の罪に由るのみされは主に在る吾等は彼の憐むへき羔をして主の光に照され楽しき生涯を送らしめんか為に……略……

この文章の骨子は石井が以前発表した「孤児教育会趣旨書」にかかれてある文脈と似ているところがある。つまり小野田が石井に大きな影響を受けていたことの証しでもあろうか。そして小野田はその後、岡山孤児院で自己の職を全うすることになる。

沢田寸二は「博愛雑誌の発刊を祝す」第三号（一八九〇年七月五日）、「旅行中の所感」第一四号（一八九一年六月五日）「貧民と実業的教育」第一六号（一八九一年八月五日）等を書いている。沢田は実業的教育に大きな関心を抱いていたが、第一六号の論文の末尾を次のように結んでいる。

博愛社に於ては生徒学業の余暇農業工業商業を実習して其職を心得しめ之と共に悪しき境遇を変じ遺伝の悪性情を徳化し愛と義を深く脳裡に銘せしめ善良の習慣を涵養し自助独立の人物を養成せんとす是れ博愛社の取る所の実業的教育の方法なり（博愛雑誌第六号）将来益々其畛域を広め生徒自己の労働に由て得し所の収得金を以て各

独立の生活を営ましめ尚進んで殖民に道を奨励し以て邦家の徳義の進歩と生産力の増進を図らんとす（博愛雑誌第一三号）博愛社の事業は決して成就し得ることを主にありて信ず茲に重複を省みず余が所思を寄す

また最終号の第二〇号（一八九一年一二月五日）に山室軍平が「誠に実に」という論文を書いているのは注目される。当時山室は同志社の学生で、既に石井十次とは親交があり、博愛社と合併もしたこともあり、博愛社の事業についても関心をもっていたことは推察される(22)。いずれにしろ、山室の早い論文の一つである。

誠に実によアーメンアーメンよ嗚呼此れ約翰伝―基督の心なる約翰伝が繰返し繰返し写し出したる主耶蘇基督の姿にあらずや而して我幸にして幾度か此語を唱し之を唱する久ふして然して後に終に其極意の箇の至誠―基督に溢れつゝありし満腔の至誠に期することをば知り得たり豈所謂爾曹が見る所の眼は幸なるものにあらざらんや然りと雖ども賢者未だ聖者にあらず知る者何ぞ行ふ者ならん基督逝きて二千年クロンウエル逝き松陰逝き新島襄先生も亦既に逝けり今まや満天下心ある者の心は一に此誠に実にと言ひアーメンアーメン言ふの極意を悟り且実行しつゝある小基督に向ふて渇望大号す

天地を動かす力尋ぬれば　か弱き人の誠にぞある

山室は一八九一年一〇月末の濃尾大震災においても小橋や石井の事業を助けている。その翌年になると救世軍のことを知り、九五年石井の勧めもあり、日本人初の救世軍人となり、その後、日本の救世軍の指導者となっていくが、若き山室の熱い情熱と信仰が窺われる貴重な論文である。

五　終刊模様

三号雑誌に終らず、、継続的に第二〇号（一八九一年一二月五日）まで刊行した『博愛雑誌』は突然、廃刊宣言が出されることとなる。すなわち『博愛雑誌』第二〇号には小橋勝之助の筆になる「廃刊の辞」が掲載されているのである。ここでは何故終刊に至ったかを考察をしていく。しかしまずこれには岡山孤児院との合併の問題から考えていかなければならないし、岡山孤児院の石井十次と小橋勝之助の二人の関係を基軸にして考察していく必要がある。小橋は一八九一（明治二四）年四月三日に岡山孤児院を訪問し、石井と面談している。その時のことを小橋は「天父の御慈愛を深く感じて感涙の外なかりし」（第一三号）と認めている。一方、石井が初めて博愛社を訪れたのは一八九一年五月八日のことである(23)。

既述したように博愛社は一八九一（明治二四）年七月二五日、念願の普通学校を開校した。しかし開校間もなく岡山孤児院との合併の議が浮上することになり、財産を岡山孤児院に寄附し、普通学校も岡山孤児院の付属となった。小野田鉄弥の論文から少し長い引用となるが当時の情況を窺ってみよう。

然れとも其目的を約言すれは人の霊魂肉体を兼ね救ふにあり其第一着として普通学校を設け本年八月廿五日を以て開校の式を挙ぐ。爾来僅に数閲月計らすも孤児院と合同の議起れり主に在る事業特に其目的を同ふする事業の合同に向て誰か反対を試むることを得んや社員一同之れ主の望旨なりと信し熟議の末該普通学校を以て孤児院の付属と為すに決す而して後来其程度を高めて実地農業学校たらしめんことは我等の希望なり

因みに云ふ博愛社は為に消滅し去りしか否らす石井氏も亦其社員となれり我等は益々主に在て励み之を以て犠牲献身的人物の一団体たらんことを切望して已まさるなり

今や孤児中二十名を選抜し瓜生村なる普通学校に送り茲に又実業的教育を施す時正に稲の収穫麦の播種の季に際するを以て鎌を手にして稲を刈るあり扱くものあり籏るものあり……略……

故に岡山に於て女子及幼児を教育し瓜生村に於て男子の稍長せし者を教育するは最も適当なるか如し而して其男たり女たるを問はす共に施すに実業的教育を以てし男子には農事を務め手工を為し傍ら普通学を修めしめ女子にも亦家政裁縫機械養蚕及幼児の介抱等を為すの傍ら普通学を修めしむ若夫れ高等なる実地農業教育に関する希望に就ては乞ふ他日を俟たんことを(24)

さらに第一九号（一八九一年一一月五日）の「社告」には次のように報じられている。ここには明確に合併のことが『博愛雑誌』をとおして「今般社員一同協議之上弊社の事業と岡山孤児院と合併致し社長小橋勝之助の名義なる所有財産一切同孤児院へ寄付致候付博愛社普通学校は同院に付属することに相成候間此段愛兄姉へ稟告す就ては以後御寄付被下候分は岡山孤児院寄付中へ算入致す可く候間此段合せて謹告候也」と知らされていった。

一八九一年一〇月二日に博愛社と岡山孤児院は合併し、九三年四月二〇日再び両者は独自に歩んでいくことになるまで、一年半共同の歩みをしていくことになる。しかし岡山孤児院と合併した博愛社はここで機関誌たる『博愛雑誌』の存在意義を問われることになった。かかる背景の中で第二〇号に「廃刊の辞」が収載されることになったのである。

廃刊の辞

人の進むや未だ初より退くが為ならずんばあらず我の退くや未だ初より進むが為ならずんばあらずとは此豈昌黎韓氏の語にあらずや而して吾人は今実に進むが為に一歩を退くの止むなき場合に遭遇せり

吾人が博愛慈善事業の為に献身し基督の新誡を世に出さんが為に勉むる蓋一日にあらず先きには同志と共に博愛社を起し彷徨ゐる神の子女を肉と霊との艱より救はんことを企図し斡旋も同時に又屡雑誌に因りて不肖なる意見と博愛社の模様とを読者諸君に通知して今日に到れり

計らざりき主の摂理は我等を導て岡山なる石井氏の孤児院に配し共に合同一致の運動を天下に試みしむるにありて存せしならんとは

一朝吾人の此事に心付くや静念熱祷の末終に決然之を断行せり断行したるの結果は実に前号の本誌第六七両頁に掲載したるが如し

既に博愛社を以て岡山孤児院に配す我雑誌のみ独り何時迄か依然旧の如きを得んや故に吾人は本号を以て断然此誌を廃刊せんと欲するなり然り断然此誌を廃刊せんと欲す然れとも此れ只昌黎氏の所謂進むが為め退くのみ焉ぞ退くが為に退く者の類ならんや誰かは知らん此誌の此処に死するは自ら此他日孤児院月報彼処に生まるの徴にあ

らざるなきを
謹んで本誌廃刊の理由を述べて親愛なる読者諸君の厚情を鳴謝す

すなわち「既に博愛社を以て岡山孤児院に配す我雑誌のみ独り何時迄か依然旧の如きを得んや」というように岡山孤児院と合併した以上、博愛社の雑誌刊行は許されることでないと認識する。しかしこれは退くということではなく、進歩のためでもあると説得する。つまり廃刊は一方では将来における岡山孤児院月報の刊行という期待でもあった。そして一八九二年一月六日付けで小橋勝之助から逓信大臣後藤象二郎宛に「廃刊御届」が提出されている。それによれば「右ハ今般都合ニ付キ本月ヨリ廃刊候間此段御届申候也」(25)とある。ちなみに『岡山孤児院月報』が創刊されるのは、勝之助死後半年後であり、九三(明治二六)年八月一五日のことである(26)。しかしその時は博愛社と岡山孤児院は再度、独自の道を歩んでいくことになっていた。

ところでこの合併中止ということにつき、『博愛社』には「岡山孤児院との分離」と題して「本社が先に農業を以て教育の要素とする一貫の主義によりて合同したる岡山孤児院は、頃来漸く其方針を改め、農を措て工商を主とするに至りたるを以て、前年同院より移して教養せる児童の過半を返還し、更に九月に至り、同院の財政いよいよ窮乏を告げ、彼此の事情は寧ろ合同を中止するの双方に利益なるを認め、茲に全く従前の関係を絶ち、各々独立して斯業に貢献することゝなれり」(27)と記されている。また、小橋と石井との個人的軋轢もあったようで、さらに一八九三(明治二六)年三月に小橋勝之助が召天した。中心的人物を失って博愛社の動揺もそこにあったものと解せられる。そして次節で見るように、再度、博愛社が機関誌『博愛月報』(後の『博愛社月報』『博愛の園』)を刊行するのは九九(明治三二)年五月になってからのことである。

おわりに

以上、『博愛雑誌』についてみてきたが、この雑誌は日本の社会福祉施設史の黎明期における機関誌であり、また社会事業雑誌の魁であった。慈善事業がまだ定着していないとき、博愛慈善が何たるかを世間に知らしめるにおいて、雑誌というものを媒体にして自己の思想を表明していくものであった。その意味において小橋勝之助は施設の先駆者としてのみならず、慈善や博愛事業の一担い手でもあった。小橋は博愛社創立当時より七つの大きな事業構想をもっていたが、その一つに雑誌刊行があり、その刊行を通して、賛同者を集め、理解とともに事業の普遍化を図っていた。つまり社会問題に汚れた日本の救済である。その思想的根幹にキリスト教があったことはいうまでもない。そして近代国民国家形成の一翼を担う中でナショナルな思念の発露でもあった。

その趣意書に述べられているように「人の是の世にあるや万国万民は皆兄弟なり姉妹なり而して我儕の父は天に在り主イエスキリスト曰はく我爾曹を愛する如く爾曹も相愛すべしと然らば則ち人々互に相愛し相親み貧窮困苦のもの鰥寡孤独のもの罪悪に沈倫するものを憐恤救助するは我儕の天父対する義務なり」といった慈善博愛の精神を喚起し、隣人愛を実践していく。かかる思念をキリスト教界に対して一石を投じていくこと、それは教界にとっても意義あることであった。とりわけキリスト教社会福祉の歴史を考えていくとき、その先駆性とともに、思想の上でも大きな布石となっている。かかる思念があればこそ、勝之助亡き後、弟実之助や林歌子らの尽力によって幾度かの難関を克服し、博愛社は途切れることなく事業が継続されていったのである。

また小橋は石井十次と出会うことにより、石井の思念にふれ意気投合したようである。この岡山孤児院との合併ということで一つの転機を迎えることになった。すなわち博愛社は孤児院の色彩が強くなり、そして博愛社が保持していた独自のものの意味が薄くなり、機関誌として将来的には月報の刊行を構想していたようである。しかし、濃尾大震災救済活動の尽瘁で体力を消耗し、そして北海道への旅行を敢行するが、病がその抱懐する思念の実現を許さなかった(28)。小橋は一八九三（明治二六）年三月一二日、若干三〇歳の若さで召天した。そして不幸にも岡山孤児院との関係が悪化し再度分離し、独自の道を歩んでいく。しかし勝之助の志を継いで、弟実之助や立教女学校の教師を辞任し赤穂に赴任した林歌子の献身等によって、またその後阿波松之助の協力もあり、博愛社大阪の地に移転し、多くの人の協力の中で、発展していくことになる。そして機関誌としては一八九九年『博愛月報』として再度、刊行されることになる。つまり、『博愛雑誌』は岡山孤児院との合併時のことを考えれば、『岡山孤児院月報』（『岡山孤児院新報』）や『博愛月報』（『博愛社月報』『博愛の園』）の母胎であったと解せられよう。明治二〇年代初期、キリスト教界にとって博愛慈善事業との接点を希求した魁であったし、社会事業雑誌の一等早いものであった。かかる意味からもこの雑誌は二年間、二〇号という短期的かつ小さなものであったが、キリスト教のみならず社会福祉の歴史からも重要な意味を持っているものである。

【注】

（1）たとえば博愛社創立一〇〇年の記念として出版された『春夏秋冬恩寵の風薫る』（博愛社、一九九〇）や西村みはる『社会福祉実践思想史』（ドメス出版、一九九四）等においてである。

（2）博愛社創設までの経緯、小橋勝之助の思想的展開については前掲西村の著が詳しく、小橋の初期研究においても詳論されている。この章の創立までに叙述は多くをこの著に負っている。

（3）『草案　感化院創業期』の「東京感化院役員略伝」によれば、「教諭　小橋守健」として勝之助について以下のように記されている。「播州赤穂の人なり、医学を修めむと志して東京に来る、感化心学を聴に及むて斯道に志を傾け請ふて会員となりしは、十七年の冬なりき、心学に理入、行入の二途あり、氏理入を以て成果を得、十九年二月廿八日会友、十一月三日会輔たり、是よりさき感化協会の主任を委嘱せられ府下各地に道話会をひらく、氏弁舌を請究する数十日、やがて講師を充されてW璞哉と共に専ら之に当る、協会の事務を院内に移すに及むで入て教諭となる（十九年四月廿三日）、大改革の際教諭を辞して専ら協会のことを担任す、翌年故あつて国に帰り今同地に孤児院を設置せりと云、氏勝之助と称す、人となり率直、雅量あり而して事に当れは熱心他事を忘るまた有用の器なり」（『長谷川仏教文化研究所年報』第三〇号別冊、二〇〇五）と。同時代の小橋観をも知りえる貴重な史料である。

（4）前掲西村著一六六頁。

（5）具合的には私立予備感化院（後の東京感化院）である。また「余は不肖と雖ども天父の御導きによりて夙に博愛慈善の事業に志し既に五年の星霜を経たり」と一八九〇年五月発行の『博愛雑誌』第一号に書いている。

（6）博愛社所蔵の小橋の日記による。

（7）同右、以下日記からの引用はすべてそれによる。

（8）もちろんここでの事業とは、「博愛文庫の設置」「博愛雑誌の刊行」「慈善的夜学校」「慈善的高等普通校の設置」「貧民施療所の設置」「感化院の設置」「孤児院の設置」である。

（9）『博愛雑誌』第六号（一八九〇年一〇月五日）

（10）たとえば「教勢不振の原因」に挙げているのは「神学上の議論」「牧師伝道師の不熱心」「兄弟姉妹の生計上の困難」「愛の欠乏」の四つである。

（11）『博愛雑誌』第一五号（一八九一年七月五日）

（12）『博愛雑誌』第二号（一八九〇年六月五日）

（13）中川清『日本都市の生活変動』（勁草書房、二〇〇〇）三八二頁。

（14）たとえば岡山孤児院の前身孤児教育会の設立趣旨書（一八八七年九月）には「必ラズヤ彼等ヲシテ天与ノ幸福ヲ受ケシメ且ツ国家ノ良民タラシメンガ為メニ力ヲ尽シテ此ノ不幸ナル憐ム可キ貧困ニシテ父母ニ離ル、孤児弟妹ヲ救済セザル可ラサルナリ」といった文言がある。

（15）『博愛雑誌』第六号（一八九〇年一〇月五日）
（16）『博愛雑誌』第八号（一八九〇年一二月五日）
（17）『博愛雑誌』第一二号（一八九一年四月五日）
（18）小野田鉄弥（一八六四〜一九四八）は茨城県猿島郡古川町の生まれである。一八八三年立教学校神学校に入学。九〇年、友人小橋勝之助の博愛社創設に向けて協力し、博愛社普通学校の教師となっている。その後、博愛社が岡山孤児院と合併されたとき、岡山孤児院に移り、その事務員となり以後、石井十次と共に孤児院の事業に尽力していくことになる。また一九二二年、按手礼を受け組合教会の牧師となり、宮崎県本庄教会、佐土原教会、兵庫県曽根教会等を牧した。『石井十次伝』（一九三四）、『炭谷小梅追懐録』（一九四一）等を著わしている。
（19）『博愛雑誌』第一六号（一八九一年八月五日）収載の「本社記事」中、七月二五日に博愛社普通学校の開校の式が為されたことが報じられ、その式次第が詳しく報告されている。また『博愛雑誌』第一五号（一八九一年七月五日）には「私立博愛社普通学校規則」が掲載されている。
（20）これについては拙稿「石井十次と東洋救世軍」室田・田中真人編『石井十次の研究』（同朋舎出版、一九九九）を参照されたい。
（21）『博愛雑誌』第一九号（一八九一年一一月五日）
（22）この頃の山室と石井の交友については拙著『キリスト教社会福祉思想史の研究』（不二出版、一九九四）の序章「一国の良心——新島襄、ラーネッド、ベリー、そして石井十次」を参照されたい。
（23）『石井十次日誌（明治二十四年）』（石井記念友愛社、一九六〇）の五月八日の段には当日二時に小橋宅に着し「着後より夜半十二時迄互ひに胸襟を披きて熟談」とあり、北海道殖民のことや信仰のこと等、「凡て氏に告白せり」と認めている。小橋家に宿泊しており、二歳小橋が年上だが、同じような経歴（医学から出発）を持ち、初対面でありながらも、キリスト者として意気が相通じたことと推察される。ちなみに小橋勝之助の同日の日記には「午后は石井十次兄来らる。夜は小橋正二神戸行の送別会を開きし石井兄も談話せらる」とある。

(24)『博愛雑誌』第一九号（一八九一年一二月五日）
(25)博愛社所蔵史料による。
(26)『岡山孤児院月報』については、拙稿「近代日本の社会事業雑誌――岡山孤児院の機関誌『岡山孤児院新報』を中心に」『キリスト教社会問題研究』第五八号（二〇〇八年一二月）、本書第二章第一節「石井十次と『岡山孤児院新報』」を参照されたい。
(27)『博愛社』（博愛社、一九〇二）一〇頁。
(28)北海道への夢（構想）を抱いて、小橋は一八九二年五月一二日から九月一七日まで病を冒して約三カ月かけて北海道への漫遊の旅に出る。これについては『小橋勝之助日記「天路歴程」』（博愛社、二〇一一）を参照されたい。

第二節　博愛社の機関誌『博愛月報』をめぐって

はじめに

ここで取りあげる『博愛月報』は、現在、大阪市淀川区にある社会福祉法人博愛社が一八九九（明治三二）年六月に刊行した機関誌の名称である。博愛社はキリスト者小橋勝之助（一八六三～一八九三）を中心にして、小野田鉄弥、沢田寸二、前田英哲、小橋実之助らの協力のもとに九〇（明治二三）年一月一日、兵庫県赤穂の地に創設されたキリスト教主義に基づいた団体、結社である(1)。小橋は博愛社創設とともに、有名な七つの事業を中心においた。その七つとは「博愛文庫の設置」「博愛雑誌の刊行」「慈善的夜学校」「慈善的高等普通校の設置」「貧民施療所の設置」「感化院の設置」「孤児院の設置」である。これらはその後、感化学校を除いて、およそ博愛社の事業、もしくは関連事業として実現化していくことになるが、その中でも孤児院の創設は博愛社にとって、息の長い基幹的な事業となった。創設された博愛社は博愛文庫を設置し、同年五月には『博愛雑誌』の刊行、そして同年七月には普通学校を開校した(2)。しかし開校まもなく岡山孤児院との合併の議が浮上することになり、九一年一〇月二日に博愛社と岡山孤児院は合併するにいたる。しかし創立者の小橋は蒲柳の質でありながら、病身をおして九二年五月から九月にかけて将来の博愛社構想を視野に入れ北海道にまで足を伸ばす。こうした無理も重なり九三年三月一二日に、僅か三〇歳という年齢で夭折したのである(3)。

ところで博愛社と岡山孤児院は勝之助の死後、一八九三年四月二〇日以降、再び独自に歩んでいくことになる。そして創設者小橋勝之助の遺言に従い、一年後の九四年三月をもって大阪に移転する。ここには大阪の阿波松之助の助力もあったが、博愛社側の中心人物は勝之助の弟実之助と林歌子であった。

このように博愛社は岡山孤児院（当初は孤児教育会）に遅れることおよそ二年半後に設立されたものであり、近代日本の社会福祉の黎明期に於ける重要な団体、あるいは児童施設として位置している。もちろん当初は児童養護中心の施設から出発したものではないが、博愛社は今日まで一二〇年以上の歴史を持ち、親や家庭から見放された、あるいは虐待された多くの子どもを救済、養護し、教育し社会に送り出してきた歴史を持っている。

博愛社誕生の地から、まさに逐われる如く出てきた大阪での苦難の数年間を経て、一八九九（明治三二）年、博愛社は法人化され、同年六月二四日に『博愛月報』の創刊号が発兌されることになる。前節でみたように博愛社の重要な事業の一つに雑誌の刊行が、それは赤穂時代に刊行された『博愛雑誌』というものであった。しかしこれは第二〇号でもって廃刊となっていた。

このようにして暫く刊行されていなかった雑誌は、日清戦後の一九世紀末に原則、月刊誌として再度刊行され、その名称を変えながらも、一九三〇年代に至るまで、約四〇年間、刊行されていくことになる。ところでこの雑誌は従来から博愛社に所蔵されていたが、これまで日の目をみることもなく埋もれていた。近代日本の社会福祉史において、一九〇〇年前後に草創期の児童養護施設を中心に機関誌が発行された歴史をもつが、それが完全に残っている施設も稀少であり、かかる史料が保存されていることは、社会福祉の歴史のみならず、キリスト教史や近代史からもきわめて貴重なことである(4)。しかしこの雑誌についてはほとんで知られていないのが現実であり、もちろん雑誌そのものを対象にして論じたものは皆無である。

ここでは、この雑誌についての書誌的な究明、内容についての若干の紹介、そしてこの雑誌が日本の社会福祉や近代史においていかなる意味を有しているのかを中心に論じていきたい。戦前期の対象とする号数は創刊号（一八九九年六月二四日）から披見出来た最終の号である第二七三号（一九三九年八月一〇日）までである。

一　『博愛月報』の発刊

（一）機関誌『博愛月報』発刊の経緯

日清戦争後の一九世紀末、近代史においては「社会問題の顕現期」あるいは「内地雑居後の日本」（横山源之助）と称され、また社会福祉史においては「産業革命期の慈善事業期」(5)と時期区分される。こうした時代を背景にして大阪において博愛社の機関誌が発刊されることになる。時は一八九九（明治三二）年六月二四日であり、幾つかの社会福祉施設の機関誌が発刊された時期でもあった(6)。ジャーナリズムの歴史では「近代新聞の成立期」(7)という時代を背景に、社会事業雑誌の一つ『博愛月報』が刊行されていくことになる(8)。

この機関誌の名称は『博愛月報』であったが、それ以前の一八九〇年五月、赤穂の時代に刊行されたものが『博愛雑誌』であり、一貫して「博愛」という文字を使用していることは、博愛社という施設名からもきわめて自然である。ここで、この雑誌が刊行されるまでの経緯について若干見ておくことにしよう。

既述したように兵庫県赤穂の地で産声をあげた博愛社は、創立者小橋勝之助の死後、その遺言どおり、一八九四（明治二七）年三月、大阪の地に移ることになる。当初、大阪での生活は大仁村にある阿波松之助の門長屋である。移転直後は赤穂からの子どもは四人であったが、次第にその数も増えていった。その後、帆足義方や聖公会のウィリアムズ監督らの寄付もあり、今ある大阪市淀川区十三の地（当時は大阪府西成郡神津村三津屋）を購入し、ここに新しく移転することになり、施設の陣容も次第に整備されていったのである(9)。

一八九九（明治三二）年二月一日、博愛社新館が完成したが、財団法人として許可され、二一日には慈善音楽会が開催されたりしている。すなわち、法人化されることによって、個人経営から法人博愛社へと転換されていった。こうして博愛社は機関誌を刊行していくことになり、九九年六月二四日に『博愛月報』という名称で発兌されることになったのである。

ちなみにこの件に関する当時の博愛社の記録を紐解いてみると、一八九九年五月三一日に「小橋実之助氏終日月報を編纂せらる」、六月五日に「小橋氏引続き月報編集従事せり」、六日に「今朝月報出来上り小橋氏他出」、一〇日には「今日月報出来上る月報発行を内務省へ差出せり」とある(10)。かくして二〇世紀を目前に控え、待望の機関誌が復刊され、博愛社はいよいよ創立者の夢の実現へのさらなる一歩を踏み出していくことになった。

（二）創刊号をめぐって

ここで記念すべき創刊号をみておくことにしよう。発刊された創刊号は四頁からなり、その構成は、巻頭に「金言」

があり、ここにはパウロの「愛は総ての徳の帯なり」、古語の「樹を種るは十年の業人を種るは百年の業」、そして佐藤一斎の「急迫は事を敗り寧耐は事を成す」といった文言が引用されている。次に「博愛月報」という欄があり、「爾曹互に相愛すべし（約十三〇三十四）」という論文がある。本来なら刊行の趣旨と銘打った論文がありそうなものだが、ここにはそれがなく、この文がそれに該当するのだろうか。そこには「熟々我国社会の有様を見るに如何に人情は浮薄残忍に流れつゝあるや退きて我キリスト教会有様を観るにキリストの愛の潮流は三十年来潜然として流れ居るにも拘らず何ぞ遅々として振はざるや」と述べられ、次のような文章が続いている。

我儕互に愛することは易きに似て実に困難なり我儕人を愛せんとせば先づ自らを愛せざるを可からず自ら愛すとは自らの霊肉を愛し之を大切に守ることなりもし之を為し得ば先づ其家族を愛すべきなり其家族を愛し得て始めて親戚友人隣人を愛し遂に己れに敵するものをも愛し得るに至るべし詩篇に曰く見よはらから相睦みてともにをるはいかに楽しきかなと嗚呼我儕ハ真にキリストの愛に励まされ自らを愛し人を愛し延て此浮薄なる世に益々栄光を顕すは実に我儕の頭上にある責任にあらずや。

文中の「キリストの愛」という言葉はまさに博愛社のもつ不易のミッションであり、博愛社の経営方針の核たるものであった。これは無署名であるが、おそらく社長である小橋実之助の筆になるものと思われる。次に「博愛社の現状」という小論があるが、これには博愛社が社団法人となり、「孤児教育に尽瘁」していくことの覚悟が開陳され、多くの支援を請うている。

さらに「史伝」という欄があり、「故星野愛子伝」という追悼の文章が掲載されている。その次の欄は「家庭」であり、小論の題は「孤児教養に就きて」である。そこには「主婦として母として実際に経験せることを自今本紙の家庭欄をかりて世の母君たる姉妹に告げまゐらせ且又其教を乞はんとす」と欄の理由が語られている。そして「雑報」欄がある。ここはまさに種々のニュースが報じられている。たとえば「本郷定次郎氏の永眠」は小橋勝之助とも親交のあった本郷の死を伝えているし、「愛隣夜学校」という箇所には「福島の地に設けられた熱心貧民の子弟を教育しつゝあり成績も宜しく入学志願者も続々あり何れも熱心に学び居れり目下五十名余の生徒を有す本校は今回愈々新校舎を建築するの計画あり同情の志は是の為め応分の同情を表せられ一日も早く新築を見るに至らんことを切に祈る」とあるが、こうした報告からは貴重な当時の様子が読み取れるのである。そして最後に「博愛社記事（本月二月以降）」という欄があり、これには博愛社の動向や寄付者と寄付金の一覧が掲載されている。そして最後の四頁目には広告欄と奥付がある。

末尾にあるこの雑誌の奥付をみておくと、発行所は博愛社、編集兼発行人は小橋実之助、印刷者は矢尾弥一郎、印刷所は矢尾弘文堂となっている。ちなみに印刷者の住所は大阪市西区江戸堀上二丁目百十二番地である。月報である以上原則として月一回の刊行であり、当初はその月の七日に発行されている。定価は一部二銭である。

二　初期の『博愛月報』をめぐって

前章において創刊号の発兌の経緯とその内容についてみたが、ここで『博愛月報』創刊後一年間位までを瞥見しておくことにする。というのは創刊された一八九九年は博愛社にとっても、財団法人として認可され、大阪での事業をまさに軌道に乗せようとする重要な時期であった。この時、月報には如何なる論文や記事が掲載されていたのか、この初期の論文や記事は月報の将来の成功を占うものであるし、博愛社の経営においても大切な時期であると思われるからである。

創刊号に続き第二号からも毎号、論文が掲載されている。第五号までの主なる論文をみておくと、「献身的信仰」「博愛社の回顧と希望」「孤児教養に就ひて」（第二号）、「労働的福音」（創二〇一七）」「孤児救済と実業的教育」「孤児の父バルナード博士」（第三号）、「慈善」「嬰児補助会創設者ゲラードハート伝」「ガーフキルドの母」（第四号）、「克己」「慈悲心」「ガーフキルドの母（前号の続き）」（第五号）等である。たとえば第四号（一八九九年五月七日）収載の論文「慈善」をみてみると、無署名であるが、これも編集人たる小橋実之助執筆のものと思われ、彼の初期の慈善についての考え方を知る上で貴重である。

其れ慈善の一事こそ実に人類社会に於ける最とも高尚優美の徳と云ふべし、抑も可憐なるものを見ては惻隠の心内に熱し、不幸物を見ては同情の念に咽ふ、是れ人類自然の惰性なり、人として縦令厚薄の別こそあれ是の心を有せざるものあらん、是れの心あればこそ人は神の子たり万物の霊長たる価値あり、もし人類社会に於て慈善に欠けたりとせバ実に令々《ママ》惨憺たらん、彼の戦場にありて敵味方の差別なく救恤治療を事とする赤十字社の働きの如き、其他依るべなき鰥寡孤独を教養する養育院孤児院の如き、是れ実に博愛慈善の精神に出でたるものにして社会に於ける善美の現象にあらずや

このように小橋は「人類社会に於ける最とも高尚優美の徳」としての「慈善」を評価する。そして小橋は「翻つて我国の家庭内の有様を観よ如何なる美風が行はれつゝあるか、我等之を索むるに苦しむなり、実に雲壌の差異ならずや、試に社会の裏面を一見せよ、育児院には親なき孤満ち病院には訪ふ人もなき人満つるなり、其他慈善的組織には孰れも憐れむべき人満ちつゝあり、之れを知らばいかで一時の下劣なる事に財を費やすことを得んや、然らば我国人は深く茲に猛省する所ろあり」と述べている。

次にこの時期、博愛社史においても重要な社団法人化については『博愛月報』第二号（一八九九年七月）において博愛社社団法人出願の記事があり、そこには湯川愼三郎らによって定款もあいなり、出願したことが報じられている。そして第七号（一八九九年一二月）において「博愛社法人許可せらる」という記事があり、以下のように報じている。「本社は従来博愛社と命名したる一の慈善的社団法人の理想を以て起りしと雖も内実は一己人の事業たるに過ぎざりしかは基礎固からず為めに中途に一大蹉跌を受けたりき然るに昨年四月以来民法は実施となり社団は法人として民法第三十四條に規定せらるゝことゝなれり茲に於て本社は多年の理想に依り新法典に基き新に社員を推薦し定款を規定し主務官庁の許可を得て兼而の宿望を実行するに至れり」云々と。

第六号（一八九九年一一月）において「博愛社賛成員募集」として「吾人は曩に博愛月報第二号に於て月々十銭宛寄附せらるゝ人六百人あるときは三十人のものを心置なく教育するを得千人あるときは五十人のものを余年なく教育するを得べしと論じたり今や博愛社の事業の進歩と共に益々此種の賛成者の必要を感じ本社定款第十三條に於て規定するに至りたり有志の仁願くは賛成者となりて本社の目的を完成せしめられんことを希望の至りに堪へず」と懇願している。そして第八号（一九〇〇年一月）では三九名になったことが記されている。

また第八号には博愛社と関係のある重要な教育機関としてあった私立愛隣夜学校のことが報じられている。そもそもこの夜学校は一八九三（明治二六）年に、米国伝道会社の援助を受けて川口キリスト教会員の林可彦によって創設されたものである。当初それは貧民学校と称していた。翌年六月より林歌子も教えていたが、九五年に解散した。しかし翌九六年一月に愛隣夜学校として開校された。その後、幾たびかの困難な時期に直面し、林可彦も校主を辞任し、名出保太郎が校主に、そして九九年九月からは小橋実之助が校主になっていた。また林歌子も主任教師として働いていた。教育の機会に恵まれない貧民子弟を教育する機関としてあったのである。同号には「私立愛隣夜学校略歴」や「私立愛隣夜学校概側」も掲載され、一九〇〇年一月六日の「愛隣夜学校落成式」の報告記事もある。そこには「兼而建築中なりし同校は舊臘悉皆工を竣へ去る六日落成式を兼ね感謝会を催せり小橋実之助司会賛美祈祷開会の辞に次ぎ本校生徒総代高塚政次郎子弁に博愛社生徒総代小島孝太郎子の祝文朗読小橋氏の同校略歴の朗読教師林歌子氏の感話名出牧師の演説」云々とあり、生徒の祝文が掲載されている。以降、この機関誌に夜学校の報告がなされていくことになる。

ところで第二号（一八九九年六月）において、「博愛社労働会」という記事がある。それは愛隣夜学校内に博愛社の付属事業として設置され、向学心のある青年のサポートを目的としたものであることが報じられている。ちなみに前掲の「労働会」の広告（第四号）には「世ニ私産アルモノ多ク学ブニ志ナク偶々志アルモノハ学ブニ資ナク空シク其志ヲ遂グル能ハザルハ実ニ遺憾極リナシ吾人ハ不肖ヲ顧ミズ爰ニ労働会ナルモノヲ組織シ世間多数ノ斯カル不幸ノ境遇ニアルモノ、タメニ労働学問両ナガラ併セ執ツテ進ミ得ルノ地ヲ作ル」云々とある。そして同号には博愛文庫のことが言及されており、そこには一二〇〇冊余の図書があり、有志者の便宜、あるいは社内の生徒に貸与している状況を伝えている。これも博愛社創立からの重要な事業であり、後述の普通学校等とともに、赤穂時代から一時中断されたとしてもその事業が継続されていることが分かる。

第六号（一八九九年一一月）には「博愛社慈善音楽会の発企」があり、そしてその「趣意書」が掲載されている。それには「拝啓博愛社孤児院先般音楽会并に内外慈善家の寄附に依り西成郡神津村大字三津屋に新築移転候処建築上の必要の設備を為すには猶数百円の不足有之加之日常経費日を逐ふて嵩み当局者に於て百方苦慮致し居られ候に付き来る十一月十一日をトし土佐堀青年会館に於て慈善音楽会相催し所得を寄贈致し度候間何卒微衷御賛成被下万障御繰合御来臨の栄を賜り度此段得貴意候拝具」とあり、発起人として吉岡弘毅、寺澤久吉、三宅荒毅、平田義道、名出保太郎、林虎之助の名前が記され、「賛成者」として内外の二七名の名前が挙がっている。こうした慈善音楽会の記事はそれが実行される度に幾度となく掲載されている。

第一一号（一九〇〇年四月）には「博愛社普通学校設置」(11)という記事があり、大阪移転にともなって廃校になっていた学校を復興させるための準備があることを伝えている。また博愛社の中心人物林歌子は児童保護の仕事のほかに矯風会の事業に携わっていくことになるのだが、月報ではその動向をしばしば伝えている。たとえば第八号（一九〇〇年一月）には「大阪婦人矯風大会」という記事で「去る九日午後二時大阪教会に於て矯風会大会を催されたり、林歌子氏司会日本婦人矯風会々頭矢島楫子は中央に掲げし賞与の旗に付きて矯風会の来歴主義等を明断なる弁を以て懇に一時間余も話され」云々とあり、第一三号（一九〇〇年六月）には林が大阪婦人矯風会の会頭になったことが報じられている。以上が創刊された一八九九年から約一年間の『博愛月報』に掲載された主な記事であり、大阪に移転しいくつかの新規の事業も展開し、漸く軌道に乗りつつある姿を窺うことができる。

三　機関誌の名称と編集

赤穂時代の機関誌『博愛雑誌』から大阪移転後に再刊された機関誌『博愛月報』も「博愛」という文字が入れられているが、この機関誌名は一貫して続いていったわけではない。「博愛」の二文字は不変であるが、雑誌の名称は以下のような変遷をたどることになる。

『博愛月報』　第一号（一八九九年六月二四日）〜第四八号（一九〇三年一二月六日）
『博愛社月報』　第四九号（一九〇四年一月一三日）〜第一二一号（一九一一年一二月一〇日）
『博愛月報』　第一二二号（一九一二年一月七日）〜第一三三号（一九一二年一二月一〇日）
『博愛の園』　第一三四号（一九一三年一月二〇日）〜第二七三号（一九三九年八月一〇日）(12)

創刊以来、『博愛月報』という名称であったが、博愛社の機関誌たる性格を付与するために一九〇四年一月一三日刊行の第四九号から『博愛社月報』というように改称される。その号の巻頭「社告」欄の「本紙改題」には「本紙は従来博愛月報と命名せし号を重ぬること四十九号に及びたるが素より本社の機関として専らその事業の経過及び成績并に因縁ある事項を報道記載せるに過ぎず然るに命題何となく茫漠なりしため読者をして惑ひを起さしむるの嫌なきに非らずこの故に今回より明白に『博愛社月報』と改名することとなせり読者幸にその意を諒せられよ」とある。すなわち「社」を追加することによって、博愛社の機関誌としての意味を明確にしようとする意図である。この号より「社告」や「博愛社日誌」といった欄が巻頭に登場している。

しかし、七年後の一九一二（明治四五）年一月刊行の第一二二号から元の名称に戻ることになるが、これについては次のような説明がある(13)。

本紙はもと「博愛月報」の名を以て生れ聊か慈善事業に付き報道論議する所あらんことを期したりしが、中頃に至り紙面の範囲をせばめ単に本社の事業報道のみに止め題名また「博愛社月報」と改称して以て今日に至れり、今や号を重ねる百二十一月刊の新紙としては若しと云ふを得ず、茲に明治四十五年の新春を迎へ万物皆新ならんとするに至り本紙又独り旧態にあるを許さず、茲に聊か新装して読者諸君に見ゆること、なれり、今や慈善事業発展の期に際し本誌只一個の報告のみに止まらず、一般救済事業に就ても筆を染むるの必要を感じ茲に再び「博愛月報」と改題すること、なせり願くは読者諸君本紙の健在を祈られんことを望むと共に斯業に関する玉稿をも寄せられんことを望んで止まず、これを改題の辞とす

ここで興味深いことは、月報の性格は、機関誌としての特徴を出すか、もしくは社会の中の責任として社会事業的な色合いをだすか、によって名称が変わってきているのである。しかしこの名称変更も一年続いただけで、一九一三（大正二）年からは『博愛の園』というように改題される。その理由は「園」という文字への拘りがあり、これには「本紙より更に題号を改めて『博愛の園』と名づけたり、これ従来の博愛月報は露骨に過ぎて趣味に欠くるがためなり、博愛の園とは本社を教への園生に比へたるものなり、即ち題画の背景となしたるは本社の建築物にて右の端なるゴシツク形は教会堂なり、左の牛の一群団欒せるを画けるは牛年なるを以てなり殊に牛の忍耐強きに学ぶ所あらんがためなり、一言を陳べて改題の辞とする」と「園」のイメージ、教育的配慮も加味される(14)。

さらに一九一六（大正五）年の第一六五号（一九一六年一月）からは次のように編集内容の転換が図られていくことになる。

換言すれば『博愛の園』を単に我博愛社の園にあらずして諸君と共に倶に主として慈善救済事業を研究するの園たらしめんとするに在り、故に題名は従前の儘なれどそれと共に面目を一新し其園の中には之に値する議論研究事項の傍、文学、宗教、教育、衛生等より育児、割烹、娯楽等の家庭に清新ある趣味と裨益とを提供するものならんには悉く之を網羅し、着実穏健な方針に依りて記述報道し以て千紫万紅とりどりに咲かさしめて此園を賑はせる事を力めんとす、されば諸君が之に依て我博愛社の消息を知らるゝと同時に少くとも読書階級の清新なる有

益なる娯楽を提供する慰安者として容さる、に至れば幸甚なり、同人豈敢て之を以て諸君を指導し、覚醒する使命を帯ぶるを以て□《不明》から任するものならんや、謹んで改善に就ての一言を序す

ここには「普通の新聞雑誌と逕庭なきもの」にしたいという編集方針があったのである。

このようにして、すなわち一九世紀末、赤穂の博愛社創立時における『博愛雑誌』を経て、大阪移転後は『博愛月報』として刊行され、その後『博愛社月報』、『博愛の園』と名称を変えながら、一九三〇年代まで刊行されていったのである。

四　機関誌の内容

（一）執筆者と掲載論文をめぐって

ここで第一号から第二七三号まで刊行された機関誌について概観しておきたい。まず、論文の執筆者であるが、当然、二代目の博愛社社長であり、創刊号からの編集人でもある小橋実之助（小橋矢谿）の論文が圧倒的に多いことはいうまでもない。また無署名の巻頭の論文も小橋のものと考えられ、小論や書簡も含めるとここには数百を数えることができるのではないか。次に多く書いているのは、小橋兄弟と共に博愛社の恩人とも称せる林歌子である。これについては次節を参照していただきたい(15)。また一九三三年小橋の没後、三代目の社長に就任した小橋カツエ（かつえ）の論文も昭和時代に入ると増えてくる。この小橋実之助夫妻、そして林歌子の三人は博愛社の中心人物であり、たくさんの論文や小論、書簡を披見することが出来る。さらにその他博愛社職員、あるいは牧師や教会関係の人が書いた小論も散見できる。

また博愛社関係以外の人の論文もかなり多くの数を数えることができる。主な執筆者とそのタイトル、号数を記す

と以下のようになる。大隈重信「孤児教育の社会的効果」（第九七号）、有馬四郎助「実験談」（第一〇一号）、河上肇「博愛社を観る」（第一〇七号）、本山彦一「記念演説」（第一二五号）、山室軍平「博愛社を訪ふ」（第一二九号）、中島力造「児童の徳育」（第一三三号）、大久保利武・長田時行・小河滋次郎「記念演説」（第一三七号）、宇野利右衛門「大阪の紡績工女」（第一四七号）、高島平三郎「遊技の研究」（第一四九号）、田子一民「地方の実情に鑑よ」、北里柴三郎「肺結核の蔓延状態と其の予防」（第一五二号）、益富政助「戦場慰問の実況」（第一九九号）、林市蔵「社会改良と救済事業者」（第二〇〇号）、米田庄太郎「民本主義に就て」（第二〇二号）、賀川豊彦「善人と成る工夫」（第二〇九号）、桑田熊蔵「欧州大戦と労働問題」（第二一五号）、高田慎吾「育児事業の社会的意義」（第二四七号）といった論文があり、著名な人たちの論文が掲載されている。とりわけ博愛社は地域的な特徴もあり、大阪の救済事業研究会やキリスト教団体と深く関係していた。したがって小河滋次郎や高田慎吾らの論文も多く見受けられる。

さしあたりこれらの論文を内容から類型化しておくと、第一に巻頭論文によく見られるように、慈善や社会事業について論じたもの、二つ目としてその年代を回顧し論評したもの、あるいはその時代や社会について論じたもの、三つ目として、博愛社のこと、これは経営方針、今後の計画や方向性を論じたもの、四つ目としてキリスト教や哲学、思想について論じたもの、五つ目として寄附金への協力、下賜金や助成金といった財政的なもの、そして最後に多くの弔文、追悼文が掲載されている。これらについては後の文で少し詳しく論じていきたい。

（二）他の記事——書簡と弔文を中心に

次に論文の内容についてふれる前に、誌面には如何なる記事が掲載されていったかについて若干述べておこう。その中で圧倒的に多いのはやはり寄附金に関する記事で、とりわけ寄付者名簿である。これは殆ど毎号報告されている。それと関連して日本各地にとどまらず、米国、朝鮮、中国等での慈善音楽会等の開催記事とそこでの収支報告もある。また博愛社関係の記事、たとえば「博愛社日誌」「茅屋日誌」等と称されたもので、一カ月間の日録に近い物が報告されている。これによって一次史料を紐解かなくとも容易に博愛社の動きが把握できるという利点がある。そして博愛社の事業報告や今後の予定も逐次報告されている。ちなみにこうした動きに関しては「Monthly Report of the Wildly Loving Society」として英文での報告もある。これは外国人からの寄附者も多く、それに対応したものと思われる。この節では記事の中でも書簡と弔文についてのみ少しみておくことにしよう。

1　書簡

書簡もかなり多く掲載されている。宛先は小橋実之助らの博愛社関係の人のみならず、博愛社宛のものが多いことはいうまでもない。これは著名な人からのものもあり、また一方、寄附に関して外国からの書簡、あるいは内外における社会事業の紹介や報告といった内容が包含されたものもある。さらに卒園者からの書簡もあり、ここには彼等の卒業後の状況が認められており、社会の中で逞しく生きている内容、あるいは博愛社で暮らした日々の懐古的なものもあり、彼等にとって博愛社はいわば故郷であり家庭であった。また内外からの寄付者のものも多く掲載されている。そうした書簡は非常に多い。さらに博愛社の海外特出員としての楠本六一や林正二からの米国からの書簡（第五三号）、第五七号や第五九号においても「米国だより」として米国から楠本の書簡が掲載されている(16)。

また月報には小橋実之助、林歌子、側垣基雄らの外遊時の委しい報告が書簡形式で掲載されている。もちろんこうした報告は外遊それ自体において目的をもってのものであるが、外遊が未だ珍しい時代において、かかる書簡は重要な意味をもっている。そして博愛社そのものの経営方針や計画の足がかりとなるものでもある。たとえば林歌子は一九〇五（明治三八）年六月から約一年半渡米し、博愛社への寄附金を蒐集し、また万国婦人矯風会への参加もあったわけだが、一万五〇〇〇円の寄附金を集めて帰国した。これについては月報に逐一報告が為されている(17)。また林は一九二二年七月にも渡米する、そして一一月のキリスト教婦人矯風会の万国大会に出席することになる。あるいは植民地下の韓国や台湾、中国を旅する機会が多く、こうしたとき、該地から現地報告を兼ねた多くの書簡が寄せられている。

一方、小橋実之助は一九一六（大正五）年八月一四日、米国セントルイスで開催の聖公会の総会出席を目的に、神戸港を解纜する。米国に約一〇カ月間滞在し、多くのものを得て翌年五月、帰国することになる。第一八五号（一九一七年九月）掲載の「本社の新方針」には一〇カ月に及ぶ米国での旅を踏まえ、すなわち「広く海外に求め」約八カ月間、渡米し救済事業の視察をしてきたことを今後の博愛社の経営に生かしていくこと、その骨子がのべられている。それは次の四つの方針であった。すなわち「里子制度の拡張」「家庭組織の改善」「職業教育の加説」「退院後の監督機関」の創設である。こうしてこの小橋の外遊を契機に博愛社の経営方針も大きく変わっていくことになる。

ちなみに書簡については、この月報に掲載されたもの以外に多くの博愛社所蔵の原書簡があり、現在、それの整理作業を行っているが、博愛社の関係や人脈等々を知る上においてきわめて貴重である。

2　追悼文

この月報においてたくさんの弔文、追悼文が掲載されている。これも博愛社関係の人脈や博愛社に貢献した人物の足跡と業績を知る上においてもきわめて重要な史料にもなっている。こうした人物をできる限り追悼していこうとする編集方針も窺うことが出来る。これについてふれておくことにしよう。さしあたり小橋兄弟についてみると、たとえば第四〇号（一九〇三年三月）において小橋実之助「故社長十年紀に当りて」、山室軍平「故小橋勝之助氏を懐ふ」、前田英哲「故小橋勝之助氏を想ふ」等があるように、創立者小橋勝之助の追悼文は多い。それは博愛社が如何に志し半ばで夭折した創立者の遺志を重視しているかの証左でもある。

また一九三三（昭和八）年六月一九日、弟の実之助が亡くなったときは、同年八月一〇日発行の第二六六号において「追悼号」の特集が組まれている。ここには名出保太郎が巻頭言を書き、小橋勝野「お父さんと子供達」、柳原吉兵衛「思ひ出」、林歌子「博愛社は三代目となった」、松田承久「ウッド博士の追悼辞」等が掲載されている。

博愛社関係の人々のものの主なるものは、「老監督ウヰリアムス師を弔す」（第一〇九号）、「社友緒方八千代刀自を弔す」（第一一七号）、「噫、野村保姆を懐ふ」（第一四七号）、「林可彦氏の永眠を弔す」（第一五四号）、「噫　星野定助を弔ふ」（第一六四号）、「社員帆足義方氏の永眠を弔す」（第二一三号）、「大嶽節子氏の永眠」（第二四四号）、「田中牧師を悼む」（第二五五号）、「鳴尾とく子刀自の永眠」（第二五六号）、「社員小宮珠子先生を弔す」（第二五七号）、「社員前田英哲氏を弔す」（第二五八号）、「噫山本卯之助君」（第二六〇号）、「噫　岡島伊八氏」（第二六四号）等がある。そして博愛社と重要な関係を有していた人々として、「小林富次郎氏追悼会」（第一一一号）、小橋実之助「社友並河房幹氏を弔ふ」（第一六七号）、「噫ラニング博」（第一七七号）、「生ける教訓　故森村男を偲びて」（第二〇九号）、「噫　岡島伊八氏」（第二六四号）、「本山彦一氏を弔ふ」（第二六五号）等がある。

さらに博愛社と少なからずの関係をもつ内外の社会事業家として「ブース大将を悼む」（第一三〇号）、「噫、石井岡山孤児院長逝く」（第一四六号）、「死して物いはる山室大佐故機恵子夫人」（第一七二号）、「井上東京府知事を悼む」（第二〇六号）、「あゝ大隈侯」（第二二三号）等がある。また皇室関係のものとして「嗚呼大行天皇」（第一二九号）、「嗚呼、皇太后宮」（第一四九号）、「嗚呼大行天皇」（第二五二号）等もある。

五　慈善、社会事業論をめぐって

この雑誌には当然多くの論文が掲載されているが、中でも慈善事業や社会事業についての論文が数多いことはいうまでもない。それは一般的に慈善事業を論じたものや博愛社と関係する児童（子ども）問題について論じたもの、あるいは施設の基本的な設立基盤となっているキリスト教との関係を論じたもの等多彩である。幾つかの論文を紹介しておくことにしよう。

たとえば第五五号（一九〇四年一〇月）の「慈善事業の市営説とこれに対する本社の立場（上）」は、小橋社長が執筆したと思われるが、当時の博愛社の立場を明確にしたいという趣旨のものである。ここで小橋は「市営の慈善事業成立の暁は在来私営の事業なるもの、内基礎非常に堅固なるもの、外は、或る何等かの方法を以て公営に合併するに非んば、即ち解体の運命を免るゝこと恐くは至難なるべし」と述べ、次のように問題を投げかけている。「我が博愛社はこれに対して如何なる態度を以て処るべきか、亦如何なる覚悟を存すべきものなるかはこれ今に於て吾人の切実に考究し置くべき当然の問題にして、平素我社に対し熱切なる同情を寄せらるゝ幾多の社友諸君に対し亦予め表白し置くの最も必要なることたらずんばあらず、これ吾輩が慈善事業の市営説に対する本社の立場を表明する所以なり」と論じている。彼の初期の公私論についての考え方を知りうる貴重なものでもある。しかし（上）に続く肝心の次号（下）の掲載が中止になっていて、その結論が明確に表明されなかったのは残念である[18]。ここで彼は博愛社に対するその伝統とミッションの確かさ、あるいは経営手腕からも博愛社の私営の存立を主張したかったのではないかと推察される。

『博愛社月報』第六三号（一九〇五年七月）の「浄財とは何ぞや不浄財とは何ぞや」という論文は、留岡の「慈善的寄附問題」（『人道』第二号収載）という論文に触発されて論じられたものであり興味深い。博愛社にとっても施設を経営していくとき、その眼前に横たわる大きな課題は如何に多くの人から寄附金を集めていくことにあった。それは貧者の一灯とともに、有力者の支援、それは内外を問わないものでもあった。「今や世人は漸く世の慈善事業若くは教育其他の公益事業に向つて其資を投ずるもの多からんとすこれ蓋し十九世紀以来今世紀に渉りて倫理的思想の歩一歩高潔に進まんとしつゝある大潮流の事実に現し来れる慶すべき一現象にあらず吾人は米国の如き比較的かゝる思想の早く開けたる国柄に於て尚々の頑固者流のあるを惜むと同時に、かゝる偏狭なる思想に吾国人の魅せらるゝものなからんことを希望して止まざるものなり」と。

また第一五一号（一九一四年七月）収載の「農夫と育児」も小橋の論文であるが、ここで小橋は「天下何処に往きて楽を求めんか余は之を勤労の中に発見せり、勤労なければ快楽なし、真正の快楽は実に勤労の賜なり。怠惰安逸の徒は真の快楽を味ふ能はざるなり、日出づるや起き出で、働らき専心其務に従ひ務終るや清き家庭の幸福に入る心中一点の疚ましきことなく良心の責もなく公明正大其成敗を天に一任し中心只勤労あるのみ真正の快楽其中に存す」と述べ、農夫と育児事業と比較し、次のように持論を展開している。

農夫の稲を育つる其余力を遺さず力の限りを尽す朝夕鍬を肩にして其発育の模様を眺むるは恰も父母が其児女の精神発育の様を見て其将来を楽しむが如し、稲は一年草にして若し今年失敗に終らば又明年を待つの望あり独神より受けたる児女の教育を誤まらば終生取返しのつかぬ失敗なり、之れに反して其胎教より意を注ぎ父母の責任を全ふし与へられたる子女を立派に育て上げ其天性に適ひて其発達を全ふせしめ、善良なる未来の国民我が継続となるの快楽幾何計ぞ、父母たるもの農夫は鑑みて其教育に全身全力を尽し其本分を全ふせんことを望む。

さらに第一六五号（一九一六年一月）の「伝道と救済事業」はキリスト教と救済事業の関係について論じたものである。ここには「殊に我儕直接に基督教の主義によりて救済事業に従事するものは、其責任の重大なるを自覚し或は可憐なる児女に対し或は病者貧困者其他一般弱者に対し、慈善救済の行為を受けたるもの等に対し、肉体上の救拯と共に其霊性を救拯し、天賦の慈愛を悟らしめ、以て彼等が其人格を認め、不幸なる境遇より脱して幸福なる人生を送るものたらしむるに努むると共に、この事業を通して天父の慈愛、博愛の大義を世人に顕はし我等の行為によりて天に在ます、父を崇むるに至らしめざるべからず」と論じられている。キリスト教主義を標榜するこうした論文は、もちろん時代時代において多く語られる。博愛社はその基礎に創立者小橋勝之助の思念が具現化されたものであり、また聖公会との関係を保持しての博愛社である以上、キリスト教主義の姿勢は当然貫徹されなければならないことはいうまでもない。

六　時事論――時代をよむ

（一）時事論

月報は近代日本の社会や政治について如何なる報道をしたのか、といった問いは興味をそそられるものである。つまり、少し誇張していえば博愛社や小橋たちは如何なる時代認識をもっていたのか、といったことにも通じるのだが、その点について若干みておきたい。たとえば第五〇号（一九〇四年三月）の巻頭論文「軍国に就て」は明治時代の大事件、日露戦争勃発について論じている。「久しく樽俎折衝を重ねられたる日露間の交渉は彼の暴露が衷心平和の精神なかりしがため遂に破裂し戦争となれり、而して宣戦の詔勅は下りぬ、我帝国が文明のために人道のために露国を相手に旗鼓相見ふるに至れる所以のものは炳としてその詔勅に明かなり、あゝ文明のために平和のためにせらる、義戦、我等臣民は謹んでこの詔勅を拝し奉じると同時にこの義戦が最後まで勝利に期するものたるを信じて疑はず」と。しかしここにはこの戦争を「義戦」と捉え、内村鑑三や柏木義円らの思想、あるいは東京孤児院の桂木頼千代らと共通するような非戦の思想は窺えない(19)。そして次号の第五一号（一九〇四年四月）の「社告」では「出征軍人遺族救護」にふれ、戦争ゆえに可憐な子どもを発見したとき、博愛社がそうした事業に応じていくことが記されている。また第六四号（一九〇五年九月）には「傷病兵慰問音楽会」の開催を試み、また第六八号（一九〇六年一月）の「迎春の辞」は日露戦後の平和時の様子がつづられている。

一九〇五年と翌年は東北地方が大凶作に見舞われるが、第七一号（一九〇六年五月）の小橋実之助「東北凶作地児童の収容」という巻頭論文は東北の凶作による貧孤児の救済について、博愛社も「応分の救済」をなすべくして、彼の地の実情の把握、そして岩手県（九名）、宮城県（五名）、福島県（二九名）、合計四三名を収容したと報じている。

第一九七号（一九一八年九月）における小橋実之助の「米価の暴騰と救済事業」や林歌子「国民の膏血を酒に潰すな」は大正時代の大事件、米騒動についてもふれている。前者の米騒動については「日頃の米価の暴騰は殆んど底止する所を知らず、五十円、六十円の呼ぶ声を聞くに至り、ために端なくも全国に大騒擾大動乱を起すの不祥事を見るに至りたるは洵に遺憾このことにてありき」と把捉する。そしてかかる社会問題を契機として救済事業がさらなる発展を遂げていくことを期待するのである(20)。

大正期の大きな世界史の事件として第一次世界大戦があるが、第二〇〇号（一九一八年一二月）には山本邦之助の大阪土佐堀青年会館での講演「欧州戦争視察談」が掲載されている。ここでは「今度の戦争は独り軍人の戦争に在らずして実に国民挙つて戦争に参加し以て遂に左しも頑強な独逸を屈服せしめたるなり」と、休戦の状況が伝えられている。さらに次号の第二〇一号では「己未年を迎ふ」という新年の巻頭言においても第一次世界大戦の終結のことにふれ、平和が訪れたことは「世界人類の福祉の為に同慶を禁じ得ざらしめにき」としている。

関東大震災について報じているのは第二三四号（一九二三年一〇月）の「未曾有の大震災」、側垣基雄「震災地だより」等である。前者の論文において、これは未曾有の大事件としながらも「此の出来事たる決して偶然の事でなき様にしみじみ思はるゝのであります」と感慨を吐露し、次のように論じている。

即ち全智全能なる然して正義の神が存在し給ふ事を深く信ずる心を強むる次第であります。然れば我々はこの出来事を無意義に看過する事が出来ませぬ。つらつら我が日本国民の状態を考へるのに日露戦役後世界列強国の列に加つて盛んに欧州文明を入れ殊に世界戦乱の後は頓に物質的の発展をなし成金気分漲り多くの人々は奢侈に流れ敬虔の念慮は著しく失せて軽薄にして真面目に人生問題を考へるのに気分が乏しくなつた様であります。のみならず人倫道徳も退廃して心あるものは世の所謂御立替へをと感じて居たのでありますが俄然九月一日僅か数分間にこの悲惨なる出来事を見ましたに就いては真に昔のソドムとゴモラの滅亡を目のあたりに再現した様に感ぜられたのであります。

そしてこれを「神の試練」であると心得るものである、と捉えている。大震災を山室軍平が「神の摂理」としてみたように、この「神の試練」という把捉の仕方はいかにもキリスト者らしい見方である(21)。

昭和初期の世界大恐慌とその影響、国内における経済不況や失業問題等々について、たとえば『博愛の園』第二六三号（一九三二年一月）の「昭和七年の新春を迎ふ」という記事をみておくことにしよう。

翻つて過る一ケ年の社会事相に就て見まするに、実に多難の年でありました。財界の不況は更に深刻さを増すのみ、独逸の財界の変動、英国に於ける金本位の停止は、又実に我が国に其波紋を及ぼし来り、更に一層の深刻化を来しました。八月に入り我が国の失業者は四十万以上を数へる状態となり日々新聞紙上に現はるゝ餓死戦上に彷徨せる人々に悲惨な記事を見るさへ、心を冷ふせざるを得ざる有様でありました。撝て、加へて満豪事件の突発せるありて、我が国は之れに処するに緊張味に緊張味を加へ、以て干戈の裡に旧年を送ること、なりました。今や我が将士たちは祖国権益擁護のために非常な困苦と戦つて居ります、吾人之れを思ふと心を安ずることも得ず、願くば一日も早く日支間の友誼が克復し東洋の平和は確立せんことを祈念して止まざる次第であります。

日本は一九三一年九月の満州事変から一五年戦争に突入していく。こうした暗い昭和初期の経済状況や世相が描かれている。この記事はさらに社会事業関係として救護法の実施のことが述べられている。「然るに其間に処して一つの喜ばしきことは今年一月一日より愈々実施さるゝことになりました救護法の実施であります」と懸案の救護法実施の喜びを表している(22)。

（二）皇室関係記事

月報では小橋の天皇観や皇室観、博愛社の皇室関係について知ることができる多くの記事を見いだせる。これは明治、大正、昭和という元号が替わっていくなかで、天皇への哀悼を掲げる意味で書かれたものと、もう一つは当時ののがある。
施設運営のなかで寄附金に頼らざるを得ない財政事情を背景に、皇室からの下賜金への感謝として論じられているも

『博愛月報』第一二九号（一九一二年八月）の「嗚呼大行天皇」は明治天皇崩御に際しての記事である。巻頭に「大行天皇御製」として和歌六首があり、明治天皇の写真が入り、「明治四十五年七月三十日はこれ何の日ぞ、暗雲大内山の空に鎖し悲風千代田城頭の松の梢を掠すむるに午前零時四十三分、我明治天皇陛下には玉体を六千萬臣子の悲愁に委ねて、神霊聖魂長なへに登遐あらせ給ふ。嗚呼悲しき哉」から始まり、以下の文章に続いていく。

恭しく惟るに、新日本の大建国は、悉くこれ大行天皇の御稜威に致す所にして、其聖徳大業古今に冠絶し、中外に光被するは天下萬衆の親しく拝し奉まつる所。殊にその仁慈に富せ給ふや、亦屡次内帑を開きて救恤の範を垂させ給ひしこと、殆ど其数を知らず。蒼生皆深く其慈露に浴す。然るに吾等臣民未だ曾て聖恩の万一にだも報ひ奉つるを得ず。今遽かにこの大事に逢ふ臣等錯愕為す所ろを知らず、悲痛極まり罔し。紙を攄べて机へに向へば、涕涙滂沱。想を為すこと難し
仰ぎ冀くは天皇在天の神霊、長へに帝業を守護し給はんことを。茲に蕪辞を陳ね、謹哀悼の微衷を表し奉る誠恐誠惶

大正天皇が亡くなった時も、「嗚呼大行天皇」と題して、同様な構成になっており、ここでは慈恵救済のためにも尽力し社会事業功労者として小橋が拝謁したこと等、感謝の念を披瀝している。

一方、博愛社にも皇室関係の人物が訪れる。第二四四号（一九二五年六月）に「本社に侍従御差遣」という小橋実之助の文章がある。これは一九二五年五月一九日に、摂政宮が博愛社を訪問の栄にあずかったという記事である。そして第二五八号（一九二九年七月）の「本社の重々の光栄」という記事には「聖上陛下この度の大阪行幸に際し、大阪市産業を御奨励の御思召と共に教育事業社会事業に大御心を注がれ本社にも侍従御差遣の御沙汰に浴することになりました」と報じられている。

昭和天皇の御大典に際しては、第二五七号（一九二八年一二月五日）で博愛社一同という署名において「謹みて御大典を奉賀し寶祚の無窮を祈り聖寿の万歳を祝し奉り候」という巻頭文があり、そして「御即位奉祝感謝祈祷」「昭和三年を送らんとす」という小論のなかでも御大典に関してのことが触れられている。キリスト教主義を明確にした施設はほかにも多数有り、こうした皇室との関係は親和関係が見いだせるし、博愛社も例外ではなかった。かかる課題は社会福祉と天皇制との関係において把捉する必要もあろう(23)。

七　博愛社関係の論文や記事

（一）博愛社視察記事や論文

博愛社は事業が順調になるにつれて、多くの視察者が訪れるようになる。たとえば第一〇五号（一九一〇年五月）において、「視察」という記事の中に「京都帝国大学助教授川上肇《ママ》氏は正午来社親しく社内を巡視し直ちに大阪公会堂に赴き一場の講演を為し午後四時社長と共に再び引返して社内に一泊せられ詳細なる視察を遂げられぬ蓋し明夜京都市に開催すべき慈善演芸会に臨み本社の為めに演説せらるゝを以て其参考に資せんがためなり」と河上肇の博愛社視察に関するものがある。そして第一〇七号（一九一〇年九月）に「氏（河上肇―筆者注）は本社の事業に多大の同情と趣味を有せらるゝのみならず、維持のために賛助員の募集に就き深く念とせらるゝなり折柄本社には尚弘く賛助員の募集に努め居れるの際にて」云々とあり、彼の論文「博愛社を観る」（『日本経済雑誌』第七一八号）が転載されている(24)。

また第一一三号（一九一一年四月）の「来訪」という記事には「東京朝日新聞記者法学士鈴木文治氏来社社内の実況を視察せらる」というように鈴木文治の視察記事があり、第一二九号（一九一二年八月）には、山室軍平の「博愛社を訪ふ」という記事があるが、これは七月二三日に山室が訪れ、児童にも講話をしたことによる。それを証左するように同誌に社児の「子供の目に映じたる山室大佐のお話」という感想文も掲載されている。ちなみに山室は播州赤穂の勝之助時代の博愛社や大阪に移転後も訪れており、今回が「更に大きく更に進歩発展した博愛社を観て天父の御導と御助の博愛社の上に豊かなることを感謝に堪えざると共に、併せてそこに働かるゝ諸君のお骨折と又外部同情者の後援の大なることを感佩して止むことができなかつたのである」と述べている。そして「私共は彼の喪ひし物を尋ねて救ふ救主の生涯を、私共の身に其儘くりかへさせて戴き度ものである」と。ちなみに当時、同志社の学生であった山室は赤穂時代の『博愛雑誌』に論文を掲載している(25)。

(二) 芳交会について

芳交会の件が最初に登場するのは、第五五号(一九〇四年一〇月)における「芳交会の組織」という記事である。ここには「前月末社内児童等の親睦会席上二三有志の者等が計画せる由を発表したる同窓会やうの会は『芳交会』の名」になったこと、そしてその規則が掲載されている。その四条には「本会の目的は博愛の園より出で以て現社会に働ける者又は学識を研ぐ者各各胸襟を打ち開き各自の住所姓名を通じ以て精神の修養をなし而して現今及将来本社の利益を計り続て社の補助会とす」とあるように、博愛社出身児童の親睦会である。また、第六〇号(一九〇五年四月)において「芳交会親睦会」のことが報告されている。「本社出身の児女等は芳交会と命名せる同窓会様の会を組織し雑誌抔を作り居たるが今回前項に記せる如く三人の者等はそれぞれ学校の業を卒へ更に進んで高等の学校へ入らんとするものありこれが送迎を兼ね会員相互の交情を温めんと去る三日神武天皇祭日をトし本事務所に於て親睦の集会を催したり」と。

（三）賛助・賛助員、寄附

第八一号（一九〇七年四月）の「汎く博愛なる慈善家諸賢の御賛助を仰ぐ」という記事によれば「我が博愛社の事業に対する上皇天の祝福と下天下大方の熱誠なる御賛助に依り漸次進歩発展の途に向へるは実に感謝措く能はざる所よりに昨年来児童の数に於ても頓に膨張を来たし今や正に百五十名の大家族となるに至れり之れと共に漸く世人の同情も加はり昨年米国の二婦人より一万二千円の寄贈を受け本年に入り大阪府の慈恵救済基本金より千四百四十円を拝受するの栄を得たる本社に等しく感謝措く能はざる所ろなり」として、次の三つを挙げている。それは「設備を完全になさんため二三の増築を決行いたし度其のため応分の助力を寄せられんこと」「維持を鞏固ならしめんために大阪其他の地方に於て賛助員数百名を得んこと」「永久に事業の基礎を鞏固ならしめんため基本金の寄贈を仰ぐこと」であり、賛助を仰いでいる。この記事は以降の号にも繰り返し掲載されていくことになる。

月報には、広告欄があり恒常的に掲載する会社もある。たとえば「ライオン歯磨」の会社は慈善券との関係であるが、該社は補助金においてユニークな方法を用い博愛社も毎年一〇〇円くらいの補助金を受けている。第五四号（一九〇四年九月）の「小林富次郎氏」という記事には「東京小林富次郎氏発売にかゝるライオン歯磨には袋に慈善券を付し年々多額の金を慈善事業のため投ぜらるゝことなるが、この程第三回決算報告を発表し該慈善券買上未済金額三千五百五十四円二十八銭を全国六十三ケ所の慈善団体に寄附せられ本社にもつて壱百円の配当ありたり、その美挙を喜び且つ行為を感謝す」とある(26)。

第八四号（一九〇七年九月）には「奥村忠右衛門氏の厚意と本社状袋部の発展」という記事には奥村氏から、状袋截機械（一台）、同所属品（一切）、配達車（一両）の寄附があり、数カ月前か計画されていた状袋製造作業に大きな支援と発展の切っ掛けとなったことが報じられている。そして第八五号（一九〇七年一一月）には「慈善状袋発売の趣意」が掲載されている。そこには「……前略……従来本社の作業部としては農を本とし其他一二の簡易なる手工業を授け来りしが更に収容の児童等に商工業の智識を養成せしめ一は自営独立の精神を尚深く心裡に刻やしめんため昨年来健全なる産業を企図して止まざりしが幸にも此度奥村忠衛門氏が自己の経営にかゝる慈善状袋の事業を本社に寄贈せらるるに逢ひ今度該事業を本社に引き継ぎ経営する事と相成茲に本社慈善状袋製造販売部を開始仕候」云々とあり、同号の「慈善状袋部」という記事には、「其後益々発展好況を呈しつゝあり」と報じられている。

八　大阪の事業について

博愛社が大阪に位置している背景から考えてみると、大阪での社会事業についての情報をもたらしてくれることに重要な意味がある。一九一二（大正元）年以降、大阪に小河滋次郎が赴任し、救済事業研究会を組織し『救済研究』（後の『社会事業研究』）が刊行されると、該誌の情報は多くなる。換言すれば、それまでの情報はこの月報が大阪の社会事業を知る上において大きな役割を果たしているといえる。たとえば明治三〇年代における大阪の慈善事業の組織化の実態もその一つである。一九〇三（明治三六）年の内国勧業博覧会開催に乗じて、全国慈善大会が大阪でもたれることになるが、それについての報告が第三九号（一九〇三年二月）にあり、そこには「全国慈善団体大会」の「趣旨」が掲載され、「府下に在る各慈善団体同盟会の発起にて博覧会開期中全国同団体の代表者并に斯業に関係ある人々の大会を催に斯業の発達に資せんとて仮事務所を慈善新報社内に置き幹事より左の趣意書を遍く全国に頒布せりと」とある。その趣意書には「慈善事業の社会に必要なるは素より論を俟たず而して従来動もすれば世人より度外視せられたるもの今や世運の進むと共に重要視せられんとするに至れり吾人は此機運に乗じ益々斯業の改善発達を図り一は以て社会を警醒し一は以て社会に貢献する所なかるべからざる事幸に来三月より大阪市に於て開催せらるべき第五回内国勧業博覧会に際しては斯業に関係あり且つ経験ある内外知名の人士も多々来観あるべきを以て此時を機とし全国慈善団体の大会を催し研鑽討究する所あらば其裨益や少なからざるべしと信ずる依て左の方法に依り開催せんとす希くは斯業の団体は勿論関係ある人士の多数参会あらんことを」とある。

第四二号（一九〇三年六月）における「全国慈善大会に就て」という小橋の書いたと思われる論説があり、「全国慈善大会」という記事には三日間の様子が参加者も含め、委しく報じられている。また来会者の氏名も所属と共に掲載されている。地の利を生かした大阪での報告はこの雑誌の特徴でもあるが、そこには小橋実之助がこれに関わった証明でもある。

また第四七号（一九〇三年一一月）においては「大阪慈善協会設立計画」という記事があり、以下のように報じられている。

日本慈善協会は本年の全国慈善大会に於て通過し其後東京に於て委員の手に託し回議中にて不日其発表を見ることとなるべきが其委員の一人にて貧民救助論の著者土田弘敏氏は此程来阪し当地の慈善事業が比較的発達をなせるにも拘らず又其弊害の多々あるを慨し且つ根本的に防貧の策を講究するの必要を認め掲題の会を組織し統一的発達を企図せんとて過日来各団体の代表者弁に斯業の有志者等を再三熟議の上仮りに左記会則を草案となし尚改めて創立者たるべき有力者を勧誘する筈なり

そして第四九号（一九〇四年一月）には「大阪慈善協会発会式」の模様が報じられている。「予て噂ありたる如く、府下慈善団体の同盟主唱に成れる大阪慈善協会はいよいよ旧臘十二日を以て大阪東区役所楼上に創立発会を催し、会する者二十余名、医師あり、教育家あり、新聞記者あり、官吏あり、営業者あり、山田俊卿氏を座長として最初に会則を討議し、多少の修正を施しそれより談話に移り」云々と。また第八〇号（一九〇七年五月）の「慈善事業講習会」という記事の中に、「関西慈善協会々則」という記事がある。第八六号（一九〇七年一二月）にも博愛社にて関西慈善協会の二回目の評議員会が開催されたという記事があり、この協会の記事は第八八号（一九〇八年一二月）にもある。

周知のように一九一八年、米騒動を契機にして林市蔵知事の時代に大阪府方面委員制度がスタートしていくが、それについて言及している第二二四号（一九二二年四月）収載の林歌子「社会改善」という論文を紹介しておこう。そこには「大阪府前知事林市蔵氏の御在職中に生れ出でたる、方面委員の制度は実に隣保相扶助する『己の如く爾の隣を愛すべし』といふ、互に愛する精神を、其隣《ママ》りより、次第に隣に及ぼす、愛の実行にて、無告の民なからしめん」とあり、そして「方面委員によりて、見出され、救済されたる、様々なる救済の子供等は、或は博愛社に送られ来りて私共の家庭に加へられ、或は婦人ホームへ紹介されて、夫々所を得さするの、方面委員の組織は、慥に社会改善、救済の一機関たるは社会のために賀すべき事にして、今一段と進歩して、方面事業の、真に社会改善の鍵に触るゝに至らん事を」と、林は新しく発足したこの制度において大きな期待を抱き、ひいては「社会改善」に貢献していくことを期待したのである。

また当時の知事、林市蔵は第二〇〇号（一九一八年一二月）において「社会改良と救済事業者」という論文の中で「大阪を仔細に観察月旦せんとせば此地古来独特の大阪魂すなわち市民魂の完全に発達し来りたる美点をも見逃すべきにあらず」というように、「大阪魂」「市民魂」といった表現を用い、大阪独特の福祉の伝統と展望を期している。

このようにこの機関誌の重要な特徴の一つに大阪における多くの貴重な情報を提供していることにある(27)。とりわけ『救済研究』が刊行されていない明治三〇年代から大正初期のものは、その時期の大阪の社会事業を知るうえで貴重である。

おわりに

明確な記述がないかぎり雑誌の終刊号を判断するのは難しい。『博愛の園』も一九三三年に小橋実之助が亡くなり、その追悼号が刊行されたのが第二六六号（一九三三年八月）であり、ちなみにその後の号数と発刊月とを記していくと以下のようになる。第二六七号（一九三四年二月）、第二六八号（一九三四年八月）、第二六九号（一九三五年五月）、第二七〇号（一九三六年五月）、第二七一号（一九三七年七月）、第二七二号（一九三八年七月）、第二七三号（一九三九年八月）である。このように昭和一〇年代になると、月報は年報の様子を呈していった。

この節において、一九世紀末に発刊された博愛社の機関誌『博愛月報』（『博愛社月報』『博愛の園』）をみてきた。明治、大正、昭和と三代にわたり刊行され、多くの情報を発信していったのである。そこには二代目社長小橋実之助の大きな貢献のみならず、その事業を支えた林歌子、そして実之助の妻（カツエ）、そして何よりも多くの職員や賛同者たちの協力のもとでなったことはいうまでもない。この機関誌は貴重な史料として我々の眼前にある。

全国レベルで考えてみると、中央慈善協会の機関誌『慈善』が季刊として刊行されたのは一九〇九（明治四二）年のことであり、それよりも一〇年も前である。また留岡幸助の家庭学校の機関誌『人道』（一九〇五）よりも六年の早い刊行でもある。もちろん、他の機関誌、岡山孤児院の『岡山孤児院月報』『岡山孤児院新報』等とは少し遅れた発行にはなるが、その機関誌上の内容からみれば、この月報は多彩な執筆者、大阪を中心にした多くの慈善事業情報、あるいは時代についての興味ある記事を多く掲載しており、その点できわめて特徴ある社会事業雑誌であると思われる。

最後にこの機関誌の特徴を再度確認すると、第一に社会事業についての多くの情報が掲載されていること。それはその時々に掲載された数多くの論文に代表されよう。とりわけ小橋実之助や林歌子の論文にみることができ、また数多くの社会事業家たちの小論によって明証される。第二に児童養護施設、とりわけ博愛社の歴史が読み取れることにある。これについてはもちろん小橋や林、また小橋カツエや職員達の論文、そして多くの書簡や追悼文、また「茅屋日誌」に代表されるように、博愛社の日録や寄付社名簿とともに、寄附金に関すること、そして博愛社内の他機関の様子も知ることが出来よう。第三として大阪の事業が多く掲載されていることもこの雑誌の特徴でもある。一九一三（大正二）年からは『救済研究』（『社会事業研究』）が刊行されるが、その刊行までの情報を埋める役割をしているし、またその後も博愛社という一施設を起点に大阪の社会事業の情報や日本各地の状況を窺うことができる。第四として、近代日本の社会状況を施設や社会事業の視点にそってよみ取れることであろう。これはもちろん社会事業関係のみならず、日本近代の歩みを社会事業家や博愛社という施設をとおして再考していくことができることにもつながる。

ここでは紙幅の関係もあり、膨大な史料のほんの一部しか紹介出来なかったが、大阪の一施設の歩みとともに、貴重な論文や記事が掲載されていることはいうまでもない。如上の課題はまた、社会福祉史のみならず、キリスト教史、聖公会の歴史研究に、あるいは大阪の歴史研究、幅広くいえば近代史においても貴重な史料として存しており、今後多くの研究の可能性を秘めたものである。

【注】

（1）博愛社について代表的な研究を挙げると、西村みはる『社会福祉実践思想史』（ドメス出版、一九九四）が小橋勝之助を中心に初期の創立までの経緯が豊富な史料に基づいて追究されている。また小橋実之助が早い時期にまとめた『博愛社』（博愛社、一九〇二）があり、また創立一〇〇年を記念して刊行された『春夏秋冬恩寵の風薫る　博愛社創立百年記念誌』（博愛社、一九九〇）は一世紀に及ぶ歩みを知る上において貴重である。しかし博愛社に於ける総合的な研究においては今後の大きな課題として存している。

（2）赤穂時代に刊行された『博愛雑誌』については、拙稿「『博愛雑誌』について」『関西学院大学人権研究』第八号（二〇〇四年三月）を参照されたい（本章第一節所収）。この雑誌は近代日本の社会事業雑誌の一等早いものである。

（3）小橋勝之助については、従来の研究として前掲の西村の著に詳しい。最近において、彼の日記については室田・鎌谷かおる・片岡優子編で「小橋勝之助日誌（一）」（『関西学院大学社会学部紀要』第一〇三号）、「小橋勝之助日誌（二）——『天路歴程』」（『関西学院大学社会学部紀要』第一〇五号）、「小橋勝之助日誌（三）——『天路歴程』」（『Human Welfare』第一巻第一号）、「小橋勝之助日誌（四）——『天路歴程』」（『Human Welfare』第二巻第一号）、「小橋勝之助日誌（五）——『天路歴程』」（『Human Welfare』第三巻第一号）として、五回にわたって紹介している。

(4)　博愛社の資料整理は筆者ら博愛社史研究会のメンバーを中心にして、およそ一〇年前からその整理を行ってきた。創立一二〇周年を記念に、その仮目録と約九〇箱の史料保存作業が完成したが、さらに史料整理と保存作業は一二五周年を目標に継続中である。

(5)　菊池正治他編『日本社会福祉の歴史』（ミネルヴァ書房、二〇〇三）の第二章参照。

(6)　草創期の社会事業雑誌についての時代的背景等については拙稿「近代日本の社会事業雑誌——岡山孤児院の機関誌『岡山孤児院新報』を中心にして」『キリスト教社会問題研究』第五七号（二〇〇八年一二月）を参看されたい。

(7)　春原昭彦『日本新聞通史』（新泉社、一九八七）は時代区分として、明治二〇年代を「パーソナルジャーナリズム」として「個人の思想や個性を強烈に反映した新聞」とし、この時代の「近代新聞の成立期」（明治三〇～四五年）と区別している。

(8)　草創期の社会事業雑誌につき、これまで発表してしてきた拙稿は「原胤昭と『獄事叢書』」『「獄事叢書」解説・総目次・索引』（不二出版、一九九八）所収、「『博愛雑誌』について」『関西学院大学人権研究』第八号（二〇〇七年三月）「近代日本の社会事業雑誌——岡山孤児院の機関誌『岡山孤児院新報』を中心に」『キリスト教社会問題研究』第五七号（二〇〇八年一二月）、「近代日本社会と東京市養育院月報」『「東京市養育院月報」解説・総目次・索引』（不二出版、二〇〇九）、「留岡幸助と家庭学校機関誌『人道』——近代日本の社会事業雑誌」『キリスト教社会問題研究』第五九号（二〇一〇年一二月）等である。

(9)　こうした時代の博愛社については、『春夏秋冬恩寵の風薫る　博愛社創立百年記念誌』（博愛社、一九九〇）等を参照した。

(10)　『明治三十壱年六月以降至明治三十二年十一月博愛社日誌』（博愛社所蔵）

(11)　この記事は「本社の一事業なる普通学校は明治廿四年七月其筋の許可を得て開校し青年男女を集め実業的教育の主義に依り教育を創しが明治廿七年に至り本社の移転と共に一先廃校すること、なり爾来機を俟ちて設置せんと期したりしが茲に愈々諸般の準備整ひ監督官庁の許可を得て再び設置する事となれり元来本校の目的たる神の御指導の下に智徳体並行の主義に依り本社に収容する孤児貧者并に特に教育の為め委託せられたる少年を入学せしめ午前は普通学校を授け午後は専ら実業に従事せしめ健全なる精神と健康なる身体を養ひ後日世に立ち一身一家を整ひ神の御栄光を顕はすべき人物を養成する是れ本校の多年希図して俟たざる所なり」である。

(12) 第二七四号以下については確かめていない。大正中期くらいから、原則の月一回の刊行が崩れていき、特に昭和期にはいると年二回となり、最後は年報になっている。

(13) 「本紙の改題」『博愛月報』第一二二号（一九一二年一月一〇日）

(14) 「改題の辞」『博愛の園』第一三四号（一九一四年一月二〇日）

(15) ちなみに林は日本キリスト教婦人矯風会の機関誌『婦人新報』や『廓清』等にも多くの論文を執筆している。

(16) この楠本はその後、カリフォルニアに移り、当地の「人道会」が一九一四年二月に創設した「加州小児園」の経営の中心人物となる。小児園は一九三九年には創立二五周年を迎えたけれども、第二次世界大戦勃発とともに、楠本は逮捕され、小児園の児童はマンダナの収容所に移されることになる。それと前後して、楠本の養女安子は上海に渡り、ここで「昆山中日小児園」を設立し経営にあたることになる。

(17) 拙稿「林歌子の渡米（一九〇五～一九〇六）をめぐって」『関西学院大学社会学部紀要』第九四号（二〇〇三年三月）

(18) 次の号には「前号に『慈善事業の市営説とこれに対する本社の立場』と題して記したる社説は規定に抵触するやの虞ありとてその筋より注意を受け候につき続稿は掲載を見合せ候、但し本社が今後ますます斯業に貢献すべき覚悟はもうすまでも無之候へば右御承知被下度更に他日題を改め忌憚に触れざる範囲に於いて意思を発表するの機会あるべしと信じ候」という文が掲載されている。

(19) 日露戦争時における「平和と福祉」との関係は、拙著『キリスト教社会福祉思想史の研究』（不二出版、一九九四）の「結章　平和と福祉」（五一三―五三二頁）を参看されたい。

(20) 第一九八号（一九一八年一〇月）の「生活難と救済策」においては米騒動を「世界戦乱の影響として物価の暴騰を来し物価の暴騰は遂に生活難の声を高らしめ、人心に秘る不平の火塊は最近米価暴騰が導火線となりて、一時に勃発して所謂米一揆なる悲痛を見るに至る、吾人は米一揆を以て単に狂態として軽侮すべきに非ず、之れ吾人の生活難の苦衷が具体的表徴として突発せしものなりや明なり、畏きあたりよりは御内帑金を下賜せられ、政府は強制買収方法を以て廉売米の販売をなし、篤志家の多大なる寄附は細民に廉売米を得るの便を与へ、先づ米に対する血の叫びは之を以て一先づ安堵の緒を見出したるも、米以外の日用品其他の物価は依然として益々暴騰して尽くる所を知らず」というように、米騒動への政府の廉売策によって鎮静化に向かったとしても、依然として存する大正中期に於ける民衆の生活難について論じている。ちなみにこれも無署名であるが小橋の筆になるものだろう。

(21)『ときのこゑ』第六六六号（一九二三年一一月）収載の「地震と火との後」という論文。

(22)一年後の『博愛の園』第二六五号（一九三三年一月）の「迎春之辞」においても救護法にふれ「着々その実績を示しつゝ、此処に試練の一ケ年を閲したのであります」として、博愛社と救護法との関係を記している。

(23)たとえば土肥昭夫・田中真人編『近代天皇制とキリスト教』（人文書院、一九九六）において、田中真人は『人道』と『ときのこゑ』について分析をおこなっている。また社会事業と天皇制との関係を論じた最近の研究として、遠藤興一『天皇制慈恵主義の成立』（学文社、二〇一〇）がある。

(24)河上は博愛社に一泊し、この文中において「君よ、聊か釈迦に説法なれど、慈善の事最も謹むべし。若し妄りに人に施す時は、之が為に受けたる者の独立勉励の心を殺し、従ふて、又た施したる物の活用を妨げて徒に殺費することと為る。人の心を殺し、併せて世の宝を殺す。殺生の罪深からずんばあらず。………略………而して教育を受けんとするに最良の学校を選ぶが如く、吾人は慈善を託するに最良の慈善団体を選ぶべき也。而かも最良の慈善団体は多くの自ら求めて名を売ること無し。是れ僕が此の一篇の文を草して君に博愛社の事を報ずる所以なり」と。ちなみにこの論文は『河上肇全集』第五巻（岩波書店、一九八三）に収載されている。

(25)山室は『博愛雑誌』最終号（一八九一年一二月）に「誠に実に」という論文を書いている。拙稿「『博愛雑誌』について」『関西学院大学人権研究』第八号（二〇〇四年三月）を参照されたい。

(26)ライオン歯磨と小林富次郎の慈善事業については山本啓太郎「ライオン歯磨『慈善券』の慈善事業助成」『大阪体育

大学健康福祉学部研究紀要』第六号（二〇〇九）の研究がある。
（27）博愛社と大阪の地域との関係を論じた論文としては水上妙子「一九〇〇年頃の博愛社と大阪地域」『近代日本の慈善事業』（社会福祉形成史研究会、二〇〇六）、同「大正期博愛社における育児事業」『日本の社会事業』（社会福祉形成史研究会、二〇一〇）がある。

第三節　林歌子と『博愛月報』

はじめに

林歌子（一八六四〜一九四六）は幕末、北陸の地に生まれ、明治、大正、昭和期にわたり、廃娼や矯風運動、社会事業において比較的長く活動をした女性である。しかしこの人物については従来、研究が充分になされているとはいえない。林歌子の全体像を把握する研究は今後、取り組まなければならない課題であるといえるだろう(1)。

彼女の思想と活動を検討していくとき、彼女の関わった主なる団体は、日本キリスト教婦人矯風会や大阪婦人ホーム、博愛社関係といった矯風団体や社会福祉施設に大別される。つまり廃娼運動家・女性運動家としての林と、社会事業家としての林に大きく分かれるのだが、それをトータルに捉えていく必要がある。そして彼女の廃娼運動、社会事業、女性運動、平和運動の活動とともに、それぞれの思想についても研究の深化が要求される。それには彼女のキリスト教思想や社会事業思想、あるいは国家、天皇制といった林個人に纏わる問題と彼女が属していたキリスト教婦人矯風会に於ける思想等、組織や団体との関係も考えていかねばならない課題でもある。

しかし、組織や団体との関係はさておき、従来の林歌子研究を概観してみても、生涯にわたって如何なる論文を発表したかといった基礎作業もなされていない現状である。幸い『婦人新報』『廓清』の復刻や、社会福祉施設・博愛社の史料整理の作業をしていることもあり、彼女に関する新しい史料の発掘も出来つつあり、今後の研究が進展していく条件も整ってきたといってよい。さしあたり彼女の関わった主なる紙誌に如何なる論文を発表したかを解明していくことが必要だし、その後百尺竿頭さらに一歩を進めて研究の隙間を埋めていく作業をしていく必要があると考えている。

以上今後の課題も見据えた上で、この節では博愛社の機関誌に掲載された林歌子の代表的な論文を類型化して、彼女が如何なる論を展開したかの概略を指摘し、今後の研究の一助としたい。つまり、こうした社会事業雑誌といったものから、社会事業のみならず、社会運動家といった人物を対象化していくことの例証でもある。ここには林個人の思想解明とともに、施設機関誌が一個人をとおしていかなる発信をしたか、ということも究明できることはいうまでもない。

一　林歌子についての研究史

従来、林歌子研究はその事業との関係で婦人矯風会を中心にして女性史から接近したものと、他の一つは博愛社との関連でなされてきたといってよい。つまり廃娼運動家としての林と社会事業家としての林である。前者においては、戦前における代表的な著書として久布白落実『貴方は誰れ』（牧口五明書店、一九三二）がある。女性史の関連のなかで、石月静恵は『戦間期の女性運動』（ドメス出版、一九九六）の著書中「日本基督教婦人矯風会」の項で大阪支部長としての林を、廃娼運動や大阪婦人ホームを中心に扱っている。石月は他にも「廃娼運動と林歌子の生涯」右田紀久恵・井上和子編『福祉に生きたなにわの女性たち』（編集工房ノア、一九八八）がある。後者においては、創立一〇〇年を記念として上梓された『春夏秋冬恩寵の風薫る　博愛社創立百年記念誌』（博愛社、一九九〇）があり、他に博愛社が出した主な著書は小橋実之助『博愛社』（一九〇二）、小橋カツエ『博愛社』（一九四〇）、『博愛社要覧創立五十年記念』（一九四〇）、及川英雄『主備え給う』（一九六五）等がある。これらはどちらかと言えば施設史というジャンルに入るものであるが、ここには小橋勝之助や実之助、小橋カツエらとともに博愛社に関わる林歌子の事績がふれられている。

三つ目として、林歌子個人の伝記的著作の代表的なものとして、前掲の久布白落実『貴方は誰れ』がある。これは矯風会において林の最も身近にいた一八歳年下の久布白落実が、本人からの聞き取りや書簡を中心に林の前半生をまとめたものであり、史料的価値としても高く、その後の林の伝記的著作に影響を与えている(2)。他に伝記的著作として、村島帰之『美しき献身』（清文堂書店、一九四八）、高見沢潤子『涙とともに蒔くものは』（主婦の友社、一九八一）、佐々木恭子『林歌子』（大空社、一九九九）等がある。しかしこれら伝記的な著書は林の概略を知るうえで便利なものであるが、実証性に欠ける点があり、今後、史料的な研究と平行しながら林歌子の研究をしていく必要がある。

そして他に大谷リツ子「林歌子」『社会事業に生きた女性たち』（一九七三、ドメス出版）、米田佐代子「林歌子」『歴史に人権を刻んだ女性たち』（かもがわ出版、一九九六）等があるが、これらは簡単な林の伝記である。また神崎清は『恋愛古事記』（一九四八、雄鶏社）という著の中で「小橋勝之助と林歌子」という章で、二人を「プラトニック・ラブを完成した例」として描いているのは興味深い(3)。

以上から窺えるように林歌子の研究はまだ十分に行なわれているとはいえない状況である。しかし史料的制約からは『婦人新報』等の復刻もあり、博愛社の史料等と併せて考察していけば従来より対象化しやすくなったといえよう。

二　林歌子の略歴

（一）博愛社赴任まで

林歌子と『博愛月報』について論じていく前に、さしあたって林歌了の略歴を、（一）「博愛社赴任まで」、（二）「博愛社と林」の二期に分けて瞥見しておこう(4)。

林歌子は一八六四（元治元）年一二月一四日、現在の福井県大野市で生まれた。父は長蔵で林家は代々土井藩に仕える徒士武士であった。母は歌子三歳の時、死亡し、長蔵は後妻をもらっている。その後も女子ばかり生まれたので、歌子は長女としての環境に置かれることになる。長蔵の夢は学問をすることであったが、それは歌子に託され、歌子はそうした学問をする環境の中で少女時代をすごすことになる。福井に女子師範が開校されると、歌子はこの寄宿舎に入る。明治天皇北陸巡行の時は「御名代」として大隈重信の前で御前講義を行なうほどの優等生であった。

一八八〇（明治一三）年、師範学校を卒業し、歌子は生まれ故郷の大野で小学校教師となっている。そして三年後の八三年、歌子は従兄弟の阪元大円と結婚することになる。一男をもうけたが、阪元も長男、双方後継ぎという難題があり、二人の仲は引き裂かれる。長男の子供は阪元家に引き取られたが、生後五〇日くらいで、程なく栄養失調のため死亡する。「貞女は二夫に見えず」という覚悟と、この経験が歌子のその後の人生に大きな伏線となっていった。

一八八五（明治一八）年一二月、林は東京に出て立教女学校の教師となった、そこで彼女はウィリアムズ主教（Williams, C. M 一八二九～一九一〇）と邂逅し、彼から大きな影響を受ける。キリスト教に出会い、神田教会に通うようになり、一八八七年六月二六日、彼から洗礼を受ける。またこの教会をとおして、小橋勝之助・実之助兄弟とも知己となるのである。

一方、林の初期研究で欠かせない小橋勝之助（一八六三～一八九三）もウィリアムズの牧する神田教会に通い、一八八七年五月八日洗礼を受ける。そして既述したように、小橋はこの教会で名出いく子らと出会うことになるのである。しかし母が死去し勝之助は家業に専念しなければならなくなり、故郷赤穂に帰り、そこでキリスト教の伝道活動を行う。そして故郷に博愛社を創設した(5)。また勝之助は石井十次と知己となり、岡山孤児院と連携し、将来の事業として北海道に土地を求めたい意向を示す。一八九一年一〇月、濃尾大地震が勃発し、その救済事業、震災孤児院の事業に多忙をきわめ、身体も次第に衰退していった。彼はこうして後継者のことも考えて行かねばならなくなり、そこで思い浮かんだのが、神田教会で出会いがあった林歌子への白羽の矢であった。

（二）博愛社と林

勝之助が博愛社へ東京にいる歌子を呼ぼうとしたのは一八九二（明治二五）年の初め頃からである。勝之助は林の許に次のような書簡を差しだす。

社員の与論にては貴姉が適任ならんとの事に候、然れども貴姉にも家庭の繫累有之、又当今立教女学校にて貴重なる地位に居られ候事と遙察仕候。然れども以上の事主の聖旨に協ひ、日本将来にとりて大切な事なれば、軽きことは自然主の恵みにて都合の出来る事も有之候。又貴姉が博愛社に対する事は創業者の一人の如く尽力されたり、之に由ても主の聖旨のある所を御考へ被下度候。何卒此事軽きことに御考へなさらず、主に御熱祷被下、篤と御勘考の上御意見御申越被下度候……播磨の学校にて御働き被下候事は、岡山と名古屋に大なる感化を及ぼし、三ケ所に御働き被下と同様に候。其の責任の大にして十字架の重き事は、豫て御承知被下度候(6)

歌子も相当苦悩したあげく決断をくだす。一八九二年八月二七日、林は父を説得し、故郷大野の家を出、播州赤穂瓜生に向け出立した。この間、勝之助は病気を押し、北海孤児院を訪れていた。そして衰弱し帰郷した勝之助は歌子と再会する。翌九三年に入ると勝之助の様態は重くなり、二月二六日には弟実之助と歌子の間に死後の計画相談がなされた。そして三月一二日、阿波松之助が来訪し、遺言を伝え勝之助は若干三〇歳の若さで召天した。

一八九四年三月一二日、勝之助の遺言どおり、また赤穂での博愛社継続に対する親戚の反対もあり、勝之助の命日に博愛社を赤穂から大阪の大仁村へ移す。場所は阿波松之助の門長屋であった。以後林と実之助との共同作業が続いて行くわけだが、子どもも増え、新しい土地の選定に入っていった。かくて東京在のウィリアムズにも世話になり、寄付も集まり、現在の大阪十三の地に引っ越すことになる。九九（明治三二）年二月一日、博愛社新館も完成し、移転が現実化した。同時に社団法人となり、そして機関誌『博愛社月報』が発兌された。林歌子は林可彦の創設した愛隣夜学校の経営にも協力し、社内の児童も八〇人近くに増えていき、校舎も増築され設備も整えられていった。中心は二代目社長実之助と林であったが、実之助の妻帯の問題が上り、プール女学校で裁縫を教えていた山本カツエに白羽の矢が立つ。そして一九〇四（明治三七）年、四月七日、実之助と山本カツエとの結婚式が川口教会において名出牧師によって執り行われた。こうして林は博愛社の事業から少し手が離れ、矯風会の事業に傾斜していく。

ところで林が明治三〇年代より積極的に参加するキリスト教婦人矯風会は、一八八六年一二月六日、矢島楫子（かぢ）を会頭にして創設された東京婦人矯風会に遡る。その時の規約第一条には「本会は社会の弊風を矯め道徳を修め飲酒禁煙を禁し以て婦人の品位を開進するを目的とす」と規定されている。翌年、主意書も出され、また八八年からは『東京婦人矯風会雑誌』（後に『婦人新報』一九五年）が刊行され、一九〇三年に日本基督教婦人矯風会として全国的な組織団体となった。初期において禁酒禁煙、廃娼、足尾鉱毒問題等の闘いを展開した。林の矯風会には東京時代より参加していたようである。

一八九九（明治三二）年六月、キリスト教婦人矯風会大阪支部が創設された。次の年にその会長についているように林は大阪での活動に積極的に関わっていくことになる。当時の様子は「大阪婦人矯風会は今回新たに設立せられ去月廿一日川口バルバナ病院内に於て発会式を挙行され、矢島会頭も出席せられ頗る盛会なりしとぞ、同会会頭には宮川次子、書記には名出いく子及林うた子会計には樫内晰子等それぞれせられたり」(7)とある。また一九〇〇(明治三三)年には「本会は去る六月廿三日矯風会大会の為め特別祈祷会を開き役員改選を行ひたり新役その姓名は左の如し会長林うた子、会計丹羽りき子大島あい子、書記清水やす子川島よし子」(8)と報じられており、この時より林は大阪婦人矯風会の会長に就くのである。

三　林の論文について

林は生涯、多くの論文や小論を残しているが、彼女の主なる発表の場となったものとして、まず博愛社の機関誌『博愛月報』(後に『博愛社月報』『博愛の園』)、二番目として婦人矯風会の機関誌『婦人新報』、三番目として、廃娼運動の機関誌『廓清』、四番目として『慈善』、『救済研究』(『社会事業研究』)等の社会事業雑誌、そして五番目としてキリスト教系の雑誌・新聞や一般誌紙やその他の著書等に分類しておきたい。

一番目の博愛社機関誌『博愛月報』について言及すると、林の社会事業実践の拠点とも称せる博愛社は一八九九(明治三二)年六月より、機関誌『博愛月報』を発刊している。この雑誌の編集者は小橋実之助で、二代目社長で実際の舵取り役であった小橋の論稿が圧倒的に多いが、当然、小橋と同労者であった林もこの雑誌に多く書いている。

二番目の『婦人新報』は日本キリスト教矯風会の機関誌である。林と婦人矯風会との繋がりは古く、彼女が立教女学校の教師をしていた東京時代からである。その後、一八九九(明治三二)年頃より、大阪支部の中心人物として林が矯風会の活動を展開し始め、一段と密接なものとなる。そして林は第二次大戦時中矯風会会頭の位置に上り詰めるが、この雑誌は『博愛月報』と共に、林にとって自己の活動、思想発表の中心的存在であった。林の消息もこの雑誌において伝えられる所が多い。同誌における林の論文の最初は日露戦時中の矯風会の活動「傷病兵慰問報告」(第八九号)である。以降、この雑誌には約一六〇篇の論文や小論、和歌等が掲載されている。

三番目の『廓清』は、周知のように一九一一（明治四四）年、東京の吉原遊廓が全焼したことや公娼制度の持つ不合理な社会問題を背景に、廃娼運動を展開するために作られた団体、廓清会の機関誌である。この会には、キリスト者が中心で江原素六、安部磯雄、島田三郎、山室軍平らが参集し、矯風会の会頭矢島楫子も当然中心人物であった。それ以前より大阪で廃娼や矯風運動を展開していた林がこの雑誌に多く執筆しているのも当然といえる。廓清会発足後幾ばくもない一九一二（明治四五）年六月、今度は大阪難波新地が大火に見舞われることになり、林（当時大阪婦人矯風会会長）は早速これを機に、難波新地の遊廓廃止運動を展開することになる。同誌第二巻第二号（一九一二年二月）には緒方銈次郎（大阪基督教青年会理事総代）、加藤直士（大阪基督教信徒総代）の連盟で原敬内務大臣宛に「難波新地遊廓廃止建白書」を掲載している。以降、林は「神の導きを我等の希望」（第三巻第一一号）、「大阪の矯風運動」（第五巻第五号）、「飛田問題に対する覚悟」（第六巻第七号）等、矯風、廃娼運動に関する論稿を一八篇掲載している。

四番目の『慈善』（後の『社会と救済』『社会事業』『厚生問題』）、『救済研究』（後の『社会事業研究』『厚生事業研究』）、等は社会事業関係雑誌である。従来、一九〇一年慈善団体懇話会（慈善同盟会）、大阪慈善協会と発展してきた大阪の社会事業は、一九一三年四月、小河滋次郎の府嘱託就任によって、さらなる展開を見ることになる。同年六月、赴任した小河に加え、岩田民次郎（大阪養老院）、八浜徳三郎（大阪職業紹介所）、小橋実之助（博愛社）らの地元社会事業家たちを中心に、救済事業研究会が発会する。この会は毎月研究会を開催し、機関誌『救済研究』を発刊することになる。この研究会には、もちろん林も出席し発表している。そしてここでの発表内容は同誌にも掲載されていくのである。たとえば「公娼廃止を以て私娼掃蕩策となす」（第二巻第一二号）、「欧米視察に依て得たる所感」（第一一巻第五号）等である。さらにその他の社会事業関係の雑誌に掲載されたものを考察していく必要がある。

五番目として、既述した以外の紙誌、年報、パンフレット類である。たとえば『基督教世界』等のキリスト教ジャーナリズム、『大阪朝日新聞』や『大阪毎日新聞』等の大阪を中心にした一般紙に掲載されているもの、あるいは大阪婦人ホームの年報の類等であり、これについては調査を含め、今後の課題としておきたい。

このように分類できるが、その中でも博愛社の機関誌に書いた多くの論文は数からいうと、『婦人新報』とともに多いものである。そしてその性格から児童やその処遇、キリスト教の問題等、他誌と違う面が見られることから林歌子研究においてきわめて重要であると考えられる。従来この機関誌は一施設の機関誌という性格というより、存在自体も不明だったから、ほとんど研究対象とされてこなかった。幸い博愛社の史料整理作業の中で、この雑誌の所在が明らかとなり、この雑誌研究は社会福祉の歴史のみならず、林歌子研究においても大きな前進となるものである。

四　林歌子と博愛社機関誌『博愛月報』

（一）機関誌『博愛月報』について

博愛社に接点を持つまでの林の初期研究はまだ不明のところが多い。後述するがこの機関誌においても多くの回顧文があり、林の初期研究において大いに参考となる。たとえば「四十年前を思ひ回して」[9]という論文において、「明治二十年六月二十六日、昨日、今日のやうに思ひますに、指折つて数へますと満四十年、東京神田基督教会に於いて、尊敬するウヰルアムス監督から、日曜の夕に洗礼を受けました、式が済んでから、一里程ある道を歩いてかへりました。日曜毎に、高い下駄をはいて、築地の立教女学校から、神田明神下の基督教会まで歩いて参りました」と洗礼時のことを回顧している。また勝之助の懇請によって東京の女学校教師を辞職し一転して慣れない博愛社での生活について次のように回顧してしている。

私の生涯に一番の修養鍛錬を積ませられたのは、播州の山間の生活一年半であった。今思へば思ふほど、尊き経験を与へられました、農家の主婦となつて、水汲み、火炊き、襤褸つづり、風呂炊き、それが全く馴れぬ仕事とて、竈の火も容易にはもえつかず、風呂の水を汲めば、着物はびしよぬれ、一生懸命にやりましても下手の骨頂何と不器用な私かとつくづく悲しくなつた、朝は未明に起出で、、田舎の車井戸、暁明の月は尚空に高し[10]この回顧文には赤穂時代の初期博愛社での林の刻苦が読み取れる。林の博愛社赴任までの初期研究もいまだ十分に為されてきたわけではなく、回顧文に頼らざるを得ないところもあるのである[11]。こうした時、かかる回顧の文章は傍証していくときに重要である。

さてここで今回の対象とする一八九九（明治三二）年刊行の博愛社の機関誌『博愛月報』を考察する時、その前史にも簡単にふれておく必要がある。九〇（明治二三）年一月、小橋勝之助によって創設された博愛社は有名な七つの事業を中心にして行なわれていくことになるが、その事業の一つに機関誌の刊行があった。すなわち『博愛雑誌』の刊行として実現していくことになるのであるが、本章第一節でみたように、岡山孤児院と合併する九一年一二月刊行の第二〇号で廃刊となる。博愛社は創設者の小橋勝之助の死後、岡山孤児院と分かれ、独自路線を歩んでいくことになり、勝之助の弟実之助や林歌子、そして大阪の阿波松之助らの尽力で大阪において再度出発していくのである。そして、いわば勝之助の構想した事業目的を具体的に展開していくため、あるいは社団法人化のため、そして初期の『博愛雑誌』を継続するためにと言ってもいいが、九九年六月二四日に創刊号が発兌されることになる。

この機関誌は一九世紀末に発刊され、前節でみたように幾たびか編集方針や機関誌名を変えながら、明治から昭和まで刊行されていくことになる。林の亡くなるのは敗戦直後であるから、この機関誌の消長をともにしたことになる。この雑誌が一施設機関誌的性格を超えて、大阪のみならず社会福祉の歴史において重要なものであるが、史料全体が表にでてないこともあり、これまであまり注目はされていなかった。

（二）掲載論文の類型

この博愛社の機関誌『博愛月報』（『博愛社月報』、『博愛の園』）には、短歌や新年の挨拶等は除いて林の約一六〇篇の論稿が掲載されている。ここではこの論文の分析が一番大きな課題であるが、さしあたり林の論文の類型化をしていくことにしよう。その時、次のような五つの類型を考え、代表的な論文を指摘し、十分とはいえないまでも、その典型的な論調及び、彼女の思想も垣間見ておきたい。

第一として林の生涯にわたる思想と実践の礎となっているキリスト教についてである。彼女の人生観や世界観、人間観等までいれるとこの種の論文数は多くなるが、直接キリスト教に言及しているものに限っておく。第二として博愛社関係のものである。これは彼女の博愛社の思い出、また彼女がかかわった人物について、あるいは死亡記事においてみられる追悼文、そして入所児童や退所後の教育方針にかかわるもの等である。第三として、慈善事業や社会事業、そして、これは所属していた婦人矯風会にかかわっていることからも当然とも言える矯風事業についての論文、また当時の時事的な動きを論じたもの等も多く窺えることができる。第四として日本各地の報告、施設、事業報告、あるいは林は幾度か外遊（植民地も含め）出かけるが、そうした報告記事がかなり見受けられる。かかる記事は、林の消息を知る上においても重要である。第五として政治や時事について論じたものである。婦人矯風会、廓清会あるいは社会事業に関わっていれば当然、時代の動きにも敏感にならざるを得ないが、そうした論文が散見できる。

以上のように林の論文をひとまず五つに類型化しておいて、以下でもう少し具体的にその内容にふれていくことにしよう。

五　林歌子の論文（一）——キリスト教論

林の論文の中でも彼女がキリスト者として、また彼女の思想的中核として位置しているキリスト教というものからキリスト教に関連する多くの論が見受けられるのはいわば当然かもしれない。それは既述したように回顧文におけるキリスト教受洗のことや、広くとらえればキリスト者との交わりや教育論、人物論等もこのカテゴリーに入るだろう。またその関連としての人生論等も披見できる。そうした中で二、三紹介しておくことにしよう。たとえば「楽しき復活の前の苦しき十字架」(12)という論文において「十字架に釘り一旦墓に葬られしキリストは復活なし給ふ、うれしき復活の前に苦しき十字架のあるは、天地の法則。キリストもこれ等の苦難を受けて其栄光に入りたまへり。人生の覚悟はいつも苦しき十字架を負ふにあり、日々十字架を負ふて、己の義務天職に奮励努力せば、楽しき復活は、必ずや後に来る、復活の前の十字架、これ私等の執るべき覚悟なり何事も与へらる丶、義務責任は、避けじ、感謝を以て、之に堪へ得る力を与へ給ふは神にあり、私共は只々キリストの十字架を日毎に負ふ者なし給へと祈る」と論じている。

ここでの「人生の覚悟はいつも苦しき十字架を負ふにあり」という覚悟は、林が博愛社や矯風会での日々の実践における生き方であったと思われる。そしてそれは「人格の研磨」という日々の絶え間ない努力の中において実現できるものとする。そして次の「復活」という論文には「万事は神の恩寵」として以下のように記されている(13)。

人世の目的は人格を研きて向上発展なし造主物なる神の御姿に似奉るものとならん事を励み深き人格の感化により て地上に聖国を建設なし人類の平安幸福を進むるより外なし其人格を研くには艱難辛苦を嘗めて其によりて鍛錬して精神を強められ磨かれて次第に光輝を増し日々に新しき人となつて向上発展すべきものなれば其鍛錬のために肉体の親が其子を愛するために之を懲らしめ之を鞭つ如くに神に撰ばれて尊き御用に御使ひになる人々にもヨブの苦しみの如くに如何でかく迄重き十字架をかの人の上に加へ給ふならんかと思はる丶如き事あれども一歩退きて考ふれば尽く深遠なる神の摂理にて愛のために潔のためになくてはならぬ神の手加減慈愛の涙に包まる丶恩寵たる事を感じて涙の中に神を崇むる恵を受くる事が出来ます。

かくてこうした祈りの礎となっているもの、すなわち「日々の糧」としてあるものが「聖書」である。この聖書につき林は「一巻の聖書こそ私共に、神の愛人間生存の意義、人世の目的を教へてのこす所なく而してこの聖書は二千年程の間に三十余人の手によりて書かれたるもの、それを組合はされたる一の不思議なる書物、而も其起源は、東洋ユダヤ国其教へが、欧州に行きて米国を経てまた東洋に来る、基督教は東洋の教へにあらず、西洋の教へにあらず、世界の宗教一巻の聖書は実に人類の羅針盤、近くニユーヂーランドの少年少女より、博愛社の児童へ聖書を送り来る、世界あらゆる国語に訳されたる一巻の聖書この聖書の一巻、西洋に東洋に将た世界の人類愛の光として、日々の糧として服膺すべき書物、之が実行の程度如何にして人類の幸福は測られます」云々と述べている(14)。そして日々の職務において「御手本」となったのが「厩の中に生れて馬ぶねの中に布にてつゝまれ給ひ、三十三年の人世を卒へ給ふ時に、罪なき身を以て十字架上に血を流し給ひし、主キリストであります」とあるように、イエスの生き方であり「一切を神の慈愛の手に任ね奉りて、日々与へらる、職分に心の限りを尽し、只主キリストを仰ぎ、其御跡に日々十字架を負ふて進むものとなし給へと祈る」とするキリスト者としての覚悟であった(15)。

六　林歌子の論文（二）——博愛社関係

この章では大きく「博愛社関係」と括ったが、さらにこれを重要な事項三つに分けることが可能である。その一つは彼女が博愛社に奉職するまで如何なる人生の歩みをもってきたかの回顧記事である。二つ目は彼女と労苦を共にしてきた友人や身内、そして恩人らの追悼記事であり、これは彼女の人間関係を知る上においても重要である。そして三つ目として博愛社の運営や事業について論じたものである。機関誌である以上、このカテゴリーの論文数は多いことは当然であろう。以下この三つについて触れておくこととしよう。

1　自身や事業の回顧

この節の前半部分でも一部紹介したが、「過去十五年の感謝」（第八四号）や「死したる者と御諦ください」（第一二六号）や第一二七号から連載のタイトルとなっている「二十年前の回顧」という記事は自己の博愛社への献身の軌跡であり、博愛社の歴史を知る以上に彼女の生涯を研究していく時、重要な史料的価値をもっているものと考えられる。「献身記念日所感」（第一三〇号）も林の博愛社献身の記録であり、「受洗の満三十年」（第一八二号）はキリスト教との出会いや回心において重要な報告である。逐一ここでは紹介しないが、概して林の回顧論文はその節目の年に合わせて多く散見できる。

2　人物論、追悼文

林の論稿の中に、かなりの数の追悼記事が被見できる。これは、たとえば「思出の記」（第一五〇号）、「涙の記緒方千恵子夫人との永別」（第一五四号）、「故緒方千恵子夫人を偲びて」（第一七三号）といったように、博愛社の同情者に対する追悼であったり、「創立者を思ふ」（第一七九号）、「博愛社創立者を思ふ」（第一九二号）といった小橋勝之助の記事、「死して者いはる、山室大佐故機恵子夫人」（第一七二号）、「馬場夫人を憶ふ」（第一九六号）といった知人であったり、友人、家族のことであったりする。たとえば「林正二氏を悼む」という論文では、実之助の実弟正二の追悼記事であり、こうした記事においてそれまで詳細が分からなかった人物の生涯をかなり詳しく知ることができる(16)。

博愛社関係で創立者以外で最大の貢献をしたと称せる小橋実之助の召天に関しての林の追悼としては「博愛社は三代目となつた」という論文で次のように語られている(17)。

私は、実に妙しき運命に選ばれた、四十年前に、創立者から「善い子を上げます」といはれ、今また二代目の弟から、「御願ひ致します」と、只一言、其一言を洩す彼の胸中は、実に苦痛であつたと思ひます。如何に私が、汎く社会に立ちて、純潔や禁酒やと、活躍するも、私の最後は、自分の責任と自覚し呉れてありました、私には最後の大きな力でありました、慰めでありました、彼が、無上の光栄に浴します、其度毎に、私には包みきれぬ、感謝と喜びでありました。

第二四四号（一九二五年六月二五日）収載の「大嶽保母の告別式に」という論文は大阪に移って間もない頃からの同労者で林も不断から尊敬の念を抱いていた大嶽節子の追悼記事である。その冒頭には「大嶽さん地上に於ける最後の御別れを致さねばならぬ悲しき場合となりました、過去二十八年間、只忠実といふ二字を以て、子供を愛し彼等を哺育し、一意専心、光栄ある任務でありますが、無此上骨の折れる仕事に二十八年間を捧げ尽しておむつを替えつゝ、子供をねむらせんと手をもてたゝきつけつゝ、天国に召され給ひました」とある。

このような追悼記事は彼女の友人関係を知る上において重要であるし、またこれまで消息が不明であった人々、そして博愛社の歴史（施設史）を知る上において大切である。加えて彼女の人物評あるいは人間観も窺うことが出来るものである。

3　博愛社の教育

博愛社、とりわけ林がいかなる態度で子どもに接していたかということについては、教育全般、処遇方針としても大切である。またこの中には退所後の子どもへの励ましの言葉もある。「出身児への手紙」（第一一五号）や「出身児へ」（第一五〇号）といった論文は一個人林の教育とも関連するが、博愛社の教育方針を伺うことができる。たとえば「献身記念日所感」という奉職二〇年記念の論文において次のように論じている(18)。

かゝる満天下の同情に対して如何にもして、善良なる国民を作らん、子どもの教育を誤らざる様にと日夜焦心苦慮するも、私共の手に託せらるゝ子供は、二葉の内に牛馬に踏まれ、荒き風に揉まれたる者多く、時には素性も遺伝もあまり、悪からぬ子供もあれども、色々の性質の子供を一所に集めて、之を教育するの至難なることは、胎教より注意して、之を生み、之を育つる、普通の家庭の幸福、子女の仕合を深く感じます。私共の最も苦しき事は食なきにあらず、衣なきにあらず、子供の前途を誤まりし時なり、本人の意志弱かりしか、保護足らざりしか断腸とは、かゝる場合かと染ゝ心に感じ、また子供の生立よろしく前途洋々たる様を見ては、其嬉しき何にたとへんか、学校の成績の優等を見て喜び、奉公に出でて、主人より褒めらるゝ言葉をきゝて喜び、いよいよ生業して一人前となり、結婚でもするを見て、喜こび生命を縮むるも子供生命を長くするも子供、手許にある子供のためには左程思はねど、手離せし子供の事は、どうも忘れ難く、意志堅固に、身体健全に、各其天職に尽せ神の保護彼等の上にと、祈る心だけは、日夜あちこちにゆきかよひます。今日の紀念日に一入溢るゝ、感謝の念、同情者なる恩人の上に、祝福豊福なれと切に祈り、残る生涯を、益々神の御用に用ひ給へと祈る。

こうした社会の荒波に呑まれ、傷ついたいたいけない児童に対して如何なる養育のあり方が当人のためになるかを苦慮し、模索し、日夜心にかけていたかを窺うことができるが、それは施設を出てからの生活にも及んでいた。かかる養育の視点は「沢山の子供を手にかけますのに、まあ一人前になつてくれたと、私共は喜びの涙を流させる者は、皆感恩の念を有します、親心として子供の事は心より決して去りません、其なくてはならぬものを必要物知り、痛いも辛も訴へぬさきより分つて居すが親心でありますが、併も其子供の独立心より出づる感恩の念を見る程喜ばしきものはありません。一念感恩の美しき基礎の上には、親に対しては尊敬、従順の徳立ちて孝悌の子弟となり、社会に立ちては其本分を尽す良民となり、種々の幸福は皆此れの基礎より芽をいだします。自分の幸福を真に悟り、与へられてある恵の大なるに自覚致しましたら、如何な人も目に見ゆる物質の賜物だけでも、真に心より感謝に溢れずには居れません」(19)といったような卒園生に対する林の文章にも感じ取れることが出来よう。

また『博愛の園』第一五〇号（一九一四年六月五日）に掲載した論文「出身児へ」では「今や皆様は社会といふ大学校に入学中であります、落第しない様に日々の日課に全力を御尽しなさい、毎日自分にふり来ることを悉く益として受ける信仰が必要です、私共神たる大牧者に飼はるゝものは、甘き草も辛き水も皆必要なれば、日々には驚く様な悲しき出来事に逢ふ事もありますが、何でも皆私共の益であると確信して勇気を皷して邁進せねばなりません。皆様の顔を見ることが出来ませぬが、心は皆様につき添うて居ります、病気に掛らぬ様に衛生を重んじて暇があれば博愛社へ父母の家へ御出なさい、父さんも母さんも皆中々忙はしく、皆様のなじみの樹木も段々生育致しております、御機嫌よろしく」と記している。

この機関誌に掲載されている林のこういう記事を読むと、彼女の教育観や児童への思いやりを察知することが出来る。このことはここから巣立っていった子どもへの博愛社のサポート方針とも理解出来るのである。そして彼女が一番大切にしたものの一つが「家庭」というものであった[20]。

七　林歌子の論文（三）——社会事業と矯風事業

（一）社会事業（慈善事業）について

明治、大正、昭和と長い間刊行されてきたこの雑誌は社会福祉の歴史からみてみると、まさに慈善事業から感化救済事業、社会事業、そして戦時厚生事業へと長い時代的背景を負っている。そういう意味でこの雑誌が社会事業関係の消息、とりわけ大阪の社会事業を具に報じており、『救済研究』が大正に入ってからの刊行であることを考慮すれば、明治期についてのその報告はきわめて重要なものと言わねばならない。

たとえば一九〇五（明治三八）年五月に刊行された留岡幸助の家庭学校機関誌『人道』と比較すると、少々情報が少ないとはいえ、各地の社会事業やそれに関する種々の情報を窺うことができる。その意味で博愛社の中心人物であった小橋実之助の論文を分析することはきわめて重要な意味をもつものである。さらに社会事業関係の論文は小橋以外にも、たとえば小河滋次郎らの論客があり、林もまた多くはないが端々に社会事業に関することをふれている。ここで前節でもとりあげたが、再度その一例として林の「社会改善」という論文における方面委員について論じたものをみてみよう。

大阪府前知事林市蔵氏の御在職中に生れ出でたる、方面委員の制度は実に隣保相扶助する「己の如く爾の隣を愛すべし」といふ、互に愛する精神を、其隣りより《ママ》、次第に隣に及ぼす、愛の実行にて、無告の民なからしめん……略……方面委員によりて、見出され、救済されたる、様々なる救済の子供等は、或は博愛社に送られ来りて私共の家庭に加へられ、或は婦人ホームへ紹介されて、夫々所を得させるの、方面委員の組織は、慥に社会改善、救済の一機関たるは社会のために賀すべき事にして、今一段と進歩して、方面事業の、真に社会改善の鍵に触らるゝに至らん事を

社会改善の只の鍵は何処に之を求めんか、隠れたるに見給ふ、只一の神、神を父として、同胞を兄弟とする、文化に伴ふ、迷信なき、敬神愛国の念を養ふ、宗教に求むるより外なし。社会改善の道は、国民の信念を養ふにありと、断言致します(21)。

社会改善という用語は社会改良と読み替えてもいいと思われるが、林市蔵知事のもと、小河滋次郎によって考案された方面委員制度の重要性を指摘する林には、社会事業の発展、とりわけ大阪のそれに大きな期待があったと推察される。もちろん社会改良の根柢にはキリスト教が存していたことは言うまでもない。

(二)　矯風事業

林がキリスト教婦人矯風会の有力なメンバーというより指導者でもあったこと、かつ大阪婦人ホームの経営にも携わり、大阪での廃娼運動の中心人物であったことからも廃娼問題に関する論文があることも至極当然である。もちろんその中心はキリスト教婦人矯風会機関誌『婦人新報』が中心であることは言うを俟たないが、この機関誌にも矯風関係の論文が登場することは何ら不思議なことではない。たとえば『博愛の園』第一七〇号(一九一六年六月八日)収載の「慈善事業と矯風の精神」という論文をみてみよう。

慈善事業に全身を委ねて居ります身が何故に社会矯風の働きに熱心致しますか精神の動機は全く一にして慈善事

業は病院の如く、矯風事業は社会衛生思想を普及する衛生講話の如く、病人を未然に防ぐ根本的大切なる働きとの信念は、今回の飛田問題に対しても我を忘れて立たしめました……略……外国婦人すら吉原を見物して時々身を慄はして泣かるゝと申しますが、私共には真に堪へ難き思ひが致します、軒を並ぶる妓楼に十人二十人か鉄柵の中に並び座して、煙草盆を前に鏡を取り出しては白粉を整ふる様を目撃致しては、実に動物園の動物も、これよりはもっと精神上の自由はありますと、坐ろ涙に咽びます。「遊興費六十銭軍人に限り五十銭」など、貼り出したるは、何たる暗黒社会なるか、実に全国五百《ママ》の公娼は、白奴の扱、私共の姉妹に、間違たる道徳のために、猿轡をはめて醜業を営なましむる貞操売買の奴隷制度、宛も賭博に公許を与へ、盗賊に免許を与ふるが如し

さらに『博愛の園』第一九三号（一九一八年四月八日）収載の「我等の覚悟」という論文において、次のように論じている。

婦人は男子の玩弄物、男子は放蕩をなすも我が技量、少し成金にでもなれば、家を外にし、他に愛を分ちて、忌はしき行動を恬として愧づる事なく。男子の性欲のためには、幾多の婦人を奴隷として、之に公然賤業を営ましめ、政府は之に税金を課して、一種の営業と見做し、而も其営業者が、醜業によりて得たる、人の血を絞りたる富を以て、公々然と社会に闊歩なし、時々彼等賤業者を名誉職に選挙する如き事ありて、社会之を怪まず。親はまた我子に対して、之を我が所有物品の如くに心得て「親の生活を助くる為めに我娘を売るといふ事は、世界如何なる国に、此の如き矛盾したる事やある」と或る宣教師が嘆かれました事をきゝて実に冷汗をかくの思を致しました。此は皆旧道徳に捕はれて、宇宙の主催者を、只一の神と崇め、世界人類を皆兄弟となして、親が其子を育つるに、之を神より託されたる任務と思はず、自分の物品所有物の如く思ふから起る誤りであります。

今後、林歌子研究において博愛社と矯風会の繋がり如何も研究対象としていく必要もあり、そしてこれは彼女の矯風思想と児童を中心として社会事業思想との共通性、関係を問うていくことにつながるであろう。

八　林歌子の論文（四）――内外の報告

（一）国内の視察報告

これは林が日本各地の社会事業の視察を行い、あるいは行った旅先で社会事業（矯風）関係の施設や事業について報告したもの、そして旅先からの現地報告に関するものである。たとえば比較的早い時期のものとしては『博愛社月報』第五四号（一九〇四年九月九日）に掲載されている「東京の慈善事業瞥見」という報告である。これには滝乃川学園、家庭学校、東京市養育院、原胤昭の事業、慈愛館等の訪問記が載せられている。この中で家庭学校については「留岡幸助氏の立て給へる家庭学校は広闊なる敷地の間に野菜は作られ、樹木は茂り、果物の樹など多く、鶏も養はれ、竹など見事に繁茂せるを見る、訪れし時は恰も授業の時間中にてありしが、かゝる自然の天地に於てこそ教育も行はるれど羨しかりき」云々とある。留岡の創設した家庭学校の報告は、まだその機関誌が発刊されていない時のものであり、林の眼をとおして、当時の施設の様子が如何に描かれているかを窺うにおいて貴重なものである。また婦人矯風会の施設・慈愛館については「大久保の慈愛館も亦位置高燥閑雅なるところにあり、訪づれて門を入れば草を抜ける、数名の幼児ありき、何処より来れるにやと問へば、何れも鉱毒被害地より来れるなりと、鉱毒地主無辜の幼女をもかゝる境遇に陥らしむるかと想ひ浮べていひ知らぬ悲哀の同情に打たしめられぬ」と当時の足尾鉱毒事件とのかかわりが察知できるものである。また「桜島慰問並に茶臼原孤児院を訪ふ」という記事では、

三百町歩の広々とした農園を、小野田氏に伴はれて、廿六日の早朝に一周致しました、麦作に桑樹の手入最中でありました、各家庭の保姆方も子供と共に農業を勧められ、収穫米が叺に入れて各家族にありました。農園に孤児院出身の農家は十八軒もありまして其主人の中には、二十余年前博愛社が播州に未だ居りました時代に、預て

世話致した人々もありまして、はや五六人の子供の父母たるものありて互になつかしく感じました。農園の奥に墓地ありて新しき一基の墓標は　岡山孤児院々長石井十次墓と記せる墓前に跪き、深き神の摂理、二十余年間の奮闘今物質の形となるも、無形の感化の如何に偉大なるものあるか、奮闘の生涯を畢へ給ふて今や永遠の休息に入り給ひぬと

かちいくさをへにし君よとこしへに　いくさの庭の友をはげまし

と申し終りて墓前を辞し……以下略……(22)

とあり、博愛社と合併した時の回顧とともに、石井亡き後の孤児院の様子が報告されていて興味深いものとなっている。「九州中国地方の感想」（第一八三号）という報告は、ハンセン病施設、熊本回春病院や長崎浦上の孤児院等の訪問記であるが、当時の様子が知れるものでもある。

(二) 外国（外遊）の視察報告

林は生涯、何回か外遊をしているが米国、東アジア（韓国、台湾等の当時の植民地も含む）等外国へ行った時の報告記事はかなりの数に上る。たとえば一九〇五（明治三八）年から一九〇六（明治三九）年にかけての米国訪問については以前拙稿「林歌子の渡米（一九〇五〜〇六）をめぐって」（『関西学院大学社会学部研究紀要』第九四号）で論じたが、こうした研究はこの雑誌の史料的価値を発揮してくれるものである。また一九二二（大正一一）年九月八日発行の第二二七号から第二二九号の「外遊通信」もハワイから米国に渡り、フィラデルフィアでの万国婦人矯風会参加への報告記事である。そして「欧米より帰りました」（第二三一号）という論文もそれに付随して欧州諸国の見聞録と称せるものである。

さらに日本が植民地とした東アジアの地への訪問記録もかなり多く見受けられる。たとえば「台湾」（第八九号）

や「大連」（第九一号）での報告である。ここには当時の現地の情報や林個人の考え方も窺うことが出来る。「旅行土産　京城発大邱に向ふ途中」（第二〇三号）といった記事であり、ここで「満韓よりかへりて雄大なる満州の天地」という論文に掲載された朝鮮や「満州」（現中国東北部）についての報告をみておくことにしよう(23)。

朝鮮

満州の東端安東にいたり鉄橋を架したる鴨緑江を渡れば新義州朝鮮に入ります。かくまで違ふかと思ふ程満州気分は全くなくなりて汽車の窓より眺むるは畑にあらで水田（満州は大概畑にて水田いと少し）朝鮮人は水田を耕し、満州人は畑を耕す……略……朝鮮に内地人の入込みしは日清戦争後が多きも中には三十余年前と云ふ人もありて、満州には内地人二十万に足らず朝鮮には三十六万七千人ときく、段々に鮮人《ママ》も教育され（鮮人《ママ》は一千七百万人）果樹の栽培農業の改善第一は山林に植樹年々に内地化して行く事と思ひます教育に淵沢能恵子女史の主唱によりて朝鮮上流の女子を教育する淑明高等女学校ありて現在の生徒数六百人。

日本の内地には今や十万人の朝鮮の労働者来れりといふ、朝鮮経営にもつと内地人の多くが堅実なる精神を以て之に当る人の増加せん事を願ふ。

感想

北海道可なり樺太もよし満州朝鮮殊に朝鮮の如きに日本の内地にどこへでも骨を埋むる決心を以て進み出づべき場所を有す、世界を家となして信念に基する堅忍不抜の精神はいづこ如何なるいばらの土地をも乳と蜜の流るゝ都となす。

このようにここには林の論文からは当時の視察の様子や彼女の感想等が披見出来る。しかし日本が朝鮮や中国を侵略していったことの痛みは窺えない。こうした思念は彼女の国家観とも共通するものかもしれないし、またキリスト教婦人矯風会の体質を表しているのかもしれない。台湾においても、『我国領有に帰して未だ十年を超ゆる僅に一二年に過ぎざれど一昨年よりは経済全く独立して母国の助けを待たざるのみならず生活の有様、新運の気象遙かに母国を凌ぎ住みよき台湾楽しき台湾と言ひ度き心地致候」（「台湾だより」第八九号）と植民地政策の痛みの念は何も無く、教育や衛生等の面でも発展していることを報告しているにすぎない。「歳末に際して台湾行」（第二一八号）や「御挨拶」（第二七〇号）は台湾渡航四回目の報告である。こうした外遊報告はこの雑誌に多く掲載されている。ちなみに小橋実之助の外国へ行ったときの当地からの論文もあるが、こうした場合も彼の当時の関心や渡航目的、そして思念等が窺える。

九　林歌子の論文（五）——政治・時事論を中心に

林の活動は婦人矯風会活動の一環として廃娼運動や禁酒運動等を展開していったことから当然、彼女の論には当時の政治の動きや時事に関する論文が披見できる。たとえば大正初期の第一次世界大戦に関する時評もかなり多く掲載されている。その大戦については、「思えば大正三年の七月、一本のマツチが、堆積ねたる薪に触れし如く、欧州戦乱、否世界の大戦乱となり、指折り数ふれば、今年で五年目、幾多の生命を犠牲となして、其間に行はるゝ惨虐、父を失ひし孤児、夫を失ひし老ひたる寡婦、杖柱と頼む子供を失ひし老ひたる親の心、実に天地は晦冥の如き心地が致します」(24)と論じられている。

大正期は国家より社会への転換、あるいは「社会の発見」といわれる時代だが、とりわけ重苦しい第一次世界大戦が終結した中期は、経済不況という現実がありながらも、未来を信じた希望や明るさが皆無ではなかった。林もこの時代を「第二の維新」ととらえ、次のように述べている。少し長い引用となるが見ておきたい。

我国民として考へますに、五十余年、半世紀を経て第二維新が来りましたと感ぜられます、五十年前の第一維新は、国々の諸侯領土を奉還なして、万世一系の皇室を奉戴し、国体の面目を一新した事であります、今回の維新は、世界人類を同胞として、国は異なるも、人種は異なるも、一つ同胞として、正義人道の光の下に、世界を一家として進まんとする理想の天地、講話談判にも五大国の一に加はりて、講話施設を送り、世界の晴れの舞台に、参加せし事は又空前の出来事であります。……略……
今や第二維新の陣頭に立てる、我等国民は、世界の一員である、世界同胞の中に立ちて、平和の戦争、経済戦に競争の立場にある事を思へば、如何にも責任の重大なるに想到して、戦々競々たる思が致します……略……
兎にあれ角あれ、斯く迄豊富なる天佑を受けつゝある我国民は、一致協力して、世界改造と共に霊肉の改造即ち、精神改造物質改造共に根本より覚醒して、各自の職業を励み、勤勉正直、以て其天職を全ふし、神に対し国に対して奉仕の道をいそしみ、正義人道の光を希望に輝く未来に認めつゝ進む事は、平和克復の改造期に処する私共の使命である事を信じて疑はないものであります(25)。

さらに大正末期に発表された「国民の理想」(26)という論文では以下のように論じている。こうした時事を論じたものからは婦人矯風会での活動が反映しており、当時の林の思想の布置がよりよく看取できる。これも長い引用となるが当時の林の思想を端的に表していると思われるので、さらに労を厭わずみておこう。

昔は日本の中でさへ実に遠い気持でありましたが、今や実に世界は小さくなりました。円い地球を船や汽車で一周致すも、ほんの隣へ行く位かの心持ちで、昔の東京へ行く程でもなくなりましたのに、空飛ぶ飛行機までが出来て、造作なく空中航路で勇士の送り迎へを致します、申さば一軒の家の様になりました、事実に於て戦争は出来なくなりつゝあります、聖書の予言は事実となつて顕れつゝあります、世界の大勢は強き者勝ちで、只猛悪に赴きつゝありますか、將た、理想の新天地、生存互助相愛の道に進みつゝありますか慥に世界は理想の新天新地に向つて居ります
其例証として
　敵も味方も一様に助くる赤十字の働らきの如き
　孤児院の如き、感化事業の如き、婦人解放問題の如き

青年会の如き、婦人矯風会の如き、人類をアルコールの害毒より救ふ、禁酒事業の如き皆百年以降の社会活動であります。婦人参政権運動の如きは、外国と雖も実に最近であります。つまり地球と云ふ小さき一家が次第に人類相愛互助の道に導る丶のであります。……略……国民の理想と申すは、其国を形成づくる一人一人の理想が国民の理想であります。国民各自が、克己、奮励、日に進み日に進歩して、人を相手にせず、天を相手として、世界の舞台に闊歩する人となる事であります。世界に闊歩する人となるには、世界の人々を兄弟姉妹として、手を握る寛き心が何より大切であります、其国民の心を支配致します、宗教が世界的であらねばならず、丁度全世界を照す太陽の一でなくてはなりません

しかし昭和初期におけるキリスト教婦人矯風会をとおしての平和活動や女性解放に向けての運動に反して、時代は戦時色が次第に強くなっていく。とりわけ一九三〇年代に突入していくと、林の論調も国家への追随が顕著になってくる。たとえば『博愛の園』第二七三号（一九三九年八月一〇日）の「博愛社の満五十年」という論文においては「興亜の大偉業に参加の光栄」として「事変満二周年に記念日は、目睫に迫り、建国三千年、今や一億の民衆、一心同体、興亜の建設、東洋永遠の平和に向つて進みます。日本帝国の臣民として生を享けまして、偶々博愛社の近き五十年の記念を迎へんと致し、感謝感恩の念に溢れ、神の御恩寵と、皇室の尊き御恩恵に浴する御鴻恩を思ひ、同情者の皆様に深き感謝を以て、一言所感を述べて御挨拶申上げ御祝福を祈上げます」と、戦争への協力姿勢が述べられている。このように戦時色が濃厚になったときも、神と皇室に感謝するという精神があり、別にこれを矛盾とも感じてはいない。こうした精神構造は彼女がキリスト教婦人矯風会の会頭として戦時中職責を果たしていったことの意味がよく理解できるのである。一方、博愛社の運営もかかる大きな流れの中でしかやっていけなかった現実があったと思われる。

おわりに

以上、林が博愛社の機関誌に書いた論文の一部を紹介してきたが、これまでの林研究とは違う面が見られた。すなわち廃娼運動や社会運動家としての強烈なイメージだけでなく一児童養護施設の社母としての面が垣間見られるのである。博愛社機関誌に林歌子が如何なる論稿を掲載していったかを五つの類型に整理してみてきたが、彼女の行動や消息、実践活動が理解できるものから、彼女の抱いていた精神や思想をも窺うものまで多岐にわたるものであった。もちろんこれにはこの雑誌の性格や編輯方針あるいは書誌的研究といった解明も必要になってくるが、いずれにしろ、林歌子の博愛社機関誌に掲載された論文の詳細な分析には多様な論点があることには間違いない。繰り返しにもなるが、これを理解するには『婦人新報』や『廓清』等他誌に掲載されたものを含めて、考察していく作業が必要である。そうすることによって林の行動や思想の全体像が浮かびあがってくるものと考えられる。ここではその一例として社会事業施設の機関誌『博愛月報』をとりあげ、その一部を紹介した。

【注】

（1）拙稿「林歌子の渡米（一九〇五〜〇六年）をめぐって」『関西学院大学社会学部紀要』第九六号（二〇〇三）において、まだ十分であるとはいえないが、林や博愛社関係の先行研究を整理している。

（2）久布白は林につき「私は林女史に迷惑をおかけしたこと何人よりも多く、恩顧をうけたことも何人よりも多く、しかも報いるところ何一つなかったことを思って、慙愧にたえなかった」（『廃娼ひとすじ』）と評している。

（3）ちなみに神崎がここで挙げているのは、「植村正久と山内李野」「北村透谷と石坂美那子」「大井憲太郎と景山英子」「半井桃水と樋口一葉」等である。
（4） ここでは主に、久布白の『貴方は誰れ』（牧口五明書店、一九三二）を主に参考した。
（5） 創設当時、小橋が博愛社の事業として考えていたのは、「博愛社文庫」「慈善的普通学校」「貧民学校」「貧民施療所」「博愛雑誌」「感化院」「孤児院」の七つであった。『博愛雑誌』第一号（一八九〇年五月五日）
（6） 『春夏秋冬恩寵の風薫る　博愛社創立百年記念誌』（博愛社、一九九〇）六二頁。
（7） 『婦人新報』第二九号（一八九九年九月二五日）
（8） 『婦人新報』第四一号（一九〇〇年九月二五日）
（9） 『博愛の園』第二五三号（一九二七年七月五日）
（10） 『博愛の園』第二五四号（一九二七年九月五日）
（11） これまで林歌子の研究は廃娼運動や婦人矯風会を中心にしたものが大半で、とりわけ林の初期研究はほとんどまだ研究がなされていないという現況である。『春夏秋冬恩寵の風薫る』（博愛社、一九九〇）には、初期の林の書簡が紹介されているし、また未公刊の小橋実之助の日記もあり、こうした史料等で林の当時の精神、思想、あるいは消息についての研究が可能である。
（12） 『博愛の園』第一五九号（一九一五年四月五日）
（13） 「復活」『博愛の園』第一八〇号（一九一七年四月八日）
（14） 「洪大なる宇宙人類愛」『博愛の園』第二三九号（一九二四 年七月八日）
（15） 「新年感想」『博愛の園』第一六五号（一九一六年一月一五日）
（16） 『博愛の園』第一九七号（一九一八年九月六日）たとえば林（小橋）正二について次のようなことが叙述されており、この記事より彼の経歴等が一部理解できる。
小橋実之助の実弟正二は一八七七年二月二五日、赤穂矢野村に生まれ、郷校卒業後、医学を志し、神戸の医師大塚正義の所で三年間学んだ後、博愛社創設とともにその業を助けていた。歌子が勝之助に請われ博愛社の事業に参画することとなり、また歌子の父長蔵が北海道拓殖の夢を抱いていたことにも共鳴し林家の養子となった。そして林家の人とともに北海道に渡り、苦労し拓殖の事業を経験し、また一九〇三年五月、節子と結婚し幸福な家庭を築いていたが、博愛社出身者の移住先の一つとして北米が候補にあがり、翌年春、単身渡米し、数年活動したが、一九一一（明治四四）年帰朝、夫人とともに、大阪に住み、博愛社の事業、とりわけ活版部を受け持っていた。正二は一八九三年二月二六日、姫路教会牧師露無文治より洗礼を受け、キリスト者として生涯を送った。しかし一九一八年七月二〇日、丹毒症に罹り、バルバナ病院に入院していたが、二六日召天、享年三九歳であった。八月四日、川口基督教会で葬儀が挙行された。席上、小河滋次郎も彼が『救済研究』の印刷に献身したことを称え、弔辞を献じている。

(17)『博愛の園』第二六六号（一九三三年八月一〇日）また第二六七号（一九三四年八月一日）の「小橋実之助銅像」という文には「労働は神愛なり。筆も持てば鋤もとる、ペンも握れば車も挽く、我国実業教育の主唱者にして博愛社の創立者たる実兄小橋勝之助の遺業を継承して、忍耐努力多数の子供の慈父となつて共に学び、共に耕し四十年三ケ月の久しき、実に一日の如く、昭和八年六月十九日病のために逝く、享年六十年六ケ月其肉体は阿倍野墓地に、其霊は、天父の許にかへる。遺りし子供等は追慕の念黙し難く爰に博愛社出身児にて組織する芳交会員相謀りて慈父の銅像を社内に建設して、深き追慕の意を顕す」という林署名の追悼文が掲載されている。

(18)「献身記念日所感」『博愛の園』第一三〇号（一九一二年九月一〇日）

(19)『博愛の園』第一一五号（一九一一年六月一〇日）また第一二三号（一九一二年二月一〇日）には次のような林の文章がある。

入梅となりました、雨の降るのを好む人はありませんがしかしそれも一年に一度はなくてはならぬしつぽりとしたうるはひ、丁度今皆様の塩踏修行と同じ様なものです、よく御主人の御命令を守つて忠実に御つとめなさい、忍耐は大切です、言葉をはっきりと、これは神より与へられた天職これで何でもみを立てさせていたゞかねばなりませんと心を決して兼て教へられたる如くに、一生懸命になつて励みなさい、博愛社を思ひ出さば奮発しなさい……略……今や皆様の実際の修業時、心に種を蒔かれる時期です、勤めなさい励みなさい、私共は毎朝毎晩只祈るは皆さんの上、病

（20）気に罹らぬやうに、くりかえし神に頼つて勇ましく御つとめなさい、これにて筆をとめます。
たとえば「子どもの結婚に関する親心」（第二〇四号）という論文で、家庭について次のように論じている。

家庭、家庭、愛する家庭、世界広しと雖も、我家に優る所なし、社会の戦ひに労れて、手疵も負ひ矢も折れて、かへる我家に入れば妻は莞爾として出で迎へ、児女は膝に戯れ、和気靄然たる我家の空気は、労れし元気に生ける水を注ぎ、勇気百倍、新しき力を得て、再び立ち出づる、城の如く、避所たる家庭、潔き家庭の、我国の増加らん事を祈ると共に、私共の園より送り出して作る家庭がどうぞ理想に近づいて、純潔なる、男女の正し結合、恵まるゝ家庭たれと祈り、斯いふ場合に臨みては、又私共の強き後援者として、社業を営ましめ、斯る幸福を感ぜしめ給ふ、神人の深き御同情を感謝し新家庭の上を祈るのであります。
（21）「社会改善」『博愛の園』第二二四号（一九二二年四月八日）
（22）『博愛の園』第一四八号（一九一四年四月五日）
（23）「満韓よりかへりて雄大なる満州の天地」『博愛の園』第二三三号（一九二三年七月八日）
（24）「新年の感想　元日の晨」『博愛の園』第一九〇号（一九一八年一月八日）
「歳末所感」『博愛の園』第二〇〇号（一九一八年一二月八日）においても、「思へば大正三年の七月、一本のマッチを枯草の上に投込みました様に、墺国皇太子並に妃殿下の、暗殺に遭はれましたが動機となつて、世界の戦乱を惹起し、乱れに乱れし、全世界の騒動、巨額の財を失ひ、一千万人の壮丁は、恨を呑みて、各々母国の万歳を叫びつゝ、犠牲の血を流し、背後に隠るゝ、寡婦や孤児の叫び最愛の子を失ひたる父母の痛嘆、思へば戦争程忌はしきものはありません」と平和論を唱道する。
（25）「世界的平和克復」『博愛の園』第二〇六号（一九一九年七月八日）
（26）『博愛の園』第二四七号（一九二六年一月二五日）

第五章　キリスト教紙誌から慈善・博愛・社会事業をよむ

第一節　『七一雑報』にみる慈善、衛生、救済論

はじめに

徳川幕府の長い鎖国政策の下、西洋文明は日本の為政者にとってきわめて遠い存在であった。しかし黒船の到来と共に長い閉鎖的な体制は漸く動きだすことになる。かかる外圧と徐々に進行してきた内国の矛盾の中で、幕藩体制は崩壊し、新しい国家が形成されることになる。いわばこれは日本が新しく世界史の舞台に登場していく再出発の時であったし、近代国家、資本主義社会へのドラスティックな「大転換」の時であった。「和魂洋才」「東洋道徳・西洋芸術」（佐久間象山）は一つの当時のキャッチフレーズであったが、「文明開化」の下、二〇〇年あまり「邪教」として禁止してきたキリスト教をも消極的ではあったが受け入れていかなければならなかった。ここに新しく「第二の開国」（丸山真男）が訪れたのである。

明治国家によって漸く受け入れられたキリスト教は、紆余曲折の中で多くの外人宣教師を迎え、布教活動も漸次、活発化していく。明治期のキリスト教は宗教という性格を越え、日本の社会に西洋の文化・文明の多くをもたらした。とりわけ明治初期の頃は、新しく入ってきたキリスト教に対して受け入れる側も戸惑いや反感もあっただろうし、そうであるが故に、従来の日本に欠如していた文化、多くの可能性を秘めたものとなっていたのである。

さて、ここで取り上げる『七一雑報』は、一八七五（明治八）年一二月、神戸で発刊された我が国キリスト教界最初の「週刊紙」である(1)。「社長兼印刷」は今村謙吉、編集者は村上俊吉で神戸の雑報社（神戸中山手通六丁目一番）から発刊されている。実質的にはアメリカン・ボード派遣宣教師のO・H・ギューリックが主宰したものである。この新聞は八三（明治一六）年七月、『福音新報』に引き継がれるまで、約八年間、自由民権期という「政治の季節」に刊行されることになる。したがって次節から取り上げる『六合雑誌』（一八八〇年一〇月発刊）と共に当時の我が国のキリスト教界の動向のみならず、政治・社会・文化を知る上においてもきわめて重要な史料であるといえる。

そしてこの新聞がかかる文明開化と自由民権の時期にあって「向裏の七兵衛さんでも、隣町の八兵衛さんでもお松さんでもお竹さんでも亦は僻ひな百姓衆でも、この新聞しをよんで開化の仲間入をなさる様にお願申します」(2)と「いろは四十八文字」さえ知っていれば理解出来るとし、一般庶民を対象にしての発刊であったことにも注目にしておかねばならないだろう。この節ではこのように刊行された『七一雑報』を社会事業史、とりわけキリスト教社会事業史から光をあててみるものである。

一　『七一雑報』の時代と慈善

さしあたって社会事業史にとって『七一雑報』前後の時代とは一体如何なるものであったかを瞥見し、この紙誌を考察していく意味をみておくことにしよう。

「明治維新は、明かに政治革命であると共に、亦広汎にして徹底せる社会革命であった」、そしてそれは「単なる王政復古ではなくして、資本家と資本家的地主とを支配者たる地位に即かしむる為めの強力的社会変革であった」(3)とは、『日本資本主義発達史』の有名な言葉ではあるが、経済上、政治上のみならず社会上の一大変革を余儀なくさせられた。こうした近代国家―資本主義社会の形成には維新期の泰西文化の積極的な摂取・受容があったことは言うまでもない。一八七一（明治四）年一〇月、政府は総勢四八人に及ぶ岩倉使節団を西洋に派遣し、各国の視察を実行し経済・政治・社会制度を積極的に取り入れていこうとした(4)。これからも新日本の建設に懸ける当時の為政者の気迫が窺い知れよう。具体的には近代的な産業、政治組織、科学技術、交通、通信、軍事、医学、教育等々であり、社会事業の施設や制度についての言及も披見でき得る。しかし具体的な政策に関して論じると、社会事業については「富国強兵」政策の下、また資本主義の未熟故、決して積極的であったとは言いがたい。

ここでさらに日本の社会事業に目を移してみると、政府は一八七四（明治七）年一二月八日、恤救規則を発布し、不完全ながらも公的扶助の法規を制定した。しかし周知のようにそれはきわめて制限的なもので、条文の「人民の情誼」という言葉が象徴するように国民の自助と相互扶助に頼らざるを得ないものであった。一方、施設では六九年に三田の救育所が、七二年に養育院がそれぞれ創設され、江戸末期からの窮民の救済に当たった。また八〇年には備荒儲蓄法、伝染病予防規則が制定される。しかしかかる法規をとっても弥縫的な域を免れず、国民の貧困対策として到底、応えられていなかった。明治一〇年代において、人権や公的救済の思想は植木枝盛や中江兆民ら一部の思想家が論じた以外は、未だ熟していなかったと言ってよい。

次に明治初期の我が国のキリスト教社会事業を繙くとき、育児事業に限ってみるとプロテスタントだけでなくカトリックの社会事業にも注目していかなければならないだろう。たとえば菫女学院（横浜）が一八七二年、浦上養育院（長崎）が七四年、（サン・モール会）孤児院（東京）は七五年にそれぞれ創設されている。そして明治一〇年代になると、神戸センタンファンス、大阪センタンファンス、長崎に鯛之浦養育院、奥浦村慈恵院等が開設されている。次に宣教師の社会事業はこの時期注目すべきものが多い。カトリックではド・ロ神父、ラクロット貞女らが活躍したし、一方プロテスタントでは宣教医として有名なヘボン、ベリー、マクドナルドらがいる。かかる人々は幕末から日本に来て、社会事業に携わっていくわけだが、従来と違った施設運営・経営思想で以て実践していったところに大きな特徴があった。仏教の民間の慈善事業施設としては有名な福田会の育児事業が存するが、このようにこの時期は民間の慈善事業の端緒が、とりわけキリスト教宣教師の人々によって従来と違ったヒューマニズム思想が我が国に植え付けられた時であったと考えられる(5)。

自由民権期と時期的に対応する「『七一雑報』の時代」は、日本の社会事業史にとって未だその黎明期に差し掛った時であった。キリスト教社会事業史からみれば、一八八七(明治二〇)年の岡山孤児院の創設に象徴されるように、近代国家が整備されていく明治二〇年代からプロテスタントを中心に慈善事業施設が多く形成されていくことになる。そして『六合雑誌』や『国民之友』『女学雑誌』等で社会事業や慈善事業が論じられていくのである。おそらくこれは日本のキリスト教が日本社会に土着化していく軌跡と相関関係を持っているものと考えられる。また資本主義社会の発展、時の為政者の姿勢、あるいは人権思想の発展過程とも密接な関係を持っているのである。以下、『七一雑報』から社会事業関係記事を対象にして、この新聞を通して当時の慈善事業とその周辺の様相を窺い、社会事業史にとっての『七一雑報』の位置をみてみることにしよう。

二　『七一雑報』の慈善事業関係記事をめぐって

(一)医療・衛生関係

一八七四年八月、政府(文部省)は七六条からなる「医制」を発布したが、翌年五月、医制を改正し医学教育と衛生行政を分離し、翌月衛生行政事務を内務省に移管した。内務省は衛生局を設置し、初代局長に長与専斉が就任し、日本の衛生行政も出発していくことになる。七〇年より日本は医学の範をドイツに求め、近代医学の摂取に務めていくが、当時一つの大きな問題として存在していたのは、伝染病対策であった。そしてこれは貧困の問題や民衆の衛生の問題ときわめて密接に関係していたのであり、何よりも民衆の衛生観念の変革―自覚が必要とされた。

一八七二年、宣教医として赴任したベリー（J. C. Berry）は『七一雑報』の創刊号（一八七五年一二月二七日）より第三九号（一八七六年九月二九日）にかけて、「養生法」という題の論文を、二五回にわたって掲載している(6)。このベリーの論調は民衆に分かりやすく、衛生の心得や食事の仕方、換気の取り方、保健方法、健康に暮らす方法などを委細に解説したものである。そこには、

夫養生の法ハ其中の一箇条につきて委しく論ずるとも猶尽すこと能はざるごとく肝要なることなり故に今茲に只次に続きて述出す箇条の題言として僅か一般の標目をつくる迄なり次に続箇条のごときハ神の旨に随がふて述べいださん其箇条においてハ人々の平生取扱かふ格別養生にかゝわりたる水空気食物空気を通す事住家地所衣服浴湯気候普通の病を防ぐ事小児の養育病の源を防ぐことなぞに付て人間一般の養生法に教諭すことのあるべし(7)

と述べているように、以下、「空気を通す事」「室中を温暖にする事」「夏期小児を保管するための作法」「家屋建造ニヲイテノ保健法」「病室の小告」のタイトルに基づいて論じていく。もちろん当時の日本の民衆の衛生知識は低いものであったし、人々にとって健康の問題は二義的な問題に過ぎなかった。しかし、病気の問題は伝染病の問題でもあり、医学の問題でもあった。宣教医として赴任したベリーはかかる問題に対して積極的に提言していったのである。

そしてベリーは「病室の小告」の中で「日本人ノ交義上ニ於テ病室ノ看護ヨリハ数項ノ最モ先ニ改良ヲ要スルモノアラン」として次のように看護婦の重要性とその養成所の必要性を論じている。

夫レ庸愚ノ医者ニシテ善良ノ看護人アルハ明智ノ医者ニシテ愚盲ノ看護人アルヨリハ更ニ好ク病人ヲ看待シ得ルトハ屡人ノ謂フ所ニシテ頗ル真理ニ幾キモノアリ然ルニ予ガ日本ニ来リシヨリ以来多次此言ノ智恵ヲ顕スヲ見タ

ルハ予ガ惜ム所ナリ余屡愚盲ニシテ忽略ナル看護者或ハ好事ノ老嫗ガ過失ニ因テ良医ノ最モ慎重ナル治療ヲモ空カラシメタルヲ見タリ故ニ予ハ国中ノ大病院ニ属シテ看病婦女教育所ノ設立ヲ見ルノ遠キニアラザルヲ望メリ是レ貴重ニシテ且甚緊要ナル特ニ婦女子ニ恰適シタル任務ナリトス(8)

かかるベリーの医学や衛生・看護婦養成に対する思念は後の岡山で活動や、そして同志社病院、京都看護婦学校の設立に繋がっていくものと理解出来よう。

ベリーはこのように衛生や医療等につき、従来日本に欠如していた多くの点を指摘し、提言していくことになる。日本中の実情に対して、全て正確な把握をしているとは言えないまでも、この論文にはチャドウイックの名前も披見でき、西洋の衛生概念の導入についてはかなり早い紹介であった。そしてベリーの態度は「故ニ貧寒痛苦ノ人ニ施療ノ恩恵ヲ弘行スル諸君後来ノ努力ニ於テモ唯人ヲ肉体上ノ痛苦ヨリ救拯スルヲノミ勤メズシテ兼テ亦基督福音ノ知識ヲモ共ニ彼等ニ与ヘンコトヲ勤メ彼ヲシテ諸君ト共ニ永遠生命ノ望ヲ観シテ受ケシメヨ」(9)と述べるように、一方で伝道の責務を持っていたことはいうまでもない。

『七一雑報』には伝染病、とりわけコレラの記事が多い。これはもちろん一八七七年や七九年のコレラの流行年と合致している訳だが、当時の日本の衛生観念・水準を知るうえでも興味深いものである。たとえば七九年のコレラでの死亡者数は一〇万人以上に達している。ちなみに七九年の夏には全国的な大流行があり、同年六月「虎列刺予防仮規則」、七月には「港湾虎列刺病伝染予防仮規則」が定められ、そして翌年七月に、他の五病（チフス、赤痢、ジフテリア、発疹チフス、痘瘡）を加えて「伝染病予防規則」が発布された。こうしたコレラの流行の実態報告、その対応、予防の仕方等々が掲載されていく。たとえば第二巻三九号（一八七七年九月二八日）のアダムスの「コレラ病の説並に予防法」はその一例である。

アダムスが第二巻第二〇号（一八七七年五月一八日）に「病院を改良す可き話し」と題して次のように論じているのも彼女の病院事業に懸ける気迫の表れであろう。

余曽て日本政府に建設せる病院中多く位置の格好ならざるもの及び余輩の容易く目撃する房室即ち薬剤室授業室等の秩序及び清潔気通壮麗の欠く所のものあるを大に異しめり然るに余頃日偶々大津に遊び該地の病院中事務局を観るに位置順序各々其の宜きを得加るに清潔美麗を尽せり因て倍々他病院に於て善く此に致意せざるの謂なきを思ふ蓋し治療教授に拘はりてハ外国医員最も枢要なりと雖ども該病院ハ都て日本人の主理する所にして自ら監督の功を顕せるハ実に感賞すべきなり然れども余其の病室を訪ざるを以て只その一部事務舎に就て言のミ

このようにベリーやアダムス等の宣教医によって医療や衛生の提言が『七一雑報』を通して若干乍らも為されていき、衛生や病院事業の近代化に貢献をして行くことになったのである。

(二) 監獄改良

日本の監獄の劣悪な状況に対して、アメリカン・ボード派遣の宣教医、J・C・ベリーが「獄舎報告書」を時の内務卿・大久保利通に提言し、その改善を訴え監獄改良運動の端緒となったのは、一八七六（明治九）年のことである。この「獄舎報告書」の提出時期と『七一雑報』発刊の時期とは重なり、ベリーも神戸病院や兵庫監獄を通して神戸とは関わりが深く、そして監獄等の実態調査も実施していた。かかるベリーの存在が『七一雑報』に反映される。

監獄改良についてのベリーの思念は「養生法」の中の家屋建築を論じた中にも病気の問題と関連して言及されている。

而シテ日本国ノ牢獄モ此幸ヒナル景況ニ至ランコトハ予ガ頻リニ懇望スル所ニシテ而シテ東京其他ノ牢獄ニ於テ既ニ此挙ノ端緒ヲ顕ハサレシハ亦予ガ嘆トコロナリ兵庫県旧牢獄ニ於テモ一年中脚気病ヲ患ルモノ百人中一五人ナリシガ牢獄新築移転ノ後ハ今日ニ至ルマテ未ダ此病ニ罹リタル者アルヲ見ズ斯ク既往ノ成績ニ就テ視考スルトキハ人心ノ開明ニ殊ニ学問上ノ知識ヲ以テ助ケラル、トキハ疾病ヲ省キ死亡ヲ減シテ人間社会ノ健康ト幸福ヲ加多センコト明了ナルベシ(10)

兵庫監獄での教誨事業の状況については第二巻第三号（一八七七年一月一九日）に「曩キニ我ガ社友ノ一人兵庫県監獄説諭人トナリ罪人ノ説諭教導ヲ始メシハ我輩昨年第十号ニ於テ之ヲ世ニ広告シタリキ聞ク此頃該監獄所中ノ罪人八名前非ヲ悟リ心ヲ改メ共ニ善行ヲ修メン事ヲ盟約セリ」と活動の状況がこの号の「雑話」でも報告されているが、この「社友」とは前田泰一を指していると推察される。

昔英国ノジョンホワード氏ハ当時囚獄ノ悲観ヲ慨嘆シ始テ獄制改良罪人教諭等ノ議ヲ主張シ難苦ヲ嘗メ障励ヲ冒シ論弁努力セシヨリ逐ニ欧州ノ獄制ヲ一変シタリ爾後幾多ノ改良ヲ経テ今日ニ至リシモ其首唱ノ功ハ実ニジョンホワード氏ニ帰セリ嗚呼氏ノ千載既ニ死セルノ望ヲ当時ニ起蘇セシモ焉ンゾ其哀尚ホ天良ノ存スルアルヲ恃ンデ之ヲ犬馬虎狼ニ望ムガ如キ難ヲ思ハザリシニアラザルヲ得ンヤ今我国古来未曽有ノ盛事業已ニ端緒ニ就ケリ而シテ這回我ガ県下檻《ママ》獄所ノ喜報ノ如キ其事ヤ甚僅微ナルモ是亦此未曽有ノ盛事アツテ此未曽有ノ美果ヲ顕ハスモノニシテ正ニ我輩ノ望ヲ后来ニ鞏固ナラシムルニ足レリ何如ゾ此望ヲ我ガ県下ノ諸獄舎ニ及ボシ又我全国ノ獄舎ニ期セザルヲ得ンヤ(11)

こうした監獄改良に懸ける彼の思念が神戸で「新約社」を生み、原胤昭の事業、そして大井上輝前や留岡幸助らの明治二〇年代の北海道の監獄改良事業に繋がっていくものである。

（三）矯風（禁酒・禁煙）事業

我が国の矯風事業とりわけ禁酒運動は、バラ博士による横浜での禁酒会を始めソーバル博士、その影響を受けた津田仙や初期の各地における禁酒会を起源にして、一八八六（明治一九）年の横浜禁酒会の発足、その後の『禁酒会雑誌』の発刊、そして九一年の日本禁酒会、日本禁酒同盟会（九八年）への流れがあり、およそ、廃娼運動と共に一八八七（明治二〇）年前後を起点に本格的に行なわれていく。したがって『七一雑報』時代の禁酒運動は、その前段階として位置していると理解出来よう。

『七一雑報』には発刊当初より「酒」や「酒の害」「禁酒会」の記事が多い。たとえば一八七六（明治九）・七七（明治一〇）年だけみても「酒につままれた話」（第一巻第一四号）、「酒客の話」（第一巻第一七号）、「酒客を戒めるの話」（第一巻第二三号）、「酒は人を迷路に惑陥するを以予に防断せずんばあらざるを証す」（第二巻第一六号）、「酒のあしき話」（第二巻第二五号）、「酒の害を論ず」（第二巻第二六号）、「酒客の話」（第二巻第三五号）、「禁酒会の広告」（第二巻第三六～第三八号）、「杯を砕て飲酒を廃る話」（第二巻第五一号）等々である。第三巻第四四号（一八七八年一一月一日）には「横浜禁酒会」のことが報じられている。笠岡や信州での禁酒会の動向もこの新聞を通して知ることができる。

大久保真二郎は第三巻第四一号（一八七八年一〇月一一日）と第四六号（一八七八年一一月一五日）に「禁酒論」を掲載し、「而ラハ酒ハ実ニ人心ニ忠ナラサルノミナラズ却テ身心ヲ欺罔シ一時暴発セシメ自ラ死テ促サシムルノ悪魔ナリト言フモ決シテ不可ナキニアラスヤ之ヲ百薬ノ長欠クベカラザルノ品物ナリトシテ賞翫スルハ又何ノ心ゾヤ之レ予輩敢テ其愚昧ヲ数フル所以ナリ」と説いている。そして阿片の害と酒の害を比較し、酒は阿片以上に害の在ることを論じる。「嗚呼飲酒家ニシテ一タビ節ヲ折リ真ニ身ヲ愛スルノ実ヲ尽サバ同胞三千五百万ヲシテ再生ノ幸福ヲ得セシムルヤ必矣」と。

然バ況て我が基督教に於て禁酒を教会の律になすハ至極当然の事にして且真理に適へるものなり人苦し断然と飲酒の欲を断ち酒の為に心を狂ほしむる事もなくバ精神ハ爽壮に事業ハ敏捷、過失ハ少なく、罪に陥る事を免かれ、痛苦を減し妻子に喜楽をあたへ、且つ貧困に迫る事も免れしむるなり、只一つの禁酒その関係する所大なり豈顧みざるべけんや(12)

一方、禁煙の記事としては禁酒ほど多くはないが、たとえば「煙草は人に毒なる証拠のはなし」（第二巻第二六号）がある。ここでも双子の例を引用し、煙草を飲む一方の子供が、飲まないもうひとりの子供と比較し、如何に身体に大きな悪影響を及ぼすかを説いている。

ちなみに廃娼運動については第七巻第一七号（一八八二年四月二八日）等に群馬県の廃娼の様子を記したものがあるが意外に少ない。

（四）障害児（者）教育

『七一雑報』が障害児教育の問題につき、明治の初期の頃から言及しているのは注目すべきことといえよう。第一巻第三〇号（一八七六年七月二八日）では「盲聾の学校のはなし」と題して、アメリカ合衆国の「聾唖教育」の状況を報告している。「唖聾人が才力を顕し生計を営むに要するところの労は耳口の叶ぬ人の要する労と同日の論にあらず然るに斯くの如く昏冥怠惰有様より喜楽要用高尚の生命に聾唖の昇達せしことハ基督宗の恩恵中一ツの成功といふべきなり」と評価している。そして第一巻第四六号（一八七六年一一月一七日）には「唖院のはなし」が掲載されている。また一八八〇（明治一三）年九月三日刊行の第五巻第三六号収載論文、「合衆国ニテ唖聾ノ為メニ伝道シタル話」は合衆国に於ける「唖聾院」の歴史と「セントアン唖聾教会」についての紹介の記事である。

而テ合衆国中ノ唖聾ノ為ニ伝道スルコト日ニ盛ナリ当時伝道会社ハ五十余箇所ニ派出シテ伝道シ其道ヲ聞ク者男女合テ二千五百人以上ノ唖聾アリ此事自然ニ全国ノ唖聾ニ感化シ日曜日ニハ祈祷ヲナシ聖書ヲ読ミ教会ニ集ルモノ多ク且又英語ヲ学ビ忍耐勉強大ニ進歩スル所アリテ神ヲ拝シ現ニ今合衆国ニテ唖聾ニシテ教会員ナルモノ数百ノ多キニ至ル

こうした紹介と共に一八七七年一月の第二巻第三号（一八七七年一〇月一九日）に窺える「楽善会広告」の記事は東京訓育院の設立に向けてのものである[13]。そもそも訓盲院は七五年、英医ヘンリー・フォールズの主唱にてボルシャルドや古川正雄、津田仙、中村正直、岸田吟香が視覚障害者に聖書を教えることを協議したことに端を発している。そして翌年六月「訓盲院取立度建言書」を東京府知事に提出した。この記事では七六年六月一日発表された該会の「広告」を掲載している。その会友は津田仙、中村正直、山尾庸三、前島密、古川正雄、小松彰、岸田吟香、杉浦譲の八人である。ちなみに山尾庸三は七一年四月、「盲唖学校ヲ創立セラレンコトヲ乞フノ書」を太政官に提出している。ここでは「楽善会広告」(14)の記事を見ておくことにしよう。

大兎ハ善与人同じうすと称せられ後漢の東平王ハ為善最とも楽しといはれたり善を為すの心ハ人々に具はれるものにて聖凡智愚の別あらず但し善を為すの心ありとも善を行事に発せざれば真実の善とは為すべからず善行に種々あれども貧病の者を救ひ或ハ廃疾を扶助し教育するより先なるハあらず蓋し貧病者といへども敬神愛国の教道を聴かばその精神富て心病ず廃疾者と雖ども人世有用の教育を受れば勉強忍耐の力を発し自営独立する事も倣し得べし……略……去れど誠に善く反観して内省すれば百金の纏頭を芸妓に贈らんよりハ一枚の弊衣を貧民に施すかた我が心楽しくしてその善も亦大なるべく而して貧民の弊衣を得たる喜ハ芸妓の百金を受しに千百倍すべし西哲の言に人において性徳の美なるものは金銭を使用するの上に顕ハると豈宜ならずや我等近頃一社を結び楽善社と名づけ世の有志者の後に従がひ何にても大衆公同の利益となるべき善事に勉力せん事を願へり……以下略……

そして「訓育院設立の目的」(第二巻第四号)として「盲人ヲシテ其善徳才智ヲ発達セシ及ビ之レニ工芸技術ヲ授ケ自営自立ノ人タラシメンコトヲ希望シ我等会友ノ共立セシメントスル所ナリ」としている。こうした「楽善会」のような明治初年の結社を丸山真男は「自主的結社の思想的意味が明確に自覚されている」(15)として評価している。確かにその政治思想史的評価もさりながら、広告文にある「政府に依託せずして人民合同して醸金し維新の善意を謀らざるべからず」という思想は社会福祉思想史からも高く評価していく必要があろう。

（五）救済・慈善事業

一八七八（明治一一）年一月の『七一雑報』第三巻第一号（一八七八年一月四日）～第四号（一八七八年一月二五日）に「救済義会広告」という記事がある。これに先立ち第二巻第四九号（一八七七年一二月七日）には二川一謄、吉岡弘毅、岡伝平、原胤昭、戸川安宅の五人が東京にて「積善義会」なるものを創設し、孤独で身寄りのない人々を救済していることを伝えている。そしてこの「救済義会」は以下のような「広告」（会の趣意書）を出している。

……前略……夫レ天ノ遍ク人性ニ賦与スルニ仁愛ノ心ヲ以テスルハ人ヲシテ区々自ラ私スルコトナク広ク愛人済世ノ事ヲ行ヒ互ニ幸福ヲ保捗セシメンガ為メナリ故ニ愛人済世ハ人生ノ本分ニシテ貴賤ノ別ナク逃ルベカラザルノ義務ト云ベシ今我輩此道理ニ基ヅキ救済義会ヲ設ケ広ク諸有志ト謀リ協議一致シテ同胞兄弟タル日本人民ノ中尤薄命ニシテ困苦ヲ極メソノ事情憫然ニシテ傍観ニ忍ビザル者ヲ救助シ又時アツテ世間総体ニ被及スル非常ノ変災及ビ流俗ノ悪弊ヲ救フテコレヲ革除スル等ノ善務ヲ担当シテ聊カ尽ス処ロアラント欲ス然リ而テ救済ノ事タルヤ衆力ヲ合併シ適当ノ良法ヲ設ケ以テコレヲ施行セバ各自ノ費ス処至微ナリト雖モ恵沢ノ人ニ及ブハ以外ニ広大ナルモノナリ若シ其レ然ラズシテ各人分離シ随意ニ恵ヲ行フ時ハソノ費ス処ハ頗大ナリト雖モ恵沢ノ被ル処ハ極メテ狭小サルコトヲ免レズ故ニ該会ノ醵金ハ小額ヲ以テ度ト為シ毎人ノ出ス処ハ僅少ナリト雖モ漸ク仁人ノ協同スルアリテ会員数百千人ニ及ブ時ハ絶大ノ善業ト雖モコレヲ成スニ難トセズ是ヲ以テ海内ノ諸兄弟幸ニ結合ノ趣旨ヲ密ニシテ厚ク協力シ此会ヲシテ日々ニ盛大ニ赴カシメ従テ恵沢流布シ世上ニ浹ネカラシメンコトヲ希ナリ

……後略……

そしてこの会の「規則」を掲載し、その「集議所」（事務所）は銀座三丁目一二番地の原女学校内に設置されており、校主の原胤昭が世話人の一人となっている。

また第三巻第一三号（一八七八年三月二九日）には救済義会が「デイホーム」を設置することを報じており、これは幼児教育、保育所（幼稚園）のいち早い構想と理解出来よう。

「デイホーム」ハ極貧者の夫婦力役して漸く糊口するもの四五歳以下の小児あつて為に職を為す能はず又漸く夫婦の職に付くも為めに幼児の衛をせしむるものなく学齢の兄姉を学に就しむる能ハざるあり寡婦又妻を失ふの独者に至てハ実に人世の至宝なる生子の為めに貧を極め業を求むる能ハざるあり此等をして「デイホーム」に朝より夕まで其親の職業時間中預り縛り幼稚園の仕方に法て傍ら教育せバ其親をして職に就かしむるのみに非ず幼児を教育する善良を得るに至らんと試に東京の貧者多き所に一処を選んで授けんと其方規則等を取調べんことになりし由

第六巻第三四号（一八八一年八月二六日）には「基督教徒共済会」の広告が掲載されている。この会は全員死亡時に一定金額を支払うという、東京在住信徒五〇〇人の共済保険的なもので、その発起人には、小川義綏、吉岡弘毅、長坂毅、小崎弘道、田村直臣、津田仙、井深梶之助、平岩愃保ら二一人の超教派の人々から成っている。その「緒言」に曰く。

主耶蘇基督ノ曰ク矜恤アル者ハ福ナリ其人ハ矜恤ヲ得ベケレバナリ又曰ク此最微者ノ一人ニ行ハザルハ即チ我ニ行ハザリシナリト是ニ由テ之ヲ観レバ矜恤ノ行ハ主ノ深ク信徒ニ望ミ玉フ所ニシテ矜恤ノ行ナキ者ハ必ズ主ノ責ヲ免ルベカラザルヤ明ナリ今我輩ハ主旨ニ基キ同志ト協議シテ茲ニ信徒ノ共済会ヲ設立シ以テ信徒五百名ヲ結合シ会見中永眠ニ就ク者アレバ直ニ一定ノ金額ヲ拠集シテ其遺族ニ贈リ以テ埋葬費ノ幾分カヲ補助セント欲ス斯ク多衆ノ結合ヲ要スル所以ハ蓋シ多衆ノ効力ハ能ク各人ノ費ス所至少ニシテ贈遺ノ金額ハ頗ル多キヲ致スノ便アルヲ以テナリ各会ノ諸兄姉ニ若シ此会設立ノ趣旨ヲ善ミシ玉ハヽ願クハ相率テ会員ニ加ハリ此会ヲシテ益盛大堅固ニシテ多ク善果ヲ結バシメヨ是レ我輩ノ切ニ諸兄姉ニ希望スル所ナリ

ちなみに会の事務所は幹事の三浦徹方（東京日本橋区蠣売町壱丁目四番地）となっている。これに類するものとして、一八八二年二月に、大阪でも「救済会」という組織が発会している(16)。

日本の救済事業の実態の報告記事も散見できる。たとえば、坂部寔や小崎弘道の「懲矯院」の設置計画や各地の慈善事業の報告である(17)。

一方、外国の慈善・救済事業の報告の記事もある。第五巻第五号（一八八〇年一月三〇日）の「倫敦にて名高ジョージ・ムール氏の話」はロンドン慈善家ジョージ・ミュラーの紹介記事であり、また、第五巻第一八号（一八八〇年四月三〇日）には「合衆国唖子の会堂」等があり、第五巻第三三号（一八八〇年八月一三日）のアメリカ合衆国ボルチモアの慈善家について紹介した「貧病児院の事」では「斯様なる慈善の事業を能く考へ視るに真の道を信ぜぬ国にハ中々おこらぬものにて真の道を信じたる国にてハ道を信ぜぬ人にでも時折に広大なる慈善の事業を起すことあり然し金を出す人ハ重に信者なり」と報じている。

さて最後に『七一雑報』に掲載された慈善事業について、如何なる論文記事があったかをみておくことにしよう。第二巻第一九号（一八七七年五月一一日）の中でJ・C・ベリーが帰国に当たって「日本ノ学友数名ニ遺スノ書」の中で「故ニ貧痛苦ノ人ニ施療ノ恩恵ヲ弘行スル諸君後来ノ努力ニ於テモ唯人ヲ肉体上ノ痛苦ヨリ救拯スルヲノミ勤メズシテ兼テ亦基督福音ノ智識ヲモ共ニ彼等ニ与ヘンコトヲ勤メ彼ヲシテ諸君ト共ニ永遠生命ノ望ヲ観シテ受ケシメヨ」と福音と慈善との関係を説いている。

次に第五巻第一号・第二号（一八八〇年一月二日、一月九日）の「慈善ノ利益ヲ論ジテ本邦ノ富人ニ勧ム」という論文をみてみよう。ここで「而シテ神ハ只己ニ於テ人ヲ愛スルノミナラズ、人ニモ亦愛ヲ行ハシメタマヘリ。是人ニ善報ヲ得セシメントノ神ノ恩恵タル也」と述べ、次のように論じている。

故ニ基督教ノ開タル国ニ於テハ、国人多ク人ヲ愛スルヲ好ミ、亦能ク愛ニ合フノ行ヲ顕セリ。是即チ貧院、施療病院、盲院、唖院、凡テノ矜恤学校、其他貧人ノ利益トナルガ如キ凡百ノ善業国中ニ挙リ、貧者、不具者、病人ハ之ニ依テ幸福ヲ受ケ、智者、富人ハ之ニ依テ悦ヲ受ケ、相互ニ神ノ恩恵ヲ感ジテ愈其善業ニ進ム所ナリ。噫、神ノ智ト愛ノ富ハ深カナ。一巻ノ聖書ハ全世界億万ノ人霊ニ最大ノ幸福ヲ与ヘ、且世界ノ国々ニアル貧者、病者

ニマデ、広ク恩恵ノ及ブ根源ナルヲヤ

第六巻第二二号（一八八一年六月三日）の「愛国論」という論文では、キリスト者が国家の事業に如何に関っていくかを説き、愛国者たる者、「有事」のときは「国事に黽勉」し、「無事」に於ては「製造所ヲ起シテ以テ国産増殖ノ道ヲ開キ学校ヲ起シ新誌ヲ発シ以テ知識ノ開発ヲ図リ病院ヲ開キ盲院ヲ創シ以テ施済ノ義務ヲ尽シ或ハ演説ニ或ハ説教ニ或ハ著作ニ自家ノ意見ヲ吐露シ以テ世論ノ方針ヲ導キ以テ社会ノ安寧ヲ全フシ以テ世道ノ上進ヲ裨補セント欲ス」と論じている。また第八巻第三号（一八八三年一月一九日）～第八号（同年二月二三日）の「社会ト宗教ノ関係」という論文で「社会法律ノ上ニ於テ万民平等ノ権利アリト云フ主義ヲ以テ基礎トナセル今代今後ノ文明ニ対シテ能ク適合スベキモノ只ダ一ノ基督教アルヲ見ルノミ」という表現にもキリスト教をもって今後の日本の基礎を築いていく気迫が窺える。

教育ハ病院を設け人民の病を療治し無学ハ牢獄を建て人民をして之に入らしむ教育ハ貧院を設け唖子に談話を教へ聾に聞く事を教へ盲目に目を与ふ無学ハ市街に此等の窮民を満て而て益其数を益す教育ハ徳を積み智を磨き業を修め無学ハ愚人を造り小人を生み無学其子に謂ふ汝等が学び得たる外ハ学ぶ事勿れ汝慎で我が為す如く為し我業を業とせよ教育其子を戒て曰く勉めよ哉汝能く人道を尽し美名を天下に挙げよ(18)

こうした教育を論じた中にも近代国家建設の黎明期の彷彿たる思念が表われているといってよかろう。不羈独立の人間形成、すなわち教育をして国の基礎たらしめること、そこに慈善事業の進歩を含め全ての近代国家の根幹が存するという啓蒙期の思想があったのである。

おわりに

一八七五（明治八）年末に発刊された『七一雑報』は、その「雑報」の名が示すように、キリスト教のみならず、政治・経済・社会の動きを伝えてきた訳だが、以上みてきたように社会事業関係の記事も多くはないがそれでもかなり披見でき得る。西洋に遅れて急速に近代化を成し遂げていかねばならなかった当時の日本の為政者にとって、経済や政治・教育に比し、確かに社会事業政策は二の次の問題であったかもしれない。そうであるが故に日本にとって公的救済の不備に比し、「楽善会」のように黎明期に於ける民間慈善事業の精神を過少評価していくことはできないように思われる。従来の日本の伝統的な思想に乏しかったヒューマニズムの思想を植え付けていったことにおいて、明治期におけるキリスト教の果たした役割は重要なことであろう。

そうした意味で行論中にも指摘したが、まだ近代日本の黎明期の中で、さらに禁制が解かれて間もないキリスト教界を考える時、この雑誌に過度の期待をしていくのもある意味で酷かもしれない。しかし仏教やキリスト教等の宗教に関わる社会事業史を論じていくとき、伝道の問題と社会的救済の問題、福音と社会、精神的救済と物質的救済の問題は避けることが出来ない重要な課題でもある。この問題は社会問題が顕現化してくる明治二〇年代になってくると『基督教新聞』『六合雑誌』『国民之友』『女学雑誌』等を通してかなり明確に論じられてくる。かかる点からこの時期、少しではあるがこうした当時の社会的問題に対してキリスト者が関わりを示しているのは貴重な史料と言えようし、次の時代に繋がっていくものでもある。同時代の他の雑誌・新聞との比較も残された課題である。

【注】

（1） 従来『七一雑報』については同志社大学人文科学研究所編『『七一雑報』の研究』（同朋舎、一九八六）があり、種々の角度から考察がなされている。また、その復刻版も不二出版より出されており、山口光朔の「解説」（『『七一雑報』解脱・総目次・索引』一九八八、所収）がある。

（2） 『七一雑報』第一巻第一号（一八七五年一二月二七日）

（3）野呂栄太郎『日本資本主義発達史』（岩波書店、一九五四）六〇頁。
（4）この使節団に就ては『特命全権大使米欧回覧実記』全五冊（岩波書店、一九七八）を参看されたい。
（5）明治初期のキリスト教慈善事業については、生江孝之『日本基督教社会事業史』（教文館出版部、一九三一）、竹中勝男『日本基督教社会事業史』（中央社会事業協会社会事業研究所、一九四〇）、田代菊雄『日本カトリック社会事業史研究』（法律文化社、一九八九）等の著書を参照した。
（6）J・C・ベリーについては大久保利武編『日本に於けるベリー翁』（東京保護会、一九二九）を主に参照した。
（7）『七一雑報』第一巻第一号（一八七五年一二月二七日）
（8）『七一雑報』第一巻第三七号（一八七六年九月一五日）
（9）『七一雑報』第二巻第一九号（一八七七年五月一一日）。この中でベリーは「夫レ基督ノ教義ハ仁愛ノ教義ナリ故ニモシ甲ヲ拡張スルニ勉ムレバ乙従テ進捗セン今何地ヲ論ゼズ基督福音ノ栄光ノ照微スル処ニハ無学盲信痛苦ヲ減シテ却テ知識平康富饒ヲ来セリ」とも述べている。
（10）『七一雑報』第一巻第二八号（一八七六年七月一四日）
（11）『七一雑報』第二巻第三号（一八七七年一月一九日）
（12）『七一雑報』第八巻第二四号（一八八三年六月一九日）
（13）訓盲院に就いて東京盲学校編『東京盲学校六十年史』（東京盲学校、一九三五）、文部省『盲聾教育八十年史』（日本図書センター、一九八一）、高橋昌郎『中村敬宇』（吉川弘文館、一九六六）等を参照した。
（14）『七一雑報』第二巻第三号（一八七七年一月一九日）
（15）丸山真男「開国」『講座現代倫理』第一一巻（筑摩書房、一九五九）一〇九頁。
（16）『七一雑報』第七巻第一〇号（一八八〇年三月一〇日）によれば「去月二十三日大坂にある基督信者の申合せにて死亡葬殮費等を迭に補助する為に救済会と称ふる一会を結バれ浪花会堂に於て該会開業広告会を開かれ古木氏の演説もあり頗ぶる盛会にてありしよし」と報告されている。

（17）たとえば第五巻第四三号（一八八〇年一〇月二三日）の記事は「今度坂部寔氏の発起にて東京に於て懲矯院を創設し府下居住の華士族平民の子弟其父母又ハ工業師の教訓に背き若くハ官私学校の校則を犯して退校をなりしもの等を矯正するの目的なるよし」と報じている。
（18）『七一雑報』第六巻第一三号（一八八一年四月一日）

第二節　『六合雑誌』にみる慈善・博愛事業について

はじめに

我が国に於いて従来、慈恵、慈善事業、感化救済事業等と呼称されてきたものが、いわゆる社会事業として成立した時期は大正時代の中・後期として把えられるのが一般的であり、それはこの期に至り、社会経済状勢の進展、それが醸成した社会事業対象の変容、「社会の発見」、思想史的には大正デモクラシー期に於ける社会連帯思想等のモメントによると考えられている。もちろん社会事業の展開は単線的によむべきではなく、それらが重層的に複合されて展開されてくるものである。

しかし社会事業成立期より遡及してみれば、新しい思想を呼び起こしながら慈善事業をいかに発達せしめていくか、また時には慈善事業に対して鋭く批判し、その本質を剔抉させる議論を展開していくのも、社会事業へ発展させていく大きな要素ともなろう。そうした理論的な指摘も逆説的だが必要なことである。そのためには前者に於いてはキリスト教が慈善事業に果した役割——資本主義的合理主義のエートスとして存したプロテスタンティズムの影響——と、後者に於いては社会主義思想の影響が指摘できよう。

本節の対象とする『六合雑誌』にはその意味でプロテスタント慈善事業、キリスト教社会主義の啓蒙・実践に与った論文・記事が掲載され、社会事業史の脈絡からもきわめて興味ある紙誌であると思われる。『六合雑誌』は小崎弘道、井深梶之助、植村正久、神田乃武、湯浅治郎らにより、一八八〇（明治一三）年五月に設立された東京青年会によって、同年一〇月に創刊され、大正中期まで継続した月刊雑誌である(1)。時には社会主義を積極的に取り上げたように、単に宗教界に影響を与えたという以上に、『明六雑誌』の後を享けた「思想雑誌」として、知識人の中で重要な位置を保持していた(2)。

『六合雑誌』の「発行の趣旨」(3)をみてみると、文明開化と共に知識が著しく発達をみたが、それに比し「徳義」は却って「退歩ノ勢」の状況にあり、「上下共ニ信ズベク守ルベキ真成ノ宗教」が存在しない、一方、社会に目を転じると自由民権論が流布し「青年輩ノ思想ヲ統御」をするかの観を呈しているけれども、「自由民権ハ唯方便ニテ決シテ目的」でなく、故に目的とする宗教が期されなければならない、蓋し、自由民権期のさ中にあり乍ら、その思想や運動に同調するのではなく、「徳義」の衰微に浩嘆し、日本の社会に宗教を木鐸として捗っていく事を姿勢として置いていた。かかる趣旨の下で、新しい展望を開き、嚮導していくことを掲げて発行されたこの雑誌は社会事業史の上で、どのような位置を拓いていくのであろうか。

ここでの課題は『六合雑誌』の明治二〇・三〇年代の論文を中心に如何なる慈善事業論が展開されたかを時代を追って究明し、社会事業史上での評価を試みたものである。したがって神学等の他学問領域に関しては直接的に言及するものではない。

もとよりこの雑誌を正面から扱った研究は武田清子「日本の思想雑誌《六合雑誌》」(『思想』第四六二号、一九六二、所収)や杉井六郎「小崎弘道の東京伝道と『六合雑誌』の発刊」(同志社大学人文科学研究所・キリスト教社会問題研究会編『日本の近代化とキリスト教』新教出版社、一九七三、所収)等がある。しかし、社会事業史の上でこの雑誌への言及は、部分的引用をのぞけば吉田久一の簡単な説明が与えられているにすぎず、社会福祉思想史の研究からもきわめて不充分であると言わねばならない(4)。

社会事業の専門誌でない雑誌対象の分析は方法的にも困難性を伴うものであるが、一つには慈善事業論の範疇で、二つには社会問題・社会思想との関連の下で、それが如何に社会事業史にインパクトを与えていくかの二点に限定してみていくことにする。

一 初期社会問題・慈善事業論

明治一〇年代の論稿で注目されるのは小崎弘道の「懲矯院ヲ設ケザル可ラザルノ議」(5)である。この中で小崎は少年を監獄に収容する事の弊害を指摘し、感化教育のためにも「懲矯院」(感化院)を設立する必要を「故ニ今之レヲ救済セント欲セバ則チ宜シク教法ヲ弘布シテ以テ人民ヲ教化スルニ在ルベシト雖ドモ若シ急カニ之レガ救済ヲ謀ラント欲セハ則チ唯ダ懲矯院ヲ設起スルノ一方アルノミ矣」と外国の諸事例を挙げながら訴え、そして、「近頃幸ニ友人坂部寔君有志者ト相謀リテ府下ニ懲矯院ヲ設立スルコトアラントス、我輩府下ノ諸有志其美挙ヲ賛成シ悪少年ヲシテ善良ノ方ニ導キ、以テ永ク社会ノ毒因ヲ芟滅スルニ助力アランコトヲ祈ル若シ此院ニシテ其教育宜シクヲ得バ則チ一ハ以テ風俗ノ澆季ヲ挽回シ一ハ以テ政化ヲ補翼スルニ庶幾カラン乎」と結語している。ここで窺える方針は一八八一年五月、中村正直、津田仙、大内青巒、坂部寔、小崎弘道らによって「懲矯院設立委員会」の発会を企図し、懲矯院を感化院と改名する等の役割を果したことを考えれば、「感化事業」の上からみても優れた啓蒙的役割を果した。

また、小崎は第七号に「近世社会党ノ原因ヲ論ス」(6)を書き、マルクス主義をいち早く日本に紹介した。これはラーネッドが教示を受けたウールシー（T. D. Woolsey）の *Communism and Socialism* に依拠し書かれたものであり、「幸ニ今尚ホ如斯キ党類我国ニ少ケレバ今ニ於テ其予防ヲ講スルコト学者ニ取リテ最モ須要ノ事業タルベシ」と社会主義批判の論稿であったことは周知のとおりである。植村正久も「彼ノ激烈ナル改革党ガ妄リニ財産ヲ均一ニシ幸福ノ程度ヲ平等ニシテ彼此互イニ差異ナカラシメント欲スルガ如キハ妄謬ノ甚シキモノト謂ハサルヲ得ズ」(7)と論じている。

他に明治一〇年代で注目すべきものは少なく、「雑録」「海外事情」欄等で外国の衛生事業等が紹介されているにすぎない。

明治二〇年代、資本主義経済を歩み出した日本は最初の恐慌を経験した。それは松方デフレ政策以来の中農・小農の没落と相俟って富者と貧者の隔絶に拍車を駆けた。没落した貧農層は農村を追われ都市へとプールしていき、二〇年代初期は貧民問題として顕現するのであるけれども、一方でそれを積極的に取り上げていったのが徳富蘇峰率いる『国民之友』であった(8)。この平民主義者蘇峰の姿勢は、「如何ニシテ世ノ不平等ヲ救ハン乎」（第七四号）で理解できよう。

即チ世界ノ人類ヲ駆リ、知者モ、愚者モ、富者モ、貧者モ、強者モ、弱者モ、権者モ、無権者モ、悉ク之ヲ一ノ平面ナル競場ニ入レシメ、之ヲ一列ニ立タシメ、其ノ前面ニハ、人々ノ最モ得ント欲スル賞品ヲ掲ケ、而シテ其ノ后辺ヨリ鉄鞭ヲ以テ之レヲ追ヒ、大聲疾呼シテ曰ク「進メ、進メ進ンテ達スルモノハ何人ト雖トモ其ノ賞品ヲ有スル事ヲ得可シ」ト是レ蓋シ平民主義ノ一大精神ニシテ平民社会ノ一大基礎ト云ハサル可ラス、実ニ近世ノ平民世界ナルモノハ全ク此ノ精神ニヨリテ開発セラレタリ又タ此ノ精神ニヨリテ維持セラレタルモノナリ(9)。

蘇峰と同じ民友社々員竹越与三郎も「社会問題は上帝を畏れ人を愛するもの丶如何にしても看破し能はざるの大問題」(10)であると論じ、「基督教徒に非れば、誰れか無数の蒼生をして涙を拭つて清明の天地に謳歌せしむるを得んや、吾人は固とに社会問題の解釈は、基督教徒の一大責任たるを信ずるなり」[11]とキリスト者による解決と責任を期した。

このような社会問題の認識は社会事業の領域でも等閑に附される問題ではなかった。従来の恤救規則が公的扶助立法として、「貧弱・劣悪きわまる内容の救貧法」[12]で対象のきわめて制限された性格ゆえ、新しい救貧立法、すなわち窮民救助法案が一八九〇年一二月の第一回帝国議会に提出された。しかし、賛成者少数のために廃案を余儀なくされた[13]。この問題に関して論じたのが金井延の「窮民救助策を講ずるの必要」（第一二八号、第一二九号）であり、またそれは伴直之助の「金井法学博士の『窮民救助論』を批評して本問題の講究に及ぶ」（第一三一号〜第一三三号）という駁論を引き起こすことになる。

金井は「本邦ノ議会ハ昨年政府ヨリ提出シタル窮民救助法ノ草案ヲ一モ二モナク廃案セリ若該草案ニ欠点アラバ宜シク之ヲ一々修正スベシ草案全体ノ主義ハ決シテ悪ムベキニアラズ仮令今日ニ必要ナラザルモ本邦経済社会ノ状態ヨリ考フルニ数年ヲ出デズシテ必ズ其ノ必要ヲ見ルニ至ラム余ハ深ク賢名《ママ》ナル議員諸氏ガ坊主ヲ悪デケサマデ悪ムノ主義ヲ取リテ全廃論ニ決シタルヲ惜ムモノナリ」[14]とその廃案を遺憾とした。金井は一八六八年より九〇年までドイツや英国に遊学した体験から「何レノ国ニテモ窮民ノ居住ハ皆ナ狭隘不潔ニシテ戸破レ壁壊レ雨漏ル食物ハ粥ヲ啜リ菜根馬鈴薯ノミヲ食フヲ常トス身ニハ襤褸ヲ纏ヒ終日牛馬ト共ニ労役シテ漸ク命ヲ繋グ」[15]云々と窮民の状況を認識し、それを「文明ノ欠点」[16]として把握していた。そして、各国の事情を詳細な統計に基づいて説明し、窮民対策費用の国家財政に重大問題を醸す弊を指摘しながらも、「然ラバ則チ今日ニ在リテ窮民救助策ヲ講ズルハ決シテ大早計ニ非ザルノミナラズ禍ヲ未ダ来ラザルニ防グノ準備ナリ」[17]と近時して決して不可避の問題であり、充当に議論し対策をなすことの必要性を主張した。

これに対し伴直之助は「金井博士は窮民の愈々増加することを言ふ、而して余ハ窮民の減少せざるべからざるを主張す、博士ハ救ハざるべからざるを言ふ、而して余ハ窮民杜絶策の講ぜざるべからざるを主唱す」[18]と論じている。

彼の言う「窮民杜絶策」とは「彼等をして自立せしむるなり、曰く、彼等をして独立の民たらしむるなり、曰く、彼等をして自由の民たらしむるなり、曰く、彼等をして此の恥づべき境遇を脱せしむるなり」[19]と徹底した自立・自助の推奨であった。また彼が金井のボーダーライン層をも窮民の概念に捉えたのに対し、その財政的楽観論・濫救の弊を突いたのは、彼の「陶汰ハ自然の法にして生存、競争ハ他界の大勢なり、区々たる人工焉んぞ此の天然の大法則に抗することを得んや」[20]というマルサス的発想から窺えば当然の論旨であったと言えよう。

一方、金井は「社会問題の研究」[21]で伴の「予防策の強調」に対し、「即ち予防は必要であるけれ共予防しても尚ほ出来る所の窮民があるから夫に対しては救助法も必要である、即ち予防法と救助法と二つながら必要である」と反論を加えた。さらに当該論文中、社会問題を「労働者問題」という謂で把捉し、欧米社会に於いて「重大な問題」をきたしている如く、将来日本においても発生する問題であろうと社会政策との関連で論じている。

小野英二郎は社会問題に対して三種の方策があるとし、「社会党」・「放任自由主義」に依らず「只た一方に於ては国家の公権を発達して個人の間に存する利害の関係を整理し、他方に於ては個人の性情を修養して、生活上の理想を改善」[22]することにあると論じ、生存権の問題についてもふれている。

「講壇哲学の開拓者」[23]と称された大西祝は「現今欧米諸国が社会の組織に哲学的世界観に宗教的信仰及制度に改造の必要を感ずる斯の如し。何人か此等の改造を以て其当今の要務にあらずと云ふ何の世か久しく唯だ破壊を以て満足せむ、今日の要求は改造にあり」[24]と哲学・宗教・社会に於ける根本的な改造を提起した。

方今欧州に於ける社会党の運動を始めとして諸種の所謂社会改良の方案は、是れ何を示すものなるか。経済的機関は遂に何等かの改良を要せずして已むべからず、貧富の対峙は或は政治家の手腕を以て或は宗教家の感化を以て如何にか之を改むるの道なかる可らず。従来此辺の事には保守に傾けりし基督教会も今や漸く目覚めて、其の一臂の労力を此に致さんとす。文明国を以て称せらる、欧米諸邦の社会組織も、静に之を窺へは、嘆美すべからざる者の多かること、こゝに深く問ふを須ひず、是れ其明達なる人士の自ら承認する所なり[25]。

かくして新しく登場した社会問題に対処して、経済社会のみならず、宗教界においても十全の用意が期されねばならなくなったと言わねばならない。

二　キリスト教の社会化

『六合雑誌』の神学的視点から注目されるのが、明治二〇年代における新神学（自由キリスト教）の影響である。すでに日本では一八八五年頃よりドイツ・チュービンゲン学派の神学が、少し遅れてユニテリアン（一八八七）、ユニバーサリスト（一八九〇）等が入ってきており、その合理的解釈は従来の正統派神学、就中、底の浅い日本の神学界は一大動揺の渦中に巻き込まれるに至る。小崎弘道は第一〇三号に「聖書のインスピレーション」[26]を発表し「是故に聖書の記事にして疑ふべく、取るべからざるの点あらんか、之を措てて可なり、然れども神の恩愛と十字架の事実は消滅す可からず」と新見解を呈示し、大西祝も「若し我国の基督数にして、彼の新傾向を放逐するの愚を学バヽ、基督教の我国に於ける位地ハ、誠に憫むべきものとならん。又若し、彼の新傾向の為めに破壊さるヽ如き基督教ならバ、其の破壊され行くも敢て惜む所あるべからずと考ふるなり」[27]と新しい傾向に対する姿勢を開陳した。さらに小崎は従来のキリスト教の個人的真理に偏重した通弊を「只一身を清くする高尚なる私欲に流れ、利己主義の宗教」[28]に化したものと批判し、近時の傾向を「吾人ハ古に遡り初代の基督教を学び、伝道的社会的慈善的の基督教を拡張せざる可からず、夫れ基督教を我が国に伝ふるに於いて、何人も共に注意するハ単純の福音を伝ん事なり、然れども何をか単純の福音と云ふ、吾人は之が伝道的、慈善的、道徳的、社会的の基督教に外ならざるを信ずるなり」[29]と論じている。かかる神学上の新しい息吹きは社会事業史、とりわけキリスト教社会事業史の上でもきわめて重要な意義を持つものと言わねばならない。それは一つには外国の社会事業を積極的に紹介・導入した事であり、二つにはプロテスタント慈善事業の思想的基盤を確立した事、そして後にみるキリスト教社会主義者への思想的影響であると思われる。

一八九一年二月の第一二二号（一八九一年二月）には「将軍ブース氏の廃人利用策」が掲載されている。該論はロンドンにおける救世軍の指導者、ウィリアム・ブース（William Booth）の運動を紹介したものである。W・ブースはイギリスのメソジスト派の伝道者で一八六五年、ロンドンの貧民街に入り、東ロンドン伝道会を発会させ、七八年、救世軍（Salvation Army）を編成した(30)。

「ブース氏の生涯の働きは世界の貧民の為めに為せるものにして大に基督の心をあらはすものなりといふべし」(31)あるいは「又余輩は西洋諸国に於て基督教の生気活溌なるを見る社会問題を論ずる事ハ不信者も亦之を能す然れども身自ら貧民の友となり共に惨苦を嘗めて之を助け一万人以上の同主義者を指揮して貧民の救助に従事するが如きハ独り基督を信じ基督に導かる丶所の人のみ之を能すブース氏の生涯及び其の事業ハ基督教の大なる証據論なりといふべし」(32)と説明している。ちなみに当時、石井十次はこの文を読んで「予一層の勇気と希望を抱けり」(33)と日記に書き留めている。

第一二四号（一八九一年四月）の「雑録」に、和田垣謙三「バーネット君并に夫人を歓迎す」、横井時雄「バーネット君夫婦に付て」というバーネット夫妻来日に際しての紹介が記されてある。抑もバーネットの尽力に依るトインビー館（Toynbee Hall）はイギリス社会主義・理想主義思想の影響を亨け、一八八四年、オックスフォードやケンブリッジ大学の学生の参加の下、ロンドン・イーストエンドに設立(34)されたセツルメント事業の一つであり、横井は八九年秋、該地でトインビー館を訪れ、既にバーネットとは知己の間柄であった。

そしてバーネットは「ロンドン府下のトインビ館及ひ他の慈善事業」という講演をしてロンドン東部街の状トインビー館の歴史・現状を報告した。バーネットがここで特に強調しているのは「其成功スル所ノ者ハ即チ自ラ以テ貧民ノ友達ト為ル事デアリマス」(35)、「貧民ニ触レルト云フ事ガ与ヘルコトヨリ前ニ行カナケレバナラヌ」、先ヅ此方カラ向フノ人ヲ愛シテソウシテ後ニ色々ノ働キノ手段ト云フモノハ、出デ丶行カナケレバナラヌ」(36)とセツルメント事業の原点と称せる思想であり、次のように述べている。

夫レ故ニ淑女紳士諸君、若シ貴君方ガ此貧民ヲ助ケヤウト思ヒナサルナラバ、夫レナラバ御自身ニ是ヲナサラネバナリマセヌ、貧民ヲ助クルニ自身ノ心配モシナク、面倒モナクシテ遣ルト云フ事ハ出来ナイ事デアリマス、貴君方ノ其非常ナル骨折リヲ以テ学ビ得タル處ノ者ヲ以テ貴君ガ最も貴イ最モ価値アル者トナサル所ノ一番能キ者ヲ以テ、夫レヲ以テ貧民ニ別チ与ヘ、ナサラナケレバナラナイ、デあなた方ハ御自身ヲ以テ彼等ノ内ニ置クキ、彼等ノ荷物ヲ自身ノ身ニ負ヒ、ソウシテ貧民ハ如何ニ感ズルデアラウカト云フ事ヲ察シテ、夫レヲ自ラ感ジナケレバナラナイ、如何ニシテ誠ニ能ク貧民ヲ助クル事ガ出来ルカト云フ事ハ今日ヨリ将来ノ時代ニ於テ、説キ明サナケレバナラヌ問題デ有マス、又誠ニ能ク貧民ヲ助クル事ノ出来ル事ハ、其時代ニ於テハ最モ大イナル政治家トカ、又其外ノ有名ナル人デモ羨ム程ノ有名ノ事業デアリマセウ、故ニ貧民ヲ助ケルト云フ事ハ容易ク出来ナイ事デアリマス、夫レヲスル為ニハ其人ノ命ヲ捨ネバナリマセヌ、此事業ヲスルニ就テ、今日マデ尤モ能ク夫レヲ成功シタル人又ハ成功シタル事業ハ、イエス、クリストノ膝下ニ坐ツテ、居テ準備シタルモノデアリマス、夫レデ終リニ臨ンデ日本ニ於テモ諸君ガ若シ貧民ヲ助ケントナサルナラバ其仕方ト精神トヲイエス、キリストノ膝下ニ坐ツテ御学ヒナサイマセ(37)。

これを契機に第一二六号（一八九一年六月）では和田垣謙三が「アルノルド、トインビー小伝」を、小野英二郎が「アーノルド・トインビー氏の経済批評」を書きトインビーの思想及びトインビー館等を紹介した。かかるイギリスにおけるキリスト教理想主義に根ざしたセツルメント思想・運動は明治の社会事業家に止まらず、片山潜や河上肇らの社会主義者にとっても、一つの羅針盤となったし、とりわけ『六合雑誌』は「外報」欄で幾度も報じたことからもきわめて重要な意義を持っていたと言わねばならない。

それは、社会的キリスト教の思想と関係を有している。原田助は、キリスト教の「目的」を「独り個人を救済するに止まらず社会を救済するに在り」(38) あるいは「家族を聖別して神の聖殿となし国家を聖別して神の王国となさむとするに存す」(39)と述べ、英国におけるモーリス、キングスレー、バーネット、ヒューズらの思想や事業、米国の奴隷廃止運動を例示し、社会的キリスト教の勃興を紹介した。自由神学の中でも『宗教』と合併した第二〇七号（一八九八年三月）以来、『六合雑誌』はユニテリアンの色彩が濃厚になってくる。

新天地を求めて英国を脱出した清教徒はニューイングランドに新しいピューリタニズムを築き、その蘇生を求め発達した。しかし、一八世紀における産業社会の進展と共に、とりわけカルヴァン主義は信仰復興運動において一時は回生したが、危機に晒されることになり、チャニング（W. E. Channing）らにより三位一体説を否定したユニテリアンが興されることとなる。この「理性と人間尊重の考え方を吹きこんだ」(40)ユニテリアンは一九世紀、アメリカデモクラシーと結びつき積極的に社会活動を展開していく。そして、一八八七年、ナップの来朝により日本にも普及し、影響を与えることになった(41)その一人村井知至は次のように把捉している。

其他米国に於て始めて癩狂院を起せしは何人なりしや。始めて平和協会を設立し非戦論平和主義を唱導せしは何人なりしや。又始めて貧民救助の事業に着手せしは何人なりしや。是等は皆米国「ユニテリアン」教徒なりしなり。更らに進んで近世に至り、労働問題の為め、社会問題の為め、米国に英国に「ユニテリアン」主義基督教徒は率先して之れが研究に従事し、労働者保護の方法を攻究し社会救済活動に精励するに非らずや。要するに「ユニテリアン」教徒は古より今に至るまで、人情的事業即ち慈善事業の先鋒者を以て自任する者なり(42)。

かくした産業社会における自由神学内部での社会的キリスト教の展開は安易な社会との結合として「楽天的活動主義」(43)を顕現している事実は免れないけれども、我々はそれが果した役割を決して看過できるところではない。

而して此宗教の大精神は則ちヒューマニチーにあり、キリストの教へ且つ行ひし人類相愛の大義にあり。此大義は実に近世社会改革の心髄たる也、奴隷解放といひ、貧民救済といひ、囚徒教誨といひ、労働者保護といひ、孤児教育といひ、病兵救護といひ、あらゆる社会改革事業は実に一片同情の紅涙より出しなり。近世史の一大特徴は所謂他愛主義の発揮なり、而して是れ近世史の頁を結びつくる絹糸たる「ヒューマニチー」の発射する美麗なる光線にあらずや。

このヒューマニズムの精神こそ、日本の旧来の慈恵に楔を打つ役割を果し、キリスト教社会事業の実践基盤を用意したと言えようし、次にみるキリスト教社会主義者の思想的基盤ともなりえた。

三　慈善事業の批判

従来の日本の社会主義思想の淵原をみる時、自由民権運動の流れをくむものと、キリスト教社会主義思想の系譜の二潮流が指摘されてきた。そして後者における啓蒙・運動の中心を担ったのが村井知至、安部磯雄らユニテリアン系の人々を中心にして設立された社会主義研究会であった(44)。

ちなみに、英国キリスト教社会主義は、一九世紀中葉、チャーチストの民権運動の挫折から胚胎し、ラドロウ（John Malcom F. Ludlow）、モウリス（Frederick D. Maurice）、キングスレー（Charles Kingsley）を中心に、「基督教的価値の優越を純粋に世俗的事由に対して要求し、基督教の伝統と内包を実践に適用伸張し、労働者の諸状態を改善向上し、その階段の教育と各種共同組合の発展を促す」(45)ことを目的として出発したものである。

『六合雑誌』には明治二〇年代末期より、社会主義論が本格的に取り上げられてくる。その中で、社会主義思想の評価はさておき、第一九一号の宗教と社会主義を論じた「時論」は注目される。

弱肉強食富勝貧敗が世上の一大事実なればこそ宗教が弱者貧者の友たるを要するにあらずや何故に今の宗教家は富者を咀ふの勇気なきか自我主義争闘主義が人類社会進歩の一大動力にして又これが実際大に行はれつゝあるものなればこそ宗教家は其の反面に立ちてそれが弊害を矯正するの責務を有するにあらずや自我主義の一面のみを以て人類の進歩の全うせらるべくもあらず而も人は動もすればこの方面に走らんとす宗教が博愛を説き大慈悲心を説き一視同仁の平等観を主唱せずんば何者か能く之を為さん国家が神聖なる名目の下に多くの不義を働きつゝ

ある時に若し宗教家が之を叱責するの勇なくんは何人か之を能くせん社会の不平等のために苦しめらるゝ幾多不幸の人々に平等の楽地を与ふる是れ宗教の本務にあらずや然るに宗教家は己が宗旨の一時の虚勢を張るに便なるを故を以て動もすれば種々の階級的、血統的、財産的、権勢的、国家的、世間的差別に媚びんとするは何事ぞ(46)さらに「予輩は現社会に社会主義を唱ふるの必要あることに眼を覆ふ能わず而して宗教は由来社会主義と親しかるべき筈のものなり」(47)という文脈にも窺えるように、社会主義を擁護したものであり、かかる発想はキリスト教社会主義の思想的基盤に共通するものと考えられる(48)。以下、この章では安部磯雄と片山潜の慈善事業批判の論文を中心にみることにする。

安部磯雄は若い時に慈善事業に志し、岡山教会牧師時代に石井十次の孤児院事業に協力を惜しまなかった。しかし米国遊学の折、ユニテリアンの影響を受け、またベラミーの『百年後の世界』を読み社会主義への開眼を為した安部磯雄は第一七二号に「社会問題と慈善事業」(49)を掲載し、社会問題の解釈（決）を慈善事業や教育、「自助」事業に求めず、社会主義に依拠した論を展開している。

彼の言う慈善事業とはCharity workに当るもので博愛事業Philanthropic workと袂を分っている。慈善事業は教育事業や「自助」事業と共に「其性質に於いては漸進的にして其影響の及ぶ所も局部的たるを免れず、故に社会主義は革命的全部的の解釈法として提出せられたり」と述べ、「其目的とする所目前の事にして永久のことにあらず物質的にして精神的にあらず扶助的にして自助的にあらざるを知るべし」と解し、社会問題の「解釈法」としては「隔靴掻痒の感なき能はず」と論じた。さらに西洋の社会事業、救世軍の活動、英国の養老保険、チャールス・ブースの社会調査の件等にも言及しており、「慈善の要は貧者を貧者視せざるにあり」という表現は注目される。

しかし安部は慈善事業を「目下の危救を救ふには大なる功を有するものなることを信ずるなり」と言っているように決して否定したのではなく、「貧窮問題」解決の方法としては慈善事業が不充分であることを指摘しているのであって、彼のニューヨークでの社会事業の視察と観察の体験に影響をうけていることは言うまでもない。かかる論旨は後の彼の主著『社会問題解釈法』（一九〇一）の文中にみられる、「然るに吾人が此章に於て論ぜんとする根本的改革即ち社会主義なるものは、貧困の起因を主として現社会の組織に置くが故に、先づ根本的に社会組織を改めて貧富の懸隔を除去し貧困てふ疾病を治療せんと欲するなり」[50]という文脈と軌を一にしているものと考えられる。

片山潜も同様、米国留学・英国の見聞が彼の思想に大きな影を落としている。帰朝後、彼は「米国に於ける社会学の進歩」（第一八五号）、「社会学の綱領」（第一八八号）等を発表した。その中で「欧州労働界の状況を観察すれば、今の時に方り社会問題を究めて、社会の秩序を定むる、極めて切なり、茲に於て、ユニバーシチー・セツルメントなる者起り、貧民の街区に地をトして公会所を設け、社会改良に努むる徒自ら其處に起臥し、専心一意に彼等の友となり、相談人となり、同憐同愛の人となり、彼等の信用を博して彼等の利益を計るに汲々たり」[51]と伝え、彼の社会学の理解は社会改良と同義的に把捉されているが、かくした発想はキングスレー館の設立（一八九七）と彼のそこでの活動と繋って来るものと言えよう。

片山は初期においては、ラサールの社会主義に傾倒したり、都市社会主義という用語にも窺えるように、その社会主義は改良的なものであったとはいえ、労働問題との関わりや、治安警察法の発布を契機に次第に社会改良論から離脱していく。そして安部以上に慈善事業に対して鋭い批判を下すようになる。

看よ今日の資本家に支配せらるゝ学者、宗教家、経済家、政治家、異口同音に社会改良を唱ふるも其目的や貧民を廃止するにあらずして貧民救助にあり、感化監獄を起し、出獄人保護に、貧民教育に、孤児院に於て皆な其目的は資本家が其暴利を貧るを妨げざる範囲に於てするのみ、決して斯る不幸者なる貧民を廃止するに努む者にあらず……略……彼等慈善を営業とせる徒は如何に沢山の貧民が出来るも、如何に悪少年が増加するも監獄人が多きも貧民が増加するも関する所にあらず、却て其営業をなすに好口実を得るを喜ぶの風あり、彼等は罪人をなくするために務めず、悪少年の出来る社会の改造に日を付けず罪悪を造り出す現社会を改造するの聲に応ずるも、彼等は依然資本家に諂諛して権門に媚従する故に、彼等は現社会の依然存在せんことを欲する者なり、宣なる哉彼等は皆社会主義に反対す、社会主義を信じ之が為めに力を盡す者に向っては彼等暴言し且つ反対の色を示し、社会的事業は慈善事業にあらずなど我田引水の言論を喋々し吐露して其営業なる下等の慈善に汲々たり[52]

この時期片山は他に、「今後の労働運動」（第二二五号）、「欧州に於ける社会主義の大勢」（第二二八号・第二二九号）、「貧富の戦争」（第二三三号〜第二三五号）、「資本と労働の関係」（第二五八号）等のように労働問題に関し多く論及しており、彼の場合は典型的に労働運動プロパーとして慈善事業との分岐が窺える。

かくした傾向は「凡そ労働問題を解するには慈善的に労働者を扶助するよりも、寧ろ彼等に正當の権利を主張せしむる方が得策」[53]というような論調をみることができる。そして、それはカーネギーを論じて、彼が真に労働者の朋友ならば何故に充分な賃金を与えないのか、何故に労働時間を八時間に制限しないのか、と批難し、「労働者より絞り取られるだけは絞り取り、斯くて其右手にて奪い取りたる金を左手にて与へて居るのである」[54]、あるいは「ロックフェラーの如く年三割乃至四割の利子を貪るが如きは実に一種の盗奪であると言はねはならぬ」[55]といった批判をしている。

如上の点は社会政策・労働問題史より決して看過されるべきところでないけれども、我々は社会主義への行程が慈善事業批判へと向かう点、すなわち慈善事業を批判していく系譜に逆説的に慈善事業のアイデンティティを確立して、後の社会事業成立に向かう要素を提起していくという役割を評価していかねばならない。

四　慈善事業思想の展開

「日清戦争終結を告げて、社会運動の舞台は開かれぬ」[56]とは石川三四郎の有名な言葉である。明治二〇年代、労働問題や貧民問題等が未分化に社会問題対象としてあったのが、横山源之助の『日本之下層社会』にも窺える如く、都市下層社会における社会問題は複雑化・重層化していった。かくした事態に鑑み、「社会問題研究会」「社会学研究会」「貧民研究会」等が続々と誕生していき、社会事業の分野では、「伝染病予防法」（一八九七）、「北海道旧土人保護法」（一八九九）、「行旅病人及行旅死亡人取扱法」（同）、「感化法」（一九〇〇）、「精神病者監護法」（同）等が成立していくのである。それらは社会政策の貧困と相俟って「慈恵的政策が社会政策に代替」[57]していた状況であり、ほかに救世軍などの民間社会事業がそれを担っていた。とはいえ、単に代替していたと把えるだけでなく、積極的にそれらの事業・思想への評価が窺えることに注目しなければならない。

たとえば安部磯雄は「社会問題上より救世軍を論ず」[58]という論文を掲載し、慈善事業を「社会問題解釈法」の一つの方途としながらも、「慈善事業にして其途を誤れば、啻に世の益を為さゞるのみならず、却つて少なからぬ害毒を流す」と述べ、「恩恵を受くる人の独立心、名誉心を毀損」しない事、「慈善家を誑して、金銭を貧り取るが如き詐偽者」を生まないようにすれば、慈善事業は成功するであろう。その点救世軍はこの二点から批難の最小のものであり、大規模を有する、弊害のきわめて少ない慈善事業であると賛同の意を表した。もちろんこれはブース大将率いる英国救世軍の運動についてゞあるが、「吾人は我国に於ける救世軍が果して成功すべきや否やを知らず、たとひ其事業失敗に帰することありとするも、其効績は決して埋没すべからず」と日本の救世軍に対する期待も大きい。

廃娼運動・女性問題に言及した論稿もかなり多く見られ、山形東根は「芸妓」「女中」「娼妓」「養女」「女将」「後家」「芸人」「素人」等を「妾」とする者を詳細な統計に基づいて「蓄妾者」の身分職業と「妾」の素姓について相関関係を調べ、一夫多妻の弊を指弾し、社会風俗の改良を訴えた[59]。

第二三五号の「社論」[60]では内務省が「虎列罷病」や「黒死病」の予防に関しては細心の注意を払っているが、公娼制度に対し「梅毒の萬延の予防」に関してはほとんど顧みようとしない、「明治政府は社会全部の衛生てふ名義の下に婦人を精神的に殺す事を承認せり」とマリヤ・ルス号事件、娼妓解放令を公布した地点に比定し、「今や公娼制度なるものは再び奴隷制度の姿を採れり」と政府の方針を糾弾した。すなわち、「政府は社会衛生を重んずるか、何ぞ妓楼増設を奨励し、安価に遊客をして保険付の公娼を買ふの途を与へざる。若し又政府は風紀を重んずるか、何ぞ存娼論の勇将を衛生局員となすか如き事をするや、何ぞ娼妓取締と云るが如き姑息法を止めて断然廃娼の策を決せざるか、左顧右眄曖昧の裡に此問題を処理せんとするは吾人が我政府の為めに採らざる所なり」と。

さらに第二一七号（一八九九年一月）では廃娼論の勝利として、『二六新報』社員、救世軍士官負傷事件にふれ、最近の裁判判例が「娼妓」の勝利となりつゝある例を引用し、次のように述べている。

廃娼論は今に至りて凱旋せり、勝利の冠を得たり、而して我日本全国の幾萬の娼妓は今日以後確乎として廃業の自由を有する也、恐るべき奴隷制度より免るべき幸運を有する也、見よや奴隷解放に次ぐ第二の解放は来れり、婦人の解放は来れり、寄語す吾愛すべき幾萬の好姉妹よ、少しも恐るゝ所なく、疑ふ所なく、断々乎として廃業を届出でよ、而して直に夫の恐るべく忌はしき魔窟より逃れ来れ、卿等が文明の余沢に霑ふ実に今日に在る也、思ふは今後夫の醜業者等復た如何の運動を試むるやも測り難し、然も恐るゝ勿れ、屈する勿れ、志士の涙は卿等と倶に在り、最後の勝利は必らず真理の手に落つる也(61)。

また、足尾鉱毒問題にも多くの論稿が掲載されている。その中で「鉱毒問題は其自身に於て大問題」であり、農業と鉱業の衝突、一人の利益と多人数の幸福との衝突から来る社会問題である、しかし「此間題にして正当の解釈を得ば、是は将来起り来るべき幾多の問題に対して好先例を与ふるものなり、我国民はこれ為めに許多の難問題を解釈するの道を聞かん」(62)と捉えているのは注目する必要がある。

『六合雑誌』は、その時々の事件にふれた問題にも的確に論評している。たとえば一八九八年、仏教とキリスト教の宗教界に動揺をきたした巣鴨監獄教誨師事件についての論をみてみると、東西両本願寺が監獄教誨師事件について、当局の処置に憤慨し、キリスト教を排斥する理由は甚だ妥当性を欠くものであり、「或は仏教徒の囚徒多きを以て基督教の必要ならざるを主張し、或は外教の故を以て不可となす、皆不合理的なる理由にして苟くも宗教家の言にはあらず」(63)、またキリスト者に対しても「何故に進んで巣鴨の地に止まらず、全国の監獄に教誨師を入れんとはなさゞる。基督の天国は人間の住居するあらゆる境にまで傳へらるべきものなれば、東京一部に限らず、九州台湾に至るまで、此の好機に乗じて基督教の感化を拡ぐるは、自教に利するにはあらで、救世の大慈大悲を実行するものなり」(64)と叱咤激励した。

ちなみに既述の巣鴨教誨師事件に関係した留岡幸助は、「犯罪人の改良、犯罪の減少てふことは実に政治問題、宗教問題、道徳問題として瞬時も忽諸に付すべきものにあらず、吾人の研究したる結果によれば犯罪人は改良し難きものにあらず、疾病の治癒せらるゝ如く犯罪も又改良せらるへきものなり、監獄改良豈に其れ忽諸に付すべきものならんや」(65)と論じている。周知の如く留岡は一八九九年一一月、東京巣鴨に家庭学校を設立し、「不良少年感化事業」に着手していくのだが、彼のキリスト教ヒューマニズムに立脚した思念は次の死刑廃止を論じた端々にも明確に読み取れよう。

斯の如く論じ来る時は死刑の実行と其論者の主張とは今日隆々盛大の観なく、最早や孤城落日の運命に遭遇せりと謂はざるべからす、吾人は我国に於いても姑息偏狭の死刑存立説に加担することなく、残酷にも人命を奪ふの死刑を全廃して刑事社会の一大汚点を拭はざるべからず、死刑存立は吾人何れの点より観察するも適正なる理由を発見するに苦しむなり、死刑豈に其れ廃止せずして可ならんや(66)、

行論中にも述べたように『六合雑誌』には「外報」欄を中心に外国（西洋）の社会事業が多く報道され(67)、かつ日本の諸施設・団体も第二四〇号（一九〇〇年一二月）以降毎号のように「雑録」・「内報」欄で掲載され、江湖に知らされていった(68)。それは編集者の方針に大きく依存していると推察されるが、村井知至の次の文章は示唆されうる。

乞ふ見よ大中学の講堂は巍々として四方に聳へ、新奇の器機倍々多く教室に備へられんとす、而も是等は如何なる階級の士女を益せんとする乎、運輸交通の便日々盛んに、旅行周遊の快月に加はらんとす、而も此快楽は何等の階級の人士に依つて壟断されつゝある乎、学理の発明器械の新設は百事の製造を便にして人命を保護し、其利益多々益々大ならんとす、而も此等は何等の階級の士女を利せんとする乎、皆悉く富者、智者を利益し幸福せん

とするものにして、不幸赤貧の家に轗軻し、不運社会の下流に沈淪する無学の徒、貧困の人に対しては何等の光明を与ふるなく、如何なる福運をも施すなく、彼れ等は益々汚穢、罪悪、無智の境域に投入し去らんとせり、若し此の如き懸隔にして共儘に観過して救済の道を講するなからん乎、依つて生ずる害毒は実に恐るべく、誠に憂ふべきものにして、国民の進歩発達の道に一大深淵を置くもの、社会全般の罪悪は其源流を茲に発せん、噫満天下一人の此源流を清め正さんとするものなき乎(69)。

さらに、私立学校令が貧民教育に対して重大な打撃を与え、東京府下の貧民学校、夜学校等がそれに抵触したことにつき、「蓋し貧民は上記慈善学校の恩沢を蒙り辛ふじて教育の恵祝を味ひつゝあるにあらずや、若し不幸にして教育を缺かん乎、貧者の浅ましき遂に恐るべき罪過の人たらんとす、誠に憫むべきにあらずや、而して私立学校令は貧民教育をも阻害せり、嗚呼何たる惨事ぞや」(70)と報じており、この雑誌の意向が、こうした下層の民衆に向けられていたことが、ここでも明白に窺える。

ほかに正面から慈善・救護事業を論じた論文も少なくなく、「慈善事業と避暑」（第二三六号）、坂井義三郎「救護問題」（第二五〇号）、八浜掬泉（徳三郎）「不良少年感化事業（第二六五号）、野上啓之助「慈善事業の研究」（第二八〇号）等があり、ここでは坂井と野上の論文をみておこう。坂井は救護問題を国家の責任と看破し、国家が救護問題を処理すべき機関を備える必要を説き「慈善税」という名称を用い次のように論じている。

余は又た進で慈善税てふものを所得税の附加税として（納税の額の多きに準して逓増する方法で以て）徴収することを当局者に建言するものである。多額の所得税を納め得るものは社会の富者である、強者である、社会の貧者弱者は其富強者の腕に縋らしめるのは洵に不得已事であらう。蓋し実際に於ては富の度と慈善の実行とは常に反比例をなして居るものでありて、富者は貧者と隔離して居る為めに貧者の状況を知らず、従て之に同情することが少ないのに、貧者は互に苦痛の中にあるから互に救助施与をなして居ると云ふ有様であるから国家は強制的に富強者より慈善税を徴収してもよいと余は信ずる(71)。

そして救護問題を実際に解決する方法については「救護事業の横に其性質の元来社会共同的のものは一種公共的の事業とすることが洵に適当」[72]ではないかと述べ、「社会公共的団体が慈善施与を為す人と弱者乃至慈善事業家との中間に立って公平に敏活に周旋」[73]することが重要であると論じた。

また野上は貧民問題の解決に慈善事業の必要性を首肯しているとはいえ、「非常なる少数の富者なく非常なる貧者なきの社会さえ組織」すれば自然この問題は解決されると、すなわち「慈善事業を要せぬ社会を組織」することを希望観則的に論じた[74]。

以上の行論中から窺えるように『六合雑誌』は、キリスト教ヒューマニズムを発露として常に下層の民衆への視座を念頭に置きながら、慈善事業を論じていたことが理解される。そして慈善事業を冷静且つ客観的に体制や社会組織の問題の下で認識していたと考えられ、それは既述の社会主義者の批判的視点がその緊張関係を保つ役割を果したと言えよう。

社会主義者は社会の病源たる資本家なる階級を全廃せんとす。貧民救助を以って最終の改良手段とせず。貧民の出来る原因なる自由競争を廃せんとする者なり。吾人は固より慈善事業を批難抗撃する者にあらず。吾人も今日の如き不公平なる資本的社会の続く間は彼等改良主義者の唱ふる事業に賛成する者なり。然り双手を挙げて歓迎する者なり。唯吾人は此等を以て一時を彌縫する者として歓迎するのみ。社会主義に達する順序として賛同するに止まるなり[75]。

という表現に、それは如実に読み取れることができる。

ともあれ、竹中勝男が近代キリスト教社会事業の起源を「基督教的慈愛活動並に社会改良事業」に求め、その一つを「米英の社会的基督教」の影響を受け社会主義研究に寄与したこと、安部磯雄、村井知至、片山潜等を挙げ、彼らにより一般無産階級の「社会的政治的上昇運動」が起こされたことにした点も[76]かかる意味が存しているからである。

結びにかえて――明治から大正へ

『六合雑誌』の明治二〇・三〇年代の論稿を中心に社会事業史の観点よりみてきたわけだが、少しく整理し次の課題を提起し結びにかえておきたい。

先ず、積極的に西洋（特に米・英国）の慈善・博愛事業を紹介し、日本の慈善事業の発達に啓蒙的な役割を果し、この西洋文明国への視点は初期社会問題論として、明治二〇年代にその解決策を世論に訴えていった。次に、欧米の社会的キリスト教やユニテリアン神学の影響を受け、福音主義的なものに対抗して、その功罪はともあれ、プロテスタント慈善事業のエートスを提起せしめた。それは具体的にはセツルメント事業等に窺うことができる。

三つ目として、安部磯雄、片山潜、村井知至らによって代表されるキリスト教社会主義の人々により、社会問題解決策としての慈善事業が批判され、ひいてはそれは社会科学的視点の萌芽を呈示していることである。

最後に、この雑誌にみられる貧民への視点は、積極的に当時の社会事業対象に向けられているし、慈善事業プロパーに限らず、廃娼運動や足尾鉱毒問題等の隣接領域にも周到な提言が為され、さらに日本各地の慈善事業施設・運動をとり上げていったことも社会事業史の上できわめて重要な位置を占めると言わねばならない。

以後、安部磯雄、鈴木文治、山室軍平、吉野作造、小河滋次郎、内ケ崎作三郎、賀川豊彦らが、明治末期から大正初期にかけて独自な論稿を掲載していく。それは社会主義にとっては「冬の時代」であったのだけれども、大正時代における資本主義の発展とその矛盾は、都市・農村問題、生活問題、文明の問題等をも惹起せしめ、社会問題を増々複雑・深刻化させていく。それを象徴するかのように一九一二(大正元)年一〇月、鈴木文治は次のように書いている。

文明は大樹であるといふ、樹が伸びれば伸びる程、其蔭影は大となる。世を挙げて華美に、便利に、軽快にと赴きつヽある間に、他の一面には常に之に伴って暗黒の領域も拡がりつヽあるのである。痛ましくも避け難きは文明に伴ふ副産物である。教育が普及したといふ。けれども智識の教育のみを以てしては、彼等の零落を防ぐに足らぬ。慈善事業が発達したといふ、けれども、救済の手は未だ普ねしといふことが出来ぬ。宗教は弘布されたといふ、けれども、未だ以て崩れ萎えたる魂に、生命の気を吹き込むことが出来ぬ。文明の餘殃として抛棄すべきか、将た否か。生存競争の落伍者として、放任すべきか、将た否か。世間の同情も未だ不充分である。識者の研究も尚は不充分である。而してこれ閑却すべからざる社会問題である、都市問題である、人道問題である、文明問題である(77)。

このように、この節では近代日本の「思想雑誌」としてキリスト教のみならず、日本の思想界大きな影響を与えた『六合雑誌』を主に明治期を中心に、その中で慈善や博愛・社会事業に関する記事をみてきた。ここには近代日本の大きな課題として登場した社会問題や生活問題をかなり取り上げ、その解決の方向性や実態を社会に知らしめていく役割を果たしていることがわかる。

【注】

(1)『六合雑誌』の発刊前後の状況については杉井六郎「小崎弘道の東京伝道と『六合雑誌』の発刊」(同志社大学人文科学研究所・キリスト教社会問題研究会編『日本の近代化とキリスト教』新教出版社、一九七三、所収)に詳しくふれられている。

(2) この論文では『六合雑誌』の書誌的研究を意図していないので詳しくは論究しないが、全般的な説明は武田清子「日本の思想雑誌《六合雑誌》」(『思想』第四六二号、一九六二、所収)においてなされている。武田はこの中で『六合雑誌』の取り組んだ課題として「進化論及び合理主義との対決」「新しい愛国心の追求」「社会主義思想の普及」の三つに分類して論じている。
（3）『六合雑誌』創刊号（一八八〇年一〇月一一日）
（4）吉田久一『日本社会事業の歴史』（勁草書房、一九七〇）一六〇―一六一頁。同『社会事業理論の歴史』（一粒社、一九七四）九〇頁。
（5）『六合雑誌』第三号（一八八〇年一二月一一日）。吉田久一は『東京日々新聞』第二六五二号（一八八〇年一〇月一一日）に坂部寔が懲矯院設立を計画し、寄附を募った記事があり、小崎のこの論究は「坂部提案に賛同」したものとされている（『日本近代仏教社会史研究』吉川弘文館、一九六四）五八二頁。
（6）『六合雑誌』第七号（一八八一年四月二〇日）この論稿に関しては杉井六郎前掲論文に詳しい。
（7）「社会の懸隔」『六合雑誌』第九号（一八八一年六月二一日）
（8）佐々木敏二「『国民之友』における社会問題論」（『キリスト教社会問題研究』第一八号）等参照。ちなみに『国民之友』にも多くの社会事業論が窺える。たとえば濱田健次郎「貧困の原因及其救治策」（第七四号）「倫敦窮民救済事業現状の一斑」（第一五二号・第一五三号）蟠龍居士「貧民救済策」（第二〇五号）「貧民問題」（第二一四号）等々。
（9）『六合雑誌』第七四号（一八八七年二月二八日）
（10）「社会問題の成行」『六合雑誌』第八一号（一八八七年九月三〇日）
（11）「基督教徒の一大責任」『六合雑誌』第八三号（一八八七年一一月三〇日）
（12）小川政亮「恤救規則の成立」福島正夫編『戸籍制度と「家」制度』（東京大学出版会、一九六一、所収）三〇〇頁。
（13）該案に対して是恒真楫・湯浅治郎・堀越寛介・高木正年らが反対し、鈴木万次郎・今井磯一郎・立入奇一らが賛成した（『日本の救貧制度』勁草書房、一九六〇、九八―九九頁参照）。
（14）『六合雑誌』第一二八号（一八九一年八月一五日）。金井延については彼の「伝記」（河合栄治郎『金井延の生涯と学蹟』日本評論社、一九三九、所収）参照。
（15）同右。

(16) 同右。
(17)『六合雑誌』第一二九号（一八九一年九月一五日）
(18)『六合雑誌』第一三二号（一八九一年一二月一五日）
(19) 同右。
(20)『六合雑誌』第一三三号（一八九二年一月一五日）
(21)『六合雑誌』第一五二号（一八九三年八月一五日）
(22)「社会問題の将来」『六合雑誌』第一五八号（一八九四年二月一五日）
(23) 家永三郎『日本近代思想史研究』（東京大学出版会、一九七一）二二一頁。
(24)「改造的事業」『六合雑誌』第一六九号（一八九五年一月一五日）
(25) 同右。
(26)『六合雑誌』第一〇三号（一八八九年七月二〇日）
(27)「我国の基督教に於る新傾向」『六合雑誌』第一一九号（一八九〇年一一月一五日）
(28)「基督教の新傾向」『六合雑誌』第一一七号（一八九〇年九月一五日）同誌上で小崎は「吾人福音書を繙くに、其の傾向ハ寧ろ社会的慈善的なるを見る、基督は末日の評判に於いて人を審くに何を以って其の標準とせられたるかを見るに、其の行の如何其の慈善心の如何を以ってせられたり」とも述べている。
(29) 同右。
(30) 山室武甫『ウィリアム・ブース』（玉川大学出版部、一九七〇）参照。
(31)『六合雑誌』第一二二号（一八九一年二月一五日）
(32) 同右。
(33)『石井十次日誌（明治二十四年）』（石井記念友愛社、一九六〇）一八九一年二月二〇日の条。
(34) 田川大吉郎『社会改良史論』（教文館出版部、一九三一）二三七―二五四頁参照。

(35)『六合雑誌』第一二四号（一八九一年四月一五日）横井時雄の訳による。
(36)同右。
(37)同右。
(38)「社会的基督教の本領」『六合雑誌』第一八一号（一八九六年一月一五日）。原田助は第一七五号（一八九五年七月一五日）の「宗教と社会の関係」でも次のように論評している、「近世モーリスキングスレー等に依て主唱せられし基督教的社会事業の如き今やグラツデンバーコルスト等に依て率ゐらる丶社会的改革論の如き其他一々数ふべからざる多数の宗教的社会運動は皆な社会と改造し之を救済し以て宗教の精神に立つの社会となさんとするにあり、宗教が国連の盛哀に関するもの豈に大ならざるを得んや」。
(39)同右。
(40)一番ケ瀬康子『アメリカ社会福祉発達史』（光生館、一九七二）五三頁。
(41)佐治實然『日本ゆにてりあん主義興亡史』（一九一〇）によれば「抑々明治二十年の頃、ナップ氏が亜米利加ユニテリアン本部より代表者として日本へ参りまして、当時有名なる福沢諭吉氏の紹介によって、交詢社に於て演説したのが、先づ日本に於けるユニテリアン主義を伝道するに付ての最初であったかと思ふ」（六頁）とある。
(42)「『ユニテリヤニズム』の本領」『六合雑誌』第二一六号（一八九八年一二月二五日）。さらに村井知至は続けて「今日の宗教を復興して之に生命を与へんには、我宗教界の寺院的傾向を転じて社会的人類的傾向を持たしむるにあり。又た今日の社会を救済して国家の健全を増進せんには、須らく現社会の人心に厳正雄大なる宗教思想を喚起し社会の理想と感想とをして宗教的たらしむるにありと信ず。予が今日最も希望する所のものは、一方に於て社会的宗教家の群起せんことと、他の一方に於ては宗教的社会事業家の勃興せんことと是なり」と主張しているが、きわめて理想主義的言説であると言えよう。
(43)嶋田啓一郎「キリスト教と社会福祉の接点」（『基督教社会福祉学研究』第六巻第一号、所収）
(44)山路愛山は『独立評論』第三号（一九〇八年五月）において社会主義研究会の発足当時を、「此会員は総計三十名ばかりにして、世間の注意を引くこと固より社会問題研究会に如かざりしかども、其『ゆにてりあん』会堂を借りたる縁故にて、当時『ゆにてりあん』の説教者たりし安部磯雄氏、村井知至氏等を新たに其会員に加ふるを得たるは、此会に取りては新なる勢力を加へたるものなりき」と論評している。
(45) 竹中勝男「近世社会的基督教の起源に関する研究」『基督教研究』第一三巻第一号と第二号。
(46) 「社会主義の必要」『六合雑誌』第一九一号(一八九六年一一月一五日)
(47) 同右。
(48) たとえば村井は社会の三大理想としての自由・平等・博愛は「社会主義によって始めて実現せらるゝに至るを信ず」と述べ社会主義とキリスト教とは「異名同体」であると捉えている(『六合雑誌』第二四一号)
(49) 『六合雑誌』第一七二号(一八九五年四月一五日)他に安部磯雄の論稿は『六合雑誌』に多く見受けられるが、ここではふれない。
(50) 安部磯雄『社会問題解釈法』(東京専門学校出版部、一九〇一)三五一頁。
(51) 『六合雑誌』第一八五号(一八九六年五月一五日)
(52) 『六合雑誌』第二三五号(一九〇〇年七月一五日)
(53) 「富豪カルネギー」『六合雑誌』第二四五号(一九〇一年五月一五日)
(54) 同右。
(55) 同右。
(56) 石川旭山編幸徳秋水補「日本社会主義史」(『明治文化全集』第六巻、日本評論社、一九六九、所収)三五四頁。
(57) 孝橋正一『社会事業の基本問題』ミネルヴァ書房、一九六九)二七七頁。
(58) 『六合雑誌』第二二一号(一八九九年五月一五日)
(59) 『六合雑誌』第二一四号(一八九八年一〇月二五日)、なお婦人問題に関しては、明治二〇年代ではゴルドン「婦人の位置を高くする事」(第八五号)、スピンネル「基督教と婦人」(第八六号)、和田垣謙三「本邦婦人教育について」(第一二八号〜第一二九号）等があり、同時代の『女学雑誌』には比ぶべくもないところであるが、三〇年代ではほかに山本良吉「姦淫罪に関する一疑問」（第二二二号）、「男女同尊を論じて畜妾問題に及ぶ」（第二二三号）、金子喜一「社会的罪悪と婦人労働者」（第二四四号）等々がある。
(60)「廃娼を論じて政府の自家撞着を難ず」『六合雑誌』第二三五号（一九〇〇年七月一五日）
(61)『六合雑誌』第二三七号（一九〇〇年九月一五日）
(62)「世人は如何に鉱毒問題を解せんとするか」『六合雑誌』第二三〇号（一九〇〇年二月一五日）ほかに「政府は宜しく足尾銅山を買収すべし」（第二三一号）、「足尾銅山の鉱毒」（第二三二号）等で論じられている。
(63)「三たび趣味の偏狭に就て」『六合雑誌』第二一四号（一九〇八年一〇月二五日）。そして、この事件に関しては第二一七号（一八九九年一月一五日）の「明治三十一年の宗教界」でも詳しくふれられている。
(64) 同右。
(65)「犯罪人とは何ぞや」『六合雑誌』第二一〇号（一八九八年六月二五日）
(66)「死刑廃止論」『六合雑誌』第二三九号（一九〇〇年一一月一五日）
(67) たとえば豊崎善之助「英国通信（四）」（第二六五号）、「英米の社会植民事業」（第二七〇号）、「ハバード大学と社会的事業」（第二八三号）等。
(68) たとえばその一部を挙げると「救世軍醜業婦救済所」（第二四〇号）、救世軍出獄人救済所」（第二四八号）、「東京慈恵医院」（第二四九号）、「永楽病院」（第二五一号）、「慈愛館」（第二五三号）、「東京孤児院」（第二五四号）、「濃尾育児院」（第二五五号）、「福田会育児院」（第二五八号）、「東京感化院」（第二五九号）、「松見氏出獄人保護事業」（第二六一号）等が紹介されている。
(69)「欧米大学々生社会事業」『六合雑誌』第二〇五号（一八九八年一月一五日）
(70)「私立学校令と貧民教育」『六合雑誌』第二二七号（一八九九年一一月一五日）
(71)『六合雑誌』第二五〇号（一九〇一年一〇月一五日）

(72) 同右。
(73) 同右。
(74) 『六合雑誌』第二八〇号(一九〇四年四月一五日)
(75) 片山潜「社会主義の反対者に答ふ」『六合雑誌』第二六四号(一九〇二年一二月一五日)
(76) 竹中勝男『日本基督教社会事業史』(中央社会事業協会社会事業研究所、一九三〇)一三二頁。
(77) 『六合雑誌』第三八一号(一九一二年一〇月一日)

第三節　鈴木文治と『六合雑誌』

はじめに

ここで取り上げる『六合雑誌』は前節でもみたように、小崎弘道、井深梶之助、植村正久、神田乃武、湯浅治郎らにより、一八八〇(明治一三)年五月設立された東京青年会によって、同年一〇月に創刊された月刊雑誌で(1)、爾来、第二〇七号(一八九八年三月)でユニテリアンの雑誌『宗教』と合併し、一九二一年二月の第四八二号まで続いたキリスト教ジャーナリズムの一つであり、初期は小崎弘道、そして植村正久、大西祝、横井時雄、片山潜、安部磯雄、内ケ崎作三郎、鈴木文治ら多岐にわたる人々が編集に携っており、単に宗教界に影響を与えたという以上に、

『明六雑誌』の後を享けた「思想雑誌」として、あるいは明治三〇年代には社会主義論を積極的に取り上げ、知識人の中で重要な位置を果しもっていた(2)。明治二〇・三〇年代において、慈善事業や社会問題を積極的にとりあげている、これについては前節でみたとおりである。ここでは明治末期に編集に就いた鈴木文治をとりあげる。

我々が近代日本の労働運動の歴史を顧みる時、鈴木文治が一九一二（大正元）年、創設した友愛会の存在は重要な位置を占めている。設立当初の友愛会は、当節の日本の社会状況―社会主義・労働運動の「冬の時代」を反映して、近代的な労働組合の様態とはかけ離れた、むしろ労働者の親睦団体、相互扶助的な性格を持つものであったが、大正初期の資本主義の発展に伴い、会の組織化は著しく進み、質的にも変化を遂げていく。一九一九（大正八）年には、大日本労働総同盟友愛会、翌年には日本労働総同盟友愛会へと改称され、大正時代におけるわが国労働運動の中心的団体へと脱皮していくことになる。その友愛会の発展過程を一瞥しても、会と不即不離の関係を持つ鈴木文治の存在は大きくわれわれの眼前に立っているといってよい。したがって、鈴木についての従来の先学の研究は、友愛会を中心にした労働運動（組合）史上の人物として、重点がおかれてきたことは言うを俟たないところである。

鈴木は、友愛会を設立する前年、すなわち、一九一一（明治四四）年一一月、ユニテリアン教会の弘道会に入り、社会事業をやるかたわら『六合雑誌』の編輯に従事することになる。そして、彼自らも、該雑誌に多岐にわたる多くの論文を執筆している。彼の初出論文は一九一二（明治四五）年一月発刊の第三七二号であるが、以後、彼の編輯期と思われる一九一五（大正四）年五月まで、署名入り論文だけでも五〇篇以上を数えることができる。

この期は、友愛会の草創期に相当するし、鈴木自身にとっても会の組織化、労働争議の調停、機関誌『友愛新報』（後の『労働及産業』）の刊行等々、様々な課題を抱えていた時でもあった。ゆえに、如上の立場にある鈴木が弘道会に関わり、ユニテリアンの雑誌編輯を担当し、如何なる論陣を張ったかは、鈴木研究の「落ち穂拾い」に止まらず、社会福祉の歴史にとってもきわめて重要な課題であるといわねばならない。たとえば鈴木は「労働運動の父」とも称されるように、労働運動史から取り上げられることはあっても社会福祉史からはあまり取り上げられてこなかった。

しかし、行論中にも展開するように、初期においては社会改良的な思想や貧民問題に関心を持ち、救世軍の山室軍平や小河滋次郎らとも知己である。かかる点を看過すべきではない(3)。

本節は前節の続きとして明治末期から大正初期にかけて、かかる課題を念頭において、『六合雑誌』に表れた鈴木文治の諸論文についての紹介と分析をしたものである。

一　『六合雑誌』との関わり

(一)　思想形成

鈴木の『六合雑誌』での諸論文を考察していく前に、さしあたって、彼の思想形成を瞥見し、如何なる経緯の許で『六合雑誌』との関わりを持つに至ったかをみておこう。

鈴木文治(一八八五〜一九四六)は一八八五(明治一八)年九月四日、宮城県栗原郡金成村(現栗原市)で生を享けた。一〇歳の時、当地のハリストス正教会で家族と共に洗礼を受けたが、彼の思想形成に重要な位置を占めるキリスト教との邂逅がここに見出せる。少年時の彼は「多情多感の少年」で特に作文には秀でた才能があり、「理屈っぽい少年」であったと後年回顧している(4)。そして、古川中学を卒業し、一九〇二(明治三五)年九月、山口高等学校に入学する。高校時代、彼は人生における精神的煩悶に苦しみ、その上、物質的窮乏も来たし、苦学を強いられ試練の時期を送った。また、山口のキリスト教青年会に属し、本間俊平の実践的宗教の感化も受けた(5)。

一九〇六(明治三九)年九月、鈴木は東京帝国大学法科大学に入学し、そこでは、穂積八束の憲法、金井延の経済学、岡田朝太郎の刑法学等を学んだが、四年生の時受講した桑田熊蔵の「工業政策」が彼の心をいちばん捉えた。彼の社会に対する理論的な開眼はここにあったとみるべきであろう。しかし、彼の生家は家業の失敗で没落に窮し、家族は塗炭の苦しみを強いられ、彼も苦学を余儀なくされた。かかる青年時代の窮乏の生活こそ、後に彼が「弱者の友」として、社会事業や下層労働者への関心を示す伏線ともなった。

一方、鈴木は帝大入学以来、吉野作造や内ケ崎作三郎の紹介によって帝大青年会の寄宿舎に起居し、そこでの諸活動をとおして、海老名弾正、山室軍平、本間俊平、安部磯雄らと親交を持つに至る。とりわけ、当時、一番町教会の植村正久と思想的にもキリスト教界を二分していた海老名を中心とする本郷教会に出入りしたことは、同郷の内ケ崎や小山東助らとの交友、海老名の自由主義的神学の影響、そして『新人』の編輯等とともに、鈴木の思想形成にとってきわめて重要な意味をもつものといえる。「本郷教会の、帝国主義・民本主義・社会改良主義の混在する自由主義的雰囲気のなかに、鈴木文治はおのずから同化されていた」(6)のである。

ところで、鈴木は帝大在学中、一時は「政治界の活動も面白きものなるべし」(7)と政治家を志し、経世済民の道に寄与しようと考えていた時もあったが、自伝によれば、卒業時、新聞記者たらんことを希望している。「服務規律に縛られる」官吏の道よりも、野人的且つ自由闊達な生き方を望み、操觚者として、社会の真の姿を知悉したいという考えがあったものと思われる。

しかし、鈴木が卒業後、職としてついたのは小山東助の紹介になる印刷会社秀英社であった。彼は、一九〇九（明治四二）年七月、入社し、社の監事であった豊原又男と邂逅し、当時の社会政策上の懸案であった工場法案をつぶさに学ぶ機会をもった。だが、印刷業をして終生の業とする決心がつかず、翌年三月退社し、五月より、宿願の新聞社（東京朝日）に入社する。

ここで鈴木は、社会事業、宗教問題、教育問題等の記事を担当し、南北朝正閏問題や大逆事件等、当時のトピックを取材し、社会部の記者として活躍している。中でもいちばん彼が関心を抱き、力を注いだのは東京市内の貧民窟探訪であった。このことは、原胤昭や安達憲忠らとの浮浪人研究会の参加にも窺えるように、鈴木が当時、如何に下層貧民や社会事業の問題に関心があったかを証左するものである。

しかし、鈴木は編輯主任にまで進みながら同一の記事を重複して掲載するという編集上の失策の責を問われ、いくばくの退職金もうけず、在職一年半で退社（一九一一年一〇月頃か）を余儀なくさせられる。すなわち鈴木自身が、ここで一介の失業者となったのである。

（二）弘道会への道

生計の途を断たれた鈴木が、以前発表したものを纏めて出版し、糊口を凌ぐべく準備をしていた時、ユニテリアン教会の幹事となり、牧師内ケ崎作三郎を補佐することを勧めたのは小山東助である。

私は宗教生活からは相当長く離れて居るし、専門の智識もないので、聊か二の足を踏んだのであるが、内ケ崎氏は私に取つて恩義のある先輩でもあるし、且つ私は「六合雑誌」の編集の外、惟一館（今の総同盟本部会館）を利用して社会事業をやるのがよいとのことで、さらばと許り承諾の旨を答へいよ〳〵四十四年十一月より就職することになつた(8)。

また、鈴木の別の回顧によれば、内ケ崎から直接勧められたということも記されている(9)。ともあれ、内ケ崎や小山との関係で、この雑誌に関わることになる。ちなみに小山東助はこの時期、本郷教会からユニテリアン教会へ入会を希望しており(10)、二人の先輩の勧めはもちろんのこと、鈴木の当時のキリスト教観も『新人』の論文に窺えるように、きわめて現実社会への具体的実践志向を持つ、自由なキリスト教理解にあったことからして、思想的にも類以性をもっていたことが指摘できる。そして、当時、彼にあって社会事業や社会政策が主なる実践課題であったことを考えれば、弘道会での仕事が魅力あるものに映ったことは明らかである。

また、鈴木が社会科学に対する関心から従来読んだものとして、安部磯雄や横山源之助、森近運平の著書、『平民新聞』『直言』等と共に『六合雑誌』をあげていることからも、『六合雑誌』についてのあらかじめの理解をもっていたことは確かである。つまり、該雑誌がキリスト教ジャーナリズムの系列に属しながらも、社会問題や社会主義・社会政策・社会事業等につき、多くの論文を掲載してきた特徴をもっていることも、彼の関心事と符合するものといえる(11)。

さらに、鈴木自身、一九一一（明治四四）年四月一日、「宗教と労働者問題」あるいは、同年一〇月一日、「現代思潮の瞥見」という題目で惟一館で講演をしており(12)、以前よりユニテリアン教会とはつながりをもっていた。以上からして鈴木のこの教会への関わりは、小山らの偶然的な誘いというより、失業の身に晒されていた鈴木にとって、格好のかつ必然的な道であったと考えられる。

ところで、鈴木が関わることになったユニテリアン教会は、内ケ崎牧師の下で、この期に大きな組織改革が行なわれた(13)。従来の「東京ユニテリアン教会」は、一九一一（明治四四）年一一月二六日の臨時総会の席上、「統一基督教会」と改称されることが議決された。それに伴って、一二月一〇日の役員会で、鈴木のほか安部磯雄、岸本能武太、三並良、神田佐一郎、内ケ崎作三郎、マコーレーらの出席の許、「日本ユニテリアン弘道会」は「統一基督教会弘道会」となり、会長に安部、副会長に神田、岸本が就任し、鈴木は幹事としての責務を担うことになった。そして、弘道会の組織も次のように定められることになる。

すなわち「本会は之を三部に分ち伝道部、出版部、社会事業部となし、伝道部長には内ケ崎氏、出版部長には三並氏、社会事業部長には鈴木氏夫れ〳〵就任せられたるが尚鈴木氏は当分出版部の一事業たる六合雑誌主任たるべし」(14)とある。

以上のような経緯でもって、鈴木は統一基督教会弘道会の幹事兼社会事業部長に就任し、『六合雑誌』の主任の位置についたのである。

二　『六合雑誌』の論文をめぐって

（一）キリスト教論

東京帝大時代より海老名に親炙し、思想的影響をうけた鈴木のキリスト教観は、すでに『新人』の諸論文の中でも明快に表白されている[15]。すなわち、キリスト教が現実の社会に相対峙する時、如何なる具体的運動を展開していくか、そしてキリスト教徒がそれに対して、如何に情熱ある行動でもって責任を全うしていくかである。そのような鈴木の考え方は、内ケ崎が「宗教的、道徳的、社会的使命を担へる我が統一基督教会は、絶へざる宗教的向上発展を期し、常に実社会と触れ、実社会を鞭達し行かんことを希ふ」[16]と披瀝する教会の方針と軌を一にするものと考えられる。鈴木の『六合雑誌』でのキリスト教観は、明治末期から大正初期にわたる資本主義の展開の渦中で、様々に生起する社会的問題に対して、当時のキリスト教界の在り方をめぐって、さらに明確化してくる。

まず、鈴木は、『六合雑誌』第三七二号（一九一二年一月一日）において、当時の社会を「秩序なく、統一なく、混沌、迷乱、殆んど其帰するところを知らざるの観」があるとし、宗教がそれに対して、十全の役割を果たしていないことを指摘し、教会の「社会的膨張」論を主唱する[17]。

> 教会は固より吾人が心身の安養所なり、信仰の憩ひの汀なり。故に吾人と雖も穴勝《ママ》之を俗悪の風潮に投じて独り自ら快とする者にあらず、然りと雖も亦、徒らに之を神秘幽玄の境に封じて、世間と没交渉たらしむるが如き貴族趣味に満足する能はず。……略……政治・経済・文芸・社会・哲学・科学、あらゆる活世間の活事象、活学問に対して批評を試み、以て基督教的見識を涵養するの本拠たらしむるべきにあらざるか。然も吾人は教会自身が社会の中流に乗出して、積極的にこれが主張解決を試むるも可なりと信ず。今日の時代は徒らに教会内部に止ま

りて、来者に道を説くのみを以て足れりとすべからず。

と教会の「門戸開放」「趣味拡張」を展開している。

また、第三七五号（一九一二年四月一日）では、明治末期の地方および都市に鬱積する民衆の生活困窮に対して、キリスト教の使命につき、「基督教は吾人にありて、一切の根本たらざるべからず。思想も言語も行動も、発しては一切の法律、政治、経済も、悉く此根本問題に立脚して、初めて意義あり、光明あり、生命ありと思惟せざる能はず。宇宙人生内外一切の問題は、皆悉く基督教の根源に遡りて、初めて根本的解決を得べしと思惟せざる能はず。是れ吾人の信仰也、理想也、生命也」[18]と論じている。近代文明の不可避の問題、すなわち民衆の「生活の苦難」に対して、「具体的な解決を齎らす」ための努力を、キリスト教に期するのである。

かかる鈴木の近代社会におけるキリスト教の在り方―理念をめぐっての言説は、「基督教と資本主義」[19]の関係について論じた中にも表われている。その中で、彼は「現代の基督教は、も少し資本主義に対する態度を明らかにする必要はあるまいか、両者の関係はあまりに円滑である、あまりに妥協的である、あまりに利巧である、これ即ち大に振ふべくして未だ振はざる、大なる原因ではないか」と述べ、資本主義体制の中でのキリスト教のおかれた位置、キリスト教の持つ旗幟の明確化の必要を説く。そして宗教家を論じた次のような文章にもその基調が窺えよう。

今日の宗教は決して教会の宗教、寺院の宗教にてあるべからず、これ路傍の宗教、工場の宗教、実生活の宗教ならざるべからず。しかも今日我国民の実生活を殆んど根抵より蕩揺しつゝある問題を雲煙過眼に附して我れ不関焉として居るが如きは、これ実に宗教家の天職を蔑視せるものにして、宗教家自身も亦時代病に罹れるもの、宗教其物は遂に自滅の外はあるまいと思ふ。殊に基督教の諸家、最も公平にして自由なる立場にある諸家にして、沈黙緘口殆んど木像の如く、土偶の如くなるは何ぞや。国家の進軍は其軌道を逸し、国民は其方向に惑ひ、迷へる羊は天下に充満するにあらずや。此時にもし奮起せずんば、諸家は遂に方便宗教家、講壇宗教家たるの嘲を免れぬであらう[20]。

このように鈴木のキリスト教についての考え方は、教会内に閉塞して、福音を説くというのではなく、実社会に活きた生命あるキリスト教であり、具体的には、社会の諸問題に積極的な関係を持ち、民衆を嚮導していくべきものである。それは海老名の自由神学、あるいは内ケ崎牧師を中心にしたユニテリアンの考え方が、彼の社会観と相俟って展開されたものと思われる。同時期惟一館を本拠にした労働者に向けての社会事業実践の遂行、あるいは友愛会の活動等の背景には、彼の以上のようなキリスト教観が一因であったと推察できる。そして鈴木自身が、「講壇キリスト者」としての生き方をしなかったという自負が現実のキリスト教界への批判として吐露されてくる所以であろう。

（二）社会事業論

鈴木が『六合雑誌』に関わった時期は、社会事業史上では感化救済事業期と称される期で、未だ社会事業と社会政策とは未分化の状態であった。民間の慈善事業は明治三〇年代の社会問題の顕現を背景にかなり進展し、一九〇九（明治四二）年には中央慈善協会が発会することになったが、政府の政策の貧困と相俟って、民間慈善事業が、その代替的役割を果たしていたにすぎなかった。したがって、底辺に蹲まる社会事業の対象は、一部慈善家の視野にこそあれ、政府の積極的な政策課題としては俎上に上らず、近代文明の影として累積していた。

鈴木は以前より、本間俊平や救世軍の山室との交友の中で、慈善事業に対して少なからずの関心を持っていたが、それは前述のキリスト教観に基因していたものと思われる。

鈴木は、「慈善事業と人種改良論」(21)という論文の中で、社会の進歩に伴い、人口の増加、ならびに生活困難は必定の勢いとなり、必然的に「幾多の失敗者・落悟者」を社会の「表面又は裏面」に発生せしめるが、それに対して、慈善事業および諸種の「社会的設備」が「応病施設の救済手段」として計画され、経営されるようになると解している。そして、慈善事業は人類高尚な動機、「惻隠の情」より出るものであり、「之を助成し大成するは、社会を光明の境に導き、人類を至福の域」に至らすものであるが、一端これを誤まれば、惰民養成の弊を醸成する危険を持つとしている。

また、「宗教家と社会事業」(22)という論文では「宗教家がもう一歩踏み込んで社会事業に身を入れることが出来ないか何うかといふことを考えて見度い」と述べ、従来、多くの感化事業、救済事業が一部篤志家の手にあったが、それを「一般的の問題」として考えていかねばならないとして、次のようにいう。

近来我国の教育は普及したといひ、智識は発達したといふけれども、まだ〳〵我国下層社会の智見の程度は幼稚極まるものである。彼らが落するのも、困難するのも、多くは彼等の智識の欠乏に基く。前途に対する先見なく、事に処するの判断なく、唯だ遑々として其日其日を過して行く。彼らが労働の苦痛を慰め、其品性の向上を励まし、其智性の発達を助け導いて行くといふことは、我国刻下の一大問題であつて、或は一般社会問題の根本基礎の問題なりといふても、過言ではあるまいと思はれる。

このような事業の一例として大学植民事業が想定されているが、これを実践に移す者こそ、宗教家、とりわけキリスト者である。すなわち、「教会以外に伝道の天地あり、直接伝道の外に間接伝道の法あることを慮からるゝの士は、一日も早く実行に着手して戴き度いものである。下層社会の心霊は、全く未墾、未開拓の地である。彼等無告の民こそ、真に熟せる稲の如く、其刈手を待つて居るのではないか」と。

さらに、ブース大将の追悼を掲げた論文(23)においては、「基督教の精神、乃至伝道の方法として、果して救世軍式たることが最善最美最良のもの」であることについては疑問としながらも、ブース大将個人につき、「熱烈火の如き信仰」と「頑剛鉄の如き意志」とをもって、幾多の困難を克服して、今日の成功を成し得た事と、「其霊肉の聯鎖、身魂の楔子に着目して、神学の宗教、会堂内の信仰を、平易化し、現実化したるの活眼と努力」とに対して、賛辞の追悼を送っている。そして、「吾人は終に今後世界の救世軍、特に我が日本の救世軍が、軍営を新にして奮闘一番せんことを」所期している。

このように『六合雑誌』において、鈴木が社会事業について言及している初期の論稿には、その関心と相俟って、社会事業に対して比較的肯定的な意味あいと期待とが窺える。

しかし、彼が友愛会を創設し、労働問題や労働運動に傾斜していく過程の中で、社会事業の社会問題そのものの根本的解決策としての限界性を鋭く説く論調となっていく。たとえば「救済事業の根本問題」(24)という論文で、当時、「国民病」であった結核につき、内務省が結核療養所を設立する計画を持っていることに対し、「たゞ併し茲に根本問題がある。結核患者の救療に従事することは、美事たるに相違ないが、何故に更に其根源に遡つて、結核患者を出さゞる方法を講じないか。末流を澄まさんとすれば、先づ其源泉を清めざるべからず、結果の発生を阻止せんとするには、先ず原因を杜絶するを要する」。このことは「丁度大火を防ぐのに、家屋の構造を改めることなしに、蒸気ポンブを増す」のと同様であると鋭く説いている。つまり、結核の問題は一般国民衛生の問題として考え、たとえば、工場法の実施が先決問題である、と解するのである。

一事が万事である。不良少年の矯正の為めに感化院を設け、免囚の為めに其保護所を設け、失業者求職者の為めに職業紹介所を設く、何れも文明の美事たるに相違ないけれども、更に根本の問題はないか。寧ろ救済事業其物を無用ならしむるの途はないか。根源清からざれば、末流澄まず、

当時の社会政策の貧困と社会事業の本質的問題につき正鵠をうがち得た指摘であるといえよう。

(三) 下層社会論

鈴木が、下層労働者について、実地にその研究を試みたのは、東京朝日の社会部の記者時代であり、それは、「東京浮浪人生活」として、『東京朝日新聞』に一九一〇(明治四三)年一二月九日より翌年二月一四日まで掲載された(25)。鈴木が『六合雑誌』の編輯を担当するようになっての初期の一連の論文、「労働者日記」(第三七二号)、「下級者の

恋、要吉の醜業婦研究」(26)（第三七三号）、「立ちん坊の研究」（第三八一号）、「貧民窟の年の暮」（第三八四号）等は、「東京浮浪人生活」の延長ともとれる、下層社会についてのルポルタージュである。これらは、「要吉」という一人の浮浪人を「研究の手引」「密偵」「教師」として、彼からの情報を手掛かりにして、当節の東京のスラムの状況、都市貧民の生活状態をつぶさに描破する方法をとっている。

下層社会に低能者は殆んど附物である。経済、衛生、公共等の思想はゼロと認むべきもの多く、或意味に於ては低能なるが故に下層社会に零落したので、生存競争場裡の劣敗者たるは其当然の運命かとも思はれる。併し一面下層社会に落ちたればこそ、彼等は安如たることを得るのでもある。……略……次に貧民窟の一特色は、所謂貧乏子沢山である。然も其多数は不就学児童で、買喰、喧嘩、賭博の真似事いづれ善い事をして日を送つては居ない。工場法を制定して幼年工制限の必要あるは尤も千萬である。……略……夫婦喧嘩、親子喧嘩、金銭、食物、色事の争。要吉がいみじくも評し得たる「夜中は実に別世界」の八字に尽して居る。然も彼等も亦人の子なり、我等の同胞なり。知らず、我等は此同胞に対して如何なる策を講ずべきか(27)。

同じように、都市下層貧民の報告は、東京市内の「立ちん坊」の生活調査をまとめた論文にもうかがえる。鈴木によれば、当時、東京には、千人から千二、三百人の「立ちん坊」が居り、多くは「規則立つた仕事に堪へかねた敗残者で、不具、廃疾、若くは低能者、老衰者」で木賃宿が彼らの主なる定宿所であった、と記している(28)。

さらに同種の報告、「貧民窟の年の暮」(29)では、鮫ケ橋の車夫等の細民の生活状況がつぶさに記され、次のように論じている。

細民の生活の困難なのは、年の暮のみではない。けれども今年は連年の不景気が、たゝまり来つて物価は益々暴騰を告げ、分けて諒闇中のことゝて何事も控へ目の、仕事の数も量も少いところから二重三重の苦みである。一般国民は政変に注意を奪はれ居れど、生活の困難は白蟻のように、ジワ〳〵と細民の心胸に喰ひ入つて居る。政治家は多く上の空に心を取られてゐるが、脚下には大なる暗黒の影がある。あゝ春来るも何かせむ、あゝ、寒風も心して吹け。

以上のような鈴木の下層細民におけるルポルタージュ風の記述は、日本においては松原岩五郎の『最暗黒之東京』や横山源之助の『日本之下層社会』等の系譜を想起させられるものである。

ところで、当時、鈴木は統一基督教会弘道会の社会事業部長に就任していたわけだが、一九一二（明治四五）年一月からは「労働者講話会」を、三月からは「労働者倶楽部」、また、一〇月からは「人事相談所」を設立し、労働者の教育向上や救済、地位の向上のための事業に着手している。「労働者講話会」（第三回より「通俗講話会」）は、「附近に工場と細民の多い我が教会でも、何か夫れ等の人々のために善事をなし度いといふのが、此会の催された所以である」(30)と記されているように、欧米の大学セツルメント事業にならって、毎月一回、安部磯雄や桑田熊蔵、山室軍平等の名士を招き、近隣の労働者の教育を目的としたものである。すなわち、それは、「労働者対象の社会事業」であり、鈴木の「労働組合又は共済組合」の構想に見られるように「友愛会の直接の起源」でもあった(31)。

「人事相談所に来る人々」(32)という論文は、如上の彼の事業報告でもある。それによると、人事相談所は、開設当初、いまだ職業紹介業務が不可能の状態であったため、精神上、法律上の問題を取り扱う程度のものにすぎなかった。相談所設置以後、半年間で事件総数は三七、「多くは親族貸借のもつれの人事相談、乃至は精神的煩悶の同情慰安」で、中には、夫婦喧嘩の仲裁や親子不仲の和解等も取り扱ったが、さしずめ、「よろず相談所」の如きものであったと記している。

このように、この時期に鈴木は都市下層社会に生きる人々や労働者（職工）と交わりながら、彼らの生活や社会の実体を把握することに努め、地味ではあるが、彼らの抱えている諸問題の解決に取り組んだ。かかる点こそ、後の友愛会の指導者としての素地を形成したものと思われる。

（四）労働問題論

鈴木が生涯で、社会科学的理論を持つに際し、きわめて重大な役割を果たしたのは、帝大時代の桑田熊蔵である。周知のように桑田の社会政策についての理論的枠組みは、（一）工場法等の「国家的方針」、（二）企業内の福利、慈善施設の如き「慈恵的方針」、（三）労働者が自主的に組合を組織する「個人的方針」にその骨子がある。鈴木は、桑田をとおして学会とも関わり、学会員の思想的影響を受けながら、自己のキリスト教社会改良思想や労働者の問題関心と相俟って、労働問題や社会政策の問題関心を深めていく。同時代の鈴木の論壇の中心、『友愛新報』では圧倒的に多く労働問題や労働組合・社会政策について書いているのに比し、『六合雑誌』ではきわめて少ないのは雑誌の性格上、当然のことであるが、好対照を呈しているのは興味深い。その少ない中からまず、「近世資本主義の趨勢」(33)という論文をとり上げ、鈴木が資本主義や労働問題をいかに把握していたかをみておこう。

この論文で、鈴木は最初に、近年日本における「資本主義的精神の横流」を叙述し、「今や日本の一大病弊」となっている状況を指摘している。次に資本主義の本質を問い、資本主義とは、「社会上の意義」と「経済上の意義」の両方を有するものと把捉する。すなわち、前者において、資本主義とは「金銭富者を以て至上となすが故に、一切価値の認識は貨幣を以て尺度となす。従つて物質主義也、営利主義也、個人主義也、利己主義也、現実主義也、而して其思想の系統は、民主々義に発足せる貴族主義也、而して貴族主義なるが故に又階級主義なりといふを得べし」と述べている。また、後者においては、ホブソンの『近世資本主義の進化』（*The Evolution of Modern Capitalism*）に依拠し、資本主義とは「畢竟するに、茲に一大富力あり、此富力を最も経済的に活用する資本家又は起業家あり、此資本家又は起業家の力によりて、低廉にして軽便なる幾多の物質は、市場に供給せらるゝと共に、一方社会の一面に於て、其産業に依りて従属的に生活せざるを得ざる労働者階級の存在すべきことを予定せる、一大産業組織なりといふを得べし。而して此多数労働者階級の存在は、即ち幾多の紛糾せる労働問題、社会問題の存在を、予想するものにあらずや」と述べ、二様の解釈は「一見没交渉」の観を呈しているが、「同一精神の発現」したものであると解する。

そして、「資本主義の由来」として、その歴史を辿り現代社会に及び、将来を論ずる。鈴木は、「凡そ物、動あれば必ず反動あり、激流は巌に激し、疾風は巨木に沮まる、其極端に走るに及んでは必ず反撃の出陣を止まざる也」と述べ、資本主義が、中世の教権主義・門閥主義に対して、「自由主義、平等主義の子」として、あるいは特殊階級に対する平民主義、民主主義の「反抗」の声であったが、基本を忘れて、貴族主義・門閥主義に復帰しつつある。ここに現代、「新たな反抗の気焔」が生起しているとしている。すなわち、経済上においては社会主義、社会改良主義、サンヂカリズム、政治・社会上においては虚無主義、無政府主義、立憲主義、民主主義、共和主義、婦人解放運動等であり、これらが反資本主義の旗幟を上げていると解している。したがって二〇世紀は「広義に於ける社会問題解決の舞台」であると。

蓋し資本主義的精神は、人の知ると知らざると、其の顕はるゝと顕はれざるとを問はずして現代社会の一大底流なるが故に如何にしても、之に対して一戦を試み、以て輸贏を決せざるべからず。其戦や必ず悪戦苦闘ならむ、然も階級闘争の犠牲や必ず大ならむ、然も最終の勝利は断じて疑ふべからず、そは神は人に勝ち、愛は組織に優るべければ也。

もちろん、鈴木の当時の思想的立場からして、資本主義に「一戦を試み」「輸贏を決」しようとした彼の最大の関心事は、友愛会を拠りどころとした労働問題にあったことは想像にかたくない。そして、友愛会の基本的な方針は、労働社会に生活する者が「互に相携へて、見聞も広め、智識も研き、道徳品性の修養をも図り、且つ互に相扶け相親睦して」(34)相互の地位の向上と社会国家に貢献するというところにあり、さしあたっての課題は労働者の地位向上、権利の擁護に置かれていたのである。

次に「我国民性より見たる労働問題」(35)という論文に移ろう。鈴木はここで、「上下の確執」「雇主と使用人との衝突」「工場主と職工との紛争」が生起している点から言えば、労働問題が存在するといえるが、労働者階級の確立や労働団体の形成がなく、労働者自身の自覚が稀薄な現況のもとでは、「真の労働問題」は登場していないという状況認識に立っている。そして、日本の労働者の特質（欠点）につき七つの項目を列挙して説明を加えている。

まず、第一に、労働を卑む遺風があるため、真の労働者階級が存在しないことをあげ、以下、日本の労働者の特質として、感情的、近眼的、忍耐性・執着力の欠乏、品性の低劣、技術の劣等、最後に依頼心が強く自治能力に欠けていると指摘している。

しかし、「日本国の上に天祐の豊かなること」「国民の進化」「労働者の進歩発達」等によって、起死回生の道があるとし、将来、健全なる労働団体の確立、労働者の自治的訓練の成就、選挙権の拡張、工場法の施行、労働保険共済制度の整備等が実現されるであろうと予測する。そして、最後に解決の方法として、「主従情誼論」と「利権平等論」をあげているが、鈴木は両方とも首肯せず、「人格的平等主義の立場に於て相愛扶助の精神を以て解決せらるべきもの」としている。

人格的平等主義とは、主人も従者も、貴族も平民も、乃至資本家も労働者も、人其自身に於て本来の懸隔あるにあらず、皆これ神の子たるの点に於て、宇宙の根本生命を父とする点に於て、平等なるものなりとの思想である。換言すれば即ち四海同胞の思想である。此根底の上に立つて、互に思ひつ思はれつ、支へつ支へられつ、利益あらば利益を公平に分配すべく、損失あらば損失を共同に分担するのである。所謂利害を一にし、過福を等しうするにある。

ところで、惟一館や友愛会の事業、あるいは社会政策学会の人々との交友の中で、鈴木は、社会政策に対する関心も深化していったが、たとえば、「ロイド・ヂョールヂと社会政策」(36)という論文では、英国の社会政策の発展に貢献したロイド・ジョージにつき「余は英国の現代の偉大な一平民として永遠に氏を記憶したい」と高く評価し、英国の社会政策の実状を詳論している。そして、「翻つて我国の現状は如何、五万円の歳出が覚束ないといふ理由の下に、既に議会を通過して二年にもなる工場法は、むざ〳〵又もや無期延期となつた。あゝ西の端なる社会政策の模範国と、東の端なる社会政策絶無の国と、洋を隔てゝ攻守同盟の誼を結びつゝありとは、何たる天の諷刺ぞや。」

従来の懸案であった工場法は第二次桂内閣の時、すなわち一九一一（明治四四）年三月、公布されたが、その実施は見送られていた。鈴木にとって、社会政策の動向、とりわけ工場法の問題は、当時彼の最大関心事でもあった[37]。同様に、「社会政策なき国」[38]という論文でも、「あゝ社会政策なき国！　而して世界の一等国、どこの何処にこんな一等国があるものぞ、驚き入つた次第である」「工場法は労働社会の憲法である。工場法を行ふことは立憲政治を行ふことである」と文明国家の必須条件として、工場法の即時実施を訴えている。もちろん、この背景には、「工場法の施行は、公平に考えて、工場主其人にも利益である」と述べるように、生産主義的視点に立脚した労資協調論があったことは言うまでもない。

（五）政治、時事論

一つの雑誌編輯に従事する者は、たとえ、記事の「埋草」的なものの必要から書かざるを得ないとしても、その時代の政治・社会等諸々の時勢に関する炯眼を要する。『六合雑誌』にも、鈴木個人が、明治末期から大正初期にかけての、いわゆる「冬の時代」に折にふれ、世界や日本の政治・社会の動向に記した論文がかなり見受けられる。たとえば、当時米国における排日問題をめぐっての「排日問題の根本解決」（第三八八号）、「排日案の通過」（第三八九号）、あるいは「両陛下の鉱山行幸論」（第三九三号）、「狂悪な犯罪の流行」（同号）、第一次世界大戦の勃発に際しての「主戦か非戦か」（第四〇六号）等々であるが、ここでは政治の動向に限定して、彼が如何なる時代認識、民衆観を抱いていたかをあわせてみていくことにする。

一九一二（明治四五）年五月に行なわれた第一一回総選挙につき[39]、「約四週間の実践参加」をふまえた感想として鈴木が第一にあげているのは、選挙民が選挙の意義と選挙権の重要性について、あまり関心を示さないこと、二つには因習情実ということが容易に払拭できがたい状況にある、ということである。したがって、選挙が公正に行なわれ、立憲政治の実を挙げるには、なお「幾層の階段」を踏む必要がある。国民の政治教育は政治運動に先立ち、「急務中の最も急務」であり、「此理想の実現せらるべき、蓋しその時こそは、或意味に於て神の国の地上に実現する時なのであろう」と述べている。

一九一二（明治四五）年は、第二次西園寺内閣から第三次桂内閣へ、また、大正への元号の移行期である。西園寺内閣の内政方針は基本的には行財政整理に基づく緊縮財政にあったが、国民の生活の多くは重税に悩まされていた。鈴木は「収税吏は税を取立てるのが役目であらうが、国民は税を納める為めに生きて居るのではない」と述べ、明治の日本が「国政の整善」に重点を置いたが、今は「民政に心を砕く」時代に迫っていると指摘する(40)。

「立憲政治の退化」(41)という論文では、第二次西園寺内閣が倒壊した理由として、財政整理と増師問題との軋轢にあったと指摘し、「国民の輿望を負へる内閣が、一大臣の反抗の為めに、脆くも瓦解した」状況につき「立憲政治の退化」とする世評を首肯している。元老や門閥が支配し、立憲政治の理念が喪失している政治構造を批判し、「知らず桂新内閣たるもの、果してよく明治より大正への過渡時代内閣たるの実ありや否や」と疑義を唱える。

周知のように、この桂内閣が組閣すると同時に、「門閥打破・憲政擁護」の運動が活発化し、一九一三（大正二）年二月には、内閣が辞職するという、いわゆる、第一次憲政擁護運動―大正政変が起こる。この件に関し鈴木は、次のように論じている。

此大勢は一言以て之を蔽へば、所謂デモクラチックである。則ち民衆覚醒の必然の結果である。これは人の之を好むと好まざるとに拘らず、方今全世界を風靡しつゝある大勢で、一二人者の到底如何ともすべからざるものである。教育の進歩、知識の発達は必然的に個人を覚醒せしめる。個人一度覚醒し来れば能く権力者の抑制圧迫に堪え得るものでない。民心川の如し、沮まんとすれば、却つて溢れる。達人は此大勢を達せねばならぬ。

新しき政治は新しき人を要求する。政治を以て政略と解し、甚しきは策略と心得て、譎詐縦横を誇る時代後れの人の如きは、大正の御代に出づべきでない。又出すべきでもない。詳かに人心の帰向を察して、至誠以て貫くの新人にあらざれば、以て政治の事を托するに足らぬ。政治は俗事でない、神事である、祭事である、断じて閥族党人輩の政権争奪の具に供すべきではないのである(42)。

また、「民衆勝利の時代」(43)という論文においても、従前のわが国の政治を「専制政治」と断じ、「立憲は名のみにして、実は依然として政府万能、官僚万能の政治が行なわれて居た」とし、憲政擁護の運動を「民衆覚醒の兆」として、きわめて高く評価している。そして、「社会の下層に於ては、多年圧抑忍従の生活に慣れたる労働者も、漸く自己心内の権威に眼さめ、一種の社会的、団体的運動によりて、自己階級の安全保障を期せんとするが如き、蓋し大正の新機運を示すものにあらざるはないのである。……略……見よ、民衆の時代は必ず来らむ、民衆勝利の時代は必ず来らむ、明治維新は武士の力で出来たかも知らぬが、所謂大正維新なるものは是非共民衆の力、平民の力に依つて之を成し遂げねばならぬ」と。

このように鈴木にとって、大正時代とは、民衆が勃興し、中心となって動いていく社会でなければならなかったし、その原動力となるのが、彼が期するところの労働者であった。

結びにかえて――渡米をめぐって

鈴木は一九一五（大正四）年六月、日米労働者問題の紛擾に関して、日本の労働組合を代表して渡米することになる。この時点で、鈴木は『六合雑誌』の編輯の仕事からは退くことになる(44)。一九一五（大正四）年一月の第四〇八号まではほとんど毎号、彼の論文を披見することができるが、以降は、同年九月の「北米だより（第一信）」（第四一六号）、そして、「米国人の生活と基督教」（第四二一号）、「米国大統領選挙瞥見」（第四三四号）の三篇を見出すのみである。

第一の「北米だより」は(45)サンフランシスコより投函したものであるが、内容として、まず、ハワイホノルルで堀貞一牧師に関する報告があり、次に、加州サンフランシスコでの鈴木の行動、特に彼をして内ケ崎牧師を想起させるジャクソン牧師との交友が印象深く報告されている。

小生は此天涯の異域にありて、此牧師夫妻の好意に依り、恰も我が内ケ崎兄の家に客となるの感を抱きつつ使命の遂行に奮励するは、実に天の寵恩に感謝せざるべからず、これ又基督教徒たるの光栄なりとす。小生の英語もどうやら漸く物になりかけつゝあり、未知の白人に対しても大して窮せず候。基督の愛は、国境を超越し、人種を超越す、愛の一字を以て貫かば天下何れの処か排日あらんや。小生は唯だ此確信を以て事に当らんとす、幸に只今のところ、万事好都合、排日の首領連すら漸く其態度を一変せんとす。希くは諸兄の熱祷を祈る。

第二の論文「米国人の生活と基督教」(46)は一九一六（大正五）年二月発刊のものである。鈴木は、同年一月四日、帰国しており、その内容は半年間にわたる彼の米国生活中、垣間見た米国人の社会生活の印象を記したものである。その中で、鈴木は米国人の社会生活とキリスト教との関係につき、(一) 日曜日の厳守、(二) クリスマスを祝う美風、(三) 音楽趣味の発達、(四) 団体運動の盛況等を挙げている。次に「米国の国民に現はれたる基督教」を論じ、(一) 快活なる気風にして猜疑心がない、(二) 権威に服し秩序を重ずる、(三) 公共的観念の発達、(四) 世界的大度量が存することを指摘し、如何に米国人の生活にキリスト教が浸透しているかを印象深く論じている。それはキリスト教における社会的宗教的の活動が「一般社会に拡張」されている結果と断じ、次のように述べる。

都会以外に禁酒運動の如何に盛大であるかを見よ。青年会の事業が如何に盛大であるかを見よ。社会的事業又は国際的平和熱の如何に摯烈であるかを見よ。是れ即ち基督教の感化及び勢力の社会的拡張にあらずして何であるか。殊にその国民の世界的度量と襟度とに至つては、実に我が国人の学ぶべき長所であつて、日本は今日進んで世界的の発展を遂ぐるか、退いて東洋の一島国としての文明に終るべきかといふ差し迫つた立場に於て、今日特に大方の識者の一考を求めざるを得ない所である。

最後の「米国大統領選挙瞥見」(47)は、鈴木がＡ・Ｆ・Ｌ（米国労働総同盟）会長、コンバースの招待によって二回目の渡米（一九一六年九月～一九一七年一月）帰国前後に書かれたものである。内容は、米国における大統領の選挙方法につき、彼の所感を纏めたものである。と同時に「米国人は政治に対する道徳が著しく発達して居ることは勿論普通選挙の結果国民全体の精神に民文《ママ》的の思想が徹底して居ることに基因するのであつて、此の点から考へても日本も早く出来る丈け選挙権の拡張を実行して、国民をして参政権の何者たるを知らしめ以て政治に対する自覚を与へたいものである」と述べるように、彼の普選への意欲を知ることができるものである。

このように、『六合雑誌』の編輯業務から退いた後に掲載された鈴木の三篇の論文は、米国や、その宗教、社会状況につき言及したものにすぎない。しかし、この三篇のはしばしにも少しはうかがえるように、二回に及んだ米国という先進国での生活体験と社会・文化状況の認識が、その後の彼の労働運動や思想の展開にきわめて大きなインパクトを与えたものであった。彼の拠り所とする友愛会は、一九一七（大正六）年四月、創立五周年の大会を開催し、二回目の渡米より帰国した鈴木を中心にして、会則の改正や組織の改革を行なって、以後、総同盟への道を大きく歩んでいくことになる。それは大正デモクラシーの世情や米騒動、ロシア革命等の内外の情勢の変化を背景に、鈴木が期したところの労働者が「労働者階級」として自立、成長していく軌跡であった。その軌跡を描いていく土台を理解するためには、彼の友愛会での仕事と共に、今まで辿ってきたように、『六合雑誌』に表われた彼の思想をもあわせ考えていかねばならないのである。

【注】

（1）『六合雑誌』の発刊前後の状況については杉井六郎「小崎弘道の東京伝道と『六合雑誌』の発刊」（同志社大学人文科

学研究所・キリスト教社会問題研究会編『日本の近代化とキリスト教』（新教出版社、一九七三、所収）に詳しくふれられている。

（2）この論文では『六合雑誌』の書誌的研究を意図していないので詳しくは論究しないが、全般的な説明は武田清子「日本の思想雑誌《六合雑誌》」（『思想』第四六二号、昭和三七、所収）においてなされている。武田はこの中で『六合雑誌』の取組んだ課題として「進化論及び合理主義との対決」「新しい愛国心の追求」「社会主義思想の普及」の三つに分類して論じている。

（3）鈴木と社会事業との関係から論じたものとして、拙稿「社会事業史における鈴木文治」『高野山大学論叢』第一六巻（一九八一年二月）がある。

（4）鈴木文治『労働運動二十年』（一元社、一九三一）。以下第三節の鈴木についての略歴の多くはこの本に依拠している。

（5）本間俊平（一八七三〜一九四八）は新潟県西蒲原郡の出身。奥江清之助から感化を受けて、霊南坂教会で留岡幸助より受洗した。その後山口県秋吉に移住し、刑余者や非行少年たちの更生に努めたキリスト教社会事業家である。『本間俊平選集』（本間俊平選集出版会、一九五九）や三吉明『本間俊平伝』（新約書房、一九六二）等がある。

（6）松尾尊允『大正デモクラシーの研究』（青木書店、一九六六）一四五頁。

（7）鈴木文治、川股松太郎宛書簡（一九〇九年四月一日）、なお、全文は拙稿「川股家所蔵の鈴木文治関係資料について（一）」『高野山大学社会福祉学会報』創刊号を参照されたい。

（8）鈴木、前掲書、三九頁。

（9）「友愛会回顧録」『解放』第四巻第三号（一九二二年三月）

（10）『六合雑誌』第三七二号（一九一二年一月一日）によれば、小山は永井柳太郎、山路弥吉らと共に入会希望があったことが報告されている。

（11）『六合雑誌』と社会事業との関連については、拙稿「『六合雑誌』と慈善事業思想」（『基督教社会福祉学研究』第一一号所収）本書前節参照。

(12) これらについては『六合雑誌』第三六四号（一九一一年四月一日）と第三六九号（一九一一年一〇月一日）における惟一館記事参照。
(13) 『六合雑誌』第三七二号（一九一二年一月一日）
(14) 同右。
(15) 拙稿「社会事業史における鈴木文治」『高野山大学論叢』第一六巻参照。
(16) 内ケ崎作三郎「統一基督教会の成立」『六合雑誌』第三七二号（一九一二年一月一日）
(17) 「教会の社会的膨張」『六合雑誌』第三七二号（一九一二年一月一日）
(18) 「生活難と基督教」『六合雑誌』第三七五号（一九一二年四月一日）
(19) 『六合雑誌』第三九一号（一九一三年八月一日）
(20) 「宗教家何ぞ遅疑する」『六合雑誌』第三九九号（一九一四年四月）
(21) 『六合雑誌』第三八四号（一九一三年一月一日）
(22) 『六合雑誌』第三七九号（一九一二年八月一日）
(23) 「ブース大将の長逝」『六合雑誌』第三八〇号（一九一二年九月一日）
(24) 『六合雑誌』第三九五号（一九一三年一二月一日）
(25) 「東京浮浪人生活」の全文は『総同盟五十年史』第一巻（一九六四）、八九七—九四〇頁に収載されている。なお内容に関しては、前掲拙稿で紹介した。
(26) 『六合雑誌』での鈴木の署名は、「鈴木文治」のほか、「鈴木生」「皓天生」等であるが、これは「冷墨生」となっている。しかし、内容からみて鈴木の論文であると考えられる。
(27) 「労働者日記」『六合雑誌』第三七二号（一九一二年一月一日）
(28) 「立ちん坊の研究」『六合雑誌』第三八一号（一九一二年一〇月一日）
(29) 『六合雑誌』第三八四号（一九一三年一月一日）

(30)「第一回労働者講話会」『六合雑誌』第三七三号（一九一二年二月一日）
(31)松尾、前掲書、一六〇―一六一頁。
(32)『六合雑誌』第三八八号（一九一三年五月一日）
(33)『六合雑誌』第三八九号（一九一三年六月一日）
(34)「友愛会とは何ぞや」『友愛新報』第一号（一九一二年一一月）
(35)『六合雑誌』第四〇〇号（一九一四年五月）
(36)『六合雑誌』第三九六号（一九一四年一月一日）
(37)たとえば鈴木は「工場法釈義」として『友愛新報』の第一号より第一四号にかけて連載し、解説している。
(38)『六合雑誌』第三九七号（一九一四年二月一日）
(39)「総選挙の後」『六合雑誌』第三七七号（一九一二年六月一日）
(40)「民政か国政か」『六合雑誌』第三七八号（一九一二年七月一日）
(41)『六合雑誌』第三八四号（一九一三年一月一日）
(42)「新しき人と新しき政治と」『六合雑誌』第三八六号（一九一三年三月一日）
(43)『六合雑誌』第三九七号（一九一四年二月一日）
(44)『六合雑誌』第四一三号（一九一五年六月）の「編輯だより」には、鈴木が渡米するために、相原一郎介が編輯の業務につくことが記されている。
(45)『六合雑誌』第四一六号（一九一五年九月）
(46)『六合雑誌』第四二一号（一九一六年二月）
(47)『六合雑誌』第四三四号（一九一七年三月一日）

第六章　仏教雑誌から慈善・社会事業をよむ

『六大新報』にみる真言宗の社会事業

はじめに

近代の日本社会は、その一〇〇年と半世紀近くの歴史の中で、経済と政治、社会のシステムを大きく変容させた。それまでのいわば静的な社会から、近代の資本主義社会への転換の中で、人々の暮らしも大きく変わっていった。そして現在、物質的な貧しさからは解放され、モノは巷に溢れている状況である。高度情報化社会、脱近代、脱産業社会ともいわれ、歴史は確実に進歩していっているように捉えられている。しかし地球全体を視野に入れてみると、富める国と貧しい国、平和な国と今なお戦争（内戦）に明け暮れる国、自然豊かな国と環境破壊が著しい国と様々な様相を呈しており、その解決にはグローバルな視点が要求されている。こうした状況は歴史の進歩とは何か、豊かさの質とは、といったことを問うことが必要とされている状況である。

もっと身近な社会に目を転じても、物質の豊かさと裏腹に障害者問題、児童問題、都市農村を問わず貧しい一人暮らしの老人の問題、老人介護の問題から偏差値教育、いじめ等の学校教育問題、また外国人労働者問題、様々な人権の問題、あるいは癌やエイズに代表される医療や難病問題、最近の「生と死」や生命倫理の問題など、人間社会はとめどもなく問題を投げ掛けてくるものである。遥か彼方、紀元前数世紀頃のインドで「生老病死」という人間の「苦」の問題を考え出家した聖人がいたように、また死海の付近で人間の「罪」と「愛」を説いた聖人がいたように、その問題は永久の課題として歴史に翻弄されながら連綿と続いてきている。

いきなり大風呂敷を広げてみたが、人間にとってよりよい社会を創ること、政治であれ、教育であれ、法律であれ、宗教であれ、医療であれ、これらは人間の挑戦の歴史でもあった。これらに社会事業や社会福祉を加えてもよいだろう。

現代社会は慈善事業、社会事業、社会福祉あるいは福祉国家、社会国家として展開してきた。かかる意味で二〇世紀はまさに「システムとしての社会福祉」を創りあげたと称してよいのではないか。しかしここに至るまでには長い道程を知っておく必要がある。そしてその原初において宗教が大きな関わりをもっていることは洋の東西を問わず明白なことである。何故なら本来宗教とは観念的な世界、儀礼儀式というより、きわめて人間本来の持っている身近な具体的な問題から出発しているからである。したがって当然日本において仏教の歴史はまた救済の歴史であり、社会福祉の歴史でもあったと言えるだろう。この章では仏教と社会福祉の問題について若干考察するものである。しかしここでは先ず仏教と社会事業の問題を考えていく時、さしあたって真言宗の社会事業、とりわけそれを近代日本に限定して素描することを目的としておきたい。

ところで従来、近代における真言宗の社会事業はほとんどといっていいほど研究の対象になってこなかったように思われる(1)。それは浄土系統の教団ほど社会事業に不熱心であったからか、渡辺海旭や長谷川良信らと比肩する人物が仏教社会事業界で知られていないためか、また、さしたる事業がなかったからか、あるいは思想的にもまた史料的にも殆ど注目すべきものがなかったからか、仏教社会事業史に疎い筆者には明快に答えられない課題である。しかし先ずは浅学を顧みず、この教団が取り組んだ社会事業を掘り起こしていきたいと考える。

もちろん真言宗の社会事業を考えていく時、宗教的な対社会への行為として、超歴史的に捉えていくということは重々慎んでいかなければならない。そしてその行為が「即事而真」「凡聖不二」「抜苦与楽」「当相即道」等として、あるいは「即身成仏」の世界観、「菩薩道」の実践として仏典の教理、教学から導かれてくるものであっても、時代的制約はおのずから受けることは明らかである。

史料としてここでは主に『六大新報』を中心にその記事の紹介をつとめていきたい。時期的には祖風宣揚会が設立され、『六大新報』が発兌された一九〇三年頃から、古義真言宗社会事業協会が創設された一九二六年（大正末期）頃までに限定することにする。換言すれば二〇世紀の四半世紀の真言宗社会事業の歴史とでも称しようか。しかしここでは豊山派、智山派の新義真言宗についてはふれないものとする。

そしてこの章はあくまで近代の真言宗社会事業の流れを素描するということを念頭に置いているので個別的な事業や施設、人物の究明は今後の課題としなければならない。また『六大新報』や『高野山時報』以外の史料における究明、新義派についても同様である。仏教の歴史は教団の歴史であり、信仰の歴史であり、民衆の生活史であり、そしてそれは広義において文化史、社会史でもある。それが与えたインパクトは様々な視野から光をあてていかなければならないものである。

一　明治時代――祖風宣揚会の創設

（一）近代の展開――明治中期まで

一八六八（明治元）年三月一三日、維新政府は「祭政一致、神祇官再興の布告」を出し、「神仏分離令」を布告したことにも窺えるように、明治初期の政府は天皇制国家の確立のため神道を重視し、それの教化を図っていった。ゆえに当然、廃仏毀釈の方針へと展開されていったのであり、このことは必然的に仏教界の反発を招くことになる。かかる中で真言宗の雲照は僧侶持戒の再確立を図っていった。七二年一〇月に一宗一管長制がとられ、真言宗は七三（明治六）年三月、金剛峰寺と東寺（教王護国寺）を古義真言宗の本山として、そして長谷寺と京都智積院を新義真言宗の本山と定められた。しかし真言宗の合同と分裂は近代という短い歴史の中でも繰り返し勃発していくのである。

ところで布教活動は明治一〇年代に入って活発に展開されていくようになったが、近代真言宗は「安心論」を中心に展開されたといってよい。一八七八（明治一一）年、高野山で第一回の布教会議がもたれた。翌年、内務省によって「一宗一管長」という達示が出され、真言宗は一致して布教を展開していった。しかし一九〇〇（明治三三）年、六派六管長となり各派が独自に教学、布教を展開していくことになる。

教育の面からみると、一八八六（明治一九）年に現在の高野山大学の前身高野山大学林が、そして新義音羽の大学林（大正大学）が創設される。八四（明治一七）年には弘法大師の一〇五〇年御遠忌がもたれている。このようにして、国家の神道擁護、廃仏毀釈という逆境の中で、明治国家との関係を意識しながら近代真言宗は展開していくことになるのである。

以下、近代社会―資本主義社会の中で真言宗はいかなる展開をしていったのだろうか。その関わりを慈善・社会事業の分野を通してみていくことにしたい。換言すれば近代真言宗社会事業史の概略でもある。明治初期仏教界の社会事業施設の代表的なものの一つに福田会育児院がある。その端緒は一八七六（明治九）年三月に創設の計画がもたれたものである。それは福田思想に基づき、超宗派の経営する施設となった。九〇年には貧困問題が浮上し、各宗管長協議会によって仏教慈善会が創設された。創立委員として真言宗からは高志大了が参画している。翌年仏教各宗協会会長大谷光寶は「今般定期大会之決議ニ依リ東京府下ニ於テ仏教慈善会実施候ニ付各宗派内東京末寺中へ該宗派管長ヨリ右慈善事業ハ目下宗教家緊急ノ要務ニ付各宗尽力可致トノ諭達ヲ発スル事ニ決議相成候条在東京末寺へ至急御諭達相成度此段通牒候也」[2]と各宗に達している。

一八九一（明治二四）年一〇月、濃尾地方に大震災が勃発した。キリスト教に対する対抗意識もあり、仏教界各派は仏教復興の気運に乗じて、活発に救済活動を展開している。真言宗も救援活動を展開した。また日清戦争において真言宗は従軍僧の派遣をしている。『伝燈』第八三号（一八九四年一一月一三日）によれば、末寺一般へ傷病者への物品贈与、法話小冊子の寄贈を行なっている。九四（明治二七）年一一月、高志大了は大本営参謀総長有栖川宮熾仁親王に「捕虜撫恤に付御認可願」を提出した。それは「我仏教の如き最も怨親平等慈悲普及を以て本願とす彼れ捕虜も又人類の同胞なれば彼の病苦を慰問し幽欝《ママ》を撫恤して　陛下博愛の聖徳を懇示し仏陀慈悲の大道を面陳し若干の物品を付与致し度に依り特に捕虜撫恤使を各地に派遣為致度」[3]という文面であり、真言宗において山県玄浄が捕虜撫恤使として活動した。その他監獄教誨事業は明治期は浄土真宗を中心にして展開されているが、真言宗が関わるのは大正期に入ってからである。足尾鉱毒問題については新義真言宗の活動もある。

以上、明治中期まできわめて簡単に真言宗の社会活動について叙述したが、次項より本論に入っていくこととする。すなわち日清戦争後社会、二〇世紀に入って真言宗の社会事業は新たな展開をしていくのである。

（二）祖風宣揚会の創設と『六大新報』の発刊

日清戦後社会、すなわち一九世紀末から二〇世紀初頭の政治、社会状況は政治史の重要な懸案、条約改正、内地雑居の問題をはじめ、社会福祉史においてもきわめて重要な様相を呈した時期であったといわなければならない。それは「社会問題の顕現期」であり、資本主義社会の矛盾がさまざまな形で顕在化してきた時期であった。

かかる内地雑居社会、社会問題の顕現期を背景にして、キリスト教界では留岡幸助によって家庭学校の創設、『慈善問題』『感化事業之発達』等の刊行、野口幽香の二葉幼稚園、片山潜のキングスレー館の創設等があり、救世軍も社会事業を都市を中心に展開しつつあった(4)。また貧民研究会や社会学研究会、社会問題研究会、社会政策学会等が発会した。仏教界においても新仏教運動の展開、浄土宗慈善会、浄土真宗においては一九〇一年九月に大谷光尊の発意によって赤松連城らが中心になって「大日本仏教慈善会財団」が設立された(5)。仏教界においても社会問題や慈善等が論じられてくるようになった。

そうした気運の中で一九〇三（明治三六）年六月一五日、祖風宣揚会が創設されることとなる。そしてこの宣揚会の設立によって、真言宗の社会的活動は大きな変化を遂げることとなった。それは日清戦後社会における教団の布教方針と社会の要請から起こったものであろう。土宜法龍が「祖風宣揚会の設立に就て」(6)という文章の中で「平凡なる吾人が、宗派の末徒として社会に立ち社会の公益事業、仏の所謂摂化利生の業を普及するには其の機構甚だ不足なり、従つて宗派の門戸を構へ此の宗派をして盛大ならしむるにも亦頗る不足なり、是れ自然に宣揚会と云ふ一の団体的組織の成立を促がす所因なり」とし、「内は我が宗派に向て教学発展の世話やきとなり、外は社会の公益事業に対して直接に間接に、自ら主人公となり、又は人の善事を補助する世話人となる等、実に僂指に遑あらざるなり」と述べている点からもそれが窺えよう。

宣揚会の事業で早速具現化したものが、かつての雑誌『伝燈』と『遍照』とを合併し、新しく『六大新報』を発兌することであった。伝燈社と高野教報社は「『伝燈』と『遍照』との両誌合併に就て本宗諸氏に告ぐ」(7)という論文を『伝燈』誌に発表している。

故に吾人は茲に断然一切の感情を放擲し、旧来両派対立の陋態を改善し、新に祖風宣揚会の主義目的の下に両誌合併の新聞を発刊して、久しく相背馳せる宗内の思想感情を疎通し、大に社会に向て高祖の即事而真的教義を注入し、我国の文明と人類の福祉の為に傾注せられたる高祖の大精神と大福音とを天下に発揮せんと欲す。豈に他あらんや。

要するに吾人が此挙、偏へに宗内の平和と社会の進運に鑑み、高祖大師の大本領に則りて、吾宗と社会との接点を謀り、一は以て宗旨の活動を喚起し、一は以て社会の進歩に宗教的精神を注入せんと欲し、今其の一歩を蹈出す者のみ、而も吾人は今日多く語るを好まず、唯だ将来実地事業と言動との上に吾人の精神を披瀝して諸氏の衷情に訴へ、以て熱誠の賛同を得んことを望む。

このようにして、宣揚会の事業として両誌は一九〇三年七月より『六大新報』という雑誌に合併することとなったのである。さてここで祖風宣揚会の「趣意書」(8)を見ておくことにしよう。この趣意書が出されたのは〇三年五月のことである。

祖風宣揚会趣意書

我が真言宗立教開宗せし已来、実に茲に一千九十有余年、熟々首を回らして開宗当時を顧みれば、奈良朝時代の末季、人心漸く太平に馴れ、社会頗る腐敗に傾き、仏教徒亦徒らに空理空論を弄びて、毫も社会国家の盛衰興亡を念とせず。寺院は俗権の保護に甘んじて感化の機能を失脚し、殆ど仏教は国家の厄介物たらんとしつゝあり。而も社会人心の上に於ける教権の勢力が、優に政権の上に在りし当時にあつては、先づ教界の刷新を加ふるの要ありしや必然の勢なり我が宗祖大師は茲に看る所あり、奉勅入唐して新たに真言密教を伝へ、当相即道、即事而真の一大新旗幟を翻へし、熾んに社会国家の実益を企画し空論事に用なきを示し、以て所謂現世教の本領を発揮し給へり。是を以て或は綜芸種智院（現今の学校）の設立と為り、或は悲田院施薬院（現今の孤児院、病院）の開設と為り、或は池塘を開鑿して万民を救ひ、或は橋梁を架設して交通を便にし、其他山野の開拓に、土木の工事に有ゆる利用厚生の道を講じ、従来仏教徒の夢にだも想ひ及ばざる社会的国家的事業を経営し、以て我が邦の文運に多大の貢献を為し給ひしは、史家の嘆称措かざる所なりとす……略……嗟呼、我が宗当相即道の深旨、即事而真の教風の衰へたること久し。吾人同志近時大いに感ずる所あり、茲に祖風宣揚会なるものを設立し、以て祖風を千歳の後に宣揚せんとす。是れ実に吾人宗徒が国家社会に対する義務心の発動と、宗祖に対し奉る報恩心の衝動に出づるのみ、豈に夫れ他あらんや。乞ふ高祖の限り無き恩沢を被る本宗僧俗諸士奮て本会の旨趣に賛し、吾人同志が微衷を貫徹せしめ給へと云爾

三十六年五月

このように祖風宣揚会は宗祖を宣揚し「社会的汚穢の一掃」と「宗教の真正目的」を達成するために設立されたものである。宣揚会の発起者として挙がっているのは石原行璋、石堂慧猛、長谷寶秀、西川忍龍、堀井純照、岡本慈航、高岡隆心、高峰秀本、丹生実栄、曽我部俊雄、山県玄浄、藤村密幢、佐伯宥純、佐伯恵眼、清滝智龍、杉本孝順の一六人である。ここで会則を見ておくことにしよう。

祖風宣揚会会則

一、位置　本会は本部を京都市下京区三哲通大宮東入第一番戸に置く

一、目的　本会は高祖の本領に則り、宗勢の伸張を図り、仏教の隆盛を画し、社会の改善を期するを以て目的とす

一、事業　本会は右の目的を達せんが為め、左の事業を挙ぐ

第一期

一、新聞発刊の事
二、育英養材の事（第二、第三期に通ず）
三、慈善事業
　第二期
一、各種有益なる図書出版の事
二、学校設立の事
三、会堂設立の事
　第三期
一、慈善病院設立の事
二、海外布教実行の事

既述したように、この中で第一に着手されたのが新聞発行の件で『伝燈』『遍照』とを合併して『六大新報』を発行し、将来日刊にしていくことであったが、日刊の件は実現しなかった。

会員は「名誉会員」「特別会員」「正会員」「賛助員」の四種に分けられた。会長は上田照遍で、副会長が土宜法龍、鎌田観応の二人である。その他の役職として顧問（若干名）、評議員（若干名）、地方幹事（若干名）、理事（若干名）、書記（二名）がおかれた。また「寄付金取扱法」(9)も規定され、そして「事業着手期限及募集基金予定額」として記されてあるのは「第一期事業中の新聞事業に着手し其事業費金壱万円とす、又育英養材及慈善事業費は拾万円の予定を以て募集し利金五百円に達するを待つて其事業に着手す、第二期第三期事業は第一期事業完成の上漸次之を挙行する者とす」である。しかし、日露戦争の勃発で計画は順調には進まなかった。

慈善事業は第一期に計画がなされているが、さしあたって寄付金の目的の額に頼らねばならないのが現実であった。しかし会則に慈善事業や後の慈善病院の設置等が規定されているところにこの会は社会事業史上からも重要な意味があるものといえるだろう。
以上のような経緯の中で祖風宣揚会が設立され、幾つかの事業の構想が企図せられ、その一事業として『六大新報』の刊行が実現し、真言宗の事業は新たな展開を醸し出していくことになったのである。そしてこの祖風宣揚会の発会こそが近代真言宗社会事業の出発点であったと称しても過言ではないのである。以下、史料を中心にしてその実態を見ていきたい。

二　明治後期の真言宗社会事業

（一）『六大新報』の刊行と児童保護施設

既述したように、祖風宣揚会が発会し、その一大事業として『六大新報』が発兌されることとなる。そして一九〇三（明治三六）年七月二六日、記念すべき第一号が発刊された。その第一号の社説「六大新報の本領」には次のように論じられている。

物質的文明は第十九世紀に於て殆ど其の頂点に達し、精神的文明の曙光は、今世紀に於て将に其発達を見んとす、吾人は此時運の大勢を洞観すると倶に、一方に祖道の痛く衰頽せるを思ひ、茲に祖風宣揚会を組織し、高祖の遺範に則り、社会的各種の事業を挙行し、精神的文明の発展に向て大に貢献する所あらんとす、……略……今夫れ『六大新報』の本領如何と云ふに、真言宗の教養を発揚し、弘法大師の理想と主義の実行を期するに在るは言ふまでも莫きなり、故を以て高祖の本領は即ち『六大新報』の本領にして、大師の理想と主義を説明せば、以て『六大新報』の主義理想を解するを得む、乞ふ吾人をして宗祖の本領を略陳し、以て我が新報の本領たらしめよもちろん「六大」とは「地水火風空識」を指しており、真言宗の機関誌として適切な命名であることは間違いない。そして大師の理想を実現する為めの真言宗の教理として「如実知自心」「凡聖不二」「即身成仏」「煩悩即菩提」「生死即涅槃」「即事而真」「物心一元」等の言葉が列挙されている。ところで第一号には多くの名士による「祝辞」が掲載された(10)。たとえば井上哲次郎は「六大新報の発行を祝す」として「苟も男子にして宗教に従事せば、活動せる社会の中心を感化することを務めざるべからず、然れども此事を期せんには、宗教をして社会よりも盛に先に進ましめて、社会の万衆に之れを導くべき一道の光明を付与せざるべからざるなり」と仏教者の、そして新聞の「社会の木鐸」としての位置を説いているのである。第二号（一九〇三年八月九日）の「貧富懸隔の危険に就て」では「今日仏教家の覚悟は座して教理の浅深を喋々せんよりは、進んで社会の此の実際問題を解決すべき大勇気大精神を奮起すべきことである」と看破し、祖風宣揚会の成立はこれらの問題解決に任じ、「高祖大師の大精神を社会に普及せしめたい」と訴えている。

『六大新報』第四号（一九〇三年八月二三日）の「評論」は「若き慈善家に与ふ」（和田不可得）と「宗祖の大本領に則れ」（永末別夫）である。和田不可得とは和田性海（一八七九〜一九六二）である。和田は兵庫県佐用郡幕山村の出身で東京哲学館を出て、一九〇一年、新仏教徒同志会に参加し、新しい思想にもふれた。そのためか『六大新報』にも斬新な論稿を寄稿しているのは注目される。彼は後に「大師主義」を唱え、そして明石病院を経営するなど社会事業に対しても貢献し、高野山大学学長として教育にも携わった人物である(11)。和田は「孤児院事業に従事せんとする若き慈善家よ、旧救拯の威力を失へるを巳倒に起し、貧富の懸隔の甚大しきより生ぜし、社会の悲惨を救はんとて、君が孤児院を設けて無告の小児を、人情の手に収容せんと企つるは、今の世にこよなき善事業也。されど余は君が其事業に着手する前に、しばらく反省する所あらんことを希ふ」として孤児院事業に従事する慈善家に対して檄を飛ばしたものである。末尾に美作の菩薩会孤児院と讃岐の保育会を真言宗の代表的な孤児院であるとして、それらのさらなる発展を期待している。

永末別夫の「宗祖の大本領に則れ」という論文では「都べて宗教家の本領は言ふまでもなく平等観に住し、無辺の慈悲と無量の恵愛とを全身に寵め燃ゆる熱愛を捧げて、人類社会の飢渇憂悩を慰藉するにあり、換言せば自然淘汰生存競争の反面に起ち同情同愛以て蒼生の苦悶を慰するにあり、僧侶の尊きは決して圓頂法衣にあらず、枯香読経にもあらず、又其の学理にもあらず、要は天下の憂ひを憂ひ、天下の泣きに泣く同情同愛即ち是れなり」と今の社会において宗教者の執るべき道について論究したものである。すなわち「宗教若し人間社会に要なきものとせば夫れ或は可ならん、然れども若し宗教の本領にして果して親しく社会人類の間に入て霊活なる人生の枯渇を救ふにありとせば今日は正さに其秋なりき今や人生霊界の飢渇は物質主義の横溢と長流に迫られ殆んど其極に達し煩悩諸悪の響は到る所に惨憺たるにあらずや、此の危機に会する吾人宗徒豈に徒らに空理の高下浅深を論議し世に誇るの時ならんや、業に既に理論世界は過去に落第し去て、今正に実行的時代なるにあらずや」と。そして「吾人は宗祖の御意を心とし、一歩より一歩宗祖の芳胸を慕ひまゐらせ、宗祖の大本領に則り、祖風の宣揚を計り、清健なる信念を鼓吹し、衆庶の師友となり、清き暖かき家庭の裡に人の行くべき道を履み辿らんと期しつゝあり、蓋し祖風宣揚会の起りし亦此の意に外ならざらん歟」と宣揚会の趣旨に賛意を込めた発言をしている。

また『六大新報』第四二号（一九〇四年五月一二日）から第四五号（一九〇四年六月一二日）まで三回にわたって掲載された「大に社会事業を起すべし」（履雪）は「而して戦終るの日は我が邦は世界一の一等国に列したるにて亜細亜大陸の唯一先導者となり大に文明の光輝を欧米諸国と争はざるを得ず此時に際し我仏教者特に我が二千有余の真言宗法侶諸師は果して如何なる覚悟を有しつゝあるか」と日露戦時中であるけれども、勝利を確信し、戦後は文明国として世界の仲間に入る、そのために社会事業を興す必要があると説くのである。もちろんこれはキリスト教界を意識した発言でもある。

ところで当時、既述の和田の指摘にもあるように真言宗経営の児童保護関係のものとしては岡山県の菩薩会孤児院と香川県の保育会があった。これらの施設の消息は『六大新報』がしばしば報道するところである。しばしその記事をみてみよう。

そもそも菩薩会孤児院は一八九八（明治三一）年三月七日、大石平によって創設されたものである。原胤昭「全国慈善事業視察報告書」(12)によれば、大石平は、「適マ知人ノ経営シタル関西中学維持ノ事ニ参与シ、岡山ニ来レリト、夫ヨリ二三ノ事業ニ参与シ、育児事業ヲ起スニ至リシト人品賤シカラヌ老紳士ナリ」云々とある。『六大新報』にもこの関係の記事は頻出する。たとえば『六大新報』第五二号（一九〇四年七月二一日）の「菩薩会孤児院の活動写真」という記事をみてみることにしよう。

菩薩会孤児院慈善音楽大活動写真会主意

弊院は明治三十一年三月を以て開設せし以来、八十有余名の薄命児を収容教育しつゝ、爾来七ケ年の星霜を経て苦心経営の結果、稍々其緒に付かんとするに際し、日露開戦の大劇変に遭遇し、国民一般の敵愾心は恤兵献金国債応募に熱中し、又他を顧みるの人なきに至り、為めに可憐の薄命児をして再び悲境に陥らしむるの止むなきに迫り、関係者の憂慮譬ふるにものなき折柄、幸ひ篤志者の厚意を蒙り、世間稀有の活動大写真の寄贈を得たれば、今回此の優品を携帯し、各地を巡回して主旨を拡張し、慈善家諸君の賛助を得て救済の途を講じ、併せて戦時の国民に対し、尚武の一端を奨励し、聊か国家に報ゆる処あらんとす。大方の仁人君子、幸ひに弊院の微衷を諒察し、可憐の薄命児に一滴同情の涙を注ぎ、応分の力を添へ給はんことを、伏して懇願切望の至りに堪へず。

菩薩会孤児院敬白

また『六大新報』第六一号（一九〇四年一〇月二日）の「孤児院行」という記事においては次のように紹介されている。

今孤児院と云ふは、美作国倉敷町に大石平翁に依って設立せられたる菩薩会孤児院の事也、名けて孤児院行と云ふは慈善音楽活動写真会の名目の下に、同院孤児数名（音楽隊を組織せる）と及び事務員数名との一行が各地を巡回奔走せるを云ふ也、予は今同会孤児院の内容組織等を詳説する暇を有せず、唯一行状況の一端を世に紹介すれば足るのみ。

事局発展の裏面には国民経済の恐慌を来し、随つて孤児院其他凡ての慈善事業に及す悲観たるや実に忍びざる者ある也、是時に当つて彼等は凡ての手段と労力とを費して之が救済に起たざるべからざる也、孤児院たるものが彼自身に甚だ不恰好なる活動写真会を以て広く天下の血涙に訴へんとするもの蓋し止むを得ざれば也、菩薩会の院児正に其数六十有余、哀れ彼等は薄命の子、無告の児也、之を捨て置かば其悲惨の終始する所を知らず、真の仁人さては宗教家の之を見て何ぞ起たざるを得んや、倉敷安養寺住職松阪旭宥師は非常の熱心と決心とを以て立ち、院長大石翁を助けて本会の為めに狂奔す、感謝すべきことにこそ。……以下略……

この孤児院については爾後、『六大新報』にはたびたび報告がなされており、この雑誌から我々はこの施設の推移と実態をよむことができる(13)。

次にこの時期の真言宗関係の児童保護施設として讃岐保育会の事業をみてみよう。当初これは女囚児童の保護施設として出発したが、貧孤児も収容し、一九〇一年からは真言宗の経営にかわり、土宜法龍がその会長となった。そして〇七年に法人組織となっている。また讃岐保育会孤児院については『六大新報』第二二八号（一九〇八年一月一二日）に「讃岐保育会孤児院近況」として次のように報告がなされている。

同院は香川県真言宗寺院連合事業となりしより三千余円の財団を設立し既に本誌に記載せし如く昨年九月法人組織の認可を得てより会長には現長者土宜大僧正猊下を奉戴し副会長には安永龍瑛僧正を推して今や事業の大発展を見るに至れり又事務主任真鍋龍尊師は誠心誠意同院のため忠実に働きつゝあり、今其の概要を聞くに現在基本金三千余円の外に会長土宜大僧正猊下には一千有余円を基本金に寄付せられ其他県下有志を訪問し既に五六名の承諾を得たり、其成績頗る良好なりと云ふ、同院は創立以来基礎を鞏固ならしむるに急にして未だ現在教養児童中就学児童以外の幼稚者を教養すべき幼稚園的教場もなく又手芸室もなく且つ寝室食堂も現在の建物にては狭隘なれば新年と共に工事に着手し二三の家屋を新築せんとて設計中の由、之を第一期事業として児童百名迄の収容する予定なり。

『六大新報』第二五六号（一九〇八年七月二六日）には「讃岐保育会孤児院会員募集規定」が掲載されている(14)。さらに第四三一号（一九一二年一月一日）の「讃岐学園の好況」という記事には「香川県真言宗寺院の共同事業たる同孤児院は内部の整理着々進行せると共に社会の同情日増に厚く、今昨年度の状況昨年二月十一日内務省より弐百円下付せられ、同十一月三日又内務省より弐百円下付せられ、十二月に香川県庁より二百円下付せられ、十一月に高松市役所より壱百円補助せられ、高野派管長より壱百円を寄付せられ、仁和寺より五拾円、大覚寺より参拾円、小林ライオン店より五拾円その他金品の寄贈多く院児も次第に増加し、追々盛況に向ひつゝあり」と報じられている。この施設も以下同誌においてかなり頻繁に報道されている。このようにして真言宗の児童養護施設はまだ数少ない状況であったけれども、少しずつ活動を展開しつつあった。

（二）日露戦争と真言宗

真言宗の近代社会への要請にこたえるべき祖風宣揚会が発足し、およそ半年後、日露戦争が勃発することとなる。内務省宗教局は開戦時、通牒や訓令でもって、宗教に期待をかけている。この明治国家の命運をもかけた大事件に対し、真言宗は如何なる対応をしていったのだろうか。大概において真言宗を含め、仏教各派は明治国家の方針にのっとり、「正当なる戦争」として積極的に協力体制をとっていくのである(15)。

『六大新報』第二四号（一九〇四年一月一七日）の社説は「従軍布教」である。「言ふ迄もなく、日清戦争に吾宗が取りたる行動は又今回の時局に取るべき行動なり、日清戦争の際、既に従軍布教師を出したる吾宗は、此際宜しく早く時局の進行に伴ふて敏活なる準備を調へ、従軍布教のことに於て一歩も後れを取らざらんことを予め期せざるべからず」と日清戦争と同様、国家の非常事態時を予想し真言宗のとるべき態度をいち早く表明している。「開宗以来、吾皇室と最も親密たる関係を有し国家の大事ある毎に鎮護国家、国敵降伏の祈祷に当りたる真言宗は、此際単に内部に於ける祈祷調伏のことを以て満足すべきに非ず、宜しく早く従軍布教の準備を調へ、時局破裂と共に直に軍隊に伴ふて満韓の野に推渡り、吾等仏教家としての天職を尽すの覚悟を予め今日に備へざるべからず、これ国家皇室と最も歴史上密切なる吾真言宗、当相即道即事而真を以て常に宗旨の規模とする吾真言宗が怠るべからざる天職なり」と。

また第三二号（一九〇四年三月一三日）の社説「日露戦争に就て各派管長に望む」（芙峰）は日露戦争に対する真言宗の方針をよく表しているものである。ここで日露戦争を政治的、商業的戦争と同時に「黄白両人種の戦争にして、又仏耶両教徒の競争」と捉えている。「各管長猊下は大勇猛心を以て、一笠一蓑、日本全国を巡回し、大に人心を鼓舞し国民後援的奨励の布教を為すと倶に大に出征軍人の家族慰藉の方法を講ぜられん事、即ち是也」と論じ、そして「宗祖弘法大師、平和の時、猶足跡天下に印せざるはなく、国民感化に身心を砕き玉へり。弘法大師にして今日の世に在しますとも、亦此挙に出で玉ふべし。各猊下は取りも直さず、大師の御代理者也。吾人は、各猊下に対して其代理たる任務を全うせられん事を懇望して止まざる也」と戦争を支持する檄を飛ばしている。

『六大新報』第二九号（一九〇四年二月二一日）の「社告」には「恤兵及軍人家族扶助義金募集」という記事がある。

日露の戦争は我国未曾有の大事にして国の安危の繫る所なれば、苟も日本人たるもの各々其職分に応じて力の及ぶ限り、国の為めに尽す所ある可きは勿論なる中にも、直接軍役に従事する海陸軍人は、五千万の国民に代りて砲煙弾雨の下に護国の犠牲たらんことを期するものにして、国民一般に感謝措く能はざる所なり。左れば彼等の労苦の万一に酬いんが為めに、人々資力の許す限り、或は金品を拠出して恤兵の資に充て、或は出征軍人家族の貧困者及戦死者の遺族を扶助して後顧の憂なからしむるは、此際最も緊要のことに属す是を以て本社は恤兵及出征者家族扶助義金を募集し以て広く本宗寺院及檀信徒と共に聊か奉公の微衷を致さんとす、仍て本社は左の規程に依り恤兵並に家族扶助の義金を募集す、希くは本宗徒たる者宜く其旨を体し各自衣鉢の資を節し奮て応分の義捐を為し進で檀信徒を誘導し以て此義挙を賛し給はんことを

◎恤兵及家族扶助義金募集規程……略……

『六大新報』第三三号（一九〇四年三月二〇日）の「社説」は「軍人家族慰問に就いて」であり、第三七号（一九〇四年四月一七日）は「下士兵卒家族扶助令に就て」である。後の論文はもちろんその年公布された勅令第九四号の「下士兵卒家族扶助令」について論じたものである。「吏員の仕事は法律づくめであり御役目的であるから、何れ幾多の欠陥の生ずるは必然で、此欠陥を充して周到遺漏なからしめ、貧困者と吏員との間に立て事情を疏通し、此の救助令の精神を遺憾なく活動せしむるは実に宗教家の任務である」と仏教界独自の役割を指摘している。また「一体救助令に依て救助さるゝと云ふ者の、其は僅か一人一ケ月一円か一円五拾銭の少額であるから、単に此のみに依て細々ながらも生計を立つると云ふことは所詮望まれない」と法律の不備を批判し、その法律の究極の目的は国家が下士兵卒家族を思い、出征軍人が後顧の憂えなきことをしたものであって、その目的に沿う役割かつ期待の対象として仏教を置くのである。

『六大新報』第九四号（一九〇五年五月二一日）の社説「遺族救護事業に就て」では「此の少額の扶助料を以て如何にして炊煙を揚ぐるを得べきか」と政府の扶助料の低額さを指弾する。そして国家事業としてすれば法律によって「貧富各々異なる遺族を平等に救護する事」となり、逆に不平等が生じ、一方民間でやれば、「国民を惰弱に導くの弊害を醸成する」ことになりかねない。したがって一番便宜かつ適切な位置に居るのが「全国各地に在て隠然大勢力ある我が寺院住職其人なりと謂ふ可し」と指摘するように地方の寺院であって、寺院が中心になってまさに地域の中でこれを為していくことを提言するのである。

そんな中、和歌山県田辺の住職毛利柴庵が一九〇四年一一月、「出征家族自助団」を結成し、貧窮せる出征遺家族の自発的な組織化を計っているという報告されているのは注目すべきことである(16)。

（三）災害救助と真言宗

明治期を問わず、日本が自然災害に見舞われることは頻繁である。しかし国家がかかる災害に対して法的に充分な対策がなされていない時代はそれが大きな社会問題として存在した。その象徴的なものは明治後期の東北の凶作であろう。一九〇二年に続き、一九〇五（明治三八）年に岩手、宮城、福島の各県を中心に大凶作に見舞われ窮民が続出した。この時岡山孤児院の石井十次は児童の救済のために現地に赴き、八〇〇人以上の児童を救済している(17)。かかるキリスト者の活動は仏教界にも刺激を与えた。特に現地の各派は聯合でもって救済にあたり、宗派の機関誌でもって義捐金を呼び掛けたのである。

『六大新報』第一三〇号（一九〇六年一月二八日）には「宮城県凶作に就て各派管長の諭告」が掲載されている。すなわち真言宗五派は一月一五日付でもって「茲に地方各宗寺院仏陀の本領を奉し普く天下の仁人に訴へ彼の飢餓に類せる細民救済の一端に供せんことを期し地方庁等の協賛を得て仙台市に各宗救済会を組織せられ本宗各派へも広く救済奨励方哀願の次第も有之候條本宗教師は勿論檀信徒に於ても同情相憐れみ左記各項之手続に依り応分の浄財を投し救済を致すへし」と義捐金を呼び掛けている。そして『六大新報』第一二二号（一九〇五年一二月一一日）の「社説」は「嗚呼東北三県の民」である。ここでの三県とは岩手、宮城、福島であり該地の惨状を報告している。

また『六大新報』第一三六号（一九〇六年三月一一日）の社説も「再び東北三県の救済に就いて」である。その中で「仏教就中即事而真当相即道を宗義とする我が真言宗は、未来の極楽往生や、死人亡霊の追弔のみを以て能事畢れりと為す可らず、此の生ける人類を救ひ、現在脚下の救済を以て教徒の大本領と為さゞる可らず」とし、天長四年の大飢饉の際、弘法大師の淳和天皇への言、「仏心とは慈と悲となり、大慈は即ち楽を与へ、大悲は即ち苦を抜く、抜苦は軽重を問ふことなく、与楽は親疎を論ぜず……中略……又夫れ国は民を以て基となし、食を以て命となす。人の命の繋る所は維れ食維れ衣、衣食は人の本にして、稼穡は国の本なり云々」を引き、次のように論じている。「然らば我が教徒は独り基督教徒に対してのみならず、同じ仏教徒中にも率先して、現世的救済の大本領を発揮し、先づ自ら衣鉢の料を割きて他に其模範を示すのみならず、大に他を誘導して善事を奨励し以て、脚下の饑寒瀕死の衆生を助けざる可らざるなり、是れ実に我が真言道の宝義にして復実に遠く祖意に契合するものなりと知れ」と。加えて同号には次のような「檄」が掲載されている。

東北三県大飢饉救済の檄

人世に悲惨なる事、酸鼻すべき事は多々可有之候得共、飢餓頻りに迫るも喰ふに食なく、厳寒肌を劈くも着るに衣なく、父母妻子は天を仰ひて餓に叫び、兄弟姉妹は地に俯して寒に泣くが如き程、悲惨にして且つ酸鼻すべきことは復と之れ無かるべく、是れ誠に人世に於ける大悲惨の極に候はずや。聞く所によれば宮城、福島、岩手の三県同胞は天明の大飢饉に劣らざゐ大凶歉に遭遇し、加ふるに近年見るの稀なる厳寒にて餓孚に満ち、死屍道に横はるの有様にして、其悲惨なる窮状は実に想像にも及ばざる由に候。此事畏くも　至尊の御聞に達し、既に御救恤として御下賜金あり、且つ各地の公私団体及び同情者は之れが救済に尽力しつゝあるも、三県の窮民其数、百万に近く容易に其目的を達し得られざる由に候。……略……嗟呼、他国民、他教徒にして尚且つ這般の欽仰すべき義挙有之、苟くも大悲為本の教を奉ずる我等仏教徒たる者、仮令、既に応分の義捐を為しあるも猶ほ益々進んで種々の方法を講じ以て之れが救済の任に当り、四恩報答の誠を致さゞる可らざる儀と存じ、茲に再び各管長猊下等の旨趣を布衍し、特に救急の檄を諸君に呈する所以に候。是れ誠に人道の義務にして又仏教徒の天職と信じ候。万一、一人たりとも身殺しにする事あらば、啻に人道に欠如たるのみならず、日本仏教徒の面目に関し又実に即事而真を主旨とする我が真言宗徒の恥辱と存じ候。

もちろん自然災害は凶作だけではない。一九〇七年には京都や山梨、北海道等で水害、大火災が相次いだ。かかる災害において同朋救済の観点から義捐金を募集している。『六大新報』第二二一号（一九〇七年九月八日）における「水害火災救済義金募集の檄」をみてみよう。

昨は東北の民、天明已来の大飢饉の為めに餓死の悲境に陥り、其苦いまだ癒へざるに今又弐百余年来の大洪水は来りて我同胞を苦しめ、加之、大洪水は北海に起りて函館を燼滅するの惨状を醸せり。嗟呼、天何んぞ我同胞を苦しめむ事の而かく頻々なるや。京都府下、山梨県下、群馬県下の如き水害最も激甚にして、殊に福知山の如き実に全滅の悲惨を極め、又北海の大火災は、函館を殆ど全滅せしむ、其凄絶惨絶の状況は、各新聞紙、之を伝へて詳なるも、到底筆紙の能く尽す所にあらず。

今や此等水害火災に遭遇せる幾千万の同胞は、宿るに家なく、着るに衣なく、喰ふに食なく、飲むに水なきの悲惨に陥り、父母妻子は天を仰いで餓に叫び、兄弟姉妹は俯して飢を訴ふ。是れ豈に人生悲惨事中の大悲惨事ならずや。

庶幾くは、大悲為本の教を奉ずる本宗の諸大徳並檀信徒諸君、四恩報答の仏意に基き独り自ら義捐せらるゝのみならず、進んで広く他を勧誘し応分の義金を拠集し、一日も速に之れを本宗の機関誌たる『六大新報社』に寄託し、彼の水火の悲惨に苦める同胞の急を救ひ、以て人道の義務を尽し仏教徒たるの本分を全うせられん事を、敢て檄す。

このように自然災害等についての救済活動が展開されているが、明治後期のその他の社会事業について若干ふれておきたい。女子教育については一八九九（明治三二）年二月一八日、東京浅草区松葉町に高岡隆瑞によって創設された真龍女学校がある。一九二一年の調査では、その目的として「無月謝にて筆紙墨等の用具を支給し細民の児女を仏教主義の下に教育」とあり、生徒数は六二人となっている(18)。また高岡によって同所に一一年、高等女学校程度の知識と家庭本位の裁縫家事の修得を目的として浅草実科女学校も開校している(19)。

第九七号（一九〇五年六月一一日）と次号において和田性海の「女性問題」という論文がある。これに関し和田は「女権問題」と「男女能力問題」を区別すべきである、とする。「吾人は身分上より女子の権利を認めざる、従来の東洋的思想に反対す」と説き、女性の権利、女子教育の重要性を説いた。また「娼婦の福音」を第一〇二号（一九〇五年七月二三日）と次号において論じているように女性問題に対する論文もかなり見受けられる。

動物虐待防止運動は当時、仏教界とキリスト教界と共同で展開された運動であるが、第一三号（一九〇三年一一月一日）には「動物虐待について」という論が掲載されている。第一三四号（一九〇六年二月二五日）にも「動物虐待防止会」としてその事業が報じられている。

（四）日露戦後における社会事業関係の論文

日露戦争は一九〇五年九月、ポーツマス条約において漸くその終結をみたが、日比谷事件に代表されるように、鬱積していた民衆の不満は爆発した。この時代はいわば「都市民衆騒擾期」であった[20]。外交上における不満にとどまらず、国内においては「戦争のつけ」として戦後特有の社会問題が愁眉の課題として登場していたのである。もちろんそれは明治国家本来のもっている課題でもあった。そのひとつは軍人救護の問題であり、「鰥寡孤独者」の救済問題であった。こうした問題に対して『六大新報』は「社説」欄でも取り上げられてくる。

『六大新報』第一一四号（一九〇五年一〇月八日）の社説は「戦後の社会問題と我が仏教徒」である。その中で「此時に当て我が仏教家は世人が忙匆の間に漸く冷淡に付せんとする軍人遺家族救護事業や、廃兵の救護等、所謂戦後の社会問題を飽迄熱心に従事着目し、全国に於ける我仏教家が少なくとも各自其寺院に属する檀信徒の家族に注意し、単に戦死病没者の追弔追福を祈るのみを以て足れりとせず、須く浮世の実事に着眼し、或は戦争の為に職を失ひし者を周旋し、若くは鰥寡孤独の処置救護に奔走せば独り我が仏教徒の国家社会に対する義務を全ふするのみならず、是れ即ち大乗菩薩の大悲業を完ふする者と謂ふべし」と論じている。

また第一二二号（一九〇五年一二月三日）の社説「戦後失業者救済問題」では、出征軍人や戦後社会の失業問題にふれている。「吾人は我が仏教徒が個人若くは団体を以て此の緊急的任務に当り、社会失業者を救済するに努力せんことを切望せざるを得ず、此の失業者を救済するは取りも直さず、犯罪浮浪の徒を予防し社会国家の禍害を未然に排除する所以にして、復併せて仏陀の大悲業を完ふすると倶に人道擁護に貢献する所以なりと知らざる可らず」と仏教徒の取り組みについて提言し、「僧侶と一般社会との親厚なる接触」を来し、「真俗不二二諦相依の実」を挙げ「即事而真当相即道の妙用」を発揮する時であると説いている。同じく次号（一九〇五年二月一〇日）の「従軍僧の凱旋を驩迎す」では日露戦争の勝利を「独り我が国民の慶びたるに止まらず、東洋全体否な寧ろ真に世界の祝福に値」するものであり、従軍僧は各々所属管長の下において出征したのだから、「管長の光栄は即ち復従軍僧の光栄にして従軍僧の名誉は復即ち管長の名誉たらずんばあらず」とし、古義真言宗聯合各派従軍僧の凱旋に対し「歓迎の意」を表すべきであるとしている。「吾人は光栄ある這般の大戦争に参加せし光栄ある我が真言宗の従軍布教師に対し、満腹の敬意と熱誠を以て茲に闔宗を代表して歓迎の意を表する者」と断じている。仏教界にとって日露戦争は仏教を国家に認めさす絶好の機会であった。しかし主観的意図はどうであれ戦争協力であり、従軍僧は国家への忠誠を表す一つの手段になりえたといってよい。

さらに『六大新報』第一五一号（一九〇六年七月一日）の社説「社会的事業」（和田性海）では「近来経済的自由競争の結果、社会貧富の度に甚だしき懸隔を来し、一方に少数の富豪を生ずると共に、他方に多数の貧困者を見るに至り、所謂鰥寡孤独頼る所無き者、次第に増加するが如し」、そして多くの悲惨なる同胞を生じたという時代認識にたち、「今是等の不幸なる同胞を救済すべきは、人類全体の責任なると共に、亦特に宗教家の任務たることは言を俟たず」と述べ、今日の宗教家は「社会改良家」たることの必要性を説いている。社会的事業として「慈善的事業」と「教育的事業」があり、前者において孤児院、救貧院、慈善病院、免囚保護、監獄教誨を、後者において宗門学校の公開、女学校、日曜学校、新聞雑誌、文書伝道等を挙げている。それを公共的な形にするにはさしあたって「篤志者の発憤」が必要である。「慈悲博愛は是れ仏陀の大御心にして、自覚せる宗徒の活動は、直ちに三密の妙業にして、社会的事業は寧ろ真言行者の本領なりと知らずや」と。

さて日露戦後、一九〇八年九月、悲願であった中央慈善協会が発足した。そして内務省の第一回感化救済事業講習会も時を同じくして開催されている。講習会は九月一日から三六日間、東京にて開催された。ここには内務省の井上友一の影響があり、宗教家、地方の社会事業家、篤志家ら多数参会し、都市貧民問題や農村の問題、非行、犯罪問題等への対応が計られていった。真言宗からも参加があり、『六大新報』にはその報告記事が掲載されている。たとえば『六大新報』第二六三号（一九〇八年九月一三日）には「東京たより（感化事業講習会概況）」としてその様子が報告されている。ちなみにこの様子は「とにかく之に依て現在経営せられつゝある感化事業の改善進歩を促かし、将さに起らんとするものに対し、多大の利益ある義と存候」と報告されている。仏教者も九〇名程度参加した様子であり、内務省の意図として仏教を中心とした宗教家に期待がかけられていたことはいうまでもない。

また第二六八号（一九〇八年一〇月一八日）の社説「感化と救済（内務省主催の講習会に就いて）」では「是に於てか大に宗教家に期待せんとし之れを慫慂して一層斯業の発展を促進せんが為に這回の講習会を開設し以て一面宗教家に多大の警策を与へ多面世人一般に如何に斯業が目下の急務なるかの覚醒を起さしむるに至りしなり」と講習会の意味を受け入れているのである。この感化事業講習会への参加は内務省への協力とともに真言宗社会事業への組織化への少なくとも一つの契機となっていることは否定し得ない。また関素水は「救済と感化」（第二七六号）という論文に於いて次のような檄を飛ばしている。

人苟も高祖の反面を知れば即ち高祖を首として我宗が億兆蒼生の為に国家以上の事業を実現したる史痕を見ん、既往の史痕已に然り、吾人が印する未来の史痕も之れを外にして何を講ぜんとするぞ、忘るゝ勿れ、八種の福田は仏徒の面目、国家以上の事業は真言宗史独特の偉績なるを。壮んなる哉、肉身入定の大聖は今も昔も過去も未来も、営々孜々として分秒時中も此の三昧と捨難し玉はざるなり、七生滅賊の一語尚ほ懦夫を打つて忠勇義烈の大丈夫と化するの力あり、高祖の聖誨を体とするもの如何んぞ此輩の後に落伍して可ならんや、起てよ密宗進めよ健児、真言宗徒が異彩を放つは正に此時斯業に在り、有相に闘い無相に進め。

一九〇八年の「戊申詔書」の渙発は民衆の思想善導を意図したものであり、明治国家の危機意識—不安を象徴している。一〇年には大陸侵略の足掛かりとして日韓併合を断行していった(21)。また、欧米を視察した経験から内務大臣床次竹二郎は人心不安の状況を察知し、宗教家の協力でもって対処していこうと考えた。それは一二年二月二五日、神道、仏教、キリスト教の関係者七一名が参会し、いわゆる「三教会同」として実現した。『六大新報』にもこの会議の様子はかなり詳しく報じられている。一般的に解して、この会議を仏教側は政府が「一定の権威」を与えたものとして歓迎している。ちなみに一一年には、大谷派慈善協会は雑誌『救済』を刊行しているし、翌年渡辺海旭らによって全国規模の仏教徒社会事業研究会が組織され、仏教は新しい時代での意味を問い始めているのである。

社会主義運動や労働運動は、大逆事件に象徴されるように「冬の時代」を迎えたが、明治国家の矛盾が各所に顕現している事実の中、真言宗も宗教としての危機感を持つ。しかしそれは往々にして精神的な課題—人心の荒廃として把握していく傾向が強いものであった。その精神的な危機感は当然政府内務省が中心となって推進した感化救済事業への協力として、その方針を容易に受け入れる思想的素地があったと言ってよい。そしてそれが具体的に展開されるのが、大正期以降になってである。

三　済世病院の創設と展開

(一) 小林参三郎について——祖風宣揚会との出会い

近代に於ける真言宗の社会事業の展開を考える時、「済世病院」の存在は金字塔的なものである。その中心的な組織は宣揚会であるが、初代院長の小林参三郎という人物を抜きにしてはこの事業を語ることはできない。さしあたって小林がいかなる経緯のもとで仏教と出会ったかをみてみることにしよう[22]。

小林参三郎は一八六三（文久三）年一〇月、兵庫県加東郡下東條村、真島儀平の次男として生まれた。真島家は薬舗であり、医家の小林家に嗣子として入った。一二歳にて小学校を終えた後は家にありて農業と売薬業を助けつつ過ごした。八三（明治一六）年夏、二〇歳の時、東都に上り、軍医総監松本順の門弟となった[23]。小林はここで五年の研鑽を積んで、医師の免許を取得した。八七年米国クーパー医科大学（現スタンフォード大学医学部）で学び、九一年ドクターの学位を受けた。そしてハワイ（ホノルル）に渡り、翌年一〇月ここで開業したのである。専門は外科、産婦人科である[24]。

一八九五（明治二八）年夏、英国留学の途に上り、一年間セントトーマス病院、ロンドン大学病院で実地を積みホノルルに帰する。翌九九（明治三二）年、ホノルルで日本人病院を創設する。さらに翌年にはドイツに渡り、ベルリンの模範的病院で半年間研讃を積んで帰哇した。しかし翌年五月、風土病に罹り、一カ月間瀕死の境を彷徨った。一九〇二（明治三五）年、病院をホノルル日本人慈善会に譲渡し、一一月、中国に渡り広東で開業し、ついで香港でも開業した。しかし患者数は少なく、また腸チフスより肺炎を誘発し二カ月間、病に伏せることとなった。このように小林は一貫として西洋医学を学んでいたことに注目しておかなければならない。そもそも小林が仏教への開眼を果たしたのは一九〇〇（明治三三）年のことである。熱病にかかった小林をホノルル本願寺布教場主任今村恵猛が見舞ったことの出会いが契機となっている。その状況はこう伝えられている[25]。「ドクトルは当初の我見霜《ママ》の如くに解けて肉体死するとも精神は決して死するものにあらざるを自覚し心機忽に展開して無限の希望一時に湧起し、元気内に充溢して前程光明の赫くかを感ず、是に於て自ら起つて治療室に到りて沐浴したり」と。その翌日より熱が下がり、二週間を経て全く快癒したとあり、そして「爾来入信の人となり、心を経典に遊ばし、想を仏籍に馳せ、以て今日に至れる」とあり、今村師を尊師として仰いでいる。近代医学を習得した小林がかかる仏教の精神的な力によって快癒した経験は彼の今後の生き方及び思想に大きな影響を及ぼしていくのである。では小林はいかなる縁で大師の霊感に触れることとなるのであろうか。

小林は一九〇三（明治三六）年五月、帰国したが、故郷の加東郡慈善会の求めに応じて開業したのである。ここで小林は高祖弘法大師の霊感に触れたのである。それは同年夏、一人の女性の手術をしたことによる。この女性は不治の病と診断されていたが、弘法大師の御手にすがり、大師堂で願をかけ小林に手術を依頼することとなり、快癒するという霊験談によっている。また他の手術の際も患者と小林は祈祷をうけ、その護符をもって手術に臨み稀有の大手術は成功した。当時の心境を小林は「予も患者も当時心頭死生の念なかりき、唯霊感洋々たるものありしのみ、想ふ予にして若し曩日に於ける高祖の霊感に接触せし一事象なかりせばこの大手術を全うすべき元気の充溢を獲べからざりしならん」と語ったという(26)。

そしてこの年の秋再びホノルルへ帰ろうとする小林に宣揚会の事業についての祈願が送られたのである。かかる小林の郷里での活躍を知り、真言宗聯合総裁大僧正長宥匡は一九〇三年一〇月一九日付けで感謝状を送っている。「多年医業に従つて内外国民を拯救し特に本年夏期中故国に帰り数百の人民に施療し数年の重患治癒する者多く為に感涙に咽ふ者郷閭に溢れたり、且つ本宗祖風宣揚会が将来開設せんとする慈善病院をも尽力補助すべき旨声明されしと聞く真に宗祖の大慈済心を以て任じたる博士と称すべし依つて此に微辞を致して感謝の意を表す」(27)と。

このようにして小林は仏教、そして弘法大師の魂にふれ、真言宗との関係を持つこととなったのである。その出会いにおいて全く偶然的な感もしないわけではないが、まさしく因縁とでも称しておこうか。

（二） 小林と祖風宣揚会

前節で小林が真言宗に邂逅した経緯を瞥見したが、次にここで祖風宣揚会との関係について若干みておかなければならない。既述したように一九〇三（明治三六）年六月一五日、祖風宣揚会が結成された。これに対して小林は同年一一月七日付けで「貴会第三期事業たる慈善病院の設立経営に付御懇嘱の件承諾仕候也」という承諾書を会長の上田宛に送り、ここにおいて小林と宣揚会との関係が成就し、事業の礎石が築かれたのである。そして小林は事業の開始は二カ年後とし、再度、ハワイホノルルに向かった。『六大新報』第一五号（一九〇三年一一月一五日）には「祖風宣揚会と小林参三郎」と題して次のように報じられている。

同氏は郵船の都合により七日の出船を延して九日横浜出帆の汽船にて布哇へ渡航せられしが同氏は東京に於ける各知友に祖風宣揚会慈善病院設立経営懇嘱の件を語りしに何れも熱心に賛成を表せられし由にて、同氏よりは弥々出帆に臨み本部に対し左の請書を送越されたり

貴会第三期事業たる慈善病院の設立経営に付御懇嘱の件承諾仕候也

明治三十六年十一月七日

ドクトル　小林参三郎

真言宗祖風宣揚会

会長　上田照遍殿

右にて本会慈善病院の基礎は大方針を定めたり

また『六大新報』第二五号（一九〇四年一月二四日）には「小林参三郎氏の消息」として「同氏は前年布哇仏教青年会々長として会務に熱心せられし因縁を以て、昨年再び渡布せらるゝや、同青年会に於ては直に氏の歓迎会を開き、昨年十一月二十二日夜同会第二講堂に於て開会歓迎唱歌を以て式を終り司会者和田幹事の挨拶今村監督木村斉次岩永知一内田慶次郎等諸氏の歓迎の辞あり夫より小林ドクトルの答辞幼年教会員の唱歌にて式を終り茶菓の饗応をなし席上さらに一同の希望により小林氏は支那大陸漫遊談を為して大喝采を博し夫より例の如く会員の余興数番ありて非常の盛会なりし由」と報じられている。

ハワイでは日本人病院の院長となり医療活動を中心にその職責を全うした(28)。そしてこの時、東京お茶の水茗渓

女学校出身の志村信子と結婚した。『六大新報』第六五号（一九〇四年一〇月三〇日）の「ドクトル小林参三郎の近況」によれば、小林は医学研究の傍ら、ドクトル毛利伊賀氏と病院を設立し、ハワイ仏教青年会の会長として仏教の鼓吹に尽力していること、慈善病院の設立のための準備をしていること等が当地の仏教雑誌『同朋』(29)に報じられていることが記され、次のような小林の書簡が掲載されている。

……前略……日露開戦相成候に付ては宣揚会事業も意の如く進捗せずとの御歎、御尤の次第と存じ候。何事にても一業を成功するまでには、幾多の難苦と幾多の障害ある事は、初より覚悟を要する所と存じ候。況して祖風宣揚会の如き大事業を成功せんには、御互に大覚悟と大決心を要する事と存じ候。南洋の楽天地にも同様の風、吹き来り内外人一同大閉口の体に候。

小生事も先年支那医学界開拓の為めに、多大の費用を抛ち、殆ど一家の財産を傾倒せる有様なるも、精神は毫も屈せず、諸君が余の如き無能不才の者に、斯く重任を託せられ候事は、終世の一大面目と深く肝銘し、宣揚会病院設立の計画は寤寐にも忘れ不申、設令、幾多の艱難、幾多の年月を経候とも必ず初志を変せず、屹度本望相達すべく候……中略……病院設立に就ては、当初約二万金は要すべし。維持の費用も要すべく、種々の困難も来るべく善事業なる丈、より多くの障害あるべし（殊に日本の如き宗教的観念の乏しき国には）されど千古の偉業は、金力や位貴の人にて成るものにあらず。要は誠心誠意にあり。真言宗の慈善病院は宗祖の御本位なり、各位の鋭意奮発は済世の本位なり。必ず成功を奏すべきは、余の信じて疑はざる所なり。

『六大新報』第一二六号（一九〇五年一二月三一日）の「卅八年を送る」という巻頭論文は、祖風宣揚会の事業にふれ、とりわけ第二期の慈善病院について「本会が在布哇ドクトル小林参三郎氏に一任せる慈善病院設立の件は同氏の手許に於て已に二千弗（我が約四千円）積立たる由なるが、氏の決心は五千弗に達するの暁を以て、愈々帰国着手する手筈なりと云ふ。嗚呼本会が既往二ケ年間、時局のために打撃を被りて毫も伸ぶる所あらざりしも、一陽来復来る卅九年に向ては、多少発展の機会を捕へずんばあらず」と記されている。

一九〇八年八月、小林がハワイから帰国したのを以て一〇月一四日、宣揚会会長土宜法龍や名誉会長鎌田観応、清滝智龍らが集まり、済世病院という宗教的病院創立に決し、理事の清滝智龍が経営主任となった。一一月二五日付けでもって府知事に使用願いを提出し、一二月一四日認可を得、翌年一月より診療所と事務所の建設に取り掛かることになったのである(30)。

(三) 済世病院の創設とその展開

一九〇九年になって病院の建設は具体的に動きだす。一月五日、事務室の地を定め建築に着手し、二月二二日上棟式が挙行された。その当日第二工事として病舎の建築に取りかかった。『六大新報』第二七八号(一九〇九年一月一日)は「祖風宣揚会の一大事業着手」として、いよいよ慈善病院が具体化されていく経過を報じている。

第二八一号(一九〇九年一月二四日)には、病院の命名について議論があったが、「済世病院」と決定されたこと、そして会長が「慈眼照世　悲手済之」と「菩提樹辺　国手調薬　優鉢林中　医王去毒」の題辞を与えたことが報じられている。第二八八号(一九〇九年三月一四日)には病院の会計監督(長)に矢野長蔵が確定したことが報告されているが、彼は当時、東寺信徒総代、祇園信者総代、仁和寺信徒総代等を勤め神社仏閣のために大なる貢献をし多くの浄財を拠出していた資産家、名望家であった。「同氏の如き名望家を我が済世病院会計長として経営に力を致さる一事となりたるは、我が済世病院の大幸福はいふまでもなく更らに真言宗の幸福といふべく、又社会の幸福と称すべし。済世病院の大発展期して待つべし」と大歓迎の意を表している。

ところで済世病院が開院されるまでその支部が播州加東郡福田村南坊(神咒寺)に置かれ、三月一八日より開院されている。第二九五号(一九〇九年五月二日)の「済世病院記事」には「播州加東郡南坊出張所に於ける成績は非常に良好に開所已来小林院長の診察を受けし者一千五百余人、殊に小林院長の信仰治療非常に良好にて人々は小林氏を神仏の如く渇仰し、何日までも同地にて治療に従事せられん事を希望するも済世病院開院の準備もあれば愈去三十日限り閉会する事とし盛大なる閉会式を挙げたり」とある。

第二九八号（一九〇九年五月二三日）には建設の進捗程度につき、およそ落成が近付いたこと、しかし内部の整備にかなり時間がかかるので、開院の期日は確定できないこと、また診察を希望するもの、その問い合わせ等の書状がたくさんきていることを伝えている。かくて済世病院は同年六月、開院の許可を京都府から得た（『六大新報』第三〇二号）。

京都府指令第四〇八三号
京都市下京区東寺町教王護国寺
塔頭金勝院内祖風宣揚会代表者
石堂慧猛
長谷寶秀
清滝智龍
院長小林参三郎
明治四十二年六月九日付願私立病院新設ノ件許可ス
明治四十二年六月十四日
京都府知事　大森鐘一印
京都府指令第四〇八三号（肩書同上）
明治四十二年六月十日付届私立病院開始ノ件許可ス
明治四十二年六月十四日
京都府知事　大森鐘一印

こうして開院の許可が得られて、病院は開院式をまたず、早速入院患者の収容、診察を開始している。第三〇五号

（一九〇九年七月一一日）の「済世病院近事」には「済世病院内部の設備いまだ完備せざるも神戸、播州、紀州の方面より入院し来れるもの十余名に達し、既に手術を受けたるもの両三名あり、何れも小林院長の懇切なる治療に感泣し居れり▲外来患者は毎日診察を請ひ来るもの多く、一時は玄関等完備せざりし為断り居りしも続々診察を依頼し来るもの多きを以て三四日前より外来をも診察し居れり」と報じられている。

第三一〇号（一九〇九年八月一五日）になって、ようやく九月一九日に開院式を行なうこと、その準備に忙しいことが報じられている。かくして一九〇九（明治四二）年九月一九日、済世病院は盛大にその開院式を挙行したのである。そのおよその順序は以下のとおりである。

一　音楽
二　開院祈念法会
三　院長嘱託式
四　念珠授与式
五　土宜会長式辞
六　小林院長の挨拶
七　清滝主事報告
八　各派管長の訓辞
九　大森知事外来賓の祝辞
一〇　文学博士谷本富氏の賛成演説
一一　矢野院主の答辞
一二　参列者一同撮影
一三　東寺公園に於て饗応

開院の様子については『六大新報』第三二五号（一九〇九年九月一九日）が「済世病院開院紀念号」として特別号を組んでいる。その巻頭には次のように記されている。

吾祖風宣揚会の本領は即事而真の宗義を標幟して高祖の遺風を宣揚するに在り。往にし明治三十六年夏創設せしより後の五星霜間は時勢至らず機運熟せざるを以て翼を戢めて休養したり。然るに高祖の聖鑑空しからず昨冬以来善苗内に薫し志士外に賛して所期事業の一たる済世病院を設立し茲に本日をトして開院式を挙行するの光栄を荷ふに至れり。結構壮麗輪たり奐たり、器械百爾完如たり整如たり、地を教王護国の寺域に占め、範を欧米の新式慈善病院に則る、規模狭小なりと雖も日々に新にせば月々に発展せんかな。

我等は之れが完成を数年の後に期待する者なりと雖も而も第一歩を実現することを得たりとせば亦窃に歓喜に堪へざるものあり、茲に既往の成績を記念し、将来の庶幾を記念せんが為に本号を発行するに当り、聊か微衷を叙して巻首に冠す。

開院式当日の様子は同号の「済世病院開院式彙報」にて知ることができる。祖風宣揚会会長土宜法龍は式辞の中で「本病院は本会の目的に基きて、社会救済を主義とすと雖も、就中共特色とする所は物質主義に偏し、宗教的信仰と乖離せる医界の通弊を自覚して、医道と宗教と相依り相待つて身心二面の疾病を並治せんとするにあり、地を教王護国の寺域にトし範を欧米最新の慈善病院に則り、院長として久しく布哇慈善病院長たりし、ドクトル小林参三郎を聘し、副院長以下亦其人を得たり」と述べている。そして土宜から小林に「念珠授与の式」が執り行なわれた。その文に曰く。「念珠は仏陀医王の持物にして百八の煩悩を百八の仏子たらしむべき医王慈心の表章なり。今之を国手に授与す。永く之を守持して医王の慈心を体し以て済世利民の主旨たる本院設立の目的を発揮せられんことを希望す」(31)と。

開院式当日、多くの来賓の祝辞があったが、その一人、京都帝国大学教授谷本富は「宗教と医学との関係」と題して、「此の祖風宣揚会に於て日進月歩の医学医術に併せ加るに心理的療法、信仰療法を以てせられたと云ふことは是れは非常に面白い意味が出て来るのであつて、是非其の方面を一ツ明にしてお貰ひしたい」と済世病院の趣旨に沿った演説を行なっている(32)。また和田不可得（性海）は「道聴漫録」（第三一五号）と題して小林の人物像、済世病院につき次のように評している。

吾人は曾て氏が仁和寺門跡に居候して、縷説せるものを傍聴して、其説の啻に時弊を救ふのみならず、人生の根本問題を説破せるものあるを諒して、多くの敬意を表したりき。此点に於て我済世病院は、少くとも日本医学界の警鐘なりと云ふも誇称にはあらず。……略……氏は左手に念珠を持し、右手に刀を持ちて正に治療せんとする患者に説法す。曰く術はもとより人巧の限りを尽すと雖も、命数は乃ち天にかゝれり。命に安じて術を受けざるべからずと。我済世病院の薬を患者に与ふるや必ず本尊の前に奉供して後に之れを与ふ。果然氏が理論家ならずして、躬行家なる所こゝにあり……略……吾人が氏と共に理想せる病院は、今の病院と寺院とを一にして理想的なるものなり。亦理想的宗教家と神技を奪ふ医術者とを一にせる者は、此病院の院長たるべし。是れ実に昔我大聖世尊の已に教へられたる所にして我高祖大師の躬行せられし所也。高祖御入滅一千数百年の後、我東寺境内に於て、済世病院の創立を見るは、決して偶然にあらざるなり。

さてここで済世病院の方針についてふれておこう。「済世病院略則」には

第一条　本院ハ仏陀ノ教旨ヲ奉シ宗祖弘法大師ノ本領ニ則リ慈愛済世ヲ以テ目的トスルガ故ニ規定ノ薬価手術料及入院料等ヲ要求セザルモ患者ノ赤誠ヨリ本院ノ趣旨ヲ賛シ浄財ヲ喜捨スルトキハ之ヲ受領ス

第二条　本院ハ当分ノ内婦人科患者ノミヲ診察治療スル所トス

第三条　本院ハ患者ヲ分チテ外来入院ノ二種トス

……以下略……

とある。そして「外来患者心得」にも弘法大師への信仰が配慮されている。

ところで済世病院は婦人科のみで出発したが、一九一〇年より男子部も開始し、内外科も診療することとなり、

〇九年一二月一三日、その上棟式が挙行され、次第に充実していくこととなる。周知のとおり病院はすべての階層の人を対象としたので、「浄財喜捨箱」を設置し、薬を受け取った際、感謝の意を込めて幾許かのお金を投げ入れるようにした。患者の任意制にした背景には慈善の弊害の廃止とともに仏教の精神的救済をも意図していたのである。

『六大新報』第三五七号（一九一〇年七月一七日）によれば、第四回真言宗各派聯合議会において済世病院の事業に対し、一時金一五〇〇円を下付することを決定し、七月六日「感謝状」を贈呈したことを伝えている。同紙には随時、病院の成績や様子が毎号逐一報告されている。次第に有名になっていく中、内外の著名な人物も多くこの病院を訪れている。一九一一（明治四四）年九月、京都に滞在したシドニー・ウェッブは夫人同伴で済世病院を訪問し、小林と会っている。その時、ウェッブは小林が西洋医学を学びながら治療において、「精神的治療」をしていることに疑義を発した。その時、小林は次のように応答したという。

然り貴国にて医学研究の際は、予も同じく物質的医療主義なりき、然るに予、布哇に於て瀕死の重患に陥りし際、本願寺布教師の某師の信仰談を聞き豁然として心機一転する所あり、さしもの重患も忽焉として全快したり、是れより予は仏教の教理を味ひ、且つは西洋に於ける精神的研究の著書を読み、益々精神の肉体に及ぼす力の偉大なることを確信し、宗教的信仰を基礎として之れに併せ加ふるに科学的医薬を以てして始めて完全に疾病を治療し得べしとの信仰を得たるを以て、此の主義を以て一面医界の欠陥を補ひ、一面は不幸の患者を救済すべく、真言宗の有志者と計り此の病院を設立し、診療は従事し居れり、而して其の成績頗る良好にして殆んど医学上より説明し能はざる不思議の効果を見つゝあり云々(33)

ちなみに『六大新報』第四二一号（一九一一年一〇月一五日）には清滝芙峰（智龍）の「留岡幸助氏と語る」という文章が掲載されている(34)。また小河滋次郎や救世軍病院長松田三弥、生江孝之らも小林を訪問している。

一九一一年二月一一日、「施薬救療に関する勅語」が発せられ、一五〇万円が下賜された。そして同年五月、恩賜財団済生会が設立された(35)。済生会は天皇制の下、救療事業を通して政府の貧民政策が反映されたものである。済世病院はその意味で当時の施療救療事業として模範的であったといってよい。後述するように大正期に入って救世病院は済生会患者をも受け入れていくようになる。

(四) 大正期の済世病院

周知のとおり明治大正期の我が国の社会事業施設運営は現在のような公的支援制度と相違して、真言宗の援助があったとはいえ、財政的な面の運営が大きな課題であった。その点で済世病院にとって資産家矢野の援助は大きかった。一方事業が認められ京都府や市、内務省等の寄金を受けることになるが、恒常的な支援組織は是非とも必要不可欠な課題であった。そして病院の維持及び拡張を目的として「済世協賛会」なるものが設置されることになる(36)。

凡そ人生苦痛多しと雖も、疾病の苦痛より甚大なるはなかるべし。而して人の此の世に生る、誰れか疾病に罹らざるものなけむ。一たび身心の調和を失ひ病床に苦悶する人とならむか、富貴何にかせむ、栄誉何にかせむ、欲する所は只生命にあるのみ、実に人生の最大苦痛は疾病にあり。大聖釈尊、此世に出現ましく〳〵て難行苦行を積まれしも、普ねく衆生身心の疾病を救済せんとの大悲願に外ならず。されば一代の門、八万四千の多きに達すと雖も、詮すれば大慈悲心の四字に出でず、大悲は苦を抜き、大慈は楽を与ふ、諸仏菩薩の行願、一として衆生の抜苦与楽にあらざるはなし。

高祖弘法大師、また衆生の疾苦を悲しみ、千年の昔、東寺付近に施療施薬の二院を設けて救済の慈悲を垂れ給ひたりしも、爾来、星移り物変り、また其跡を継ぐものなし。殊に近時、物質的文明の進歩と同時に宗教的信仰、道徳的信念は著しく衰退し、生存競争は頗る激甚を極め、煩悩苦悩、疾病を醸す者、愈々多きを加ふ、我等深く之れを慨き、医薬と信仰とにより、普く上下の社会に通じ、身心の疾病に苦しむ人々を救済し、一は以て　大師の遺跡を復興し、一は以て現代社会の要求に応じ、済世利民の一助に資する所あらむと欲し、去明治四十二年六月、地を東寺境内にトし済世病院なるものを設立し、……中略……
茲に於て関係者相計り、済世協賛会なるものを組織し、篤志の会員を募集し、以て本院の発展と維持とを計らんと欲す。想ふに人生の最大苦痛たる身心の疾病を救済するは人間最高の慈善にして又是れ菩薩の行業に外ならず、其功徳や真に広大無量なるものあり、果も種えて実を得るが如く、他人の疾苦を救ふの浄業は、やがて自身の息災延命を得るの因となるべきは仏陀の明示し給へる所なり。……以下略……

これは一九一二年一月に出された「済世協賛会々員勧募之序」の趣意書であるが、済世病院の精神の真髄を語っていると称してよい。この会の発起人として名を列ねているのは矢野長蔵（院主）、小林参三郎（院長）、松永昇道（顧問）、清滝智龍（主事）の四人である。

ちなみに「済世協賛会々則」[37]は一条に「本会ハ済世協賛会ト称シ本部ヲ京都市八条通大宮西入東寺町済世病院内ニ置ク」とあり、第二条には「本会ハ弘法大師ノ遺教ニ基キ設立シタル済世病院ノ拡張及ビ維持ヲ計ルヲ以テ目的トス」、第三条に「本会ハ右ノ目的ヲ達スル為メ広ク全国ニ亘リ篤志ノ会員ヲ募集ス」とある。この済世協賛会については、たとえば第四四五号（一九一二年三月三一日）では一人四五十人の会員を募集するものもあり、あるいは伊予東部支所三六ケ寺の各壇信徒で募集等、地方の各寺にまでその趣旨の賛同者を拡大していっている様子が報告されている。

『六大新報』第四八四号（一九一三年一月一二日）の「済世病院の経過と成績」によれば、開院以来三年半で外来入院患者総累計は三万八三三三人で、京都においては大学病院、府立病院に次いでの盛況で私立病院としては最高の数を呈していること、「同院事業は啻に真言宗に於ける唯一の事業なるのみならず、日本仏教界に於ても唯一の救療事業」として世上より重要視されているとしている。補助金も内務省より一一年に三〇〇円の奨励金、一二年に四〇〇円の助成金でもって成績を表彰し、また京都市は一二年三月、一五〇〇円の巨額の補助金を、さらに京都府も年々金一〇〇円宛補助することになり、その事業は公共的な意味も持ってきたのである[38]。そして京都市の補助は三〇〇円に増額された。もちろん真言宗においても一九一四年より毎年一五〇〇円づつ補助金を下付することが決定されている（『六大新報』第五一八号）。したがって真言宗、内務省、京都府・市を合わせ約二五〇〇円あり、その基礎があり年々の寄付金を合わせて運営されていくこととなった。

また済世病院の実績は年月が経つにつれ上がっていき、次第に名声も高まっていった。特に「施薬救療の勅語」を発布し、下層貧民への救療の必要性を訴えた内務省や皇室にとって、済世病院は格好の模範的病院であったことは確かである。そして時代的な意味も含め、真言宗側がこれを「光栄」として受け取る背景は十分にあったことは当然である。たとえば大正初期、病院は下賜金を受けるが、『六大新報』第五二五号（一九一三年一〇月一二日）は「済世病院の光栄」と題して次のように報じている。

今回　畏くも
皇太后陛下には、桃山御陵御参拝の為め、我京都に行啓遊ばさるゝや、恐れ多くも我済世病院の事業成績を聞召され、去一日同院は大森京都府知事の手を経て、事業補助として、御下賜金拝受の恩命に接したり。此れ恐らく近代の我真言宗に於て斯種事業に対し、皇室より御下賜金ありしは、済世病院を以て嚆矢とすべく、啻に同院の光栄として喜ふべきのみならず、我真言宗の光栄として大に祝すべきものなりと信ず。
同院は創立日猶浅きも、院運隆盛、成績顕著而して名声嘖々たるものなり。今や我日本宗教中、唯一の慈善病院として、将た日本に於ける救療事業中、最も意義あり特色ある病院として世の嘱目を惹き、斯業界に一異彩を放つに至れり。殊に一昨年来、内務省、京都府、市は勿論、我真言宗又巨額の補助金を下付して同院の事業を助け、同院の基礎愈々強固を加んとする時、這の光栄に接す。同院の当事者は這の恩命に感激し、今後層一層、其事業に努力奮励すべく、一宗の諸師、亦大に同院の事業を助け、他日の大成を期し以て、御懿旨に副ひ奉る所あらむ事を望む。是れ一済世病院の為に非ず、宗徒の本分也。

内務省嘱託として、当時地方改良運動に奔走していた留岡幸助は一九一三（大正二）年一一月末に、済世病院を視察している(39)。「先月末、内務省嘱託留岡幸助氏は府の政岡、水野の両府属を従へ突然済世病院を視察せり、午前九時より午後三時過ぎ前後六時間余の長時間に亘り綿密なる取調を為したり、他の事業所に対しては多くは視察を為さず、視察を為したるものあるも一二時間に過ぎず、然るに済世病院に限り斯く長時間に亘る取調ありしは、内務省に於ても同院の事業に最も重きを措きたるが為にして、同院は益々事業の改善と発展とを計り、努力奮励せば、日本に於ける最良の慈善病院たるに至るべし、当事者の精励を望む」とある。内務省がこのような救療事業に注目するのは当時の国家の医療政策及び貧民政策と合致していた面があったことはいうまでもない。

『大阪新報』には済世病院についての多くのルポルタージュ的な記事があるが、第五三九号（一九一四年一月二五日）の大阪時事新報記者後藤揚花の「済世病院」もそのルポである。それによれば、「同院の根本主義と言ふべきものは、医薬を以て肉体の疾患を治療し信仰を以て精神の煩悶を駆除すると云ふ霊肉両面の救済を標榜して居るので、この点は世上幾多の慈善病院と大いに趣を異にして居る」として次のように報じている。

开処で此の霊肉両方面より歩を進めて信仰的に治療の大功を奏しやうとするのは、果して学問上より考へて正当なことであるか、或は不当なことであるかに就ては、従来世人から種々な批評を受けてゐるが、畢竟心理的療法といひ信仰的療法と云ふものが、縦んば科学の範囲に属せないものであるにしても断じて不道理の事ではない、又迷信でもない、其の説明は近時勃興の新心理学と呼ぶ学問に依って所謂宗教的療法の拠る所を明かにし、心理療法の説明、信仰療法の解釈となり、其の二者を合せた同院の趣意を弁解する事が出来る。更に又同院が尋常一般の慈善病院と相違せる点は慈善の真意義を発揮せん為に全部施療施薬の制度を採らず患者の身分に応じ何程でも任意の浄財を喜捨し感謝の意を表せしむる事になつてゐる一事である。其の方法は階上に安置せる仏前に「浄財喜捨箱」なるものと状袋とが備へてあつて、患者は一旦此仏前に供した薬を受取る際右の状袋に何程にも任意の浄財を封入して浄財箱に投込む、言はゞ賽銭と薬価を兼ねたものである。だから下層の貧民は直に他の慈善的救療を受くる事は出来ても、下級の官吏教員巡査社員等の社会に相当の体面を維持せんとして而も資金なきもの、救療方法としては其の宜しきを得たものである。

さて済世病院では次第に病舎の増築・新計画を計っていった。第五五〇号（一九一四年四月二日）には第三病舎増築の件が報じられている。それに依ると新病棟は二棟で約八〇坪、その内一棟は済生会患者の収容を目的としたものである。また同記事の中に「同院の新計画」として「下層社会（労働者、貧困者）の患者救済につき、新計画を講しつゝあり」とある。また第五五六号には新事業として夜間診療（五時より八時まで）を開始することが上がっている。もちろんこれは下層社会の貧困者を対象としたものである。これは当時東京の救世軍病院が行なっているだけであった。同年二月に松田三弥が済世病院を訪れており、その時の小林と松田との話でヒントが得られた結果かもしれない(40)。この件につき第五五七号（一九一四年五月三一日）には「とにかく済世病院が、哀れなる社会の細民の為めに夜間診療の新活動を開始せられたことは宗祖大師を喜ばしめ奉るべき清き麗はしき事業である。わが済世病院が現代社会の深憂病弊たる細民救済の実行に先鞭をつけしことは、吾人宗徒の一大快事である」と評している。

一九一五年一〇月には食堂、浴場、使丁室、便所等の増築が落成した。第六二四号（一九一五年九月一二日）によれば同年八月二八日、恩賜財団済生会本部会計部長深谷栄真、書記渋江利光は済世病院を訪問し、済生会委託患者状態を詳細に視察した。その結果を清滝主事に「済生会患者収容の病室は採光換気の点に於ても、設備の点に於ても、全国に於て有数なるべく、待遇の点に於ても、結構至極なりとて痛く称嘆し、猶此上とも救療を頼む旨を陳べられたり」とある。一九一六年七月には法話会場及び事務室が落成した（第六六五号）。また第七二四号（一九一七年八月二六日）には「看護婦見習の募集」として、済世病院が独自に看護婦見習の養成に乗り出したことを報じている。それは「済世病院式の看護婦」の必要性から生じたもので、一年間は看護婦学、一年は実地で、看護学のほか、仏教の簡易な教理と信仰心の養成となっている。

第七四八号（一九一八年二月一七日）には済生会委託患者の退院者を中心にして、「済恩会」なる組織が創設されたことが記されている。また第七五五号（一九一八年四月七日）にはその趣意書と規約そして挨拶状が掲載されている。

済恩会趣意書

人生に悲惨なこと不幸のことは多々ありますけれど、貧にして且つ病に悩む者ほど、悲惨な不幸の事は無いだらうと思ひます。私共は曽つて這の人生最大の不幸に陥つたのであります。

私共は曩きに不幸病に罹りました。中には不治の難症と称せらるゝ肺結核に罹つた者もありました。只さへ生計の不如意なりし私共は、病の為に忽ち窮困を告げ其日の烟りさへ立ち兼ぬる悲境に沈みました、況して医薬に親んで病を養ふといふ事は夢想にだに出来なかつたのであります。若し救いの御手が私共の頭に加はりませんでしたら、私共は到底今日ある事は出来なかつたのであります。然るに何の幸福ぞ、私共は、畏くも　先帝陛下の難有御思召によりて設立せられし恩賜財団済生会の御恩沢に浴し東寺済世病院に入院し懇切なる治療を受くるの幸福を得ました。殊に済世病院は通常世の病院とは異り、弘法大師の御教旨に基き設立せられし世にも有難き病院にて啻に医薬の治療を施さるゝのみならず、毎時高徳の法筵を開かれ信仰を鼓吹せられ精神上の安慰を与へられました。私共は肉体の疾病の治療を得たると同時に精神の煩悶をも救済されました。而して私共は身心共に健かとなりて退院し、各自其家業にいそしむ幸福な身の上となりました。何といふ有難き、嬉れしき事でしやう。手の舞、足の蹈む所を知らずとは実に此場合を謂ふたものと思ひます。

私共は全快退院して後、一日とても同院の御懇切なりし治療に対して感謝を捧げぬ日とてはありませぬ。朝夕、必ず東寺済世病院の方に向ひて御礼を申上げ夜眠に就く時も足を其方に向けぬ様にして感謝して居ります。併し之れのみにては私共の良心は満足する事は出来ませぬ。茲に私共相計り済恩会なるものを設け、私共と同じ境遇にありし人々を会員として、別記の方法に依り、永く恩賜財団済生会と済世病院の御恩恵を感謝し奉る微意を表することに致しました。是れ素より只私共の受けたる山よりも高く、海よりも深き御恩恵を永く忘却せぬ至誠無息の微意に過ぎないのであります。私等と同境遇の方々は必ず喜んで御賛成下さる事と思ひます。

一方、済世病院側も同年二月一日付で矢野長蔵（院主）、小林参三郎（院長）、清滝智龍（主事）の三人連名で「済世病院挨拶状」なる左の文を送っている。

貴下等　曩きに不幸病に罹り済世病院側も窮困を極むるや、恩賜財団済生会の恩沢に浴し、当済世病院に入院し治療を受け、幸に軽快又は全治退院するを得るの幸福を見るに至れるは貴下等と共に我等の歓喜に堪えざる所なり。貴下等深く之れを喜び、恩賜財団済生会及当済世病院の恩徳を永く記念し且つ謝恩の誠意を致さんが為に、貴下等相計りて、済恩会なるものを組織し、貴下等と同一境遇にありし人々を会員とし、代表者を撰み、毎年明治天皇祭の当日、桃山御陵に参拝して御礼を申上げ奉り、且つ弘法大師御降誕日に当院の　大師宝前に参拝し、又年三回、当院に入院せる済生会患者を慰問するの法を設け、第一回として去月十七日、種々の慰問品を調べて当院の済生会患者を慰問せられたり。是れ一は以て貴下等感恩謝徳の誠意を表し、一は以て同病相憐むの情誼を尽したるもの、洵に感すべきの美挙たり、這の誠意ありて始めて貴下等自ら人道を全うすると同時に又以て　先帝陛下の聖旨に副ひ奉るものと謂ふべし、冀くば永く這の心を忘れず、身を慎み行を正し、各自家業に奮励し又社会に処して幸福なる生活を営まれんことを　至嘱。

第八四四号（一九二〇年一月一日）に於ける済世病院の新年の挨拶記事から当時の職員について記しておきたい。院主は矢野長蔵で、院長小林参三郎、主事清滝智龍、医員として山口栞、片山虎男、鈴木正雄、調剤員として宮沢英夫、柿田宗治、和田源次郎、三浦隆、事務員として桜井清、八木精太郎、看護婦は木田茂、森野秀である。

一九二〇年四月二五日、長年にわたって院主として経営面、財政面に多大の貢献を為してきた矢野長蔵が死去した。そして二八日葬儀がとり行なわれた。土宜法龍は弔辞で以下のように述べている。「済世病院主矢野長蔵氏ハ、夙ニ三宝ヲ尊信シ深ク　宗祖ニ帰依シ、祖風宣揚会ヲ賛襄シテ、巨額ノ浄財ヲ投ジ、済世病院ヲ創設シテ、自ラ経営ノ任ニ当リ、病者ノ身心ヲ救療スルコト其数ヲ知ラズ、誠ニ抜群ノ善根、希世ノ勝業ト謂フベシ。加之社会慈善事業中、最モ効績優秀ニシテ令聞高ク九重ニ達シ、本宗ノ光弥ヲ添フルコト少カラズ、洵ニ氏ノ功徳感賞ニ勝ヘズ、一朝ニ豎ノ襲フ所トナリ、溘焉トシテ逝ケリ、痛悼哀惜曷ソ堪ヘン冀ハクハ三密瑜伽ノ法味ニ飽キ、頓ニ一如実相ノ宝殿ニ入ランコトヲ」と[41]。そして同氏を偲んで『故矢野院主追憶記念』という小冊子が刊行され、『六大新報』には多くの追悼文が掲載されている。

東寺婦人会は済世病院において済生会患者を見舞う等の活動を展開しているのも看過できない一つの活動である。ところで一九二一（大正一〇）年九月一三日、基本金も一万円に達したので、祖風宣揚会会長土宜法龍と院長小林が申請人となり、内務大臣宛に「財団法人済世病院設立申請書」を提出した。済世病院はその後も宮内省や内務省から毎年の如く寄付金を受けている。たとえば第一〇〇三号（一九二三年三月四日）には「済世病院は年々好成績を挙げ、今や日本救療事業中、最も意義あるものとして推重されつゝあるが、去る十一日紀元節の佳節に当り、左の宮内省よりは金五百円の御下賜、内務省よりは金四百円の助成金下付ありたり」と報じられている如くである。

ところで院長小林は一九二二（大正一一）年、『生命の神秘』という著書を春秋社から刊行した。本の構成は「総論」「本論」「結論」そして「静座法」「自然良能を速進せしむる特効薬及其他の養生法」からなり、三一三頁から成っている。小林の年来抱懐している医療観、修養法について、済世病院での実践に基づいて展開されているもので、静座法についての詳しい解説もなされている。本の性格としては研究書ではなく、一般民衆への啓蒙書の類のものである。それにつき『六大新報』第九七八号（一九二二年八月二七日）では「小林先生十余年の忍苦と犠牲の活ける記録たる本書が如何に読者の心胸にふれ如何に徹底せるものであるかは茲に言ふまでも無い。尚ほ本書の出現に依り我が済世病院の意義を広く社会に宣伝するの機を得たことは感謝に堪えない次第である」[42]と評されている。

済世病院の経営には清滝智龍や財政面から支えた矢野長蔵の存在が大きいが、何よりもその院長で病院の特徴を引き出した小林の存在は忘れられないことは言うまでもない。そして小林は当初より病院内で講話会を開くなど、仏教的精神でもって病院を経営していき、多くの人々から慕われた好人物であった[43]。しかし一九二六（大正一五）年一〇月二八日午後八時半心臓麻痺にて突然逝去する。『六大新報』第一一九二号（一九二六年一一月一四日）の社説は「故小林参三郎氏を追憶す」である。

本宗唯一の社会事業である京都済世病院々長小林参三郎氏は、去る廿九日突如逝去せられ、越へて三日厳粛なる告別式を東寺に於て執行せられ、会葬者壱千名に達したと云ふ。小林氏明治三十六年外遊より帰朝して信仰と医術の併進を提唱し、内外の聳聴を買ひ、遂にわが祖風宣揚会組織の因縁をつくり、四十二年済世病院なるや其院長に就職し、献身的に救療に従事せられたこと実に十有八年、この間氏の名望を以つて事業を営まむと欲して頗る有利の条件にて迎へんとしたるもの或は他に転職を勧むるもの等あり、恰も氏の聖業を障けんとする悪魔の如く、社会各方面より誘惑の手は延びたれど、氏は断々乎としてこれをしりぞけ、清貧にあまんじ済世の救療に従事せられた、而して晩年に及ふや信仰と医術の併進主義は一層天下に地歩を占め、政治家、実業家、学者、文士、俳優等と各階級の名士袖を連らねてその門を叩くに至つた。然るになにごとぞ天はこの国手を地上より俄に奪ひ去る。新愁の憂にとざゝるゝもの決して第三階級の人達のみではあるまい。殊に真言宗の社会事業が貧窮なる中に、済世病院あるありて院長小林氏の人格と相俟つて、日本に於ける救療事業にて私設中先覚の位置にありたるに、俄にこの明星を失ふことといかにも寂寞の嘆に堪へない、秋深くして紅葉地にしくのとき、一入追憶の念もゆるものがある。

ちなみに小林の後任には医学博士西谷宗雄が就いた。「故小林院長の忌明」(44)という報告には「小林院長の逝去せられたに対し各地より鄭重なる弔辞並に香奠を送られた方は多々ある由なるが、これは同院より一々故院長未亡人信子氏へお渡し霊前に供へ感謝せられつゝあるが去二十八日を以て忌明とせられたるにつき、故院長の知人より送られた追憶・感想文に故院長の小伝を付し『柿の実』と題したる小冊子と為し、之を各地より弔詞並に香資を贈られし方へ贈呈したる由」と報じられている。済世病院はこの小林の献身的な働きによって真言宗のみならず仏教界を代表する救療病院となった。

四　大正期における真言宗社会事業の展開

（一）大正前中期における真言宗社会事業

一九一二年七月末、明治天皇の死去により「明治」は終焉し、新しく大正の時代を迎えた。そして「恩赦の大勅」が一九一二年九月二六日、勅令をもって煥発された。これによって当面恩赦となった約一万二〇〇〇の人々の問題を如何に考えていくかが大きな課題となったのである。内務省からも「出獄者ニ関スル希望」として出され、真言宗聯合各派寺院は「聯合達示」「門末ニ対スル諭達」「免囚保護事業実施ニ関スル心得」を発している(45)。いわばこれを機会にして大正期の真言宗更生保護事業は展開されていくと称してよい。

真言宗各派聯合寺院法務所は一九一三（大正二）年一月一三日付けで「保護会設置並ニ保護上ニ関スル心得」「事業実施ニ関スル諸般ノ様式」についての達示を配布している(46)。藤田智空は「免囚保護について」という論文を『六大新報』第四九一号から第四九三号にかけ掲載し、斯業の発展を切望している。そして第五六〇号（一九一四年六月二一日）は、六月一三日、徳島県真言宗の事業—免囚救護会の発会式があったことを報じているように、次第に地方において免囚保護会（救護会）なるものが創設されていく。このように真言宗では大正期に入ってようやく更生保護事業の展開がみられることになる。

『六大新報』第四七七号（一九一二年一一月一七日）の飛雲生の「宗教家の社会的事業」という論文では幼稚園事業や日曜学校にふれている。それによれば日曜学校はこれまでキリスト教の教会にて行われてきた「美風」「伝統」であるが、三、四年前より臨済宗、真宗、日蓮宗等で行なわれるようになってきた。しかしその多くは寺院外の建物で行なわれており、寺院内で行なっていくのが良いとして「宗旨としては平易通俗なる日曜学校用の教科書を編輯して、統一的教養に努める事が肝要である。簡易なる音楽なども制定して流布せしむるのは、面白い事であらう。斯の如き事業を隆盛にするには、当局者などの奨励誘導も必要である」と説いている。東寺及び高野山の日曜学校は一九一七（大正六）年から始まっており、翌年一月からは「日曜学校カード」を発行し、この時期、宗内一般にその設立を訴えている。そして各地の寺院においても日曜学校が設置されてくるようになった(47)。

一九二一（大正一〇）年二月一五日の『高野山時報』第二一八号付録として「日曜学校要覧」が刊行されている。その凡例には「児童の宗教々育は漸く宗教家の緊切な事業として社会から認められてゐる。従つて仏教各派に於ても之が経営施設を奨励し、従来の伽藍仏教を脱して、生きた方面に布教宣伝して社会奉仕をなさしめんとしてゐる」とあり、その一端が日曜学校として現出したのである。「本社は釈尊涅槃会の聖日に当り、斯かる時代の要求をして、益々意義あらしめ、我等は弘法大師の末徒として、仏徒の責任を完うせんが為め、仏恩報謝の一端表示として、本書を発刊し、我が宗の志を同じうしてゐる人々に之を分ち、ともに宗教々育に資せんと欲するのである」とうたわれている。内容の執筆は高野山日曜学校主任山口憲雄の筆になり、高野山時報社主幹上田秀道が校閲、補修した。目次をみてみると「要領」「沿革」「原理と実際」「目的及事業」「礼拝の意義及内容」「礼拝の形式」「学級組織」等、一四の項目からなっている。たとえば目的として「我が真言宗でいへば大師主義の信奉者として、真言宗の教理を信じ、大師の御誓願に縋つて自己を利し社会を益する生活に、生徒を導く」ものとしている。生徒は幼稚園児から高等小学校生徒までとなっており、具体的にその活動内容が紹介されている。日曜学校に対する一種のマニュアル的なものである。この大正中期くらいから全国各地の寺院でかかる種類の日曜学校が開かれていくことになる。

大正期の真言宗の施設として大阪の不動寺の諸活動も注目しておく必要がある。その一つは保育園である。「大阪市北区不動寺住職三好賢照師は予てより社会公共の事に熱心尽瘁せられ昨年来通俗講話会を毎月開催せられつゝあることは本誌屡報の如くなるが今般更に昼間保育園なるものを同院内に設立し本月一日その開園式を挙行せられたり」(48)。また『六大新報』第七九八号（一九一九年二月九日）には「不動寺の敬老会」として昨年一二月一一日に第一回敬老会を開催し、今度二回目を二月一日に開催したことが告げられている。「来場せし老人は一百三名にして臨場者は曽根崎警察署長家島保治殿警部二名巡査数名新聞記者大阪救済事業同盟会長岡島伊八氏外数名の諸君列席の上午前十一時に美々敷装飾せられ荘厳を極めたる同寺本堂に於て開会の式を挙げたり」と。

さらに『六大新報』第八二五号（一九一九年八月一七日）には「不動寺慈善会発会式」という記事が載っている。これも不動寺住職の三好が戦後の人心荒廃を憂慮し、組織的に救済事業を展開しようとして財団組織にし、「不動寺慈善会」なるものを起し会員を募集したところ一六〇〇余名の会員が集まり、八月六日をもってその発会式を挙げたものである。当日には林市蔵大阪府知事をはじめ、行政関係、大阪救済事業関係、高野山金剛三昧院久利僧正、真井、岩橋僧正ら真言宗関係ら多く参会した。このように不動寺は地域と密着し、正に寺院を拠点にして社会事業を展開していったのである。

養老事業については如上の不動寺のものもあるが、『六大新報』第六五〇号（一九一六年三月一九日）に「阿波養老院の創立」として次のような報告がある。

従来徳島県下には孤貧児を救済する為めには阿波国慈恵院なるものあれども老衰に及び扶養者無き老者を救助する機関なきを遺憾とし、真言宗僧侶大塚虚舟外数氏の発起にて此程徳島市安宅町に阿波養老院なるものを創立し院友会を開き役員の選挙を行ひしが、予て内務省にて第一回感化救済事業の講習を修了し県下救済事業の為め尽瘁しつゝある真言宗光仙寺住職権少僧正北条義雄氏を理事兼院長に推薦し、他の理事は院長の指名にて大塚虚舟氏を始め同宗本福寺住職佐々木霊雄、同宗名東郡国府町万福寺住職村戸隆栄師及同宗信徒にて感化救済事業に従事しつゝある富士居力次郎を理事に選挙し、老衰者数名を夜々収容し高祖大師の尊像を祭り仮に開院式を挙げ広く同情者を求め着々院務の進行を図りつゝありといふ。真言宗寺院一般は勿論苟くも宗祖の信者は宜しく充分の援助を為して可也。

このように大正期になると地方で社会事業を営む寺院がかなり現われてくるようになる。

（二）『高野山時報』について

高野山においては一九一三（大正二）年七月廿一日、月刊誌として『高野学報』が発兌された(49)。後の『高野山時報』である。その「発刊の辞」に曰く。「法三章以て大綱を提げ、其余は宜しきに従ふて処理せんとす。彼の学林問題、布教問題、宗内宗外の時事問題、社会問題、擾々たるかな事や。『高野学報』は其名の示す如く高野学報なり。其の主義綱領に基づきて驀進し、力めて俗界時事の政争問題を避け、徳川明治の新思潮に依りて洗練せられたる南山応永の実義を発揮せんとするものなり」と。そして『高野学報』は一九一四（大正三）年一月より『高野山時報』と改題された。上田北嶺の「改題と吾人の主張」には「姑息なる聯合を改廃し、意義ある統一的基礎を確立し古義真言宗高野統一主義を表明し、高野山を以て真言宗信仰の背景とし、確実なる信仰を鼓吹するを以て唯一の目的」とすると開陳されている(50)。大正期、真言宗の社会事業に関する論文や記事は『六大新報』ほどではないが、この紙誌にもかなり登場してくる。しばし同誌を追ってみよう。

『高野山時報』第一二号（一九一四年三月二一日）の「慈善か強請か」という論文は済世病院に対する批判的な趣旨で書かれている稀有なものである。済世病院が患者より寄付金をとっていることに対して「高祖をダシに強請寄付をやっている」と辛辣に批判し、何故「実費治療貧民無料」でやらないかとその方針を批判する。そして「吾人は真言宗を後援として立つて居る済世病院の存在を認めたいが、現下の状態では要するに存在を認めにくい」と批判する。

第一六九号（一九一九年一〇月五日）で長尾慈天は「新しき職務に対する社会事業家養成の必要」を発表し、慈善家の時代から専門的な社会事業家に代わるべきであり、その養成が急務であることを論じている。そして社会事業研究所を設置し、「先づ法務所の何づれの部にか社会事業課を設け、宗内社会事業の連絡統一を計り、研究調査したる結果を一般に普及する位は尤も手近の方法であるまいか、更に両学卒業期の学生に社会事業総論位でも教へ卒業後更に研究に従事するものには何等かの方法を考へて研究の進められるやうになし、社会事業家を養成することは布教師養成以上に意味あり価値ある事と想ふ」と論じている。

第一九五号（一九二〇年六月二五日）には長尾の「社会事業研究生になりて」という論稿が掲載されている。その中で長尾は高野山金剛峰寺より社会事業の研究を命じられたこと、これは真言宗として初めての企画であること、研究生が自分ひとりであること、研究生の入る学校のないこと、研究が自由であること、したがってその責任が非常に重要であること等を縷々述べている。

所が茲四五年の間に我々が生活して居る社会状態が激変しまして商工業の発達と共に国家も充実して来ましたが、他の一面に於きましては種々なる社会的欠陥を生じて来て或点に於ては不安を感ずるやうな事もあります、そして労働問題の如き新しい困難なる問題が起つて参りましたから、従来行はれて居つた消極的な篤志家や慈善家に任して置くやうな慈善救済事業で満足して居ることはできません、更に進んで積極的に社会問題を研究するやうになり、篤志家に代るに職業として専門に研究する社会事業家と言ふことが必要になつて来ました。

ここには救済事業から社会事業への時代の推移とともに、社会事業の重要性が認識されているといってよかろう。また次号の巻頭論文「社会問題に対する理解」では「我等宗教家は是非とも社会問題の研究を怠つてはならぬ。生活の不安は物質的には経済問題から来るが、精神的には宗教的信念の欠乏から来るのである」「社会は人格的渾一体である如く、我宗意は又生仏不二、即俗而真の理法を明かにしてゐるのである。されば他の宗派はいざ知らず、我が宗の人は社会問題に対する理解を充分に持たねばならぬ」と真言宗が社会問題に関わっていくことの重要性を指摘している。

さらに『高野山時報』第二一一号（一九二〇年一二月五日）には長尾の「貧乏線を社会診察して救貧及防貧事業に及ぶ」という論文がある。ここで長尾は社会事業を「社会主義者により提供せられたる社会問題即ち一切の社会組織その制度及風俗習慣等が社会生活に害あり又は背反するもの並に道徳的秩序に合せざるもの（これを社会的欠陥と称す）を救済し改善し教化するものなり、換言すれば社会的欠陥を社会診察して救済し改善教化する事業」であると定義している。そして「貧乏線」「社会診察」「貧乏の原因」「万年貧乏」「救貧事業」「防貧事業」と展開されていく。ここには防貧事業へと進んでいった当時の社会事業への認識があるが、真言宗独自の展望については触れられていない。

第二二五号（一九二一年四月二五日）からは三回にわたって長尾の「社会事業綱領」が掲載されている。ここで長尾は第一篇から第四篇までに分けて詳細かつ具体的に論じている。先ず第一篇は第一章「社会事業の意義及目的」、第二章「皇室と社会事業」、第三章「宗教家と社会事業」、第四章「社会事業の方法」、第五章「社会事業機関」、第六章「社会事業と関係科学」、第七章「社会事業家の心得」からなっている。第二篇実行科目においては第一章「方面委員」、第二章「救貧事業」、第三章「防貧事業」、第四章「衛生及救療事業」、第五章「児童保護」、第六章「教化事業」、第七章「雑」からなっている。第三篇「歴史的研究」の第一章「日本」と第二章「泰西に於ける歴史的事業」及び第四篇の「社会的法規」には説明がなく、目次的な骨組みが叙述されているにすぎない。

以下、『高野山時報』には本間虎五郎「新時代の社会事業」（第二三五号）、林田光禅「社会事業と真言教義」（第二八六号）、林法厳「社会課設置を望む」（第三五八号）、社説にも「大師教に於ける救済の原理」（第三〇五号）、「社会と寺院」（第三五一号）等々のような論文が掲載されており、この雑誌も真言宗社会事業を知る上において重要である。

（三）大正中期の社会事業の論文をめぐって

一九一四年から一九一八年にかけて第一次世界大戦が主にヨーロッパを舞台に戦われた。日本はアジアにおいていわば「漁夫の利」を得、「成金ブーム」に象徴されるように、経済的には大きな飛躍を遂げた時代であった。一方、大正デモクラシーの勃興とともに社会運動や新しい思想が賑わいをみせたのである。しかし戦後不況により労働者の生活は失業の危機にもさらされ窮乏化していった。

日本の社会事業もこの時代に、いわゆる社会事業成立期を迎えることとなる。従来の慈善や救済的な概念では把握困難な状況が現実社会において生起していた内務省は一九一八年、救済事業調査会を設け、新しい時代の社会事業を模索し、そして社会局を設置し行政機関の整備を進めていった。また大阪府では米騒動後、林市蔵知事の下で小河滋次郎らの尽力もあり、方面委員制度が創設された。

一九一八（大正七）年八月、富山県に端を発した米騒動が勃発する。第七七三号（一九一八年八月一一日）の社説は「社会問題と宗教家」であり、この件についてふれている。「浦塩出兵宣言以来米価は急激に大暴騰をなし、仲小路農相の米価調節策も遂に其無力なるを暴露せり。是がために中流階級までも其生活を脅かされんとするに至りたるは国家の大問題なり」とし、次のように論じている。

宗教家は新社会の新事実新現象を如何に解しつゝあるか。徒らに殿堂楼閣の中に惰眠をなして、社会の悲劇を冷眼視するが如きは仏祖の大慈悲に反するものなりと思はざるか。宗教家が政治界の堕落、実業家の背徳、投票売買、米の買占等を見て平然たり得るが如き状態にては、救世の理想を徹底的に実現し得ることは不可能なり。誤れる軍国主義、産業的国家主義に対し宗教家は理想的国家社会の建設指導に尽し、危険なる諸種の社会問題を解決するに努むるは、最も意義ある事なり。

そして次号の社説「重大なる食料問題」においても「特に未曽有の食料騒動に際し仏教家が社会的勢力としての宗教たる要求に応ずべき何等の布施行なかりしは遺憾也」と宗教家の蹶起を促している。また第七七六号（一九一八年九月一日）の社説「深刻に省察せよ」では「我真言宗の如きは最も大乗仏教の理想を如実に表現せし宗教にして宗祖弘法大師は盛んに国家的社会的に活動せられたるは言ふまでもなく其後の先徳皆な偉大なる足跡を文化史上に印したり」、「真言宗は近代の思潮問題に対して何等の解決を与へ得ざるのみならず個人の救済に対しても何等の力用を示さゞるは遺憾ならずや」と他の宗派に比し、対応の遅れを批判している。さらに次号の社説「憂うべき社会の傾向」においても、資本家の我利貪欲を批判し、民衆の生活問題にふれ、「宗教者は先づ近代思想の迷妄を打破して平等即差別、差別即平等、組織と解放、個人と社会の妙理を指示すべきなり。而して現在の成金諸君に向ひ布施の大義を宣伝して慈善病院、平民食堂、図書館、孤児院等の事業を奨励して憂ふべき当面の社会的傾向を匡救するに努むべき也」と論じている。かかる視点は第七七八号の社説「社会生活と仏教」等でも共通しているものであって、現実の社会問題に対して生ける仏教を唱導し、「仏陀の慈光」に照らして「法悦歓喜の社会生活」に導いていくという視点である。かかる中で時代、社会に対する「宗教家の社会的態度」として説かれ、その第一義においてこの時代の社会事業の存在意義が問われているといってよい。

一九二一（大正一〇）年一月一日刊行の「新年号」『六大新報』第八九五号は「社会事業の実行案」という特集を組み、全七〇頁全体が社会事業特集号的な内容から構成されている。以前「済世病院開院紀念号」を出したけれども、『六大新報』がこのような組み方をしたのは珍しいことである。社説は「社会の調和」であり、「真言密教は理想と現実との調和、精神と肉体との融合、理性と神秘との一致、個人と社会との連結、霊的生活と人間生活との道交、永遠と刹那との燃焦とを包含し建設して悲痛の生命を信知せしむ、故に真言密教は人類の煩悩熾盛性を霊化し、浄化して、此の地上生活を荘厳するを理想となすもの也。密教は人類の文化生活と密接に連結し、密教の盛衰は真の文化的要素に影響する所多し」と論じている。そしてこの号には三〇数篇の社会事業に関する論文が掲載されているのである。

巻頭論文は宮崎忍海で「人格中心の社会事業」というタイトルが掲げられている。宮崎はここで社会事業の理想として「社会に行はるゝ諸種の罪悪を絶滅し、その暗黒面を掃蕩して、凡そ社会に生存する全人類をして、幸福を増進せしめ、以て文明的人間生活の徳沢を享受せしむるにありと信じます」と述べ、真言密教の立場から言うと、単に施与や物質的救済にとどまるのでなく、「最勝の理想として体験せられるのであって、その体験は吾らの現実生活上に於ける人格的道徳的悲智の活動として実現すべきであります」と。社会救済事業の本質は何処までも「宗教的人格的原理に基く所の人生に於ける最勝なる理想の体験であるから、慈悲の精神、人格的道徳的生活の活動」を離れては、その意義がない。したがって「人格中心」は当然「寺院中心」となってくる。「寺院中心の社会事業は最も理想的であり、人格的であると信じます」。また福来友吉「相互供養の共同生活」、高楠順次郎「朱紫両系統の思想観」、中野義照「ありがたき人を思ふ」といった論文が掲載されている。

そして以下「社会事業の実行案」として多くの人が論じている。これは「寺院を中心とする社会事業の実行案」として六大新報社が原稿依頼をしたものの返事であろう。同号掲載の著者と論文名を掲げておく。鳥越道眼「寺院中心の社会教化」、森賢隆「寺院を社会の中心とせよ」、谷本富「寺院中心の社会事業」、岡崎密乗「社会文化の為に解放せよ」、日下義禅「自分の位置より見たる社会事業」、塚本賢暁「隣保事業」、吉川法城「慢性的無自覚より」、安永龍瑛「社会奉仕事業」、宇山文応「自分の本分に安住せよ」、富田斅純「寺院を有用の住宅とせよ」、斉藤章厳「自治布教」、松本文雄「仏教共済組合の設立」、高貝水賓「継子の委託教養」、高橋慈本「医療組合の組織」、小山祐全「描く行ふは巧みに言ふに優る」、三浦周行「寺院の改造と僧侶の差別撤廃」、九鬼隆一「事務の肯綮に中たれり」、佐藤独嘯「少年少女の極楽浄土」、壽山良海「大慈悲心の実現」、曽我部光俊「寺院と社会問題」、下間空教「意見書」、草繋全宜「寺院制度の改造」、山本忍梁「精神的社会事業」、国司暠相「農村教化事業の大要」、小田思水「大乗仏教の精神」等である。

ここで当然議論の対象となっているのはつまるところ既存の寺院、あるいは自坊を社会事業のために如何に活用していくか、ということである。二、三の論文を紹介しておくことにしよう。最初の鳥越論文は、キリスト教における教会と同様、寺院が「その土地の塩となり光」となって人心を支配すべきであると説く。そして日曜学校、幼稚園、託児所、子守学校、補習学校、不就学児童の教育、女学校、図書閲覧室、講演会講習所、青年会と婦人会、労働者慰安会、娯楽室、運動場、旅行見学、無料宿泊所、免囚保護、職業紹介所、感化院、孤児院、養老院、盲唖院、慈善病院、禁酒奨励、仏教青年会館、仏教婦人会館と二五の施設の可能性を列挙している。寺院の「社会教化」の具体案でもある。つまり、寺院は精神的救済と物質的救済の両方を担っているのだから、地域社会のセンターとしての位置をわきまえ、住民のための社会施設あるいはセツルメント的機能を果たしていくこと、そしてそのための施設の設置、これが密教の精神と合致してくるというもので、かかる論旨は他の論文とも共通するものである。

松本文雄は「仏教共済組合の設立」において、「寺院を中心とする社会事業」を経営するには第一には本所本山に「社会局」を設置し、各地の寺院の社会事業を督励する必要を訴え、「仏教共済組合」の設立を標榜している。また高橋慈本も寺院に「医療組合」の組織化を呼び掛けている。「貧富の区別なく、一戸幾等かの会費を徴収し医局を寺院内に設け、常設の医者を置き以つて診察投薬をせしむる。同時に住職なり妻君なりが親切に患者を慰問し教誨を与へるならば救済の真実義を現す事が出来る」と論じる。

山本忍梁は「精神的社会事業」で「高祖出世の本懐を窺ひ、密教々義の本領を顧へば毫も満足すべきではなく済世済民の大業に不惜身命の覚悟を固め勇猛精進すべきの秋である」とその時代を解し、「茲に於て済世利民を標榜して立つべき高祖の末徒は、常に簇生する社会問題の正否を検覈して若し其の問題が自由平等の誤用若くは濫用の嫌ひあるものならば遠慮なく鼓を鳴らして破邪顕正に、自由平等の真義に合ふ善良のものならば助長培養に奮励せねばならぬ」と宗教者の社会に対する基本的な姿勢を説いている。したがって、たとえば普選運動においても自己の選挙権要求より先に普選運動に尽力すべきであると論じている。そして実行すべき社会事業として「我が密教は社会的に活動してこそはじめて存在の意義がある」とし、「即俗而真を教義の根幹とし、三世常恒の円明日の光明を認識し、凡聖不二の妙理に契達すれば正像末の区別は雲散し、浄土穢土の差別は霧消して随時随処に理智不二の法身と成り得ると固張するのだから密教の生命は徹頭徹尾社会的に存在する。寺院の殿堂其自身が雄弁に之を物語つてゐる」と。その時山本はどちらかと言えば「精神的方面」から社会教化に当たるべきで「仏陀が心界の大医王たるを会得せしむる目的」で次の四つの事業を尽瘁すべきであると主張している。それは「観法練行の経営」「日曜学校の経営」「夜学校の経営」「毎月大師講の経営」である。

一方、下間空教の「意見書」のように「寺院中心の社会事業そのものに小生は反対に有之候」とする意見も掲載されている。つまり物質的救済は「霊的救済に引入すべき方便の門戸に過ぎず、大師の真精神は方便救済を最終の目的とするに非ずして、是等の門戸より誘引してなりとも三密五想偏へに霊的救済を与へんとの念願に外ならずとす。本を忘れ末に真似るは大師の真意に反す」と反対論を展開しているのは、きわめて少数意見ながら論理としては興味深いものである。

そして次号の第八九六号においてもその続編として小林雨峰「寺院を中心として」、大木啄寿「寺院と社会」、第八九七号には猪熊信男「宗教家の社会事業に就て」等が掲載されている。大木啄寿はその中で「宗教家は活きた弘法大師の翻訳者」であらねばならぬと説いている。この年は『六大新報』においても社会事業に対する論が掲載されているのは一つの特徴でもある。とくに栂尾密道は「救済事業の沿革」（一～七）「寺院教会の私設救貧事業」（一～三）「独逸に於ける公設救貧事業」「救貧事業施行に対する精神」等を執筆しているのは注目される。

一九二二年一月、「社会事業契励規則」が発布された。数名の布教師をもって三月から五月にかけ三カ月間、全国に宣伝活動を行なった。そして栂尾密道、亀山宥海、長尾慈天の三名が嘱託となり、実地、施設に関する研究指導を担当することとなった。ちなみに同年一一月、真言宗聯合法務所は『社会事業概要』という四〇頁（本文二四頁、付録）からなる冊子を刊行している。この冊子には次のような真言宗各派聯合総裁土宜法龍の「親論」が掲載されている。「今ヤ我国ハ産業日ニ進ミ文化月ニ開ケ皇運ノ隆盛真ニ慶ス可キモノアリ然レドモ他方ヲ顧ミレハ生活ノ不安思想ノ悪化ハ日益々甚シク転タ寒心ニ堪ヘサルモノアリ而シテ之ヲ救済スルハ偏ニ悲智円満ノ教旨ニ基ク社会事業ノ施設ニ待タサル可カラス社会事業ノ施設経営ハ寺院ノ社会的存在ノ意義ヲ確立スル所以ニシテ又実ニ社会ノ病患ヲ救ヒ仏祖ノ教勅ヲ宣布スル所以ノ要道タリ是故ニ道俗諸士心フ協ハシテ曩ニ頒布セシ三信条五綱目ノ旨ヲ体シ国家ノ為メニ奮励努力センコトヲ望ム」と、ここには真言宗の寺院が社会的責任として社会事業を興し、国家に貢献していくことの当時の方針が読み取れよう。以下著書は「寺院と社会事業」「僧侶の使命」「真言宗と社会事業」「寺院の事情と事業の選択」「経費の出所と経営方法」「各寺経営に適したる事業」「数ケ寺聯合経営に適したる事業」「国家の政策と宗教家の責任」からなっており、「付録」として「真言宗社会事業一覧」が付されている。内容について喋々述べるまでもないが、著の末尾に「兎もあれ、社会事業の施設経営は、仏祖の御思召より云ふも、現代社会の要求より考ふるも、我等宗教家の割当てられたる大なる役目にして、その責任は実に重大であると申さねばなりません、餓へたるものを救ひ、苦しむものを助け、右傾を矯め、左傾を匡し鰥寡孤独を憫み、教化に力め、隣保に尽し、自他平等の利沢を施し、社会の秩序と平和とを全くし、以て人類の幸福を進むることは宗教家当面の大なる責任にして、我等は八福田の功徳業として、菩薩大慈の善業として、社会事業の為めに大いに努力しなければならないと信じます」と記されている文言に象徴されているように、寺院、宗教者の責任を社会事業でもって果たしていくという観点にある。

この時期において紙上で頻繁に社会問題や社会事業が論じられてくる。それは一九二三（大正一二）年二月一二日の「社説」「社会の腐敗と其救済」の中「然れば現代社会制度の欠陥救治は我真言宗に於ける布教伝道の第一義であらねばならぬ」という表現が宗教社会事業の性格を端的に物語っているものといえよう。そして第一一二七号（一九二五年八月九日）の「寺院の開放」では普選問題にふれ、「普選の実施につれ各政党は寺院の開放を要求して居る。寺院は素より住職の私有物にあらず、また檀信徒のみ占有すべき性質の物にもあらず、宗教々育、社会教育、政治教育等、すべて社会を教化善導する殿堂であるは云ふまでもない」とまで論じているのである。寺院の社会での役割がこの時期社会事業を含め、問われていることの証左であり、社会問題に対する言及が多いのも大正デモクラシーの時代への反映であろうか。

第一次大戦後から昭和初期にかけ、日本は慢性的な不況の時代を経験する。一九二一（大正一〇）年には「職業紹介法」が公布され公営の紹介所が増加していくが、失業問題の抜本的な解決を意味していたわけではない。『六大新報』第一一三二号（一九二五年九月一三日）の社説「失業救済と宗教家」はこの問題にふれている。

失業者が四五百人も群を為し、其日のパンにありつかんとして、毎朝職業紹介所に押し寄せ、其過半も一日の職すら与へられず、公園に街巷に力なき飢渇の身を横へて居る姿は、この世ながらの餓鬼道であって、人間世界の出来ごとゝは想はれない悲惨事である。かれらがかくまでしてなほ死の道を選ばず、一意生を欲求する心事は、何人も之を尊重し飽迄で保護してやらなければならぬ。国家は職業紹介所を設置し、彼等の救護に努力しつゝあれど未だ徹底を欠くの恨みがある。こは全く失業者それ自身にあらざれば知る能はざる痛苦あり、其痛苦を味ひ得ざる罪にして、やゝともすれば官僚的に救護してやるとの観念に弄ばれ、何事も形式に囚われ徹底味を欠ける結果と云はねばならぬ。

また次号の社説「婦人売買と矯風会」は廃娼運動について論じている。「それにしても、宗教家は何故に此運動を援助しないのであらう。いづれの宗教に於ても人身の売買は罪悪とせられてある、而して国家の罪悪を除くは宗教家の責務である。われらは声を大にして矯風会の運動援助を絶叫せざるを得ない」と支援する論を張っているのは注目される。

総じて大正時代はこのような社会問題についての論が展開されていることに目を引く。大正デモクラシーの時代は真言宗においても宗教者として現実への眼差しを避けてとおることはできなかったのだろう。社会事業は現実社会のそして国家の事業として、かつ宗教の教理に基づいてやれる可能性を大いにもっていたところに仏教界の当時の「救い」があった。もちろん社会問題を往々にして精神的な課題として把握している点において限界を示すものであったことは言うまでもない。

（四）医療保護事業の動向

近代の真言宗の医療事業を代表するものとして済世病院をこの雑誌でみてきたが、他の医療事業についてみておきたい。『六大新報』第五四二号（一九一四年二月一五日）には「悲眼院開院式」と題してその模様を報じている。悲眼院は院長渡辺元一によって眼科の病院として岡山県小田郡にて開院されたものである(51)。「悲眼院の規定は後日改め報道する処あらんも其趣旨たるや日新の医術と本尊薬師如来との加被力にて身心の疾患を治療救済するにあり（但し当分眼科のみ）されば患者をして仏陀の慈光に浴せしめんが為に薬師本堂に参拝し廻廊より病院に入り高祖の御霊前に礼拝合掌せしめ然る後診療す、更に患者の精神向上を図らんが為には毎月二回已上の定時講演をなし其経営維持は篤志者の寄付と浄財喜捨物とを以て之に充て一定の手術料及薬価を徴収せざる等最も時宜に適応せる最上無比の活躍せる社会的事業と謂つべし」と紹介されている。

　ちなみにこの悲眼院については以前明治末期に設立趣意書が掲載されているので、ここでその趣意書を見ておくこととしよう。発願主として名を連ねているのは丸山照憧、桑本真定、長尾円澄、釈大空、高橋慈本、渡辺元一の六人である。一九一一年七月三〇日の『六大新報』第四一〇号の記事による。

慈《ママ》眼院設立趣意書

抑も仏陀大悲の発する所済世利民ならざるはなし、されば吾宗祖弘法大師は寐ねたる間も国利民福を忘れ給はず、施薬に教育に文学に土木に事として為さゞるはなく、以て吾等末徒に垂示し給へる其霊験炳として今尚日星の如し翻つて方今の世局を察するに日に月に宗教と社会事業と相分離し高祖の慈心と背違するものあり、為に道義の頽廃甚だしきを致し終に社会の欠陥を招くに至れり、爰を以つて本年二月十一日紀元節位の佳辰に際し　鳳声煥発して貧窮無告の弱者に施療す可しとの慈勅を拝聞するに臻れり、嗚呼吾等国民たるもの豈に眷々として御叡慮のある所を服膺せずして可ならんや、吾等茲に鑑みる所あり其昔し一演僧正本願薬師如来の霊験に感じて開創し給へる走出薬師の霊地を卜し、新に悲眼院を建設せんと欲す。

今や医術の進歩は駸々として底止する所を知らず又遺憾なしと雖、只其方薬の手術にのみ依らむよりは大悲仏陀霊験を仰ぎ以つて身心二種の治療を為さんには如かじ、……略……

　もろちん「開院準備方針」も掲載されているように、一九一一年にこれが披瀝され、開設の計画がまずあって、三年後の一四年になって漸くそれが実現したものと考えられる。

悲眼院の記事は設立されて後にも『六大新報』に登場してくる。たとえば第七九七号（一九一九年二月二日）には「備中国小田郡北川村眼科悲眼院の眼病院に対する施療、投薬、法話、加持は益々発展して好成績を挙げつゝ、あり大正七年度は看護婦二名の常在に依り多数の施薬をせられたるは喜ばしきことなり」とある。

一九一六（大正五）年一二月二〇日、信貴山成福院住職鈴木恵照によって積徳院付属医院が開院している(52)。大正後期には大阪少年審判所の依頼を受け、保護少年のために「積徳少年治療院」をも開設する（『高野山時報』第三八八号）。

さらに一九一九（大正八）年二月二〇日、岡山県笠岡の吉祥院中に得寿院という施療所が創設された。この経営は笠岡町真言宗寺院の経営になるもので、院長は渡辺元一で、東寺済世病院と同様に「心身両面の救済」をその目的としていた。その「創立趣意書」には「然るに時なる哉本県済世顧問渡辺元一氏あり曩に薬師の悲眼院を開き沐雨櫛風五ケ年の久しき未だ嘗て怠らず繁劇席温まるの遑なき身を以て今又更に当町に夜間病院を設立せんとするの意あり来りて衲等に之を図らる衲等の喜び何ものか之に比せんや茲に於て微力を省みず直に済世の一院を設け名けて得寿院と云ふ大師の信者にして療薬を請ふもの並に窮乏自ら医薬を給する能はざるものを救療し以て聖恩の万一に酬ひ奉らんと欲す希くば高祖大師の冥鑑を仰ぎ大方仁者の援助に依り済世利民の素懐を成就せしめ給はんことを」と論じている(53)。

ここで大正末期の社会事業施設の一動向として、済世病院との関連も含め、兵庫県佐用町に創設された高野山療病院について若干言及し、この時期の地方寺院と施設の取り組みの状況をみておくこととしよう。この病院の創設者は井上泰隆という人物である。

井上泰隆は一八九三（明治二六）年二月二四日、兵庫県佐用郡平福町一五一に生まれた。父は井上泰諄である。当時、一八九一（明治二四）年七月、佐用郡平福町の十輪山光明寺に転任したけれども、一九一三年に逝去している。当時、泰隆は高野山の学林で学んでいたが、跡を継ぐため、中途退学せざるをえなかった。そして岡山県英田郡西粟倉村大字影石の医師小原基弘の娘である小原基与と結婚した。一九一四（大正三）年、光明寺の住職を継いだ時以来、泰隆はこの山間の地に仏教の布教と地域住民のために「信仰と医療との調和」した実地診療の病院を設立することを抱懐していた。妻の兄の小原慶雅に出張診療を依頼したが、泰隆の熱意にほだされて、実家の医院を閉じ井上の事業を助けることとなった。しかし当初、県へ申請したが認可がおりなかったが、一九二二（大正一一）年六月三日、ついに県に認可されることとなった(54)。

井上は『高野山時報』第四〇二号（一九二六年三月二五日）に「高野山療養院の経営に就いて」という論文を書いている。ここには彼が病院を創設するに至った経緯や抱負等が語られている。既述のごとく小原医師を得たが療養所がなく、井上はその建設に奔走することとなる。そして金剛峰寺、聯合法務所、教会本部の補助金の下付を申請して七〇〇〇円の補助を得、そして近効寺院の補助と一般寄付金でもって建設に着手したのである。しかし小原医師の急死、医師会の反対等災厄に見舞われながらも一九二四（大正一三）年一二月、実費診療所高野山療養院本館は完成したのである。そして幸いにも林秀蔵（前鳥取県医師会長）という人物を得、療養所の運営は軌道に乗っていった。翌年には「文化ホーム」（患者収容所）も完成し、自動車でもって診療、投薬、講演等に奔走したのである。診療所の方針としては「実費診療」としている。その「趣意」として次のように述べている。「これは普通の実費診療でありますが、この診察をなすにあたり宗教的信念を加味した所謂医療と信念の調和を得て救療の成績を挙げたいと願ふのであります。これが即ち高野山療病院の実費診療であります」、また一方「家計困難なる人や赤貧の人たちには喜んで純施療投業として居ります。実費以下の一封で頼みますと言ふ人には其通りにして居ります。極めて自由に致しております。信仰に就ても弘法大師の広いお心により各人自由に信心せしめることにしてあります」と語っている。またかかる不便な山間の位置にしたことについて、山紫水明な山間こそ「救療事業の最適の地」としての信念があった。そして「この療病院を大成して大師教会員及び其家族の病者を悉く収容する様に致し大師の慈光の下に完全なる救療をうけしめる様にせば真によいこと、思ふ」と抱負を述べ、さらなる発展の計画とそのための援助を紙上を借りて懇願している。

井上という人物は俳句にも長じており、地方での種々の活動はきわめて興味がもてる人物である。そして病院と寺院を拠点にして、社会事業活動を展開しており、地域福祉の点からも看過できない人物である(55)。

(五) 関東大震災と真言宗

一九二三(大正一二)年九月一日、関東地方でマグユチュード七・九の大地震がおこった。当然、日本の経済のみならず政治の中枢部分の麻痺を惹起し、経済、社会、政治に大きな混乱をもたらしたのである。この近代日本に於ける最大の自然災害と称せられる大震災に対し、国や地方の公共団体はもちろん民間団体、宗教界も援助活動を展開した。もちろんこの背景には大正中期以降、とりわけ戦後不況から慢性不況という民衆の深刻な生活問題があり、かかる自然災害は民衆の不満の鬱積を増幅するものである。流言蜚語が飛びかい、大杉栄や朝鮮人の虐殺事件が勃発した。政府は復興にあたり「臨時震災救護事務局」を設置し、救護対策とともに治安維持をも周到に準備したのである。民間においてはキリスト教界のみならず、仏教界でも各宗派は独自に展開しており、真言宗も救援活動を迅速に展開させていくことになる。

九月七日には高野山大師教会本部にて震災救助に関する協議会が開催され、罹災者救援方法として「義金募集」「慰問袋募集」「災害に関する講演」「追弔法会修業」等が協議された。そしてこれらの実行方法として次のような具体案が呈示されている(56)。

イ、義金募集は聯合托鉢其他最善の方法を以て極力従事すること
ロ、募集し得たる義金は宗名を冠して県庁又は大新聞社等確実なる手を経て送付すること
ハ、慰問袋は其他婦人団体と交渉し成果を期すること
ニ、慰問袋には簡単なる慰問の辞を印刷して入れ置くこと

ホ、災害に関する講演は同体大悲を緯とし節約を経として軽挙妄動に落入らざる様戒むること
へ、追弔法会は聯合して精々盛大に修業すること

こうして佐和隆恵、藤田亮智、宮武義象を班長として一五名の班員を東京・横浜・小田原・鎌倉・沼津の各地に、そして東京における関係方面慰問として椋木龍海、葉上弘言をそれぞれ派遣した。

さて『六大新報』第一〇三一号（一九二三年九月一六日）の巻頭は「社会恩の意義を闡明せよ」である。「関東の大地震は国民全体の一大不幸であり、国家の大損失であるばかりでなく、世界的惨事であり、全人類の頭上に一大反省を促す自然の妙理と解すべきであらう」と述べ、「衆生の恩は今日の謂ゆる社会連帯相互扶助の正義と法則と一致する永遠絶対の哲理であると言ふべきである」と解している。そして「我等人類の社会的生活には、衆生の恩即ち社会的債務を負はずには一日片時も存在することは出来ぬ」として「債務は当然弁済せざるべからざる性質のものである如く、社会恩は当然報謝せねばならぬものである。関東に於ける震災に依る罹災者の救援は、社会より余分に利を享けてゐるものが、自然的変事に依り災害を蒙つている者に支払う義務なのである。政府の徴発令は社会的正義の遂行である。而して此の際仏教徒は社会恩を宣伝し救援に尽すと共に国民的懺悔反省を為すべき時機であると信ずる」と論じている。さらに六大新報社は次のような「震災義金募集」の広告を出している(57)。

東京横浜を中心とする関東各地に亘る今回の大震災は真に我国未曽有の大悲惨事で幾百万の生霊は傷き斃れ産を失ひ水は渇れ食を得ずして叫喚の巷に彷徨し火焔と海嘯の危に会ひ悲泣する有様は実に生きながらの焦熱地獄といふべく科学の力も文明の利器も天変地異の前には如何に無力なるかを痛感せざるを得ない。我等は此の悲惨事に対し大悲同体の仏祖の精神を奉じ微力を傾倒して同胞の救護を致したいと思ひます。
即ち真言宗聯合法務所、各本山、各機関は一致協力して、罹災者焦眉の急を救ふ為めに茲に大方諸彦の慈心に訴へ左の規定に依り救援に尽力することにしました。願くは檀信徒等をも勧誘し奮つて応分の義金を寄せられん事を切望致します。

一、義捐金は一口金壱円已上の事。
一、義捐金は高野山時報社六大新報社に於て取扱ふ。
一、救援方法に就ては聯合法務所等関係者に於て機宜の処置を執るにつき一任せられたきこと。
一、義捐者の姓名金額は六大、時報両紙へ報告し領収に代へる事。

一方、『高野山時報』では第三三二号（一九二三年九月二五日）の巻頭に各大臣副書の「詔書」が掲載され、関東大震災の様子が報じられ、小藪堯吽「震災後の帝都籠城記」、散策道人「真に生くるの道」、目黒隆見「東京震害に面接したる私の記」、松本文三郎「天災と宗教心」等が掲載されている。そして同誌第三三四号（一九二三年一〇月一日）の「分骨を迎へて」という巻頭論文では「今度高野山住職団が東京横浜方面に弔慰に出張して東京市と計り、高野山が歴史的に人類の偉霊を慰め、高祖大師の大誓願の中に一切衆生を摂取して捨てざるの実際的教訓は、一千有百余年の永き歴史に徴して明らかなるにより、関東震災惨死者の慰霊の白骨を高野山に分ちて、永く之が菩提を弔はんとするは誠に当を得た最も意義あることゝして、我等は高野山住職団の労を感謝すると共に、我等は其の納骨の宝塔や仏壇の建立については尚ほ充分の慎重審議を以て後昆の生霊をも普ねく済度するの結縁たらしめるやうにとの希望を具して置きたいのである」と慰問団の活動につき報じている。

（六）古義真言宗社会事業協会の設立

長尾慈天は『高野山時報』第二五〇号（一九二二年一月五日）に「真言宗に於ける社会事業中心機関設置の急務」という論文を掲載し「真言宗社会事業協会」の設置について提言した。この中で長尾は「今日真言宗に於ける社会事業を見るに救貧児童風化の各事業が行はれて居るが、その事業団体が真言宗としての一般的統制連絡は何もない、又た特殊的に縦断的の機関もない、これ等の機関のないといふことは各事業の発達を遅らすことは勿論真言宗として非常なる不利益である、故に一日も早くこの機関を設けなければならぬ」と協会を設置し組織化していくことを焦眉の課題とした。そして彼が具体的に協会の案を出していることは注目すべきことである。

同様に『六大新報』第一〇〇三号（一九二三年三月四日）で栂尾密道は「真言宗社会事業協会の設立を提唱す」という論文の中で「そこで私は茲に一つの案を提出する、それは真言宗社会事業協会の設立であって、財団法人組織として基金を募集し、その利子を以て宗内社会事業の成績好良なるものに補助し、此れを中心として各種の指導奨励の方法を講ずることである」と社会事業協会について論じている。

ところで古義真言宗社会事業協会の成立を見る前にここで古義真言宗なるものについて瞥見しておきたい。『高野山時報』第三九二号（一九二五年一二月一五日）の巻頭文は「古義真言宗成る」である。真言宗の高仁大の三派は合同して古義真言宗と公称しようとしたが、東醍泉随勧の五派は文部省に反対の旨を申請した。「高野派当局にては時局の重大なるを痛感し種々考査熟慮の結果、古来より公称の慣例ある古義真言宗の宗名を選定し、文部省当局亦之れを諒として、東寺五派の抗議願書は全部之を却下して、合同の新宗典を認可するに至った」そして「祖廟高野山を中心とする宗名として古義の二字は寧ろ正純なる標的と言ふべきである」と評している。かくして大正末、高野山は新しく古義真言宗として出発することとなった。そして一九二六（大正一五）年二月、社会事業組織化の要求も相まって古義真言宗社会事業協会が設立された。その設立趣意書には次のようにうたわれている(58)。

寺院は地方文化の中心にして其建物は人間浄化の殿堂なり従て住職は其導師として壇信徒は其同行として心を協せ力を戮して同胞幸福の浄業に従ふべきなり

翻て惟ふに社会の現状は生存競争の激甚経済生活の動揺によりて上下共に焦燥不安煩悶苦悩の深淵に沈淪して精神的並に物質的救助を望むこと切なり即事而真の教旨により抜苦与楽の祖訓を奏するもの焉んぞ能く之を坐視せんを得ん

幸にして古義真言宗の成立せるを機会として今茲に本協会を組織し普く同志の人々と共に広く群生利済の浄業を

興さんとす冀くは本会の趣旨を賛し比目杓を達成せしめ給はんことを
そして「古義真言宗社会事業協会々則」が定められた。

古義真言宗社会事業協会々則

第一条　本会は古義真言宗社会事業協会と称す
第二条　本会事務所は和歌山県高野山古義真言宗宗務所内に置く
第三条　本会は古義真言宗内に於ける社会事業の進展を図るを以て目的とす
第四条　本会は前条の目的を達する為めに左の事業を行ふ
一、本宗社会事業財団の設立
一、社会事業に関する研究、調査、報告
一、社会事業に関する講演、講習、冊子発行
一、社会事業従事員の養成
一、社会事業家大会の開催、功労者の表彰
一、其他本会の目的を達成するに必要なる事項
……略……
第六条　本会に左の役員を置く
総裁一名　会長一名　副会長二名　理事若千名
理事中三名を常務理事とす
評議員若干名
……以下略……
第七条に総裁には古義真言宗管長を推戴す、とあり泉大僧正が就き、会長には庄野琳真、副会長に和田性海、久保

観雅らが就任した。そして『高野山時報』第四一四号（一九二六年七月二五日）の巻頭文は「社会事業協会」である。今回、古義真言宗社会事業協会が生れた。宗務所が中心となり挙宗一致の運動としたいと云ふのが理想であると言はれるのは頼もしい。近時社会生活が複雑になるに従ひ種々の思想及び運動が勃興し、是れに伴ふ争議や問題が続出するに至った。政府にありても一般民間にありても社会安全の為に色々な施設が試みられ共同共栄の政策に尽されてゐる宗教者にありても大いに社会奉仕の福田事業に努力せねばならぬ。……中略……社会事業と謂ふ専門的仕事として行はれるので種々の弊害や誤謬が生ずる。吾等は三密修業の信仰に立脚し挙手動足皆成密印の三昧に住し、一々の仕事を社会奉仕の意味あるものと観じて、献身的に遣つて行く処に即事而真の宗意が示現せられるものと心得て居らねばならぬ。今回古義真言宗の社会事業協会が此の意味を克く理解し穏健なる主張のもとに生れたのは結構である。全宗徒の協力一致により其の発展を促さねばならぬものと信ずる。

一九二六（大正一五）年一〇月二七日、大師教会本部において古義真言宗社会事業協会の第一回総会が開催された(59)。この会には総裁泉大僧正をはじめ、高岡隆瑞、林秀蔵、井上泰隆、楢崎宜弘らが参会した。そして泉総裁は「本日茲に社会事業協会第一回総会を開催するに当り諸氏宜しく抜苦与楽の祖訓に告ぐ」として「惟ふに社会の情勢は生存競争の激甚によりて生活の落伍者日に多きを致し社会の和平為に愈々乱れんとす、諸氏宜しく抜苦与楽の祖訓を服膺し協力一致能く共存協栄の実を挙げられんことを望む」というような告諭を朗読した。そして「社会事業奨励に関する件」「会員募集に対する件」「宗内の社会事業各機関連絡の件」の三件が協議された。

近代の真言宗社会事業を考えるとき、祖風宣揚会の設立がエポックメーキングなものとしてあり、その代表的な施設が済世病院であり、社会事業協会の創設は、その行政、機関として真言宗社会事業史上、きわめて重要な意味を有しているといえるだろう。この協会の設立によって全国の古義真言宗の寺院をネットワーク化する一つの拠点が出来上がり、社会事業の組織化がなされ、その目的である連絡調整、監督奨励が大きく前進することとなったといえるのである。そして古義真言宗において教学部社会課の設置や社会事業大会が開催されることになる。

おわりに

一九二七（昭和二）年は古義真言宗における社会事業の歴史において、重要な年であった。まず宗務所教学部に社会課が設置され、その課長に栂尾密道が就任した。これによって社会事業を司る専門の部局が確立し、情報ならびに行政、指導の拠点ができたことになる。そして同年四月、第一回古義真言宗社会事業大会が大阪で開催されたことはきわめて意義があることといえる（『高野山時報』第四四二号）。

この大会で尽力したのは藤村社会事業協会会長、和田性海副会長、栂尾密道社会課主事らであった。大会は一三日から一五日まで三日間開催された。そして「救療其他保護事業」「児童教化」「一般教化」「社会事業行政」の四部にわたって決議がなされた。そして翌年の大会は東京に場所を移して行なわれており、爾後年次大会が開催されていくことになる。ちなみに新義に目を転じると、智山派では一九二七年六月に社会事業連盟が創設され、翌年に連盟の総会が開催されている。また豊山派では二五年に社会公共事業奨励規則が定められ、二八年に社会事業協会創立発会式が挙行されている。

このように全国的な大会が開催されることになり、全国の寺院に対する社会事業普及の土台が形成されたのである。いわば寺院を通して真言宗社会事業のネットワークが形成されたと言えようか。しかし概ねにおいて仏教社会事業は国の補完的なものと位置付けるように、その内実は消極的な性格を脱するものでなかった。それは本質的には教団のもつ国家に対するむかい方が問われてるのかもしれない。すなわち一五年戦争の中で如何なる対応をしていくかが問われてくるものでもある。

ともあれ、ここでは従来、真言宗の社会事業についてはほとんど研究の対象とされてこなかったが、『六大新報』や『高野山時報』を紐解くだけでも多くの実態が報告されていることがわかる。そして我々はその記事をとおして事業や思想をよみ解くことができ、その概略を把握することができるのである。また言説をとおし仏教（真言宗）と社会との接点を如何に考えていくか、といった課題の把握につながっていくものである。こうした仏教の一宗派の機関誌をみていくと、時代の移り変わりともに、如何に社会から疎外され、排斥された人々を救済していったか、その実態はいうまでもなく、「慈善」「博愛」「救済」「社会事業」という言葉が人々に流布していく過程と、その言葉のもつ役割の大きさが感じられてくる。これは仏教雑誌の一ケースであり、他の仏教雑誌も同様であり、こうした地道な作業の積み重ねをとおして、全体像が理解できてくることであろう。

【注】

（1）近代の仏教社会事業史研究の代表的な研究書としては吉田久一の『日本近代仏教社会史研究』（吉川弘文館、一九六四）があり、この中で真言宗の社会事業についての論述がみられる。また最近刊行された田宮仁・長谷川匡俊・宮城洋一郎編『仏教と福祉』（北辰堂、一九九四）には多岐にわたる多くの研究論文が収載されている。真言宗に限っていえば滝村雅人「真言宗の社会事業」『仏教万華』（永田文昌堂、一九九二）の論文がある程度できわめて少ない状況である。

（2）吉田久一『日本近代仏教社会史研究』（吉川弘文館、一九六四）二六二頁。

（3）『伝燈』第八二号（一八九四年一一月二八日）

（4）この時期のキリスト教社会福祉の状況については拙著『キリスト教社会福祉思想史の研究』（不二出版、一九九四）を参看されたい。

（5）「大日本仏教慈善会財団」については高石史人「真宗教団と慈善の論理――『大日本仏教慈善会財団』の場合」『社会福祉の形成と課題』（川島書店、一九八一）参照。

（6）『六大新報』第一号（一九〇三年七月二六日）。ちなみに清滝智龍は「済世病院」（『六大新報』第三一五号）という論文の中で、この病院の設立に於いてその母体となったのは宣揚会にあるとして、七年前を回顧している。
顧みれば、明治三十六年五月、我等同人は社会の風尚年々に腐敗し、人心日々に堕落し宗連月々に萎靡するの趨勢あるに拘はらず、而も之れを救済し匡正すべ〔き〕活事業の見るべきなきを慨き、一団体を組織し、以て大に為すあらんと欲し、自ら付るに遑あらずして其発起人の末席に加はり、全国有志に檄し、同年五月十四日を卜し、京都市河原町共楽館に全国有志大懇談会を開きたり。当時、我等と志を同うする全国の有志諸彦、西より南より来り会する者、実に七十有余名。懇談熟議の結果、終に祖風宣揚会なるものを組織し、同六月十五日、高祖大師御降誕の聖日を以て世に発表するに至れり。

そして「祖風宣揚会とは実に其名の示す如く、高祖弘法大師の遺風を千歳の今日に宣揚し、宗勢の伸張を劃し、社会の改善を図り、人心の救済を期し、以て国家社会に貢献する所あらんと欲するにあり」と論じている。

（7）『伝燈』第二八七号（一九〇三年六月一三日）。また『伝燈』第二八五号（一九〇三年五月一三日）には「祖風宣揚会の設立」という「社説」があり、いち早く「設立趣意書」の内容について批評されている。その末尾に「吾人は闔宗本末同心以て此に力を一にし、以て祖風を千載の今日に宣揚するは真言宗僧俗一般の一大義務なるべきを信じて疑はざるなり」と賛意を表している。

（8）『六大新報』第一号（一九〇三年七月二六日）

（9）同右。

（10）たとえば第一号には沢柳政太郎「六大新報の発刊を祝す」をはじめ、大隈重信、大森鐘一、高田早苗、中川小十郎らの「祝辞」、萱緑陰「『六大新報』の発行を聞て所感を述ぶ」、東京真言宗青年会「六大新報の発刊を祝す」、本山義猛「迎祖風宣揚会之新事業」等が掲載されている。

（11）和田性海については「著者略歴」『和田性海講話集』（高野山出版社、一九五九）九二五―九二七頁を主に参照した。

（12）「全国慈善事業視察報告書（二）」による。

（13）菩薩会孤児院については、たとえば第一三九号（一九〇六年四月一日）で岡山孤児院と比較し活如来が「菩薩会孤児院に入るの記（接前々号）」の中で「当孤児院も真言宗の事業として知られて居る様だが、県庁からは毎年幾何か補助金は下がる、けれども真言宗からは下がらぬ、岡山孤児院では基督信者は殆んど毎日参観して同情を仰いで居る、けれども当院では宗旨の人で来て見て呉れる人は一年に一人も稀れだ、谷本梨庵博士や他の人は少々見えても坊さん方は来て下さらぬ相だ、県庁からは参観に来たり、折り折りは取調べられたりして下さるが、真言宗の法務所の役員から取調べられた事もなければ来て観て下さつた事は無いそうだ、何ぜであらう、岡山孤児院には基督教から発行する新聞雑誌は皆な寄付して呉れるから子供を楽ましむる事も出来るそうだ、けれども当院では仏教から出る新聞や雑誌は一部も寄贈して下さらぬ、子供は読み度くても読ますことが出来ぬ、何ぜこんなに冷かなのであらう、どうか『六大』のみなりと永代寄付して下さい」と報告しているのは興味深い。ちなみに守屋茂『近代岡山県社会事業史』（岡山県社会事業史刊行会、一九六〇）によれば、一九〇四年に倉敷から岡山市内磨屋町に移転している（一八九頁）

(14)　それによれば第一条は「本院ハ事業拡張ノ為メ会員ヲ募集ス」、第二条「会員ハ保管基本金ヲ寄付シ其元金ハ本人ニ於テ保管シ利子金ノミヲ申受ルモノトス」云々とあり、寄付者名簿が掲載されている。ちなみに土宜法龍は最高の一〇〇〇円となっている。

(15)　しかし『六大新報』第一一号（一九〇三年一〇月一八日）の社説「戦争に対する教家の覚悟」において、「戦争は一種の罪悪として排斥すべき者」と論じられている記事もあるが稀有である。

(16)　『六大新報』第一〇三号（一九〇五年七月二三日）の「毛利柴庵と自助団」という記事にその事業と組織の詳しい紹介がある。

(17)　この凶作については、もちろん多くの救済支援の手が差し伸べられたが、児童養護施設では岡山孤児院のほか、大阪の博愛社や群馬の上毛孤児院、また仙台のキリスト教育児院等もそうである。

(18)　『六大新報』第八九五号（一九二一年一月一日）

(19)　同右。

(20)　宮地正人『日露戦後政治史の研究』（東大出版会、一九七三）二二六頁。

(21) 日韓併合については『六大新報』第三六四号（一九一〇年九月四日）の社説「韓国併合と仏教徒」で「故に両国の併合は洵に自然の勢であって吾邦より見ば自家自衛のためたりと雖も、韓国よりせば全く邦土安泰のためである。自利と云ふも排他と云ふも排他的自利でない、利他と云ふも没我的利他でない、自他平等円満に康福を増進せんがための併合であるから、仏教徒は斯の真意を体認して朝鮮人の精神的同化に就いて著々其の効果を挙げねばならぬのである」とご都合主義的解釈で以て正当化している。

(22) 院長小林参三郎の経歴については、主に高見羽峰「院長小林ドクトル」（『六大新報』第三二五号）に多く依拠している。

(23) 小林と松本との関係については高見羽峰「松本軍医総監と小林ドクトル」（『六大新報』第三二五号）に詳しい。松本が小林の人格を尊敬し、「蘭壽」の称号と水晶印を小林に授与したエピソードもふれられている。

(24) 小林のハワイ時代については、拙稿「ハワイ時代の小林参三郎――一九世紀末から二〇世紀初頭のハワイホノルルを中心に」『関西学院大学社会学部紀要』第一〇二号（二〇〇七年三月）を参照されたい。

(25) 『六大新報』第三二五号（一九〇九年九月一九日）。なお今村恵猛（一八六五～一九三二）は浄土真宗本願寺派で、慶応義塾を卒業後、一八九九年開教使としてハワイに渡った。ハワイ開教総監となり、仏教青年会日曜学校を作り、一九〇七年にはハワイ中学校、ハワイ高等女学校等を創立し、生涯をハワイの開教と教育のために尽力した人物である（『真宗大辞典』巻一、二五頁）。ちなみに『六大新報』第四二二号（一九一一年八月二〇日）には「済世病院、今村師に感謝状を送る」という記事があり、小林が仏教に帰依したのはハワイでの今村師の教化によるものであるとして、祖風宣揚会と済世病院関係者の名義を以て『弘法大師全集』を添えて送付したことが報じられている。

(26) 『六大新報』第三二五号（一九〇九年九月一九日）

(27) 同右。

(28) ちなみに相賀渓芳『五十年間のハワイ回顧』（一九五三）によれば、「その外科手術は真に天風神来の概あり、幾回かの帝王切開手術及び癲癇患者の脳手術等に成功し、その名声に同朋間のみならず、広く白人及び支那人にまで喧伝された。氏〔小林〕はホノルル市リリハ街に、自ら日本人病院を創設して、貧困なる不遇の患者の為には、施療の道を開いた。これが後の日本人慈善会の付属病院即ち現在のクアキニ病院の前身となった」と記されている。

(29)　当時の『六大新報』には「寄贈新刊紹介」という記事があり、『同朋』にふれ、発行所は「布哇ホノル、市本願寺出張所内布哇仏教青年会」となっており、『是れ亦布哇に於ける仏教青年の機関雑誌也。同会の会長は我祖風宣揚会の病院設立の大責任を担ふて渡れるドクトル小林参三郎氏也。布哇の仏教事情は此誌によりて知らざるべからず」と説明されている。

(30)　これらについては『真言』第二一〇号（一九一四年六月五日）による。また主任となった清滝智龍は、『六大新報』第二五〇号（一九〇八年六月一三日）の「大師の済世」という論文で「是れ豈に済世利民、国利民福は即事而真、当相即道を宗とし現象即実在を談じて重きを現世主義に置く密教の本領たるなからんや。後年、大師が社会的大活躍の準備は、こゝに全く整頓せりと謂ふ可し」とし、次のように述べる。「げにや、済世利民は大師の本願にして国利民福は大師の生命たり。潤水一杯、朝に命を支へ、其の行ふ所は悉く済世利民のみ。薜羅一衣、夕に寒を凌ぎ、其の為す所は全く国利民福のみ。物を潤すこと雨の如く、人を栄すこと春に似たり。大師は実に済世の舟筏、巨夜の日月なる者なり。天下、之れを仰ぎ、万衆、之れを憑む。洵に所以ありと謂ふべし矣。嗚呼、偉なる哉、大師の済世利民。嗚呼、大なる哉、大師の国利民福」と論じており、信仰に生きた小林の良き協力者であったことが窺える。

(31)　『真言』第二一〇号（一九一四年六月五日）

(32)　『六大新報』第三一六号（一九〇九年九月二六日）。また病院については『大阪朝日新聞』をはじめ多くのジャーナリズムが評している（第四〇八号「済世病院に対する世評」参照）

(33)　『六大新報』第四二〇号（一九一一年一〇月八日）

(34)　その記事のなかで清滝は「留岡氏は本院の主義を以て、大聖釈尊の精神を発揮せるものとして大に称賛せられた」。また留岡の人格を知り「留岡氏に対する尊敬の念は益々高くなった。人情に冷酷なる宗教家よ、少しは留岡氏の行に顧みてよからう」と。そして留岡が弘法大師の研究に尽力することを吐露したことも報じているのは興味深い記事である。

(35)　済生会については『近代医療保護事業発達史（上巻）』（日本評論社、一九四三）、日本社会事業大学編『日本の救貧制度』

（勁草書房、一九六〇）等参照。

(36)『六大新報』第四四三号（一九一一年三月二四日）

(37)同右。

(38)一九一一（明治四四）年一二月一六日、京都府議会は次のような建議書を京都府知事大森鐘一宛に提出したのである（『六大新報』第四三一号）。

本市東寺に設立せる済世病院は深く現代社会の趨勢に鑑みる処あり、日新の医術と宗教の信仰とに由り、霊肉雙済、心身兼治の目的を以て起り、無告の窮民は勿論普く心身の病苦を救済し、済世利民の実を挙げ以て国家社会に貢献せんとするにあり、創立日尚浅しと雖も挙ぐる所の成績、頗る見るべきものあり、開院已来、僅かに二ケ年半を経過せしに過ぎざるも、其救済治療を受けたる患者の延人員は実に五万五百有余人の多きに達す。曩きに京都市は同院の成績を認め補助金を交付し、内務省も亦天長節に当り奨励金を下付して其功労を表彰せり。思ふに今後社会の趨勢は益々斯種の病院を発達せしめて其効果を大にし以て済生の道を弘め民福を計るの必要あるを認む。依て本府も同院の施設と成績とに考へ、益々其事業を発展せしむる為め、本年度より慈恵救済基金を以て適当の補助金を交付相成度候

追て慈恵救済基金管理方法改正の件は臨機府参事官の議に付せられたし

明治四十四年十二月十六日

(39)『六大新報』第五三四号（一九一三年一二月一四日）

(40)救世軍病院長松田三弥については、拙著『キリスト教社会福祉思想史の研究』（不二出版、一九九四）を参看されたい。

(41)『六大新報』第八六二号（一九二〇年五月九日）

(42)ちなみに『六大新報』第九七五号（一九二二年八月六日）には土宜法龍の「小林ドクトル著『生命の神秘』を読む」という短文とその著の紹介文が掲載されている。それによると出版以来百日で六版を数える名著となっている。ちなみに小林には『自然の名医』（春秋社、一九二四）という著書もある。

(43)たとえば『六大新報』第五八〇号（一九一四年一一月一日）「済世病院だより」記事中の「患者慰安法話」には「済

世病院にては患者慰安の為め、且つ精神修養の為め毎月四回宛法話会を開き居れるが、嵯峨大覚寺事務長真井覚深僧正は多忙の身を以て毎回出演せられ、一種謂ふべからざる感化と感動とを患者に与へ済世病院の主義を一層意義あらしむるのみならず、口説布教としては其感化の偉大なる其効果の異常なる我宗の『模範布教』と称するも敢て過言に非ざるべしと実際を知れる人々は称賛し居れり。同院にして益々此点に努力せば、一面救療事業を遂行すると同時に一面生きたる布教、実質ある布教を遂行せるものにして、真に心身兼治、霊肉雙済の大務を成就するものと謂ふべし」と報じられているように、大正期には真井覚深が定期的に講話をしている。済世病院での宗教講話については拙稿「宗教と医療――小林参三郎と済世病院での実践」『密教研究』第一九〇号（一九九五年二月）を参照されたい。

（44）『六大新報』第一一九五号（一九二六年一月五日）

（45）『六大新報』第四七二号（一九一二年一〇月六日）

（46）『六大新報』第四八六号（一九一三年一月二六日）

（47）大正期の各地の日曜学校については滝村誰人「真言宗の社会事業」『仏教万華』所収、に詳しい。

（48）『六大新報』第五二九号（一九一三年一一月九日）ちなみにこの開園式における土宜法龍の式辞は以下のとおりである。

「仏家には慈と云ひ他教には愛と云ふ倶に是れ菩薩摂化の真用にあらざるはなし爰に不動院主権少僧正賢照比丘曾て此真用の実行を企て其の一端を多忙者に代り昼間保育嬰児を保育する事業に実修せんとす其の志や実に所謂大慈悲の三昧にして其の挙や洵に公愛布行の活事なり爰んぞ随喜に耐へん蓋し物の終始ある君子の賛称する所にして凡百の事往々始め有て終なきもの多し今や賢照比丘の企てん此の事業は亦一般宗教家の模範事業ともなるべき美挙なり故に此の発企の大志を相読して以て有終の美を挙げんこと老衲の切に冀望して止む能はざる所なり賢照比丘深く此の意を体して堅忍不抜以て一心を貫徹する所あれ本日発会の式に臨み微意を叙へて以て祝辞に換ゆ」

（49）この雑誌の発行については『六大新報』第五一一号（一九一三年七月六日）でも「『高野学報』の発行」として「高野山の有志者は今般左の主義綱領の下に高野学報社なるものを組織し其機関として『高野学報』と題する月刊雑誌を発行する由にて来る七月二十一日その第一号を発行せらるべし」とあり、「主義綱領」として「本誌は祖廟の神聖を擁護し、祖山の学風を宣揚す」「本誌は公正を主とし、言論の自由を尊重す」「本誌は新旧思想の取捨を誤らず堅実なる信仰を鼓吹す」の三つを挙げている。

(50)『高野山時報』第七号（一九一四年一月五日）

(51)悲眼院については『六大新報』記事のほか、守屋茂『近代岡山県社会事業史』（岡山県社会事業史刊行会、一九六〇）も参照した。また『六大新報』第六九〇号（一九一六年一二月二四日）には「悲眼院々長渡辺国手の浄業」として、渡辺の人柄と事業が紹介されている。

(52)その「設立旨趣」には「往昔聖徳太子大阪四天王寺境内に於て施薬院を建て給ひ又宗祖弘法大師が京都東寺境内に施療院を設けられて何れも遍く世人を救済せられしを模範として聊か宗教的社会事業の本領に基き霊肉共に救済せんが為め大正五年十二月二十日大阪府より救済団体の許可を得て仏教の宣伝及施薬其の他慈善事業の経営を以て本会の報旨とするものなり」（『六大新報』第八九五号）とある。

(53)『六大新報』第八〇九号（一九一九年四月二七日）

(54)『高野山療養院の概要』によれば「高野山療養院規程」は以下のようになっている。

第一条　本院ハ弘法大師ノ鎮護国家済世利民ノ精神ニ基キ医療ト信念ノ合致ヲ得テ一般傷病者ヲ救療シ乳幼児保育児童ノ健康相談ニ応ジ兼テ衛生思想ノ普及ヲ図リ健全有為ナル皇国民ヲ造ルヲ以テ目的トス

第二条　本院ハ前条ノ目的ヲ達スルタメ左ノ事業ヲ行フ

一、病院又ハ診療所及ビ治療所ヲ設置シ実費診療ヲナス、但シ資力ナキモノニハ施療ス

二、健康相談所、託児所ヲ設置シ乳幼児ヲ保育シ健康相談ニ応ズ

三、衛生思想普及並ニ精神修養ノタメ講演会ヲ開催ス

四、必要ノ場合ハ出張所ヲ設置シ巡回診療、巡回施薬、巡回産婆等ヲ行フ

五、看護婦、付添婦ノ派遣

第三条　本院ハ高野山療養院ト称ス

第四条　本院ハ事務所ヲ兵庫県佐用郡平福町平福壱百五拾壱番地光明寺ニ置キ各地ニ支部ヲ置ク

……以下略……

(55)　井上の事業は昭和期に入っても、地域の拠点として多くの社会事業をあわせて行なうことになり、爾後の究明が必要である。

(56)　『六大新報』第一〇三一号（一九二三年九月一六日）

(57)　同右。

(58)　『高野山時報』第四一一号（一九二六年六月二五日）。『六大新報』第一一七二号（一九二六年六月二七日）にも同様の記事がある。

(59)　『高野山時報』第四二四号（一九二六年一一月五日）。『六大新報』第一一九二号（一九二六年一一月一四日）にも同様の記事がある。

結びにかえて
近代日本の光と影

一八五三（嘉永六）年の黒船の突如の来航は、日本を震撼させるに十分な出来事であった。以降、日本は幕藩体制の崩壊、旧士族の反乱、自由民権運動を乗り越え近代国家形成へとやみくもに突き進んでいった。西洋列強のアジア侵略への警戒、近代国家として独立していくために、さしあたり「殖産興業」「富国強兵」としての経済力と軍事力、そして「学制」（一八七二）の「必ず邑に不学の戸なく、家に不学の人なからしめんことを期す」、あるいは「一身独立して一国独立す」（福沢諭吉）と言われたように、それを支える人物の養成、教育政策が重要視された。日本が選択した国家機略はアジアの中で西洋の列強諸国に対峙できる手段として、西洋への模倣であり、その技術の移入であった。福沢諭吉が『文明論之概略』（一八七五）で展開したように、西洋「文明」を絶対化しないけれども、「野蛮」から「半開」、そして「文明」への憧れがあり、西洋化がさしあたって日本の取るべき方向性であった。「文明」に近づくこと、それが近代化すなわち、「文明」国としての存在証明であり、「西洋化」が国家の経綸であったのである。

確かにこの戦略からいえば、日本はアジアを脱して西洋に追いつくことができ、アジアの「盟主」として、「大国主義」を標榜し、国際社会での地位を築けた。しかしそれは「文明」という近代の視点からなされたものであり、そこには光輝く「近代日本」が確立されたが、その文明という「光」の「影」には多くの犠牲が伴っていた。犠牲は「近代の影」として投影しているが、その「影」を包み込みながら、近代日本は一等国としての道を歩んだのである。慈善事業や社会事業はその意味で日本の近代政策を補完するものであった。そうした事業や営為の中で近代社会が成り立っていったのである。しかしその「影」の部分をこれまで歴史の中で十分に位置づけてきたであろうか。

一九世紀中葉、世界を席巻したビクトリア朝の絶頂期に、救世軍の創設者W・ブースは、この反映した帝都ロンドンにこそ最暗黒の空間があることを指摘し、その解決策を救世軍に求めた。同様に日本において松原岩五郎が『最暗黒之東京』(一八九三)を著わし、また日清戦後に横山源之助は『日本之下層社会』(一八九九)を上梓し、日本の「影」の部分を暴露していった。その一方で、留岡幸助は『慈善問題』(一八九八)を著わし、社会問題に対処する真の慈善家の登場を期待した。社会主義者の安部磯雄も同時期に『社会問題解釈法』(一九〇一)を書き社会問題解決の方策を提示したのである。かかる「影」への視点は治安や管理といった面も存在するが、一方で社会へのヒューマンなまなざしに依拠している。民衆へのそれは自由と平等への希求でもあった。たとえば二〇世紀初頭、東京孤児院の職員であった桂木頼千代が「吾人が理想せる博愛は、這の平等思想に依て初めて真に美なる光を発す」(1)と断じたような視点に近代日本の課題が存在している。

民衆への「影」の部分の一つが具体的には今でいう社会福祉の分野、社会福祉の対象領域である。その部分に光を当てないと本当の近代、そして今が見えてこないように思われる。近代社会にとって福祉とはいかなる意味をもっているのだろうか。それへのアプローチは主に社会福祉の歴史(社会事業史)を中心に行われてきた。その時、社会福祉の歴史は貧困史を中心にして近代史の歴史的方法が大きな影響力をもっていたが、それだけで充分であっただろうか。具体的には経済史や政治史がそのベースになっており、社会史、民衆史、生活史といったものへの応用が弱かったのではないか。これまで経済史や政治史を中心にして近代の説明がなされてきた傾向があるが、生活といった些末な日常性にも歴史があり、その集積が歴史を構成する面もある。もちろん慈善的行為や博愛、そして社会事業といったことの限界を指摘することでもなく、また逆にそれを過大に評価しようとしているのではない。その実態をみていくことが重要なのである。さらにその実態を対象化しながら、個別の事象を全体との関係の課題として、肉薄していくことの必要性を指摘しているのである。それらは本著でみた監獄や孤児院、養育院、感化施設といった空間、囚人や子ども、娼婦、病人、非行少年といった人たちへの探求である。

大概において、このような問題意識に駆られながら、本著の上梓があったことは確かである。しかし、「序」でも述べたように、本著は理論書というより研究に向けての序説的なものでもある。社会事業雑誌や新聞紙誌という活字媒体をとおして、慈善や博愛、社会事業といった概念がいかに表象されてきたか、あるいは従来その雑誌にあまり注目されてこなかったものから、如何に歴史をよみとっていくか、そして一般の紙誌から福祉関係の概念を如何に対象化していくか、といった課題をもった著書として受け取っていただきたい。少なくともそうした紙誌から社会事業の対象が切り取れ、その言説が少しでも明るみに出たであろうし、社会において様々な活動や方式、団体、結社が存在していることも少しは明らかになったのではなかろうか。

さらに社会福祉の発展を福祉国家への道程として、あるいは人権にもとづく法制化を重視するあまり、公共団体や民間の持つ多様な力を過小評価してきたのではないか。国家政策に重きをおいて、戦後、そして現在への発展過程としてとらえる傾向があった。もちろん国家政策や法制化において重要性はいうまでもないことであるが、それは歴史的プロセスの一段階であることにすぎない。民衆の持つ知恵は一方で大きな力ともなる。助け合い、憐憫の情といった概念、また制度としては表舞台から隠れているが、智恵を出しあって作られた組織や団体等も対象化していかなければならない。社会福祉の歴史は単純な単線の歴史発展でなく、さまざまな実践と活動からなり、思想や政策、国家や公共、民間といった性格は重層性と多様性の中に存し、豊かな遺産を未来への可能性として我々に残してくれている。さらに、それは思想史の課題でもある。

本書において「思想」という概念をよく使用したが、社会福祉の歴史は思想史としてみていく必要性もある。その時、思想や歴史をみていくとき、掘り起こして熟練された、もしくは未発でもいいから志ある思想を評価していくことにつながってくる。そこには閉塞した福祉状況への解決のヒント、未来につながる力が隠されているように思われる。そして、結果として社会福祉思想史が社会福祉学のみならず、歴史学や他の分野にも影響を与えていけるものとなるのではないか。むしろ他のディシプリンにもインパクトを与えていくことが要求されるのかもしれない。そのような自立性と独自性を社会福祉の歴史において考えていく必要があるだろう。

社会福祉思想史の醍醐味、面白さの一つは消え去ろうとして消えない人間の営みと思想の営為への共感とそれへの対象化なのである。もちろん社会福祉史において、過去の事実とそれへの分析や実証的な研究の成果が発表されていくが、社会福祉思想史で取り扱う場合、事実関係のほかに、多くの隠された歴史的事象が存在する。一九七〇年代以降の民衆史、思想史研究に大きな影響を与えた安丸良夫は自己の研究にふれ、「思想史研究は、私にとって、人々の生の経験に近づくためのひとつの手だてである。人々の生の経験に近づくためにはさまざまのディシプリンが存在するが、思想史研究には人が世界のなかで自分の生をどのように意識し表象したかという事象を素材にしているという点で若干のメリットがある」(2)と述べている。社会福祉は時代と密接な関係を有しながら、時代の中で普遍的な意味を有してきた。しかし現代のように普遍的な価値さえも揺らぐような不安定な時期にこそ、まさに先人達の「如何に生くべきか」を問うことが求められているように思う。過去における生の表象への飽くなき探検である。それは「近代への問い」にほかならない。

社会福祉の歴史はその意味でわれわれが生きる意味をも探求する縁ともなりうるものであるし、歴史をみる視点を確固たるものにしてくれる役割を果たしてくれるかもしれない。本著で展開した一つ、社会事業雑誌というジャンルにはこれまで近代史においてあまり顧みられなかった領域があり、言ってみれば「もう一つの近代」がよみとれるのではないだろうか。たとえば児童養護施設の機関誌には子どもの生の声が掲載されているし、また論文を書く人の言説にはその言葉や事業の意味が語られ、そこには多くの近代から疎外された人々の声がある。さらに寄付者に関する記事をみても、一つの施設が内外の多くの人の支えの中で運営されていることを再確認できるものである。

近代から連綿と続く現代社会において、最近では「無縁社会」といった用語も登場し、「縁」といった人間の絆が結べない状況を表現している。文明が進んだとしても無味乾燥なバラバラな「個」の集積に過ぎない、そういう不安定な社会である。明治期に入り、心ある人々が慈善や博愛、救済事業によって社会の「影」の部分に関わりを持っていった。留岡幸助が、一八九六年の三陸大海嘯の悲惨な状況を見て「嗚呼蠢蠕たる小学者去れ、一室に瞼喁する小宗教家去れ、浅膚の才識を衒ふ小策士退け、之に代て多情の慈善家出でよ、血熱多涙の宗教家顕れよ、喰ふの食なく、身を安くの家なく、着くるの衣服なく、此不幸の少年を如何にせんとするぞ、出でゝ汝等の天分を尽すにあらずんば、彼等に依て影響せらるゝ此の日本国を如何せんとするぞ。」(3)と悲痛なる叫びを挙げたように、その基盤となる精神は共通しているようにも思われる。

そして「序」でも触れたが、北村透谷が一八九二年に「慈善事業の進歩を望む」という論文で「同情」という概念でもって、人々の福祉（幸福）の向上を志向した。その末尾に「慈善は恵与のみを意味せず、同情を以て真目的となすなり、願はくは志ある者、赤心の涙を以て貧者を訪らへ、願はくは社界をして此の温情によりて文明の進路を過たざらしめよ。多難なる邦家をして小人国とならしむるな、民人の性情の鋳造せらるゝや、多くは此の温情の多寡に基ける事少なからず、蒼生の安危、将た此の事業の如何に関する事も思はざる可からず」(4)と、「文明に伴う悪結果」を「禦ぐに必要なる慈善事業」を対置したことを忘れてはならないだろう。

二〇一一年三月一一日、東日本大震災が勃発し、大規模な津波が多くの人命を奪い町を村を破壊した。それは二一世紀という文明化され、近代科学が発達し、システム化された社会は、ひとたび地震や津波、風水害といった自然の脅威の前には、いかに不完全であるかを教えてくれた。そして福島原発の事故を思うとき、人間の科学と文明という驕りにも似た傲慢さへの反省と社会そのもののあり方を根本的に変えていかなければならないこと、加えて如何に人間が小さな存在であるか、人々のつながりがいかに危ういものであるかを痛感させられた大災害であった。それは自然災害という言葉のみでは収まりきらない課題が提示された。この災害から自然の脅威のみならず、われわれ人間が作り上げたそのものの反省を迫られているのかもしれない。そして一方で、人々の善意や助け合いの精神、コミュニティ（地域社会）の構築、人々の精神的な「絆」、「共」に生きるといった当たり前の人間の原点が確認されることになった。人々の変わらぬ精神の豊かさも確かめていかなければならない。

【注】

（1）桂木伴水・持原皿山編『弱者』（平民書房、一九〇七）二〇七―二〇八頁。
（2）安丸良夫『文明化の経験――近代転換期の日本』（岩波書店、二〇〇七）一頁。
（3）留岡幸助『感化事業之発達』（警醒社書店、一八九八）一四五―一四六頁。
（4）勝本清一郎編『透谷全集』第二巻（岩波書店、一九五〇）三四八頁。

あとがき

本著はこれまで書いた論文のなかで社会事業雑誌関係のものと一般的なそれもキリスト教関係の紙誌が多いですが、その紙誌から何をよむことができるか、あるいは慈善や博愛、社会事業といった概念がいかに報道されてきたかについて発表してきた小論を一冊にまとめたものです。しかし、発表してきた個別論文をまとめる段階において、「言葉」をいかによみ解いていくか、あるいは近代社会という中でいかなる意味を有しているのか、という大きな課題と関係していることを気づかされました。それは言葉と社会と人間についての課題と同時に、社会福祉の歴史研究の固有性の問題でもあります。それについては今後の課題といたします。したがってひとまず、序説、基礎研究的なものとして出版しておこうと思ったのが正直な感想です。本著の上梓に伴う課題は自戒を込めて、将来の研究への宿題としておきます。

「序」でも書きましたように、本著の章ごとの初出論文名と掲載した著書、雑誌名を示しておくことにします。序と結びの部分は書下ろしです。それぞれ書いた時の思い出もあり、なるべく原型を崩さないようにしましたゆえ、その後の研究の再考が充分になされていません。また第一章第二節は原型がないほどに大幅に加筆しております。その他についても加筆、訂正いたしました。逆に第六章のようにかなり削ったものもあります。

第一章第一節　「『教誨叢書』について」『関西学院大学人権研究』第一五号（二〇一一年三月）

第二節　「原胤昭と『獄事叢書』」『獄事叢書』解説・総目次・索引』（不二出版、一九九八）所収。

第二章第一節　「近代日本の社会事業雑誌――岡山孤児院の機関誌『岡山孤児院新報』を中心にして」『キリスト教社会問題研究』第五七号（二〇〇八年一二月）

第二節　「留岡幸助と家庭学校機関誌『人道』――近代日本の社会事業雑誌」『キリスト教社会問題研究』第

五九号（二〇一〇年一二月）

第三章第一節　「解説」『「ときのこゑ」解説・総目次・索引』（不二出版、一九九四）所収。

　第二節　「近代日本社会と『東京市養育院月報』」『「東京市養育院月報」解説・総目次・索引』（不二出版、二〇〇九）所収。

第四章第一節　「『博愛雑誌』について」『関西学院大学人権研究』第八号（二〇〇七年三月）

　第二節　「博愛社の機関誌『博愛月報』――近代日本の社会事業雑誌」『Human Welfare』第三号（二〇一一年三月）

　第三節　「林歌子の『博愛月報』掲載論文をめぐって」『関西学院大学社会学部紀要』第一〇一号（二〇〇六年三月）

第五章第一節　「社会事業史における『七一雑報』」『密教研究』第一七一号（一九九〇年八月）

　第二節　「『六合雑誌』と鈴木文治」『「六合雑誌」の研究』（教文館、一九八九）所収。

　第三節　「『六合雑誌』と慈善事業思想」『基督教社会福祉学研究』第一一号（一九七八年五月）

第六章　「近代日本における真言宗社会事業」『高野山大学論叢』第三〇巻（一九九五年二月）

※第四章の第二節は文部科学省科学研究費補助金を受けた基盤研究（C）課題番号 22530654 研究代表者室田保夫、研究課題「大阪『博愛社』の歴史的研究」の成果の一部です。

本著を出版するにおいて多くの方々にお世話になりました。とりわけ東京家庭学校の今井譲常務理事、石井記念友愛社の児嶋草次郎理事長、博愛社の佐野信三前理事長には史料閲覧に際し便宜をはかっていただきました。そして内外の多くの図書館や資料館も利用させていただきました。なかでも関西学院大学図書館、同志社大学学術情報センター、同志社大学人文科学研究所、高野山大学図書館、国立国会図書館、石井十次資料館等には大変お世話になりました。さらにいちいちお名前をあげませんが多くの先輩、同僚研究者の方々には、つね日ごろ何かとご教示をたまわっています。深甚の感謝を申し上げます。

　こうした地味な著書が刊行できましたのは、ひとえに本学の出版助成によるものです。またこれを関西学院大学研究叢書第一五一編としていただきました。

　出版に際し関西学院大学大学院研究員蜂谷俊隆氏には原稿の整理、校正、索引の作成を手伝っていただきました。最後になりましたが関西学院大学出版会の田中直哉氏は出版の企画から刊行に至るまで、そして浅香雅代氏には校正時にいろいろとお世話になりました。感謝申し上げます。

二〇一一年一二月二五日　京都桂の寓居でしるす

室田保夫

山路弥吉 363
山田俊卿 263
山田美妙 26, 27, 37, 146
山田風太郎 73
山田弥十郎 177
山名敦子 210
山室機恵子 164, 173, 177, 252, 283
山室軍平 9, 11, 98, 140, 145-47, 150, 151, 153-61, 163, 165, 167-70, 174, 176, 178, 179, 181-84, 201, 229, 236, 249, 251, 257, 259, 260, 269, 277, 335, 344, 345, 350, 354
山室武甫 176, 182, 338
山本卯之助 252
山本邦之助 256
山本啓太郎 269
山本滝之助 141
山本武利 107
山本徳尚（黄洋，牛山） 18, 21, 25, 40, 54, 58, 60, 61, 69, 70, 73, 74, 143
山本忍梁 418, 419
山本秀煌 75
山本幸規 139, 140, 144
山本良吉 341

ゆ

湯浅治郎 317, 337, 342
湯川愼三郎 243

よ

横井時雄 27, 75, 125, 323, 339, 342
横井峰夫 88
横山源之助 112, 152, 185, 239, 329, 346, 354, 444
横山有策 141
吉岡弘毅 159, 245, 310, 311
吉岡徹 159
吉岡弥生 169
吉川法城 418
吉田久一 318, 337, 433
吉田松陰 229
吉田信一 177
吉田清太郎 150
吉野作造 335, 345
米田佐代子 272
米田庄太郎 249

ら

ラーネッド 236, 319
ライト大佐 149-51, 182
ラウンド 50, 63
ラウントリー 148
ラクロット 302
ラドロウ 148, 326
ラニング 252

る

ルソー 4, 93, 128, 129

ろ

ロイド・ジョージ 357
ロールズ 4
ロックフェラー 329
ロバート・サンダール 181

わ

ワインズ（ウアインス） 51
若木雅夫 43, 72
和田垣謙三 323, 324, 340
和田源次郎 407
和田性海（不可得） 377, 386, 388, 399, 430, 432, 434
渡辺栄太郎 86, 88, 91, 92, 99, 102, 108
渡辺海旭 9, 141, 368, 390
渡辺亀吉（望岳） 27, 36-38, 41, 44, 45, 57, 88, 90, 99
渡辺惟精 17
渡辺元一 422, 423, 424
ワデル 199

三並良　347
峯岸繁太郎　85
宮内文作　111
宮川次子　275
宮城洋一郎　433
三宅鉱一　168
三宅荒毅　245
三宅雄次郎　173
宮崎忍海　417
宮沢英夫　407
宮地正人　435
宮武義象　427
宮部金吾　24, 25
三吉明　73, 176, 178, 363
三好賢照　411
三好退蔵　24, 61, 99, 111, 191, 192, 210
三好豊太郎　140
三輪田元道　168

む

ムーデー　220
椋木龍海　427
棟居喜久馬　169
宗村豊（袈裟）　88
村井宇野　143
村井知至　141, 325, 326, 332, 334, 335, 339, 340
村尾よし　217
村上俊吉　300
村島帰之　272
村戸隆栄　412
村松愛蔵　177
村松きみ　177
村松浅四郎　18
村山幸輝　142

め

明治天皇　121, 167, 174, 258, 273, 407, 410
目黒隆見　428

も

毛利伊賀　394
毛利柴庵　383, 435
モーリス　148, 325, 326, 339
持田静子　156
持原皿山　448
本山彦一　249, 252
本山義猛　434
森上信　99
森川抱次　177
森賢隆　418
森近運平　346
森野秀　407
森村市左衛門　168, 169, 252
守屋東　169
守屋茂　435, 440
U・G・モルフィ　165

や

矢尾弥一郎　242
八木和一（市）　37
八木精太郎　407
矢先すが　213
矢先又太郎　213
矢島楫子　245, 275, 277
安永龍瑛　380, 418
安丸良夫　77, 446, 448
谷頭辰兄　80
柳原吉兵衛　251
矢野長蔵　395, 397, 401, 402, 406-08
矢野元吉　111
矢吹幸太郎　177
藪崎吉太郎　74
山内李野　295
山尾庸三　309
山県有朋　16, 17
山県玄浄　371, 374
山形東根　330
山川俊三　160
山口光朔　314
山口栞　407
山口正　136
山口憲雄　411
山路愛山　125, 176, 339
山下嘉太郎　199
山階宮　207
山科凌雲　54

ブラムエル・ブース　152, 181
古河市兵衛　121, 141
古川正雄　308, 309
フレーベル　130
ブロックウエー　50, 52, 57, 143

へ

ペスタロッチ　93, 125, 128–30
ペテー　87, 99, 143
ヘボン　302
ベラミー　327
ベリー　18–20, 43, 46, 48, 236, 302–05, 312, 315
ヘンリー・フォールズ　308
ヘンリー・ブラード　160, 163, 166
ヘンリー・ホツダー　160
ヘンリー・マップ　160

ほ

帆足義方　240, 252
帆足理一郎　169
北条義雄　412
星野愛子　241
星野定助　252
穂積八束　191, 344
細井勇　45, 143
ホブソン　355
堀井純照　374
堀内ます子　168
堀越寛介　337
堀貞一　111, 361
ボルシャルド　308
堀文次　186
本郷定次郎　241
本間俊平　169, 344, 345, 350, 363
本間虎五郎　415

ま

前島密　309
前田英哲　213, 217, 237, 251, 252
前原定一　84, 96, 104
前田泰一　19, 37, 306
牧野虎次　18, 21, 25, 27, 40, 41, 54, 58–60, 69, 70, 73, 74, 110, 137, 169
マクドナルド　302
マコーレー　347
正木亮　42
増野悦興　27, 93
真島儀平　391
升崎外彦　177
益富政助　249
松浦有志太郎　168, 169
松浦政泰　60
松尾音次郎（霽月堂主人）　18, 21, 24, 26, 27, 32, 41, 63, 64, 73
松尾尊允　363
松阪旭宥　380
松平定信（楽翁）　186, 195, 201, 204, 205, 209
松田三弥　167, 168, 175, 177, 400, 405, 438
松田承久　252
松田又六　54
松永昇道　402
松原岩五郎　354, 444
松村介石　27
松本順　391
松本文雄　418, 419
松本文三郎　428
松山高吉　37
真井覚深　439
真鍋龍尊　380
マップ少将　167
丸山照憧　423
丸山真男　299, 309, 315

み

三浦隆　407
三浦徹　311
三浦周行　418
三上久滿三　32
三木善五郎　213
水上妙子　270
水崎基一　18, 21, 24, 27, 40, 41, 54, 58, 59, 63, 69, 73, 74
三栖達夫　43, 73
光田健輔　203, 205, 207, 208, 210
光延義民　99

二宮尊徳 8, 117-19, 124, 125, 129, 140, 142-44
二宮尊親 125
丹羽金二郎 24
丹羽りき子 276

ね

根本正 25, 168, 169

の

ノーマン・バリー 1, 12
野上啓之助 333, 334
野口幽香 372
野呂栄太郎 315

は

バーナード 93, 94, 148, 242
バーネット 323, 325
葉上弘言 427
長谷川利行 203
長谷川匡俊 433
長谷川良信 122, 141, 368
長谷寶秀 374, 396
畑一岳／波多野鶴吉 25, 54, 143
八浜徳三郎（掬泉） 141, 277, 333
蜂谷徳三郎 111
バックストン 150
八田哉明 25
羽仁五郎 203
羽仁もと子 169
濱田健次郎 337
早川千吉郎 142, 143
林市蔵 249, 263, 264, 286, 287, 412, 416
林歌子（うた子） 169, 213, 233, 234, 238, 244, 245, 248, 250, 252, 256, 264, 265, 268, 270-76, 278-80, 282, 283, 286-96, 450
林崎将太郎 83
林秀蔵 425, 431
林正二 250, 283
林田光禅 415
林虎之助 245
林法厳 415
林竜太郎 169
林可彦 244, 252, 275
バラ 306
原栄 168
原敬 277
原田助 27, 324, 339
原胤昭 5, 9, 10, 16, 18-29, 31, 34, 37, 39-44, 47-57, 63, 64, 68, 69, 71-73, 99, 111, 114, 139, 140, 169, 201, 267, 289, 306, 310, 345, 379
春原昭彦 107, 267
ハンナ・エム・トッド 54
伴直之助 320
H・リデル 189

ひ

ピアソン 143
東伏見宮妃 207
樋口一葉 296
ヒューズ 325
平岩愃保 311
平沢均治 174
平田東助 142, 203
平田義道 245
広津友信 62

ふ

深谷栄真 405
福沢諭吉 145, 339, 443
福島正夫 337
福住正兄 140
福来友吉 418
富士居力次郎 412
富士川游 168
藤田克馬 213
藤田智空 410
藤田倶次郎 141
藤田亮智 427
藤野豊 143
藤村密幢 374, 432
二川一騰 310
船越麻子 73
武用五郎邊衛 99

辻雅俊　130
津田仙　306, 308, 309, 311, 318
土田弘敏　263
綱島佳吉　27, 75
坪野平太郎　143
露無文治　111, 297
鶴原誠蔵　177
鶴見欣次郎　141

て

デイヴィス　137, 143
デール　32
デカルト　4
デ・グルート　160, 168, 169
手塚新　27
寺澤久吉　245
寺本界雄　75

と

土居勝郎　25
トインビー　324
栂尾密道　420, 429, 432
戸川安宅（残花）　26, 27, 36, 310
土宜法龍　372, 375, 380, 395, 397, 398, 407, 408, 420, 435, 438, 439
徳富蘇峰（猪一郎）　27, 84, 97, 99, 125, 129, 141, 150, 203, 319
床次竹二郎　175, 390
土肥昭夫　141, 269
トマス・エスチル　160
富田斅純　418
留岡幸助　5, 9, 10, 13, 16, 18, 20–24, 26–28, 30, 31, 35, 39–45, 48–52, 54, 55, 57–59, 61–67, 69–76, 80, 98, 105, 112–24, 126–30, 133–44, 167, 169, 176, 184, 185, 189, 201, 210, 253, 265, 267, 286, 289, 306, 332, 363, 372, 400, 403, 404, 437, 444, 447–49
豊岡興一　214
豊崎善之助　341
豊原又男　345
鳥居和代　142
鳥越道眼　418
トルストイ　133
ド・ロ　302

な

名出いく子　274, 276
名出保太郎　244, 245, 251
内藤二郎　202, 205, 210
永井柳太郎　363
中江汪　21, 27, 73
中江兆民　301
長尾円澄　423
長尾慈天　413, 414, 420, 428
長尾半平　167–69
中川清　235
中川小十郎　434
中川望　141
長坂毅　153, 154, 160, 183, 311
中里介山　169
中島久人　209
永島与八　177
中島力造　249
永末別夫　377, 378
長田時行　249
中野義照　418
中村正直（敬宇）　308, 309, 315, 318
長与専斉　303
半井桃水　295
ナップ　325, 339
生江孝之　16, 18, 42, 73, 140, 169, 203, 205, 315, 400
並河房幹　252
楢崎宜弘　431
成田龍一　178
鳴尾とく子　252

に

新島襄　47, 73, 129, 150, 229, 236
ニーチェ　4
二井仁美　142, 143
西川忍龍　374
西谷宗雄　409
西村みはる　234, 235, 266
新渡戸稲造　22, 24, 25, 169

352, 354-59, 363-65, 450
鈴木正雄　407
鈴木万次郎　337
須田清基　177
スタンレー　148
須藤鷲郎　182
スピンネル　340
炭谷小梅　99, 236
壽山良海　418

せ

瀬川八十雄　177
関皐作　75
関素水　389
石堂慧猛　374, 396
関根文之助　169
千石徹　25

そ

相賀渓芳　436
曽我部光俊　418
曽我部俊雄　374
側垣基雄　250, 256

た

大行天皇　252, 258
陶徳民　210
高石史人　433
高岡隆心　374
高岡隆瑞　386, 431
高貝水賓　418
高北三四郎　27
高木久　25
高木正年　337
高楠順次郎　418
高倉平兵衛　25
高島登代作　199
高島平三郎　203, 249
高瀬真卿　189, 212, 213
高田乙三　153, 160
高田畊安　167, 169
高田早苗　434
高田慎吾　194, 202, 205, 249
高橋慈本　418, 419, 423
高橋鷹蔵　91
高橋昌郎　315
高見羽峰　436
高見沢潤子　272
高道基　176
高峰秀本　374
高山幸男　25
田川大吉郎　111, 169, 203, 338
滝村雅人　433
竹内愛二　141
竹越与三郎　319
武田清子　318, 336, 363
竹中勝男　18, 42, 178, 315, 334, 340, 342
田子一民　122, 141, 169, 249
田代菊雄　315
立入奇一　337
田中助　24
田中和男　143
田中竜夫　169
田中太郎　190, 192, 194-96, 198, 199, 201-03, 205-07
田中福治　54
田中真人　109, 111, 141, 182, 236, 269
田辺信吉　199
田辺態蔵　177
谷本富（梨庵）　397, 398, 418, 435
田宮仁　433
田村新吉　99
田村武治　142
田村直臣　311
タラック　50, 53, 54, 63, 64, 143

ち

チャールス・ブース　148, 198, 327
チャドウイック　304
チャニング　325
長宥匡　392

つ

塚本賢暁　418
月形潔　17

コメニウス　128, 130
小梁川啓三郎　54
小藪堯吽　428
小山祐全　418
コルチス　24, 27
ゴルドン　340
是恒真楫　337
コンバース　362

さ

斎藤薫　73
斉藤章厳　418
斉藤鉄之助　25
齋藤俊明　12
斉藤寛行　24
佐伯恵眼　374
佐伯宥純　374
坂井義三郎　333
酒井宗八　156
阪谷芳郎　169, 173
坂部寔　19, 312, 316, 318, 337
阪元大円　273
佐久間長敬　203
佐久間健三郎　19
佐久間象山　299
桜井清　407
佐々木恭子　272
佐々木敏二　337
佐々木霊雄　412
佐治實然　339
指田和郎　156, 159, 160
指田静子　160
佐藤一斎　241
佐藤独嘯　418
佐波亘　183
佐野尚　51
沢田寸二　213, 228, 237
沢柳政太郎　434
佐和隆恵　427
三田谷啓　169
サンデル　4

し

塩見鮮一郎　209
茂原茂　25
重松一義　42, 43, 45
志立たき子　167
シドニー・ウェッブ　400
品川義介　141
篠崎篤三　130
四宮知萬　24
篠宮拯吉　21, 24, 27
柴田善守　143
渋江利光　405
渋沢栄一　120, 173, 175, 187, 190–92, 201, 202, 204, 206–10
嶋田啓一郎　143, 339
島田三郎　72, 125, 168, 169, 173, 277
島貫兵太夫　148, 182
清水金蔵　25
清水やす子　276
志村信子　394
下間空教　418, 419
ジャクソン　361
釈大空　423
姜克實　210
庄野琳真　430
昭和天皇　259
ジョージ・ミュラー　94, 220, 312
ジョン・シーリー　12
ジョン・ハワード　20
ジョン・ラスキン　125, 135, 143, 144

す

末吉保造　21, 24, 27, 40, 69, 73
菅緑陰　434
杉井六郎　318, 336, 337, 362
杉浦譲　309
杉本孝順　374
杉山元治郎　169
スコット　54, 63
鈴木綾子　144
鈴木恵照　424
鈴木藤太郎　142
鈴木文治　174, 259, 335, 342–50,

き

菊池俊諦　141
菊池正治　141, 210, 267
菊池義昭　110, 210
岸田吟香　308, 309
岸本能武太　347
北里柴三郎　167, 168, 249
木田茂　407
北村透谷　10, 13, 36, 295, 447, 448
木下勝全　22
木村斉次　393
木村清松　182
キャシデー　59
ギューリック　300
清浦奎吾　24, 63, 125
清滝智龍（芙峰）　374, 395–97, 400, 402, 405–08, 433, 437
清野長太郎　142
キングスレー　148, 325, 326, 328, 339, 372

く

九鬼隆一　418
日下義禅　418
草刈次郎　54
草繋全宜　418
楠本六一　250, 268
工藤岩根　54
工藤悦太郎　24
久布白落実　271, 272, 295, 296
久保観雅　430
窪田静太郎　203
久米金弥　142
グラツデンバーコルスト　339
黒川みどり　209
黒田留五郎　25
クローネ　63
桑田熊蔵　125, 142, 249, 344, 354, 355
桑本真定　423

け

剣持広吉　142

こ

小池義孝　45
高志太了　371
幸田露伴　125
幸徳秋水　340
孝橋正一　340
弘法大師　370, 376, 382, 384, 392, 399, 401, 402, 406, 407, 411, 416, 420, 423, 425, 434, 436, 437, 440
国司扃相　418
小崎弘道　111, 311, 312, 317–19, 322, 336, 338, 342, 362
児島虓一郎　98, 108
児玉花外　203, 210
児玉亮太郎　143
後藤象二郎　232
後藤新平　167
後藤揚花　404
小西富右衛門　167
小西増太郎　54
小橋カツエ（かつえ，勝野）　248, 251, 265, 272, 275
小橋勝之助（守健）　9, 11, 80–83, 107, 108, 189, 211–22, 224–26, 229–38, 240, 241, 251, 253, 254, 260, 266, 272–75, 278, 279, 283, 296, 297
小橋実之助（矢谿）　11, 134, 212, 213, 217, 233, 234, 237, 238, 240–44, 248, 250–53, 255–58, 263–66, 269, 272, 273, 275–77, 279, 283, 286, 292, 296, 297
小橋正二　236, 296
小橋良之助　213
小林雨峰　420
小林清親　19, 28
小林参三郎　390–98, 400, 402, 406–09, 436, 437, 439
小林政助　162, 177, 203
小林富次郎　168, 252, 261, 269
小林信子　409
小林正金　203
小松彰　309
小宮珠子　252
コムト　195
小室篤次　146

岡田朝太郎 42, 52, 54, 65, 75, 344
緒方銈次郎 277
緒方千恵子 283
緒方庸雄 140
岡田藤太郎 182
緒方八千代 252
岡田良平 125, 142
岡伝平 310
岡部次郎 85
岡本亀太郎 215
岡本儀助 104, 105
岡本慈航 374
小河滋次郎 51, 61, 63, 64, 71, 80, 114, 123, 141–43, 168, 189, 249, 262, 277, 286, 287, 297, 335, 344, 400, 416
小川政亮 337
小川義綏 311
荻原金太郎 182
奥江清之助 363
奥寺龍渓 210
奥村忠衛門 262
奥村禎太郎 65
小倉襄二 177
尾崎行雄 167, 173, 182
小沢一 202, 205
小塩高恒 130, 141
小田思水 418
乙竹岩造 203
鬼丸丑蔵 24
小野英二郎 321, 324
小野謙二郎 99
小野田さく 217
小野田卓弥 22, 24, 26, 27
小野田鉄弥 82, 83, 87, 88, 91, 99, 102, 103, 108, 213, 215, 218, 226–28, 230, 236, 237, 289
小野田登良子 99
小野田平次郎 217
小原慶雅 425
小原基弘 424
小原基与 424
小股憲明 45
小山東助 345, 346

か

カーネギー 125, 196, 329, 340
貝原益軒 125
賀川豊彦 169, 249, 335
柿田宗治 407
柿原正次 91
景山英子 295
樫内断子 276
柏木義円 176, 255
片岡優子 43, 72, 266
片山国嘉 167, 169
片山潜 54, 61–63, 74, 324, 327, 328, 334, 335, 342, 372
片山虎男 407
勝本清一郎 13, 448
桂木頼千代（伴水） 255, 444, 448
加藤直士 277
金井延 320, 321, 337, 344
金森通倫 34, 108, 141, 177
金子喜一 341
金子堅太郎 16, 17
金子尚雄 111
鏑木路易 42
鎌田観応 375, 395
鎌谷かおる 266
亀山宥海 420
カロザース 19
河合栄治郎 337
川上貫一 136
河上肇 249, 259, 269, 324
川口寛三 194, 199, 203, 205
川島よし子 276
川股松太郎 363
川本竹松 32
川本政之助 32
河本茂四郎 87, 88
神崎清 272, 295
神田孝平 19
神田佐一郎 347
神田乃武 317, 342
カント 4

岩田民次郎　277
岩永知一　393
岩村真鉄　99
巌本善治　54
印南於菟吉　65, 66

う

ウィリアムズ　212, 240, 252, 273–275, 278
ウキリアム・ゼー・バツハ　143
ウィリアム・ブース　63, 124, 125, 133, 147–50, 155, 166, 167, 169, 171, 173–75, 182, 184, 220, 252, 323, 330, 338, 351, 364, 444
植木枝盛　301
上田秀道　411
上田照遍　375, 393
上田北嶺　413
上野他七郎　141
植村正久　27, 146, 148, 161, 183, 295, 317, 319, 342, 345
植村益蔵　160, 180
浮田和民　125, 169
鵜澤聡明　174
右田紀久恵　272
内ケ崎作三郎　167, 335, 342, 345–47, 350, 361, 364
内田慶次郎　393
内田政雄　27
内村鑑三　65, 121, 134, 141, 161, 169, 176, 225, 255
宇野利右衛門　249
宇山文応　418
瓜生岩子（いわ）　203, 205, 210
ウールシー　319
雲照　370
海野幸徳　140

え

英照皇太后　72
エドワード・ベラミー　94
江原素六　143, 169, 277
エバンス　171
エバンゼリン・ブース　169
海老名弾正　176, 345, 350
遠藤興一　141, 269

お

及川英雄　272
大井憲太郎　295
大石平　379
大井上輝前（井上千城）　16–18, 20, 25, 38, 43, 45, 47–49, 52–55, 65, 67, 68, 71, 73, 306
大井上義近　65
大内青巒　318
大木啄寿　420
大久保真二郎　307
大久保利武　43, 249, 315
大久保利通　19, 43, 305
大隈重信　249, 252, 273, 434
大沢謙二　167
大島あい子　276
大島正健　24, 25
大杉栄　426
太田愛人　73
大嶽節子　252, 284
大谷光寶　371
大谷光尊　372
大谷まこと　210
大谷リツ子　272
太田雅夫　210
大塚虚舟　412
大塚素（大塚右金次）　18, 21, 24, 27, 32, 34, 35, 41, 44, 52, 54, 60, 61, 73
大塚正義　296
大西祝　321, 322, 342
大野金太郎　160
大庭猛　99
大橋重省　207
大林宗嗣　136
大原伴吉　169, 177
大原孫三郎　99, 134
大原幽学　140
大森鐘一　396, 397, 403, 434, 438
大山巌　173
岡崎喜一郎　177
岡崎密乗　418
岡島伊八　252, 412

索　引

あ

アーレント　4
相沢源七　182
相田良雄　141, 144
相原一郎　365
青木紀　143
青木庄蔵　169
青野兵太郎　111
赤松連城　9, 372
秋定嘉和　143
秋田鶴代　141
秋元巳太郎　160, 176, 180, 182, 184
アッキンソン　213
朝治武　143
安達憲忠　201-03, 205, 208, 210, 345
アダムス　304
安部磯雄　91, 94, 112, 169, 185, 203, 277, 326, 327, 330, 334, 335, 340, 342, 345-47, 354, 444
阿部政恒　21, 22, 24, 27, 41, 52, 54, 58, 59, 73
天岡直嘉　169
アマルチア・セン　4
荒木道純　25
有栖川宮熾仁　371
有馬幸三郎　25
有馬四郎助　18, 24, 35, 44, 73, 74, 140, 249
阿波松之助　234, 238, 240, 275, 279
安形静男　73
安藤邦昭　112
安藤太郎　168, 169

い

飯田良作　111
家島保治　412
家永三郎　338
池上雪枝　189
石井十次（埣原居士）　5, 9, 11, 13, 24, 25, 45, 79, 81, 82, 84, 86, 88, 89, 91, 95-99, 101, 104-06, 108-12, 117, 141, 143, 148-51, 182, 188, 201, 228-30, 232, 233, 236, 237, 252, 274, 290, 323, 327, 338, 384
石川旭山　340
石川三四郎　329
石黒忠悳　175
石坂美那子　295
石崎菊次郎　199
石沢謹吾　40, 68
石田雄　13
石田祐安　86
石月静恵　271, 272
石西尚　80
石原行璋　374
磯村英一　203
一木喜徳郎　142
市場学而郎　199, 203, 205
一番ケ瀬康子　339
伊藤一隆　168, 169
伊藤博文　16
井上和子　272
井上公二　143
井上泰諄　424
井上泰隆　424-26, 431, 441
井上哲次郎　67, 125, 377
井上友一　113, 125, 141, 142, 252, 389
井上半介　129
井上名府　143
猪熊信男　420
井原西鶴　145
井深梶之助　311, 317, 342
伊吹岩五郎　141
今井磯一郎　337
今泉真幸　183
今村恵猛　391, 393, 436
今村謙吉　300
岩倉矢一　54
岩佐倫　177

【著者略歴】

室田　保夫（むろた・やすお）
1948年、京都にて生まれる。72年、同志社大学文学部卒業。
現在、関西学院大学人間福祉学部教授（社会福祉学博士）
著書：共編『留岡幸助著作集』全5巻（同朋舎出版、1979～81）；共著『「六合雑誌」の研究』（教文館、1984）；共著『山室軍平の研究』（同朋舎出版、1991）；『キリスト教社会福祉思想史の研究』（不二出版、1994）；『留岡幸助の研究』（不二出版、1998）；共編著『石井十次の研究』（同朋舎出版、1999）；共編著『日本社会福祉の歴史』（ミネルヴァ書房、2003）；編著『人物でよむ近代日本社会福祉のあゆみ』（ミネルヴァ書房、2006）；共著『東アジアにおける公益思想の変容』（日本経済評論社、2009）；共編『子どもの人権問題資料集成』全10巻（不二出版、2009～10）；編著『人物でよむ社会福祉思想の思想と理論』（ミネルヴァ書房、2010）ほか。

関西学院大学研究叢書　第151編

近代日本の光と影
慈善・博愛・社会事業をよむ

2012年3月31日初版第一刷発行

著　者　室田保夫

発行者　田中きく代
発行所　関西学院大学出版会
所在地　〒662-0891
　　　　兵庫県西宮市上ケ原一番町1-155
電　話　0798-53-7002

印　刷　株式会社クイックス

Printed in Japan by Kwansei Gakuin University Press
ISBN 978-4-86283-111-8

http://www.kwansei.ac.jp/press